本书由复旦大学出版基金资助出版

15—20世纪江苏海岸盐作地理与人地关系变迁

鲍俊林 著

复旦大学出版社

总　　序

2013年7月，复旦大学研究生院、党委宣传部和复旦大学出版社决定联合策划出版"复旦博学文库"，计划从每年毕业的人文社会科学类博士研究生的学位论文中评选若干篇优秀论文，以学术专著的形式结辑出版。2015年出版的"复旦博学文库"第一辑即收录了六篇博士论文。

今年，又有七篇博士学位论文入选"复旦博学文库"第二辑，论文作者分别来自哲学学院、马克思主义学院、外文学院、管理学院和历史地理研究中心，研究方向则涉及马克思主义哲学、思想政治教育、英语语言文学、传播学、历史地理和企业管理等学科。这些论文是在各学位评定分委员会初评后推荐的二十余篇论文基础上，经学校评选委员会遴选产生的。无疑，它们代表了我校目前人文社会科学优秀博士学位论文的水准，反映了我校博士研究生们在这些学科领域中创新性研究的广度与深度。

尽管我国的博士研究生教育已取得了长足的进步，但博士论文质量不高的问题依然十分突出。从近年来各级论文盲审和抽检等渠道所获得的信息看，存在严重缺陷的博士论文比例依然高居不下。这些问题大致涉及以下几个方面：一是缺乏独到的见解和细致的分析。许多研究工作虽然不乏某些闪光点，但只对一些表面现象和统计数据进行浮光掠影似的探究，缺乏有洞察力的认识；二是投入研究的时间不够。人文社会科学研究通常需要较长时间的积累，但一些研究生原有的学术功底不太扎实，攻读博士学位研究生期间在学习和科研上投入时间又不够，达不到博士学位论文的要求；三是写作不规范，缺乏缜密的逻辑和推理。更有甚者，学术违规行为和抄袭现象屡禁不止。因而，进一步端正学风，提高博士研究生培养质量，成为了我校导师、研究生和管理者需要共同承担的艰巨任务。

我们衷心期望"复旦博学文库"第二辑的出版不仅能促进各相关学科领域的发展，而且能为人文社会科学方向在读博士生们的学习和科研提供可资借鉴的范例，促进我校博士研究生学位论文整体质量的提高。

复旦大学研究生院院长

2016年6月

序

葛剑雄

由我指导过的博士论文出版时,作者和出版社都会邀我写一篇序,我无不欣然应命。对出版社来说,或是出于资助出版基金的规定,或是希望我的序有助于此书的发行。对作者来说,既是出于对导师的尊重,也希望我的推介能使此书更受学术界和读者的重视。而我之所以从不推辞,并乐意写,首先认为这是导师应尽的责任。博士论文在通过答辩后,经过作者的修改、补充、完善,最终能作为一种专著公开出版,自然应该对学术界、本专业和社会起一定的作用。但博士论文的选题大多相当专门,或者冷僻、抽象,以至责任编辑经常会要求作者另拟书名,或者找几个有吸引力的词作书名,而将原来的题目当副标题。就是一二百字的内容简介,也未必能让本专业以外的读者理解。导师不妨在序言中客观地说明这本书的意义和作用,使需要的或有兴趣的读者及时发现。

不过我从来不在这类序中对哪本书本身作评价。作为对博士论文负有指导责任的导师,应该与作者一起接受读者的检验和考评,而不是作自我评价。而且,在这篇论文通过答辩时,答辩委员会已经有了评语;出版社或基金也是在评审的基础上才确定出版的。所以我要说的话,不是赞扬这篇论文质量如何高,写得如何好,而是利用这个机会说一点与作者和论文有关但在书中看不到的内容。

从我自己当研究生,写硕士、博士论文到现在已有三十多年了,从我指导研究生写论文到现在也有二十多年了。我一直认为,选题很重要,或者说是成功的前提。撰写学位论文是一个有限目标,研究生必须在有限的时间内完成。如果有志于将某一领域的研究作为自己的终身追求,那么这只是一个开端,或者是一项阶段性成果。

所以博士论文的题目最好要选不大不小的，太大会受到时间、精力、资料、考察、实验等各方面的制约，不大可能在规定的期限内完成；太小了又难以显示自己具备了独立研究的能力和成果。如果选题能够利用已有的基础或条件自然更好，如有收集资料、实地考察的便利，使自己的知识和资料积累获得应用，及时吸收某项新成果或某类新资料，在自己原有基础上拓展、深化、提高，等等。

选题的过程应该由研究生自己完成，导师只能作些引导，提供些建议，或在条件成熟时予以肯定或否定。首先研究生必须掌握本学科本专业的基础理论、学术规范和基本研究方法，其次还得了解相关领域的学术史和最新动态，再则要评估客观和主观的条件和可能性。如果这些过程都认真做了，即使原来设想的题目被否定了，也不失为一次探索和深化的过程，离合适的选题又近了一步，时间和精力不会白费。

但鲍俊林在大学和硕士生阶段都不是学历史地理，刚入学时对历史地理的了解完全出于自学和个人兴趣，所以他的选题过程比其他同学更长更艰难。开始他想研究一个较大范围的历史地理，并且包括自己的家乡在内。我让他查阅已发表的相关论著，了解已有的成果，并提醒他要作面面俱到的历史地理研究是不可能的，只能集中在若干方面、某一更小的空间和更短的时间。

历史地理的研究对象是历史时期的地理现象，由于这些现象中的绝大多数，特别是其中的历史人文地理现象已经不复存在，不可能直接进行实地考察，只能依靠前人直接或间接的记录。这既是历史地理学的一项优势，同时也是局限。一般来说，如果找不到最低限度的史料，相关的地理现象就无法复原或重构，更难进行定量分析。在选题过程中，鲍俊林对历史地理研究这一特点也有了更深刻的理解。

当他最终确定以《15—20世纪江苏海岸盐作地理与人地关系变迁》为题时，已经完全离开了最初设想的时间、空间和研究范围，却已经完成了基本的准备工作，并得以扬长避短。也正因为如此，他不仅能从容地完成论文，而且找到了突破口，取得创新。

例如，前人的研究都以为历史时期江苏"海势东迁"是导致淮南盐作衰退的主要原因，但在深入分析了自然和人文诸方面要素后，鲍俊林认为，盐作环境变化的本质是卤水和荡草资源数量与地理分布的变化，"海势东迁"并没有减少卤水和荡草资源，并不会妨碍盐业生产。盐业生产和管理不适应这种变化，盐作的生产方式和分布没有随着海岸的快速淤涨作相应的调整，这才导致了盐业的衰退。

又如，他之所以选择15—20世纪作为研究阶段，是因为这一阶段江苏海岸经历了世界罕见的快速淤涨变化。这样一个淤涨、演替、蚀退的复杂过程，为人类大规模的盐作、垦殖、筑堤提供了舞台，也为人类如何适应自然环境的不断变化，协调各类活动创造了正反两方面的条件。在此前提下，他对这一特定的时空范围内的人地关系的研究，有望并且实际上已经取得比前人更深入更合理的结论。

题目小些是否会影响论文的质量，或限制了学术潜力的发挥呢？这取决于本人的学术旨趣或人生的追求。如果本来就打算在获得博士学位后从事其他职业，那么已经如愿以偿，大功告成了。如果有志于继续从事学术研究，这项阶段性成果就是一个很扎实的基础。鲍俊林在撰写博士论文的过程中，还有一些新发现，初步形成了一些新观点，我告诉他论文的内容不宜再扩充，可以留在以后作更从容的研究。他也意识到对海陆变迁、人地关系等方面的研究仅仅依靠史料是不够的，还必须运用自然地理的理论和研究方法，而这正是他亟需补充和提高的。

南京大学地理与海洋科学学院博士后流动站满足了他的愿望，2014年博士毕业后，他就在高抒教授的指导下，以博士论文的研究为基础，拟定了长时段海岸开发与环境适应的研究方向，也获得了多项科研资助，并已有英文论文发表在国际SCI刊物。所以在本书问世时，他取得更重要的研究成果是指日可待的。

2016年2月，丙申年春节假期

目　录

第一章　导论 …………………………………………… 1
一　学术回顾 ………………………………………………… 1
二　研究意义、理论与方法 ………………………………… 10
　　1. 海岸开发与环境适应 ………………………………… 10
　　2. 历史文献与现代模拟——多要素综合研究 ………… 12
三　海岸人地系统：研究思路与分析框架 ………………… 16
四　基本概念与研究范围 …………………………………… 18
　　1. 海岸带 ………………………………………………… 18
　　2. 环境变迁 ……………………………………………… 19
　　3. 演替与过程 …………………………………………… 20
　　4. 时间与空间范围 ……………………………………… 20
五　本书主旨与结构 ………………………………………… 22
　　1. 研究对象与主旨 ……………………………………… 22
　　2. 本书结构 ……………………………………………… 23
六　主要研究特色 …………………………………………… 25
七　基本文献资料 …………………………………………… 26

第二章　16—19世纪江苏海岸生态环境变迁 ………… 29
一　江苏海岸自然环境概述 ………………………………… 29
二　黄河夺淮与"海势东迁" ………………………………… 40
　　1. "海势东迁"基本过程 ………………………………… 40
　　2. 明清小冰期气候波动 ………………………………… 48
三　海涂要素演替规律——观察海岸环境变迁的一把钥匙 …… 52

  1. 海岸带生态要素演替序列与特征 …………………… 53
  2. "沿海马路"与海涂淤涨情形 ………………………… 57
  3. 海涂生态类型的演替时间 …………………………… 63
  4. 宜耕带、宜盐带、宜渔带的分异 ……………………… 65
  5. 草滩带资源利用的双重性——助盐利垦 ………… 68
 本章小结 …………………………………………………… 70

第三章 海岸盐作环境变迁及其影响 …………………… 71
 一 淮盐概况 ……………………………………………… 71
  1. 盐场与销岸 …………………………………………… 71
  2. 盐产与格局 …………………………………………… 72
  3. 技法与环境 …………………………………………… 77
  4. 盐场形态 ……………………………………………… 80
 二 盐作环境之"变"与"不变"及对淮盐的影响 ………… 80
  1. "海势东迁"、滩地淤涨与草荡 ……………………… 83
  2. 卤潮资源分布变化 …………………………………… 87
  3. 土壤质地与空间分布 ………………………………… 89
  4. "不变"的盐作要素组合关系 ………………………… 92
 三 "海势东迁，海水淡化"考 ……………………………… 94
  1. 咸潮：近岸表层海水盐度、制卤以及纳潮 ………… 95
  2. 土卤：新淤卤旺与老荡卤淡并存 …………………… 103
 本章小结 …………………………………………………… 105

第四章 "移亭就卤"：独特的两淮盐作生态 ………………… 107
 一 "海势东迁"与亭场位移 ……………………………… 108
 二 草卤分离与亭场选址 ………………………………… 112
 三 亭场搬迁频率、引潮沟与移筅临界点 ……………… 117
 四 "移亭就卤"与投入——以清末为例 ………………… 121
 本章小结 …………………………………………………… 124

第五章　海岸盐作活动变迁及其地理背景 …… 126
一　传统煎法与分布流变 …… 127
二　淮北晒法演变 …… 128
　　1. 淋卤晒盐 …… 128
　　2. 分池晒卤-砖池晒盐 …… 129
　　3. 分池晒卤-泥池晒盐 …… 132
三　晚清淮南盐场板晒法 …… 135
四　盐作活动分布变迁的自然地理背景 …… 136
　　1. 两淮盐场内部盐作分布差异 …… 136
　　2. 两淮盐场与其他海盐产区的差异 …… 141
本章小结 …… 145

第六章　淮南盐场废煎改晒 …… 146
一　煎与晒：不能脱离地理环境比较 …… 147
　　1. 晒盐的区分：淋卤晒盐、晒卤晒盐 …… 147
　　2. 煎、晒法效率的相对性 …… 150
　　3. 闽北三场及其启示 …… 153
　　4. 晒盐效率与土质、蒸发状况 …… 158
　　5. 淮南盐场土质、蒸发状况 …… 159
二　淮南盐场的三次改晒 …… 162
　　1. 明末徐光启的推广 …… 162
　　2. 清末张謇的试验 …… 164
　　3. 20世纪60—70年代的改晒 …… 166
本章小结 …… 166

第七章　晚清淮南盐衰 …… 168
一　自然环境变化与淮南煎法盐作 …… 170
　　1. 海涂演替规律与煎法盐作环境 …… 170
　　2. 滩地面积增多对淮南盐作的促进作用 …… 172
　　3. 丁日昌、许星璧的查勘 …… 173

二　经济环境变化对晚清淮南煎盐的影响 …………………… 175
　　　　1. 鄂、湘销岸丧失 ……………………………………………… 175
　　　　2. 银钱比价：桶价、盐价、米价与草价 ………………………… 180
　　　　3. 垦进盐退 …………………………………………………… 184
　　　　4. 盐斤加价、盐税沉重 ………………………………………… 189
　　　　5. 移煎乏力 …………………………………………………… 192
　　本章小结 ……………………………………………………………… 194

第八章　淮北晒盐的产生与发展 …………………………………… 196
　　一　晒盐出现 ………………………………………………………… 197
　　二　16—19 世纪曲折发展 …………………………………………… 199
　　　　1. 官府垄断与抑制 …………………………………………… 199
　　　　2. 废引改票 …………………………………………………… 203
　　三　清末民初晒盐勃兴 ……………………………………………… 204
　　本章小结 ……………………………………………………………… 207

第九章　重盐轻垦：海岸农作、渔作活动 ………………………… 209
　　一　沿海农作 ………………………………………………………… 210
　　　　1. 明清兴灶禁垦与盐垦争地 ………………………………… 211
　　　　2. 清末民初废灶兴垦：废灶不废盐 ………………………… 221
　　　　3. 盐垦事业衰落：乍兴乍灭 ………………………………… 231
　　　　4. 盐垦转换与人地压力背景 ………………………………… 234
　　二　渔作活动 ………………………………………………………… 238
　　　　1. 滩涂采捕 …………………………………………………… 239
　　　　2. 近海渔作 …………………………………………………… 240
　　本章小结 ……………………………………………………………… 244

第十章　捍海与避潮：海岸水利活动变迁 ………………………… 245
　　一　范公堤时期 ……………………………………………………… 246
　　　　1. 范公堤与农作活动 ………………………………………… 246

2. 范公堤与盐作活动 248
　　3. 淮北"范公堤"考异 250
二 避潮墩时期 258
　　1. 小冰期气候波动与潮灾 258
　　2. 明代潮墩的出现："连墩为堤" 258
　　3. 清代潮墩扩张：筑堤与建墩之矛盾 261
　　4. 地名与潮墩分布 267
三 新海堤时期 270
　　1. 公司堆 270
　　2. 全线海堤、新运河计划 274
　　3. "堤-墩-堤"与"农-盐-农"互动演化 276
本章小结 277

第十一章　制度与环境：海岸管理与社会经济变迁 280
一 海岸社会经济变迁的时空特征 280
　　1. 生产格局变化 280
　　2. 演替特征 282
二 海岸管理与土地利用变化 289
　　1. "蓄草供煎"制度的长期施行 290
　　2. 禁私盐、私垦 294
　　3. 明末与清末的比较——人地矛盾程度的变化 298
　　4. 传统时期海岸人地系统及诸要素运动关系 304
本章小结 307

参考文献 309

后记 336

图 目

图 1-1　海岸人地系统诸要素示意图 ……………………… 17
图 1-2　江苏沿海地势与研究范围示意图 ……………………… 21
图 2-1　今江苏沿海政区示意图 ……………………… 30
图 2-2　江苏省地势图 ……………………… 31
图 2-3　江苏海岸带示意图 ……………………… 34
图 2-4　今江苏沿海及长江口卫星图（Google earth）……………… 35
图 2-5　今废黄河口卫星图（Google earth）……………………… 36
图 2-6　河荡（盐城丹顶鹤保护区,2013）……………………… 36
图 2-7　河荡（盐城丹顶鹤保护区,2013）……………………… 37
图 2-8　辽阔滩涂（新洋港,2013）……………………… 37
图 2-9　盐田改为滩涂渔业养殖场（射阳,2013）……………… 38
图 2-10　盐蒿群落（新洋港,2013）……………………… 38
图 2-11　废黄河口（笔者在滨海港考察,2013）……………… 39
图 2-12　黏土、盐霜与海沙（连云港西墅,2013）……………… 39
图 2-13　茅草群落（新洋港,2013）……………………… 40
图 2-14　江苏海岸贝壳堤分布示意图 ……………………… 41
图 2-15　废黄河三角洲及淮北沿岸淤涨情形 ……………………… 43
图 2-16　1855 年黄河北归后废黄河三角洲蚀退 ……………… 46
图 2-17　1855 年黄河北归后江苏滩涂淤涨速率 ……………… 46
图 2-18　历史时期江苏海岸线变迁 ……………………… 47
图 2-19　江苏沿海潮位同潮图 ……………………… 50
图 2-20　明清小冰期气候变化与黄河口淤涨比较 ……………… 52
图 2-21　康熙《两淮盐法志》卷 2《疆域》梁垛场图 ………… 54
图 2-22　现代江苏海涂湿地植被原生演替现状（盐城新

	洋港断面）	55
图 2-23	表土和剖面土壤含盐量比较	56
图 2-24	明清时期"沿海马路"与海岸线分布	58
图 2-25	同治八年吕四场丁荡位置	65
图 2-26	江苏海岸自然环境与人类活动分区概念图	66
图 2-27	宜垦、宜盐、宜渔带分异示意图	67
图 2-28	淤进型海涂生态要素演替示意图	67
图 2-29	草滩带淤宽示意图	69
图 3-1	明清两淮诸盐场分布	73
图 3-2	明清淮盐销岸范围与运盐河道示意图	77
图 3-3	嘉靖《两淮盐法志》煎盐图	79
图 3-4	淮南盐场形态与盐作要素分布概念图	81
图 3-5	大丰公司煎盐灶舍	81
图 3-6	清末淮南各场发展状况与荡地面积	85
图 3-7	江苏沿海各岸段海涂土壤物理性黏粒含量(毫米)	91
图 3-8	夏季江苏沿海近岸表层海水盐度分布	97
图 3-9	杭州湾盐度分布图(5米层)	100
图 4-1	明清时期海岸线变化与亭灶、潮墩分布(江苏沿海中部岸段)	111
图 4-2	淮南盐场荡地、亭灶分布示意图	115
图 4-3	嘉庆《两淮盐法志》东台场图	120
图 5-1	清末民初淮北盐场八卦式盐池示意图	134
图 5-2	历史时期江苏海岸变化与盐作技术分布	138
图 5-3	江苏沿海各岸段年降水量、日照时数(1961—1980年)	139
图 5-4	江苏沿海各岸段年蒸发量(毫米,1961—1980年)	139
图 5-5	江苏海岸降水、土质与清末民初盐作活动分布关系	142
图 6-1	清代福建沿海盐场分布	156
图 6-2	江苏沿海土质分布	161

图 7-1	晚清淮南盐场鄂、湘销岸形势	179
图 7-2	清代后期至民国年间长江三角洲地区米价变化（银两/石）	183
图 7-3	淮南主要盐垦公司分布	188
图 8-1	明清时期淮南、淮北盐场的引地范围	203
图 8-2	清与民国年间淮南、淮北盐场销区变化	206
图 9-1	16世纪中叶泰属中部各场草荡与田地比较	216
图 9-2	民国年间江苏海岸带垦区分布图	224
图 9-3	江苏海岸带土壤类型示意图	225
图 9-4	1932年江苏沿海地区人口密度（人/平方公里）	237
图 10-1	嘉靖《两淮盐法志》莞渎场图中的"范公堤"	252
图 10-2	明后期淮北莞渎场、安东县堤堰分布及周边河道	254
图 10-3	江苏沿海潮灾频次分布（1722—1811）	259
图 10-4	明清时期淮南盐场潮墩分布图	269
图 10-5	华成堆、垦务堆	272
图 10-6	民国年间江苏沿海新海堤、运河计划路线	275
图 10-7	历史时期江苏部分岸段（长江口至废黄河口）海岸线以及堤墩变迁示意图	278
图 11-1	海岸垦、盐与渔作活动演替示意图	283
图 11-2	现代江苏海岸带围垦情形（以条子泥岸段垦区为例）	287
图 11-3	清末淮南各场位置与灰亭密度情形	292

表 目

表2-1	黄河三角洲成陆速度	42
表2-2	范堤以东滨海平原成陆面积(平方公里)与速度(公里/年)	44
表2-3	淤进型海涂主要生态特征	56
表2-4	淤进型海涂生态演替序列	57
表2-5	蚀退型海涂主要生态特征	57
表2-6	蚀退型海涂生态演替序列	57
表2-7	淮南中部各场"沿海马路"以东滩地生态特征	60
表3-1	两淮盐产量(万吨)	75
表3-2	清代淮南盐场原额、历次新淤荡地面积(亩)	84
表3-3	淮北中正场荡地淤涨变化(亩)	86
表3-4	清末民初淮北各场盐产量(吨)	86
表3-5	江苏沿海各地土壤性质分布(%)	91
表5-1	民国年间各海盐产区产量(万吨)	145
表6-1	福建晒盐场产量分布	154
表7-1	清末淮南盐场草荡面积、灰亭数量与盐产量	173
表7-2	清末民初淮南、北盐产量(吨)	173
表7-3	晚清淮南盐产情况	177
表7-4	清末淮南盐场场价(桶价)比较(单位:文)	181
表7-5	1924—1932年淮南、北盐产量(万吨)	187
表7-6	清末各盐区盐税税率对比(1910年)(两,库平银)	189
表7-7	清末南陵县盐斤加价名目	191
表8-1	清末民初两淮盐产格局变化(担)	207
表9-1	弘治年间中部各场田地(亩)	213

表9-2	16世纪中叶两淮各场草荡与田地面积(亩)	214
表9-3	乾隆二十七年淮南泰属各场古熟地清丈面积(亩)	217
表9-4	弘治年间淮南中部各场田赋(石)	227
表9-5	民国年间淮南各场亭灶与晒板数量	230
表9-6	民国年间各盐垦公司水利投入(堤工、河工合计)	234
表9-7	1932年江苏沿海各县地价(元)、户均农地(亩)	238
表10-1	明清时期淮南盐场墩台数量	264

第一章 导 论

一 学术回顾

海岸是地球生态系统中独特的区域,是地球表面水圈、岩石圈、大气圈、生物圈共同作用形成相对独立的生态系统,兼有海洋与陆地的基本性质,也是陆地、海洋和大气之间各种过程相互作用最为活跃的舞台,具有很高的自然能量和生物生产力,自然资源丰富、人类活动历史悠久。

德国古典哲学家黑格尔在《历史哲学》中论及"海岸区域"的人类历史时,曾举例指出:"在他们(中国)看来,海只是陆地的中断,陆地的天限;他们和海不发生积极的关系。"[1]尽管指出了古代中国缺乏积极进取的海洋政策,不过,似乎忽视了古代中国海岸人地之间丰富多彩的历史过程。

我国沿海地区人类开发活动历史悠久,新石器时代太湖平原便相继涌现跨湖桥、马家浜、崧泽、良渚文化,以及宁绍平原的河姆渡文化;商周时期,渤海南岸(山东滨州至潍坊)又出现了大规模古代制盐活动;唐宋以后,古代经济重心东移南迁,沿海开发活动日益加深,东部沿海长期是古代农业、盐业生产的核心区域。

历史时期丰富的海岸开发活动激发了前贤深入广泛的研究工作,多见于沿海历史社会经济开发研究[2]。如黄公勉、杨金森

---

[1] [德]黑格尔著,王造时译:《历史哲学》,上海书店出版社,2001年,第93页。
[2] 姜旭朝:《中华人民共和国海洋经济史》,北京:经济科学出版社,2008年;姜旭朝、张继华:《中国海洋经济历史研究:近三十年学术史回顾与评价》,《中国海洋大学学报(社会科学版)》2012年第5期。

先生从全国海岸经济地理视角出发,简要讨论了历史时期不同地区制盐业、渔业以及航运业的发展过程及其区域差异①,刘淼先生深入考察了明清时期中国沿海荡地开发的历史过程②,以及杨国桢先生等学者以东南沿海为中心开展的海洋经济史研究与讨论。③

具体到江苏海岸区域,1128—1855年,受黄河南徙以及小冰期海面变化影响,江苏海岸经历了世界罕见的快速淤涨过程。这一重大自然事件引发了复杂的海岸生态环境变化、促进了多样的人类开发活动,并积累了丰富的历史文献,使其成为观察海岸人类活动与人地关系变迁的独特舞台。但将江苏海岸作为一个整体,开展历史地理综合研究,尚未有前贤开展此类工作。以往相关研究中,只有吴必虎先生曾以里下河平原、部分苏北平原地区为主要研究范围,讨论了历史时期苏北平原人地系统诸要素的基本历史面貌④,部分涉及海岸区域。不过,在以往与江苏海岸相关的专门史研究领域,却不乏丰富而深入的研究成果,特别是部分区域史或专门史研究者的贡献,包括制盐史、农业开发史、水利史、灾害史等,并主要集中在两淮盐业、农垦开发两方面,研究最为成熟,内容广泛。

农业开发方面,如苏北盐垦、盐垦公司的兴衰、废灶兴垦以及盐

---

① 黄公勉、杨金森:《中国历史海洋经济地理》,北京:海洋出版社,1985年。
② 刘淼:《明清沿海荡地开发研究》,汕头:汕头大学出版社,1996年。
③ 杨国桢:《明清中国沿海社会与海外移民》(北京:高等教育出版社,1997年)、《东溟水土:东南中国的海洋环境与经济开发》(南昌:江西高校出版社,2003年)、《瀛海方程:中国海洋发展理论和历史文化》(北京:海洋出版社,2008年);杨强:《北洋之利——古代渤黄海区域的海洋经济》,南昌:江西高校出版社,2003年;李德元:《明清时期海内移民与海岛开发》,厦门:厦门大学出版社,2009年;王日根:《东南海洋生态环境与开发模式演变》(《团结报》2010年6月10日第007版);卢建一:《明清海疆政策与东南海岛研究》,福州:福建人民出版社,2011年;王日根:《清代海疆政策与开发研究的回顾与展望》,华中师范大学学报(人文社会科学版)2014年第3期。
④ 吴必虎:《苏北平原区域发展的历史地理研究》(《历史地理》第8辑,上海人民出版社,1990年)、《历史时期苏北平原地理系统研究》(上海:华东师范大学出版社,1996年)。

垦区土地利用等问题。① 同时，江苏海岸宽阔平坦，人类活动丰富，潮灾频发，海岸风险高，历史时期海堤（范公堤、古海塘）、防潮墩台的历史演化②、海岸灾害③也成为以往学者关注较多的研究内容。其他相关专题研究，也包括江苏海岸渔业与水产开发④，废黄河三角洲苇荡开发与沿海荡地利用⑤，江苏社会变迁、现代化过程、徽商经

---

① 李积新：《江苏盐垦经济观》，《农学》1926年第3期；胡焕庸：《两淮盐垦水利实录》，南京：中央大学出版组发行部，1934年；李百强：《两淮盐垦之过去及今后》，《经济学季刊》1934年第1期；王慕韩：《江苏盐垦区土地整理刍议》（《东方杂志》1934第24号）、《从农业经营上说明江苏盐垦区土地利用问题》（《中国实业》1935年第11期）；张保丰：《淮南垦殖的过去与未来》，《新中华》1935年第24号；王慕韩：《江苏盐垦区土地利用问题之研究》，台北：成文出版有限公司，1977年；孙家山：《苏北盐垦史稿》，北京：农业出版社，1984年；王树槐：《江苏淮南盐垦公司的垦殖事业1901—1937》，《近代史研究所集刊》1985年第14号；严学熙：《张謇与淮南盐垦公司》，《历史研究》1988年第3期；凌申：《江苏滩涂农垦发展史研究》，《中国农史》1991年第1期；应岳林、巴夫祥：《江淮地区开发探源》，南昌：江西教育出版社，1997年；林刚：《张謇与中国特色的早期现代化道路——对淮南盐垦事业的再分析》，《中国经济史研究》1997第1期；赵赟、满志敏、方书生：《苏北沿海土地利用变化研究——以清末民初废灶兴垦为中心》，《中国历史地理论丛》2003年第4辑；赵赟：《苏皖土地利用方式与驱动力机制（1500—1937）》，复旦大学博士学位论文，2005年；张晓详、严长清等：《近代以来江苏沿海滩涂围垦历史演变研究》，《地理学报》2013年第11期。

② 嵇超：《范公堤的兴筑与作用》，《复旦学报》（社会科学版）1980年；张忍顺：《江苏沿海古墩台考》，《历史地理》第3辑，上海人民出版社，1983年；须景昌：《江苏海堤》，《水利史志专刊》1987年第2期；张文彩：《中国海塘工程简史》，北京：科学出版社，1990年；凌申：《苏北古海堤考证》，《海岸工程》1990年第2期；赵清、林仲秋：《江苏北部古代海堤与海陆变迁》，《徐州师范大学学报》（自然科学版）1995年第2期；陈吉余：《中国海岸变迁和海塘工程》，北京：人民出版社，2000年；凌申：《范公堤考略》，《盐城师范学院学报》（人文社会科学版）2001年第3期；凌申：《历史时期江苏古海塘的修筑及演变》，《中国历史地理论丛》2002年第4期。

③ 孙寿成：《黄河夺淮与江苏沿海潮灾》，《灾害学》1991年第4期；陈才俊：《江苏沿海特大风暴潮灾研究》，《海洋通报》1991年第6期；王日根：《明清时期苏北水灾原因初探》，《中国社会经济史研究》1994年第2期；潘凤英：《历史时期江浙沿海特大风暴潮灾害研究》，《南京师大学报（自然科学版）》1995年第1期；王骊萌、张福青、鹿化煜：《最近2000年江苏沿海风暴潮灾害的特征》，《灾害学》1997年第4期；杨桂山：《中国沿海风暴潮灾害的历史变化与未来趋势》，《自然灾害学报》2000年第3期；张红安：《明清以来苏北水患与水利探析》，《淮阴师范学院学报（哲学社会科学版）》2000年第6期；张崇旺：《明清时期江淮地区的自然灾害与社会经济》，福州人民出版社，2006年；赵赟：《清代苏北沿海的潮灾与风险防范》，《中国农史》2009年第4期。

④ 李士豪、屈若搴：《中国渔业史》，上海书店出版社，1984年；凌申：《江苏海洋渔业开发史》，《中国水产》1990年第6期。

⑤ 刘淼：《明清沿海荡地开发研究》，汕头：汕头大学出版社，1996年；李德楠：《"续涸新涨"：环境变迁与清代江南苇荡营的兴废》，《兰州学刊》2008年第1期。

营淮盐的方式与变化等①。此外,海盐生产应该是历史时期江苏海岸最为重要的人类开发活动,尤其是明清时期两淮盐业的长期繁盛,以往相关学者对此研究颇多,两淮盐业史研究也成为本书研究主题最为关切的内容。

明清时期,江苏沿海形成了古代中国最为重要的海盐产区——两淮盐场,供应了王朝最多的盐课,积累了大量历史文献。食盐生产、运销又关系到国计民生,是观察古代社会经济活动的重要途径。因此,两淮盐业史研究便成为国内外特别是中日学者的重要研究对象,贡献颇著。② 对这一传统领域的研究,主要集中在盐政管理、盐税变化、盐法关系、私盐研究等方面,如淮盐管理与改革③,盐场的行政组织、灶户组织、生产形态、阶层分化、生产制度、灶课与田赋变迁以及私问题④,淮盐基本发展过程⑤,盐税、灶课与

---

① 王树槐:《中国现代化的区域研究:江苏省(1860—1916)》,台北:中央研究院近代史研究所专刊,1986年第48辑;王振忠:《清代两淮盐业盛衰与苏北区域之变迁》,《盐业史研究》1992年第4期;常宗虎:《南通现代化:1895—1938》,北京:中国社会科学出版社,1998年;汪汉忠:《苏北自然经济的历史特点及其对社会转型的影响》,《江海学刊》2003年第4期;汪崇筼:《明清徽商经营淮盐考略》,成都:巴蜀书社,2008年。

② 何亚莉:《二十世纪中国古代盐业史研究综述》,《盐业史研究》2004年第2期;刘庆龙:《近20年清代两淮盐业研究述评》,《盐业史研究》2005年第2期;陈锋:《近百年来清代盐政研究述评》,《汉学研究通讯》2006年第2期;吴海波、曾凡英:《中国盐业史学术研究一百年》,成都:巴蜀书社,2010年;李传江:《上世纪六十年代以来江淮盐业研究综述》,《盐业史研究》2012年第2期。

③ 刘隽:《咸丰以后两淮之票法》(《中国近代经济史研究》1933年第1期)、《道光朝两淮废引改票始末》(《中国近代经济史研究》1933年第2期)。[日]佐伯富:《清代淮南引岸的争夺》(《史林》1951年第4—5期)、《清代咸丰朝的淮南盐政》(《东洋史研究》1955年第3期)。

④ [日]波多野善夫:《清代两淮制盐业的生产组织》,《东洋史研究》1950年第1期;[日]藤井宏:《明代盐场的研究》,北海道大学文学部纪要,1952年;陈诗启:《明代的灶户和盐的生产》,《厦门大学学报(社会科学版)》1957年第1期;徐泓:《清代两淮盐场的研究》,台北:嘉新水泥公司文化基金会,1972年;王方中:《清代前期的盐法、盐商与盐生产》,《中国盐业史论丛》,北京:中国社会科学出版社,1987年;《江苏盐业史》编写组:《江苏盐业史》,南京:江苏人民出版社,1992年;何峰:《明清淮南盐区盐场大使的设置、职责及其与州县官的关系》,《盐业史研究》2006年第1期;徐靖婕:《明清淮南中十场的制度与社会——以盐场与州县的关系为中心》,中山大学博士学位论文,2013年。

⑤ 郭正忠主编:《中国盐业史》古代编,北京:人民出版社,1997年;姜道章:《中国的盐业生产:1644—1911》,《美国地理学家协会之年报》1976年第66期。

盐政管理①，以及对清代淮盐的重要性②、明代两淮余盐政策③、灶丁生活状况④等问题的研究。需要注意的是，以往研究实际上多集中在淮盐运销与管理环节，也是盐业史研究的传统内容。但笔者对与海岸环境变化联系密切的海盐生产环节更为关注，不过以往学界对此研究明显薄弱。除生产组织的讨论外，多以生产工具与技术变迁的考证为主，⑤尚未探讨历史时期海岸环境变化对海盐生产活动的影响。

具体而言，有关历史时期江苏海岸经济开发研究中，已有研究对海岸环境变化的认识比较薄弱，没有厘清自然环境变化对海岸社会经济变迁特别是盐作活动兴衰变迁的影响。如在"海势东迁"（16—19世纪江苏海岸快速淤涨的历史过程）如何影响盐作环境变化的问题上，基本没有开展专门讨论或寥寥数语；在明清淮盐兴衰变迁的问题上，又普遍认为"海势东迁"引发的自然环境变化是主要原因，却缺少必要的分析论证⑥，这种未加检讨的流行说法，往往

---

① 陈锋：《清代盐政与盐税》，郑州：中州古籍出版社，1998年。[日]佐伯富：《清代盐政之研究》（《盐业史研究》1993年第2期、1996年第1期）。

② 吴海波：《清代两淮盐业重要性之定性与定量分析》，《四川理工学院学报（社会科学版）》2013年第2期。

③ 徐丹：《明朝两淮余盐政策浅析》，厦门大学硕士学位论文，2009年。

④ 吴海波：《清代两淮灶丁之生存环境与社会功能》，《四川理工学院学报（社会科学版）》2009年第5期；秦偲嘉：《明代两淮灶户社会生活》，辽宁师范大学硕士学位论文，2010年。

⑤ 白广美：《中国古代海盐生产考》，《盐业史研究》1988年第1期；刘淼：《明代海盐制法考》，《盐业史研究》1988年第4期；沈敏、卢正兴：《两淮制盐技术史话》，《盐业史研究》1994年第3期。

⑥ [日]渡边惇：《清末における淮南塩场の衰退について》，《立正史学》1972年第36期；于海根：《民国期间苏北淮南盐区的废灶兴垦事业》，《盐业史研究》1993年第1期；应岳林、巴兆祥：《江淮地区开发探源》，南昌：江西教育出版社，1997年；凌申：《黄河夺淮与江苏两淮盐业的兴衰》，《中国社会经济史研究》2011年第1期。按：王日根、涂丹在《"明清海洋政策与东亚社会"国际学术研讨会综述》（《史学月刊》2012年第9期）一文中介绍了吕小琴的《论明清"海势东迁"对两淮盐场的影响》一文主要观点，认为"卤水淡薄促使两淮盐业生产重心由淮南移至淮北"，该文目前未在其他刊物正式发表。另外，吉成名考察了社会因素对盐产地变迁的影响，但未深入讨论海岸变迁与盐作变化的关系[参见《论影响食盐产地变化的因素》，《湘潭大学学报》（哲学社会科学版）2010年第2期]。

成为其他研究者的论证前提,被广泛引用①;在淮南长期沿用煎法生产的问题上,虽然讨论了社会体制等因素对淮南改晒的影响,但尚未考虑自然环境因素及其影响,比较不同海盐生产效率时,也没有考虑地理环境变化的影响②;在淮北盐业兴起的问题上,虽主要强调了自然环境变化的影响,但又缺少论证分析,忽略了社会体制因素的驱动作用③;此外,明清时期江苏海岸土质分布差异的历史过程及其对淮南盐作活动的深远影响,也未受到充分重视。在此类问题上,归结起来,共同之处是缺乏对海岸环境变化的讨论,制约了对历史时期海岸社会经济变迁的认识。

除以往历史领域学者对江苏海岸社会经济活动(两淮盐业史、苏北盐垦)的研究外,其他相关领域的研究者,特别是地理研究者,在海岸自然变化方面已有大量的研究贡献,主要包括江苏海岸线变迁、土质演化、生态环境的调查与研究等。

数百年内的快速淤涨扩展、塑造大面积滨海平原,这是历史时期江苏海岸最为显著的自然环境变化,因此江苏海岸线变化成为以往学界研究的重点内容,通过历史文献分析、考古、钻探以及现代遥感手段等多种方法,30余年来,相当多的研究者对此作了深入研究,特别是揭示了12世纪黄河南徙以来江苏海岸线的主要演化过程④。同时,

---

① 此说引用甚广,如黄公勉、杨金森《中国历史海洋经济地理》(北京:海洋出版社,1985年,第109页),方明、宗良纲《论江苏海岸变迁及其对海涂开发的影响》(《中国农史》1989年第2期),王振忠《清代两淮盐业盛衰与苏北区域之变迁》(《盐业史研究》1992年第4期),严小青、惠富平《明清时期苏北沿海荡地涨圮对盐垦业及税收的影响——以南通、盐城地区为例》(《南京农业大学学报》2006年第1期),邹莉莉《清末民初苏北沿海滩涂农业开发的缘起及其影响》(《前沿》2007年第12期),刘容子《中国区域海洋学海洋经济学》(北京:海洋出版社,2012年,第165页)。

② 王日根、吕小琴:《析明代两淮盐区未取晒盐法的体制因素》,《史学月刊》2008年第1期。

③ 凌申:《黄河夺淮与江苏两淮盐业的兴衰》,《中国社会经济史研究》2011年第1期。

④ 郭瑞祥:《历史时期江苏海岸演变与现代地貌特征》,江苏省科学技术协会主编:《江苏省海岸带—海涂资源综合考察及综合开发利用学术论文选编》,1979年;郭瑞祥《江苏海岸历史演变》,《江苏水利》1980年第1期;耿秀山、万延森、李善为等:《苏北海岸带的演变过程及苏北浅滩动态模式的初步探讨》,《海洋学报(中文版)》1983年第1期;张忍顺:《苏北黄河三角洲及滨海平原的成陆过程》,《地理学报》1984年第2期;杨怀仁、谢志仁:《中国东部近20 000年来的气候波动与海面升降运动》,《海洋与湖沼》 (转下页)

其他相关研究也讨论了特定岸段的成陆机制与过程①、海岸土壤的形成与演化②、海岸变迁及对海涂开发的影响③、黄河泛淮对江苏海岸线变迁的影响④。另外，也包括对古贝壳堤沉积、苏北平原古地理环境演变与沉积特征⑤、黄河夺淮及对两淮盐业兴衰的影响⑥、海岸变迁与海岸工程⑦、废黄河三角洲的发育⑧、河海交互作用与苏北平

（接上页）1984年第1期；凌申：《黄河南徙与苏北海岸线的变迁》，《海洋科学》1988年第5期；陈吉余、王宝灿、虞志英：《中国海岸发育过程和演变规律》，上海科学技术出版社，1989年；张传藻：《江苏海岸的历史变迁》，《江苏地方志》1990年第1期；朱诚、程鹏、卢春成等：《长江三角洲及苏北沿海地区7 000年以来海岸线演变规律分析》，《地理科学》，1996年第3期；杨达源、张建军、李徐生：《黄河南徙、海平面变化与江苏中部的海岸线变迁》，《第四纪研究》，1999年第3期；陈吉余：《中国海岸变迁和海塘工程》，北京：人民出版社，2000年；许炯心：《人类活动对公元1194年以来黄河河口延伸速率的影响》，《地理科学进展》2001年第1期；蔡则健、吴曙亮：《江苏海岸线演变趋势遥感分析》，《国土资源遥感》2002年第3期；朱晓华、查勇：《江苏淤泥质海岸海岸线分形机理研究》，《海洋科学》2002年第9期；刘志岩、孙林、高蒙河：《苏北海岸线变迁的考古地理研究》，《南方文物》2006年第4期；康彦彦、丁贤荣、程立刚等：《基于匀光遥感的6 000年来盐城海岸演变研究》，《地理学报》2010年第9期；薛春汀、刘健、孔祥淮：《1128—1855年黄河下游河道变迁及其对中国东部海域的影响》，《海洋地质与第四纪地质》2011年第5期；王志明、李秉柏、严海兵、黄晓军：《近20年江苏省海岸线和滩涂面积变化的遥感监测》，《江苏农业科学》2011年第6期；康彦彦、夏非、丁贤荣、张长宽、程立刚、葛小平、Jennifer GLASS：《基于Landsat MSS影像的中全新世以来的苏北盐城海岸演变研究（英文）》，Journal of Geographical Sciences，2013年第5期；张晓祥、王伟玮、严长清、晏王波、戴煜暄、徐盼、朱晨曦：《南宋以来江苏海岸带历史海岸线时空演变研究》，《地理科学》2014年第3期。

① 陈金渊：《南通地区成陆过程研究》，《历史地理》第3辑，上海人民出版社，1983年；朱玉荣：《苏北中部滨海平原成陆机制研究》，《海洋科学》2000年第12期。

② 陈邦本、方明：《江苏海岸带土壤》，南京：河海大学出版社，1988年

③ 方明、宗良纲：《论江苏海岸变迁及其对海涂开发的影响》，《中国农史》1989年第2期。

④ 孟尔君：《历史时期黄河泛淮对江苏海岸线变迁的影响》，《中国历史地理论丛》2000年第4期。

⑤ 顾家裕、严钦尚、虞志英：《苏北中部滨海平原贝壳砂堤》，《沉积学报》1983年第2期；陈中原：《苏北滨海平原沉积特征探讨》，《华东师范大学学报（自然科学版）》1995年第2期；凌申：《全新世以来苏北平原古地理环境演变》，《黄渤海海洋》1990年第4期；杨守业、李从先、张家强：《苏北滨海平原冰后期古地理演化与沉积物物源研究》，《古地理学报》2000年第2期。

⑥ 凌申：《黄河夺淮与江苏两淮盐业的兴衰》，《中国社会经济史研究》2011年第1期。

⑦ 陈吉余：《中国海岸变迁和海塘工程》，北京：人民出版社，2000年。

⑧ 邹逸麟：《黄河下游河道变迁及其影响概述》，《复旦学报（社会科学版）》1980年（S1）；叶青超：《论废黄河三角洲的发育》，《地理学报》1986年第2期；李元芳：《废黄河三角洲的演变》，《地理研究》1991年第4期；张林、陈沉良、刘小喜：《800年来苏北废黄河三角洲的演变模式》，《海洋与湖沼》2014年第3期；夏非、张永战、王瑞发、J. Paul LIU、张振克、彭修强：《苏北废黄河水下三角洲沉积范围研究述评》，《地理学报》2015年第1期。

原的成因[1],以及历史时期淮河入海演化与机制[2]等问题的考察。显然,已有研究多集中于海岸自然过程。

此外,在全球变化研究的框架下,对当前江苏海岸的研究中,大量研究关注了海岸自然过程,如黄河北归后江苏海岸带陆海相互作用过程[3]、风暴潮对淤泥质海岸的影响[4]、废黄河口海岸侵蚀与防护对策[5]、淤涨型滩涂与潮沟系统的地貌特征与发育[6]、海滩盐沼植被与演替[7]、潮滩可持续发展与海岸带管理研究[8]、冰后期以来江苏海岸海陆相互作用研究[9]。此类现代海岸研究又与陆海交互作用研究(LOICZ,Land-ocean Interactions in the Coastal Zone)有关。陆海交互作用研究是1993年IGBP和IHDP共同发起的核心项目之一,是地球系统科学组成部分。自20世纪90年代以来,相关研究日益增

---

[1] 王颖、张振克、朱大奎:《河海交互作用与苏北平原成因》,《第四纪研究》2006年第3期;杨競红:《苏北平原的形成与演化》,南京大学博士学位论文,2006年。

[2] 王庆:《黄河夺淮期间淮河入海河口动力,地貌与演变机制》,《海洋与湖沼》1999年第6期。

[3] 陈可锋:《黄河北归后江苏海岸带陆海相互作用过程研究》,南京水利科学研究院博士学位论文,2008年。

[4] 任美锷、张忍顺、杨巨海、章大初:《风暴潮对淤泥质海岸的影响——以江苏省淤泥质海岸为例》,《海洋地质与第四纪地质》1983年第4期。

[5] 高抒:《废黄河口海岸侵蚀与对策》,《海岸工程》1989年第1期;管君阳、谷国传:《废黄河口海岸近期侵蚀特征与机理》,《海岸工程》2011年第2期。

[6] 高抒、朱大奎:《江苏淤泥质海岸剖面的初步研究》,《南京大学学报(自然科学版)》1988年第1期;耿秀山、傅命佐:《江苏中南部平原淤泥质岸滩的地貌特征》,《海洋地质与第四纪地质》1988年第2期;陈才俊:《围滩造田与淤泥质潮滩的发育》,《海洋通报》1990年第3期;张忍顺、王雪瑁:《江苏省淤泥质海岸潮沟系统》,《地理学报》1991年第1期;陈才俊:《江苏淤长型淤泥质潮滩的剖面发育》,《海洋与湖沼》1991年第4期;陈才俊:《江苏中部海堤大规模外迁后的潮水沟发育》,《海洋通报》2001年第6期;吴曙亮、蔡则健:《江苏省沿海沙洲及潮汐水道演变的遥感分析》,《海洋地质动态》2002年第6期;刘秀娟、高抒、汪亚平:《淤长型潮滩剖面形态演变模拟:以江苏中部海岸为例》,《地球科学(中国地质大学学报)》2010年第4期。

[7] 宗世贤:《江苏省海滩植被演替的研究》,《植物资源与环境杂志》1992年第1期;刘永学、陈君、张忍顺、沈永明:《江苏海岸盐沼植被演替的遥感图像分析》,《农村生态环境》2001年第3期;李婧、高抒、李炎:《江苏海岸王港地区盐沼植被变化的TM图像分析》,《海洋科学》2006年第5期。

[8] 陈方、朱大奎、黄巧华:《江苏潮滩区域可持续发展与海岸带管理研究》,《海洋通报》1998年第1期。

[9] 张永战:《全球变化与海陆相互作用研究:以冰后期以来江苏海岸海陆相互作用研究为例》,南京大学博士学位论文,1999年。

多,如陆海相互作用、全球变化与海岸可持续发展研究①、人类活动对近海生态系统与环境影响的趋势预测,以及近海环境变化对生物资源补充和变动的影响等内容。② 自 2003 年该计划进入第二期,并呈现四大转变:(1)注重陆地-海洋统一体;(2)考虑时空尺度如何影响海岸带变化的科学与管理方面;(3)着重研究海岸系统与人类的相互作用与影响;(4)整合自然和社会科学的理论与方法。③ 可见,陆海交互作用研究也具有了这样的趋势,即研究重心从海岸自然过程向人类影响和人地相互作用的海岸带环境变化和综合管理研究转移。

不过,从前述已有研究内容看,有关江苏海岸变化研究,主要以自然过程为主。实际上,这也是其他海岸研究的常见现象。④ 对海岸人类活动关注不足、对社会经济过程讨论薄弱是普遍现象,且研究时段较短、历史文献利用偏少,往往忽视了对历史时期海岸社会经济过程的关注,制约了对海岸带人地关系变迁的认识。例如以大丰县为例,贾敬业等研究者从生态演替史角度分析了淤进型滩涂的开发与利用,对江苏海岸社会经济变迁作了很有意义的讨论,突出了海涂生态演替规律的影响。⑤ 尽管指出了社会经济活动与海涂演替作用的联系,但遗憾的是,对历史时期海岸人类活动的考察不够全面,缺乏对两淮盐作活动历史变迁的梳理,制约了对海岸带人地关系变迁的总体认识。类似的研究工作,也缺少对海岸环境变化如何影响社会经济变迁的必要论证。因此才会倾向将海岸带社会经

---

① http://www.loicz.org/about_us/index.html.en.
② 刘瑞玉、胡敦欣:《中国的海岸带陆海相互作用(LOICZ)研究》,《地学前缘》1997 年第 2 期。
③ 朱高儒、许学工:《海岸带海陆交互作用(LOICZ)的新动向和国内研究进展》,《中国地理学会百年庆典学术论文摘要集》,中国地理学会,2009 年,第 4 页。
④ 陈吉余:《中国河口海岸研究回顾与展望》,《华东师范大学学报》1996 年第 1 期;李凡:《海岸带陆海相互作用(LOICZ)研究及我们的策略》,《地球科学进展》1996 年第 1 期;杜国云、王庆等:《莱州湾东岸海岸带陆海相互作用研究进展》,《海洋科学》2007 年第 3 期。
⑤ 贾敬业、邹迎曦、李乃栓:《从大丰县生态演替史看淤长型滩涂的开发与利用》,《自然资源学报》1991 年第 3 期。

济过程归于自然环境的影响①,或认为海涂宜垦兴垦是不以人的意志为转移②、垦殖兴起是海涂演化的必然。③

归纳起来,在历史研究领域,尽管以往对江苏海岸盐业史、农垦开发史研究成果丰硕。但传统海盐生产与环境关系密切,若缺少对海岸自然环境变化影响的考虑,对海岸社会经济变迁也难有更为全面的认识;同时在地理研究领域,又多集中在自然过程方面,特别是海岸线变迁的研究,虽然也是相当成熟的内容,但海岸环境变化研究并不只有岸线动态变迁。实际上,滩涂淤涨引发海岸自然系统的相应变化,是更为重要的海岸变化之表现,因为这对海岸人类活动的影响也更为直接。因此,若将海岸自然过程的研究,与海岸社会经济过程研究结合起来,更可能全面、深入地观察海岸人地关系变迁与海岸经济开发史。遗憾的是,二者固然分别在历史、地理领域内相对独立地做出了丰富的研究,但以往综合研究极少,尤其是盐作与环境的专题研究,尚无前贤开展相关工作。

总之,在历史时期江苏海岸区域,关注海岸社会经济的历史研究偏重历史文献分析,对海岸环境变迁的考察明显薄弱,或存在以讹传讹现象;以往海岸自然地理研究,又偏重于考察自然过程及当前地理环境状况,很少考虑历史时期海岸社会经济活动。二者分离的现象制约了对历史时期江苏海岸经济开发、人地关系变迁的认识。

二 研究意义、理论与方法

1. 海岸开发与环境适应

海岸是自然资源丰富、人类系统脆弱性高、直接受海平面变化

---

① 凌申:《黄河夺淮与江苏两淮盐业的兴衰》,《中国社会经济史研究》2011年第1期。
② 方明、宗良纲:《论江苏海岸变迁及其对海涂开发的影响》,《中国农史》1989年第2期。
③ 赵赟:《苏皖土地利用方式与驱动力机制(1500—1937)》,复旦大学博士学位论文,2005年。

影响的区域。① 目前沿海地区集中了全球大部分人口与经济活动,世界上大约 40% 人口生活在海岸 100 公里以内,并仍然不断增长。② 特别是沿海低地(LECZ,海拔低于 10 米),是人口与社会经济最为集中、活跃的地区。全球沿海低地仅占土地总面积 2%,但占据了全球总人口的 10% 和城市人口的 13%。③ 为应对气候变化、防范海岸风险、降低脆弱性、推动可持续发展,海岸已成为国内外全球变化与人类适应研究的焦点区域。如在全球变化研究框架下,IPCC 第四、第五次评估报告便大量关注了海岸人类活动,成为未来相关研究的重要趋势。④

我国海岸线 40 公里以内的沿海低地总人口已占全国总人口的半数以上,同时,我国沿海低地总面积的八成、人口的九成分布在海岸 100 公里以内,江苏省是沿海低地面积最大、人口最多的省级行政区,其沿海低地面积约 6.7 万平方公里,占全国沿海低地总面积 34.8%;其沿海低地人口约 5 200 万,接近全国沿海低地总人口的三分之一。⑤ 当前江苏海岸又是我国经济开发的前沿地带。自 2009 年,江苏沿海成为国家战略开发地区,人口与产业将加快向海集中、基础设施投资将不断增加⑥,如何实现可持续发展,将成为区域开发更为迫切的问题。

同时,历史时期江苏海岸又具有以下特点:(1)重大的地理环

---

① IPCC, 2013: *Climate Change* 2013: *The Physical Science Basis*. (eds. Stocker, T. F. et al.) (Cambridge Univ. Press, 2013); IPCC, 2014: *Climate Change* 2014: *Impacts, Adaptation, and Vulnerability*. (eds. Field, C. B. et al.) (Cambridge Univ. Press, 2014).

② Agardy, T. & Alder, J. Ecosystems and Human Well-Being: Current State & Trends Vol. 1 (eds Hassan, R., Scholes, R. & Ash, N.) 513 – 549 (Island Press,2005).

③ McGranahan G, Balk D, Anderson B. The rising tide: assessing the risks of climate change and human settlements in low elevation coastal zones. Environment and Urbanization, 2007,19(1): 17 – 37.

④ Sally Brown. et al. Shifting perspectives on coastal impacts and adaptation. Nature Climate Change. 2014, 4: 752 – 755.

⑤ 施敏琦:《中国沿海低地人口分布及人群自然灾害脆弱性研究》,上海师范大学硕士毕业论文,2012 年。

⑥ 江苏沿海开发研究院、光明日报驻江苏记者站、江苏省哲学社会科学研究基地项目江苏沿海产业带建设课题组:《高起点构建江苏沿海产业带——江苏沿海产业带建设调查报告》,《光明日报》2009 年 8 月 11 日,第 7 版。

境变化:数百年的黄河南徙、海岸淤涨,塑造了大面积滩地,生态要素分布存在规律性的演替变化。(2)多样的人类活动:历史时期海岸盐作、农作、渔作活动长期并存,多样的土地利用方式与地理环境变迁关系密切。(3)明清官府控制的重点区域:江苏海岸盐业经济长期是封建王朝主要的盐课来源,成为官府控制的重点地区,出现了复杂多样的海岸管理制度与土地利用政策。(4)丰富的历史文献记载:明清时期江苏沿海积累了大量历史文献,保存了大量海岸人文与地理要素变化的历史信息。(5)"三味"兼备:"海味"(海洋因素)、"土味"(陆地因素)、"人味"(人文因素),江苏海岸带受季风气候控制,位于北亚热带向暖温带过渡的区域,兼受海洋性和大陆性气候双重影响,自然资源丰富,具有丰富的人地关系变迁图景。

江苏海岸的历史与现实,即自然环境与社会经济变迁的特殊性、复杂性、典型性,使该区域具有很高的学术研究价值,具有相当广阔的研究空间。不仅是一个重要的全球变化研究区域、开展区域LOICZ研究的理想场所[1],复杂的自然变化、多样的人类活动以及丰富的历史文献,也使其成为世界罕见的能够观察长时段海岸变化与人类适应的典型区域。在当前日益重视生态环境变迁以及海岸人类活动研究的趋势下,利用江苏海岸这一典型区域,深入观察历史时期海岸变化与人类活动,进一步检验、批判江苏海岸已有研究,并期望能够深化对海岸经济开发、人地关系变迁的认识。

总之,通过对江苏海岸人类活动长时段的观察与研究,有助于深化江苏沿海社会经济史、人地关系变迁研究,对全球变化与人类适应、陆海相互作用以及区域可持续发展研究等方面,也具有重要的研究意义。

2. **历史文献与现代模拟——多要素综合研究**

本书研究主题属于历史人文地理范畴,选择江苏海岸这一包含复杂自然环境与多样社会经济变化的独特区域进行综合研究,尝试通过复原、考察历史时期海岸人文要素的时空特征与变迁过程,揭

---

[1] 朱大奎、赵化煜:《全球变化与海岸研究》,《海洋通报》1995年第1期。

示不同时间尺度内人文要素变化的自然地理背景以及驱动机制。要完成这一研究目标,离不开多学科、多要素综合研究方法的运用,即充分利用现代海岸研究与其他学科知识,通过现代模拟与历史文献对比的方法,尝试科学、系统地复原历史时期海岸生态环境变迁场景,揭示海岸人文要素的时空变化,探讨自然与社会因素的驱动作用及差异。

如前文所述,以往两淮盐业经济研究中,对生产环节关注甚少,缺乏盐作与环境关系讨论,而传统盐作活动与环境变化关系密切,特别是在明清时期黄河南徙、海涂快速淤涨的背景下,环境变迁到底对盐作活动产生什么样的影响,以往学界鲜有研究。不过,若要展开研究工作,关键是需要复原历史时期海岸生态环境变化,并考察对海岸盐作活动的影响。尽管江苏沿海历史文献特别是盐法文献非常丰富,但主要关注的是运销与课赋,有关盐作活动与环境变化的记载比较模糊。因此,笔者从现代海岸研究、海岸考察以及其他学科知识寻找突破。有趣的是,当代江苏沿海部分岸段海涂仍然外涨,海岸研究学者数十年来在土壤、植被、海岸线变迁等多方面做了深入研究,特别是海涂具有要素演替的规律,古今具有一致性,这为笔者以今溯古,根据现代海岸研究模拟、复原历史时期海岸生态环境变迁图景、深入了解海岸淤涨变化对传统海岸盐作活动的影响提供了科学依据。

同时,本书也积极借鉴了环境史的基本研究理念。环境史重视人与自然的密切联系,主张历史研究需要生态学的观点[①]。环境史研究者关注人及其社会与自然界的其他部分的历史关系,强调不能笼统地称为"人与自然的关系",认为既往历史研究过多强调了人的社会性,忽视了人作为自然界一部分的生物属性,而深层生态学又过分强调了人的生物性,将人等同于一般生物,忽视了人类不同

---

① D. Worster, "History as Natural History: An Essay on Theory and Method", *Pacific Historical Review* 1984, 53: 16.

于一般生物的社会性。① 故在环境史研究中,特别需要重视整体论与有机论的思想,不是简单地以人为中心,也不是完全以生态为中心,而是以人及其社会与自然的其他部分的相互作用为中心。相对于传统的历史研究而言,环境史的突出特点是把原来历史研究中忽略的那一部分重新融入历史研究中来。②

在论述结构上,本书主要参考了区域历史地理的基本研究方法,但并不打算套用以往的习惯,即避免对区域内自然、人口、政区、经济、军事以及文化等地理要素分门别类、罗列式的描述。而将海岸人地系统视为有机整体,不是要素简单叠加组合,以多要素综合研究为主,探讨要素之间的互动关系、时空结构变化。故本书从明清时期江苏海岸自身特点出发,对海岸自然过程、社会经济过程与政治过程三个方面的互动关系做基本考察,将部分关键人文与地理要素的复原工作内化在各章节讨论之中,并注意突出海岸人文与地理要素之分布、兴衰变迁及其互动关系,总结海岸带人地关系变迁的复杂性与基本特征。

综合研究是区域历史地理研究的指导思想和方法论准则③。区域历史地理研究不是对自然地理、人口地理、经济地理等地理要素分门别类地简单罗列,而应是对内在机制的有机探讨;同时,地理学研究事物,不是作为特殊现象、孤立现象去研究,而是从总的特征去研究,特别注重各种成分之间复杂的相互关系。④ 不过,以往区域历史地理研究也容易出现这种倾向,在罗列单要素的复原研究之后,对于更为重要的多要素互动关系的分析却往往不了了之。在讨论要素变迁的原因时,往往将自然、社会、政治等诸多要素逐一列举,以此说明其变迁是多要素综合作用的结果。但实际上,研究对象越具体,多要素作用过程的差异性与复杂性越明显,对总结区域

---

① 包茂红:《环境史学的起源与发展》,北京大学出版社,2012年,第6页。
② 同上书,第6—7页。
③ 韩光辉:《历史地理学丛稿》,商务印书馆,2006年,第364页。
④ 丁超:《十年来历史人文地理学研究评论》,《中国历史地理论丛》2011年第3期。

人地关系变迁具有重要意义。特别需要注意的是,在列举时,往往又忽视或者没有进一步考察这些因素的变迁。例如会出现这样的现象,虽然指出自然环境变化是某种要素变迁的主要原因,却并没有首先考察自然环境变化,故容易陷入以讹传讹或人云亦云。因此,在讨论一种要素变迁时,若只将主要力量放在单要素变迁却忽视了与其相关要素变迁的综合讨论,便很可能制约了对该要素变迁更为本质与深入的认识。要避免这种困境,不妨采用多要素综合研究,视其为有机整体,将诸要素变迁纳入到一个区域人地系统中进行观察,或许不失为有益尝试。同时,也可以检验、批判已有的研究。

运用多要素综合研究,旨在揭示历史时期人文地理现象变迁的内在互动关系及其原因,避免以往区域历史地理研究存在简单罗列诸要素变迁的不足。本书即以明清江苏海岸带区域为研究对象,通过多要素综合研究,以考察海岸人文要素时空分布、内部结构、相互关系的变化以及驱动因素的影响。

诚然,单要素复原研究的成果是多要素综合研究十分重要的学术基础,多要素综合研究则是单要素复原研究的归宿与方向。但我们不能仅仅停留在单要素复原研究这个基础上,因为本质上这个基础只是研究的第一步、是手段,对单要素复原研究之后的多要素综合研究才是真正目的。试想,如果不同的单要素研究最终不能统合到人地关系有机研究之中,不能反映出人地互动的背景与过程,那么其研究的科学意义便很难体现了。任何自然、人文学科的单要素研究归根结底都是为了探索人地关系。区域历史地理单要素研究,如果没有一定方向性,易陷入孤立主义倾向,不断地人为切割,会导致研究对象零碎化、片面化。因此,从不同的单要素复原研究出发,进而展开多要素综合研究,也是本书的基本线索。

尽管重视要素之间的关系与结构,并从结构本身来考察要素的互动及其变迁过程,在哲学观点上似乎更靠近结构主义,但笔者无意谈论"主义",然而其思想、方法论值得借鉴。结构主义者认为研究对象应该放到诸要素之间的关系上,通过要素之间相互制约、相互影响的因果关系研究,试图发现规律性认识,即要素之间的关系才是研究的真正对象与意义所在,而并不是要素本身。这种思路对于区域历史地理多要素综合研究也是大有裨益,实践中若重视多要素综合研究方能摆脱以往的不足与困境。

此外,由于历史地理学的方法在于突出地理要素(自然、人文)"时间与空间分布变化"这一核心内容,这不同于传统的历史研究方法重在观察事物发展、兴衰变化过程。故科学、规范地展示海岸自然与人文地理要素的时间与空间分布变化,进而揭示要素间的互动关系与发展变化的内在逻辑,这是本书运用现代模拟与历史文献结合的方法所开展的基本研究内容,不同于以往的盐业史、区域社会史研究范畴。

因此,本书选择江苏海岸这一典型区域,尝试对海岸作为一个整体进行考察研究。结合历史文献分析、现代模拟以及田野考察,通过单要素复原与多要素综合研究,揭示历史时期江苏海岸人文与地理要素的时空特征,分析自然地理背景与驱动力机制。在此基础上,尝试探索自然与人为驱动力对海岸人地系统的作用与反馈,揭示海岸人地系统整体演变的规律与机制,并为构建预测与调控海岸人地系统变化的理论与方法提供研究基础。

三 海岸人地系统:研究思路与分析框架

海岸区域是一个开放的巨系统。历史时期江苏沿海地区,自然与人文要素多样化,涉及土壤、植被、海潮、河道、海岸线等诸多要素变迁,也包括传统盐作、农作、筑堤建墩等人类活动,庞杂而交织。若没有科学、系统的分析框架,难以对这些涉及多学科知识的要素变迁与复杂变化进行系统分析与讨论,将很难避免简单罗列各类要素的复原工作,难以实现多要素综合分析。

海岸包括自然系统与人类系统。为系统分析海岸变化与人类活动,笔者尝试将江苏海岸视为一个典型的区域人地系统(图1-1),并结合区域历史地理与LOICZ(陆海交互作用)研究视角,通过对该区域自然过程、社会经济过程以及政治过程三方面讨论,试图揭示诸

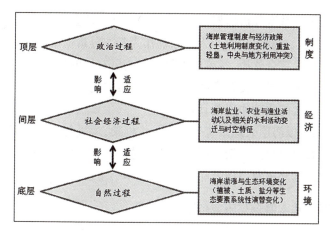

图 1-1　海岸人地系统诸要素示意图

要素的相互关系、海岸带人地关系变迁的基本过程。换言之,以海岸带盐作与环境关系作为研究突破口,以海岸自然过程与社会经济过程以及政治过程为基本分析框架,分析海岸人文与地理要素时空特征及其驱动机制。

　　海岸人地系统三个层面之间也是密切联系的(图1-1):底层的环境变迁引起了海岸自然资源的地理分布变化,为间层变化提供了可能;顶层的制度变化对间层各要素的组合关系(资源配置)也产生深刻影响,海岸带管理制度,对海岸社会经济活动变迁具有加速、延滞作用。其中,江苏海岸自然过程以海涂要素演替(succession)规律为支点,讨论了对海岸带社会经济过程的影响;社会经济过程则以明清时期长期存在的两淮盐作活动为中心,考察盐、垦、渔与水利活动的相互关系以及社会经济活动"演替"过程,明确社会经济过程对自然过程的环境适应性特征;在政治过程中,突出了国家与地方对海岸带资源利用的利益诉求差异及其影响;此外,传统时代海岸人地系统中,社会经济变化主要表现为对制度与环境的兼顾适应。

　　本书将分两步展开研究,首先开展单要素复原研究(即运用历史文献与现代模拟结合的方法,揭示历史时期海岸主要人文与地理要素的时空特征、结构变化);其次开展多要素综合分析(即在海岸人地系统的基本分析框架内,综合分析自然与社会因素的驱动作用及其差异)。同时,以海岸人地系统作为基本分析框架,能够较好地开展多要素综合分析,使单要素复原研究更有目的性,有利于系统、科学地揭示海岸人文要素的时空特征与结构变化,有利于分析自然与社会因素的驱动作用及其差异。

总之,以海岸人地系统为基本分析框架,通过复原、考察历史时期江苏海岸社会经济活动的时空特征,揭示不同时间尺度内诸要素变化的自然地理背景以及驱动机制,是本书主要研究目标。

四 基本概念与研究范围

1. 海岸带

海岸带,其定义有多种表达,狭义海岸带指:沿海潮间带及其两侧一定范围的陆地和浅海的海陆过渡地带。具体范围是向海延伸到10—15米等深线,向陆地数百米至1公里左右。广义海岸带则为:向海扩展到沿海国家海水管辖权的外界,即200海里专属经济区的外界,向陆地则超过10公里,包括了陆地、滩涂、沼泽、湿地、河口、岛屿及大片海域。[①] 另外,1994年联合国教科文组织(UNICO)的海洋科学会议明确提出了"海岸海洋"的新概念。包括了狭义海岸带、大陆架、大陆坡和大陆隆,其内容涵盖了整个海陆相互过渡与积极作用的地带,是对海岸带的进一步认识。同时,从历史变迁观点看,海岸带被看做陆地和大洋之间的过渡地带,它包括滨海平原、狭义海岸带和大陆架三个部分,从是"滨海平原至外陆架坡折带之间广阔的区域,大致相当于晚第四纪海平面波动时期被淹没和露出的范围"。[②]《江苏省志·地理志》将海岸带定义为自海岸向陆10公里的陆地及向海至-10至-15米的浅海的狭长地带[③],

---

[①] 陈国强、王颖:《海岸带综合管理的若干问题》,《海洋通报》2003年第3期。
[②] 李凡:《海岸带陆海相互作用(LOICZ)研究及我们的策略》,《地球科学进展》1996年第1期。
[③] 江苏省地方志编辑委员会:《江苏省志·地理志》,南京:江苏古籍出版社,1999年,第212页。

本书整体上采用这一定义。

需要指出的是,本书中海岸是历史时期的概念与范围,是数百年来沿海潮间带(intertidal zone,也可称海涂、潮滩①)不断演变积累的结果。不同时期内其范围存在差异,整体上为范公堤以东至海,或今江苏沿海各县的行政范围。由此可见,本书所指"江苏海岸"范围大于《江苏省志・地理志》所称现代意义的海岸带范围,后者不包括范堤以东历史上属于潮滩(tidal flat)今日已成为村镇聚集人烟的大面积滨海平原地带。

此外,海岸带是现代地理学科学名词,由于本书讨论对象为历史时期海岸,范围变化较大,无须细究海岸与海岸带的差异。故为表述简便,无特别指明时,在本书中"海岸"、"海涂"与"海岸带"同义。

2. 环境变迁

地理环境包括自然环境、经济环境和社会文化环境。自然环境是由岩石、地貌、土壤、气候、生物等自然要素构成的自然综合体;经济环境是指自然条件和自然资源经人类开发利用后形成的地域生产综合体的经济结构,包括工业、农业、交通和城乡居民点等各种生产力实体的地域配置条件和结构状况。② 因此"环境变迁"也包括了自然环境、社会经济环境以及社会文化环境变化。本书所讨论的"环境变迁"包括海岸自然环境变化与社会经济环境变化(不包括社会文化环境变迁)。无特别说明,文中"环境变迁"(或地理环境变迁)一般仅指自然环境变化;社会经济环境变化即社会经济状况的变化。

值得注意的是,"环境变迁"或"环境变化"是当前历史地理、生态环境史及其他学科研究的热门词汇。不过,往往谈论变化者多,对要素不变的方面容易忽略,甚至每每谈论"环境变迁"便先验地

---

① 海岸、海涂是海岸带重要组成部分,指平均高潮位和平均低潮位之间的地带,也称为潮间带。高潮时淹没,低潮时露出的海陆接触地带;现代的潮滩一般指海堤以外低潮时能够出露的海滩,历史时期由于江苏沿海广袤的滨海滩涂并无海堤,故潮滩也远比今日宽阔。

② 《中国大百科全书・地理学》,北京:中国大百科全书出版社,1990年,第64页。

当成不利变化,用来解释其他要素变迁过程。讨论中要注意避免这种倾向。在讨论环境变迁时,既要揭示要素"变"的本质,也要阐明"不变"的特征,并结合社会经济活动特点做具体分析,不能一概而论。

此外,"海势东迁"在本书中出现较多,是历史文献中用来泛指明清时期江苏海岸不断向海淤涨的状态。"海势东迁"引发了海岸环境变迁,对海岸自然与人类系统产生了深远影响。

3. 演替与过程

本书中"自然演替",无特别指明时,均指原生演替(primary succession),即在不考虑人类活动影响下的自然原生演替过程。除了原生演替,受围垦、侵蚀影响,海涂也存在逆向次生演替(secondary succession)。

本书中"自然过程"(natural processes)包含两方面,一为明清时期江苏海岸东迁引发的自然环境变化过程,二为海岸带生态要素存在规律性的演替过程。无特别指明时,以后者为主。

此外,"社会经济过程"指海岸带范围内农作、盐作以及渔作活动(或土地利用方式)的兴衰变迁。海岸社会经济过程与自然过程具有某种内在统一性,或表现为一定的"演替"现象。

"政治过程"(political process)指明清时期海岸带管理与资源配置在官府与地方群体之间的博弈,并主要指官府对海岸带管理及政策变化,对海岸带社会经济过程的"演替"产生了深刻影响。

4. 时间与空间范围

本书整体考察时段为15—20世纪,并选择16—19世纪作为本书主要研究时段,有三点考虑,一是该时段内,江苏海岸带发生了世界罕见的持续数百年的海岸东迁自然过程,地理环境变迁显著,二是存在长期的大规模盐作活动与其他社会经济过程变化,有利于观察环境与人类互动。三是该时段内历史文献丰富,不仅有各类史志文献,还有相当连续的多部《两淮盐法志》文献,史料集中、系统。

明清时期江苏海岸带是一个动态的区域,本书研究的空间范围大致西至范公堤,东至海,北至苏鲁交界,南至长江口,即以明清江苏沿海地区为主要研究范围,部分内容涉及苏南及浙西岸段。这是一个相对独立的自然环境与人文景观单元,具有海陆影响的双重性,也存在明显的南北气候差异(图1-2)。

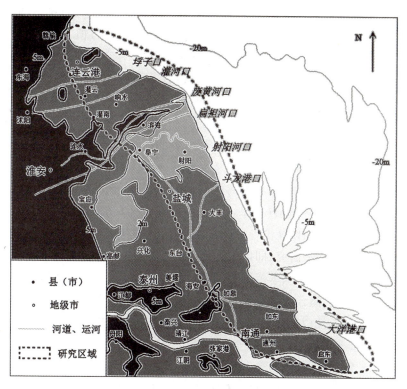

图1-2　江苏沿海地势与研究范围示意图

本书对明清"江苏海岸"范围的具体界定为:西界,古黄河以北以柘汪大沟、通榆公路、沭北运河、盐场内堤为界;古黄河以南以阜宁、盐城、东台、南通一线为界,或以通榆运河为界,向东延展到浅海区域。① 包含了历史时期因海涂淤涨所形成的大部分滨海平原。简而言之,本书研究的空间范围,基本等于今连云港、盐城、南通三市行政范围,大于现代"江苏海岸带"。需要说明的是,明清时期江苏

---

① 杨达源、周生路主编:《现代自然地理研究》,北京:科学出版社,2009年,第243页。

海岸还包括长江口以南的海岸线(太仓州、松江府岸线)①,无特别说明,本书中"江苏海岸带"一般不包括今上海岸段。

此外,不少研究也采用"苏北沿海"、"苏北海岸带"的表述,但笔者认为"苏北沿海"并不科学,主要是一种使用习惯。实际上,"苏北沿海"是今天江苏仅有的沿海地区,并不存在其他沿海地区,故可以明确使用"江苏沿海"。同时,"江苏沿海"在学界的使用频率也远高于"苏北沿海"。② 故本书采用"江苏沿海"、"江苏海岸"作一般概括。

总而言之,本书研究的空间范围为明清范公堤以东至海。包括明代两府(扬州、淮安)的七州县(海门、通州、如皋、盐城、安东、海州、赣榆),以及清代江苏沿海两府(扬州、淮安)两州(海州、通州)一厅(海门)所属六县(如皋、东台、盐城、阜宁、安东、赣榆)。另外,本书研究区域与以往论者虽有部分重合,但重点在于将整个海岸带作为一个整体去研究,即以宋代海岸线与以东区域为主,北至赣榆县,南至长江口。基本范围为范公堤以东的滨海平原,向北从阜宁延伸至灌南、灌云、赣榆,是一个历史的、动态的、广义的海岸带。

江苏长江以北岸段,地势上可以分为三类,赣榆至废黄河口为5米至2米高程,废黄河口至斗龙港口为2米以下,斗龙港至启东也是2米到5米之间,淮南北部岸段地势最低(图1-2)。整体上本书将江苏海岸划为三个分区:淮北沿岸(北部岸段)、淮南沿岸(中部岸段),以及通州沿岸地区(南部岸段)。

五 本书主旨与结构

1. 研究对象与主旨

本书以明清两淮盐作活动为中心,通过复原、考察历史时期海

---

① 谭其骧主编:《中国历史地图集》第8册(清时期),北京:中国地图出版社,1996年,第16—17页。

② 以"江苏沿海"、"苏北沿海"、"江苏海岸/带"、"苏北海岸/带"为关键词,在知网"文献"(包含9个数据库)项下对"主题"条检索,截至2014年4月6日,分别有记录3 298条、775条、146条、47条。可见"江苏沿海"使用更为广泛。

岸人文与地理要素的时空特征与变迁过程,揭示不同时间尺度内人文与地理要素变化的驱动机制,进一步考察海岸人地关系变迁。在此基础上,尝试探索自然与人为驱动力对海岸人地系统的作用与反馈,揭示海岸人地系统整体演变的规律与机制,并为构建预测与调控海岸人地系统变化的理论与方法提供研究基础。

本书以两淮盐作活动为主要研究对象,是基于以下考虑:明清时期,海岸带大部分地区不宜垦作,但适宜盐作活动。数百年内,海岸社会经济以盐作为主导,成为明清王朝盐课主要来源地;同时海盐生产与海岸地理环境变化关系密切,故两淮盐作活动成为本书研究的核心内容。此外,盐作活动与农作、渔作活动存在一定联系,但在明清官府高度依赖两淮盐课的前提下,海岸带资源配置均围绕盐作活动为中心。除盐作活动外,本书也对海岸农作、渔作、水利活动及其相互关系进行考察。

2. 本书结构

本书共分十一章。第一章导论;第二至三章,详细讨论海岸自然过程;第四至十章,详细讨论海岸社会经济过程;第十一章,讨论海岸管理制度与政治过程。

第二章,分析江苏海岸自然过程(生态环境变迁)的主要表现与影响。利用历史文献,结合现代海岸研究与观察,讨论了明清小冰期内江苏海岸快速淤涨变化("海势东迁")的基本过程,并通过海涂生态要素演替作用,考察了这一重大自然事件对海岸环境变化产生的重要影响。强调了在该规律影响下,海涂植被、土壤、盐分等生态要素的规律性分布,这种自然地理要素空间分布特点很大程度上直接影响了历史时期海岸人类活动变迁,使海岸带呈现宜垦、宜盐、宜渔带的地带性分异,成为明清时期海岸社会经济过程(盐作、农作、渔作活动变迁)的重要地理背景。

第三章,探讨海岸生态环境变迁对盐作活动的影响。在前章分析海岸环境变化的基础上,进一步讨论海岸盐作活动所依赖的关键自然要素的时空分布变化。明确了卤水、荡草资源地理分布变化的影响以及与淮盐兴衰的关系。并以淮南煎法盐作为中心,讨论了盐作环境变迁存在"变"与"不变"的差异及其影响,阐述了近岸表层海水盐度分布变化、沿海土质分布差异的影响。

第四章,探讨盐作活动如何响应海岸变化。在第三章讨论盐作环境变迁的基础上,本章进一步分析海盐生产活动响应海岸环境变化以及关键盐作要素变化的过程与历史表现。海岸环境变化深刻影响了两淮盐作活动的方式,本章通过复原明清时期两淮独特的"移亭就卤"盐作生态,明确了历史时期两淮盐作活动适应海岸环境变化的机制,即通过对亭场搬迁、引潮沟渠的运用等方式,实现了对海岸草卤等关键盐作资源的集约利用,维持了传统盐作活动的长期延续,实现了盐作活动与海岸变化的动态平衡。

第五章,讨论两淮盐作格局变化与地理背景。本章进一步分析淮盐内部生产格局变化及其对海岸环境变化的响应,即两淮盐场南煎北晒分布格局的形成过程及其地理背景。同时,通过复原两淮盐作活动变迁与盐作技术分布,考察了盐作技术分布变迁的地理背景、阐述了两淮盐作技法与环境变迁的关系。

第六章,以淮南盐场废煎改晒为专题,讨论了明清时期淮南盐场长期沿用煎法的自然地理背景。淮南盐场长期维持煎法生产是我国传统海盐生产活动中独特现象,以往论者多强调了社会体制因素,缺少对地理因素的讨论。本章辨析、梳理了淮南盐场废煎改晒的历史过程,并通过考察煎、晒与地理环境的关系,进一步明确了社会经济环境、自然条件的差异,以及对废煎改晒的重要影响。

第七章,以晚清淮南盐衰为专题,分析了晚清淮南盐衰的自然地理背景以及社会经济因素的驱动作用。晚清淮南盐衰是两淮盐作史与生产格局的重大变化,以往普遍认为海岸自然环境变化引发盐作衰退。通过综合讨论海岸自然环境与社会经济环境变化对晚清淮南盐衰的影响差异,本章讨论了晚清社会经济环境变化对淮南煎盐衰退的影响过程,也分析了海岸淤涨引发的自然环境变化对淮盐生产的促进作用。

第八章,以淮北晒盐产生与发展为专题,分析淮北盐业的发展过程。淮北盐业发展变化是江苏海岸社会经济变迁的重要内容之一，以往研究中讨论较少，缺乏比较全面的梳理。本章通过复原淮北晒盐形成与兴起的历史过程，分析了气候与土质条件对淮北晒盐产生与发展的驱动作用，考察了清末民初特殊的社会经济形势与官府管制政策的变化，对淮北晒盐迎来清末历史发展机遇的重要影响；进一步明确了自然地理环境与社会经济因素对海岸社会经济变迁的驱动作用与差异。

第九章，在第四至八章分析海岸盐作活动变化与驱动因素的基础上，本章进一步讨论了明清江苏海岸社会经济过程的重要方面——农作与渔作活动。限于文献资料数量与质量，本章仅以海岸农作活动为主，梳理了"海势东迁"背景下盐垦转换的历史过程，讨论了废灶兴垦与淮南盐衰的内在联系，分析了海岸农作活动时空变化的自然地理背景与社会经济因素的驱动作用。

第十章，探讨海岸水利活动（捍海堤、避潮墩）变迁过程。通过考察历史时期江苏海堤工程变迁以及潮墩兴衰，分析不同时期内海岸水利活动与海岸盐作、农作活动的内在联系，揭示海岸水利活动形态变化与时空特征的自然地理背景以及社会经济因素的驱动作用。

第十一章，在前文讨论基础上，分析海岸社会经济格局变化以及总的时空特征，考察社会经济变迁与海岸生态环境变化的关系，并对两淮盐作、农作活动的空间分布变化及其驱动机制进行总结分析。同时，通过考察明清官府在江苏海岸的管理制度，讨论了海岸管理与政治过程的影响。

六 主要研究特色

研究内容上，明清时期江苏经历了世界罕见的快速淤涨变化，其复杂的海陆变迁（淤涨、演替与蚀退），多样的人类活动（大规模的海盐生产、农业开发、海堤兴筑），丰富的历史文献，选择这一独特的区域观察海岸人类活动，成为本书的重要研究特色。明清时期江苏沿海存在重大地理环境变迁，即持续数百年的海岸淤涨变化，这一重大自然事件对两淮盐作活动以及其他海岸人类活动产生了哪些影响，其过程与机理如何，对人地关系变迁有哪些影响，以往研究者尚未深入展开探讨。围绕江苏海岸传统盐作与环境的关系，笔者对此开展研究，揭示传统海岸盐作地理特征及其与其他人类活动的关系，并进一步讨论了历史时期江苏海岸人地关系变迁。

研究方法上，采用历史文献分析、田野考察与现代模拟结合，开展多要素综合研究的方法，以观察海岸人地系统诸要素的相互关系作为基本分析框架，在历史数据整理、田野考察，以及空间分析的基础上，科学、系统地复原历史时期江苏海岸自然要素（植被、土质、盐分等）、人文要素（盐作、农作、渔作、水利活动）的时空分布变化，并分析引发变化的驱动作用及其差异。

七　基本文献资料

考察历史时期江苏海岸环境变迁、社会经济及其人地关系变迁是相当困难的研究工作，特别是海岸盐作活动，既涉及海岸生态学内容，也包括了盐作技术等多种学科知识，同时还有大量历史文献需要阅读，故涉及的材料纷繁复杂。归纳起来，本书利用的主要文献资料包括：各类盐法志、新旧地方志等历史文献，与海岸土壤、植被、海盐工艺，以及水利工程等内容相关的文献资料。

一类为基本历史文献。明清时期江苏沿海地区的盐法文献、方志文献十分丰富，为本书研究提供了重要保证。本书讨论内容以明清两淮盐作活动为主，故明清两淮相关盐法文献最为重要。两淮盐课在明清两朝地位突出，官府有不断续修《两淮盐法志》的传统，质量高，内容丰富，往往有官府实地调查记录。主要包括弘治《两淮运司志》、嘉靖《两淮盐法志》、康熙《淮南中十场志》，以及康熙、雍正、乾隆、嘉庆、光绪年间多部官修《两淮盐法志》。清末民初又有周庆云编纂的《盐法通志》与张茂炯的《清盐法志》，以及民国年间《中国盐政实录》等。其他盐务官员等私撰盐法论著也相当丰富，例如朱廷立《盐政志》、丁日昌《淮鹾摘要》、陆费垓《淮鹾分类新编》等。前后接续数百年的官私盐法文献为本书复原两淮盐作活动与环境变化关系提供了重要条件(详见书末参考文献古籍部分)。

虽然两淮盐法文献卷册浩繁,但幸运的是,2009—2012年,于浩辑录、国家图书馆出版社影印出版的《稀见明清经济史料丛刊》第一、二辑,收录了绝大部分散存的两淮盐法文献,以及两浙、福建、两广、山东、长芦盐区的文献资料,这项功德无量的资料整理工作为笔者开展研究提供了莫大便利。

此外,江苏沿海地区明清方志文献丰富。包括了总志、府志、县志,如嘉靖《惟扬志》、万历《海州志》、《通州志》、乾隆《江南通志》、嘉庆《东台县志》等多种志书文献。其他文献还包括官员文集、废灶兴垦资料、新修地方志、沿海各县文史资料与地名录等。

另一类基本文献为现代海岸带调查、研究成果。海岸环境变迁涉及多种学科与领域,相关资料丰富。不过,物的规律古今变化一般很小,特别是海岸带存在明显的演替规律,当代江苏海岸带自然地理研究的成果大部分内容都可以直接利用,以今溯往,考察历史时期海岸自然环境变化。特别是任美锷主编的《江苏省海岸带和海涂资源综合调查报告》(海洋出版社,1986年),以及陈邦本、方明的《江苏海岸带土壤》,十分详细地讨论了江苏海岸带土壤、植被等海涂生态要素的分布规律以及演变过程,对本书复原明清时期海岸带自然过程有重要参考价值。此外,江苏省科学技术委员会、中国科学院南京地理与湖泊研究所、江苏省海岸带和海涂资源综合考察队共同主编的《江苏省海岸带自然资源地图集》(科学出版社,1988年),对现代江苏海岸带的地质、地貌、海洋温度、盐度分布、气候特征、灾害时空分布、潮汐规律、海水化学状况等内容做了翔实调查。

20世纪80—90年代,中国海岸带曾进行了深入全面的综合调查,形成了《中国海岸带和海涂资源综合调查专业报告集》,包括《中国海岸带地貌》(陈吉余,海洋出版社,1996年)、《中国海岸带水文》(薛鸿超、谢金赞等,海洋出版社,1996年)、《中国海岸带土壤》(宋达泉,海洋出版社,1996年)、《中国海岸带气候》(全国海岸带办公室,气象出版社,1991年)、《中国海岸带植被》(赵大昌,海洋出版社,1996年)等专业分集。分别介绍了我国各海岸带光热、植被、土壤、水文等主要地理要素的时空分布规律。其中涉及江苏岸段的内容,也是本书重要的参考资料。

这些材料,结合现代海岸实地考察,为笔者了解历史时期海岸带的自然环境演变图景提供了重要研究基础。

第二章　16—19世纪江苏海岸生态环境变迁

明清小冰期内江苏海岸快速淤涨,这一重大自然事件对海岸人类活动产生了深刻影响。以往有关江苏海岸自然环境变化研究多集中于海岸线变迁。实际上,海岸自然环境变化远不止于此,海涂生态要素规律性演替作用及其引发的海岸生态环境变化,对海岸人类活动产生了直接影响。本章结合现代海岸研究与历史文献分析,考察历史时期江苏海岸变化的主要面貌与海岸生态环境变迁的基本特征。主要解决的问题是:明清时期江苏海岸变化除了以往比较成熟的岸线变迁研究外,还有哪些对海岸人类活动存在重要影响的生态环境变化。

一　江苏海岸自然环境概述

今江苏海岸北起苏鲁交界处赣榆县绣针河口,南至启东县圆陀角,海岸线漫长,全长达954公里,潮滩平坦开阔。沿海包括赣榆、连云港、灌云、灌南、响水、滨海、射阳、大丰、东台、海安、如东、南通、海门以及启东14个县市(图2-1)。自海岸线向陆10公里左右的陆地及向海至-15米的浅海属海岸带范围。全省海岸带面积约3.5万平方公里,其中,沿岸陆地0.5万平方公里,潮间带和海涂约0.5万平方公里,-15米等深线以内的海域面积达2.5万平方公里。[①] 地质构造上大致以灌河口为界,分为南北二大区:灌河口以北为中朝准地台的南黄海坳陷带;灌河口以南至长江口之间,系扬

[①] 江苏省地方志编辑委员会:《江苏省志·地理志》,南京:江苏古籍出版社,1999年,第210页。

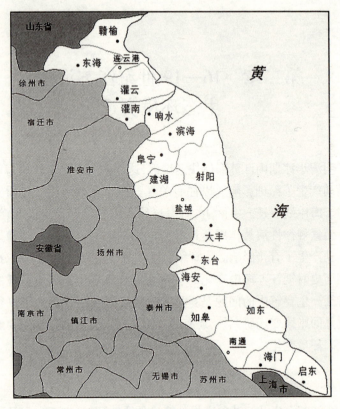

图 2-1 今江苏沿海政区示意图

子准地台的下扬子古生代的坳陷带。① 地貌上一般分为北部海州湾海积平原、废黄河三角洲平原、中部沿海海积平原及南部长江三角洲平原(图 2-2)。②

江苏沿岸潮滩,是我国典型的淤泥质平原海岸潮滩,宽广平坦,分带性明显。射阳河口以北的潮滩以侵蚀为主,射阳河口至东灶港

---

① 江苏省地方志编辑委员会:《江苏省志·地理志》,南京:江苏古籍出版社,1999年,第212页。
② 杨达源、周生路主编:《现代自然地理研究》,北京:科学出版社,2009年,第243页。

第二章　16—19世纪江苏海岸生态环境变迁 | 31

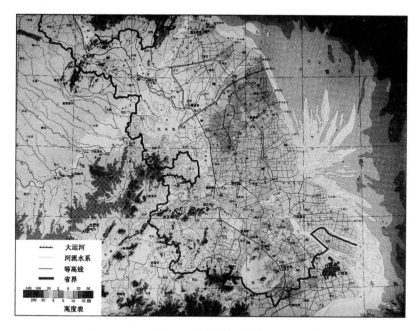

图2-2　江苏省地势图

资料来源：史照良主编：《江苏省地图集》，北京：中国地图出版社，2004年，第8页。

之间的潮滩以淤泥为主，东灶港至启东嘴之间的潮滩也是侵蚀为主。[①] 江苏海岸带地貌多样，以淤泥质海岸为多，约884公里。[②] 今江苏海岸兼有快速淤涨与剧烈侵蚀并存，侵蚀岸段长约195公里，占江苏海岸总长度的20.4%，淤泥质侵蚀岸段长达271.6公里，占海岸总长度的28.5%。[③] 连云港烧香河口至射阳河口之间的蚀退型淤积质海岸140余公里，射阳河口至海门淤进型淤泥质海岸500余公里；东灶港至连兴港之间、绣针河口至兴庄河口为砂质海岸，共

---

①　陈吉余主编：《中国海岸带和海涂资源综合调查专业报告集·中国海岸带地貌》，北京：海洋出版社，1996年，第36页。
②　任美锷：《江苏海岸带与海涂资源综合调查报告》，北京：海洋出版社，1986年，第36—180页。
③　张忍顺、陆丽云、王艳红：《江苏海岸侵蚀过程及其趋势》，《地理研究》2002年第4期。

197 公里。①

江苏海岸带土壤分布以滨海盐土为主,其次为潮土。除了云台山区的棕壤和沿海的砂姜黑土类外,其他广阔的平原海岸土壤类型单一,即海堤外主要是滨海盐土,堤内主要是潮土。②滨海盐土亚类有潮滩盐土、沼泽潮滩盐土、潮化盐土及草甸滨海盐土。草甸滨海盐土一般分布于堤外的潮上带,地面上长有多年生草本植物,土壤已开始脱盐,沼泽滨海盐土,主要分布于各入海河口两侧水质较淡的地段,如射阳河口、新洋河口等;海岸带内潮土均为灰潮土,由滨海盐土脱盐垦殖形成,多分布于各县堤内或潮化盐土的内侧。③

江苏海岸带位于我国沿海地区中部,属于南北气候过渡区域,具有南北气候及其海洋、大陆性气候双重影响的气候特征,气候资源丰富多样。④是中国南方的热带、亚热带向北方暖温带、温带气候的过渡地带,四季分明,雨量充沛,属暖湿季风气候。一般划分为:苏北灌溉总渠以南属北亚热带,灌溉总渠以北属暖温带季风气候区。光热资源淮北岸段明显多于淮南,沿海多于内陆。

沿海全年日照时数为 2 101.6—2 642.1 小时,渠北为全省之冠,达 2 400—2 650 小时,日照百分率在 55% 以上。总渠以南的光热资源明显弱于以北岸段,降水、日照少于北部。年平均气温自北向南递增,总渠北约 13—14℃,总渠南约 14—15℃。日平均气温≥0℃积温,总渠北约为 4 900—5 200℃,总渠南约 5 300℃。累年平均降水量自北向南逐渐增加,自邻陆向近海明显减少,渠北为 850—1 000 毫米,渠南为 1 000—1 080 毫米。⑤ 长江口略有偏少趋势。江

---

① 江苏省地方志编辑委员会:《江苏省志·地理志》,南京:江苏古籍出版社,1999年,第 213—216 页。
② 陈邦本、方明等:《江苏海岸带土壤》,南京:河海大学出版社,1988 年,第 27 页。
③ 宋达泉:《中国海岸带和海涂资源综合调查专业报告集·中国海岸带土壤》,北京:海洋出版社,1996 年,第 214—215 页。
④ 全国海岸带办公室《中国海岸带气候调查报告》编写组:《中国海岸带和海涂资源综合调查专业报告·中国海岸带气候》,北京:气象出版社,1991 年,第 107 页。
⑤ 全国海岸带办公室:《中国海岸带气候》,第 107、110 页。

苏沿海雨量的季节分配不均匀,夏季降水集中,7—9月是台风比较多的季节,冬季降水很少。另外,总渠以北,风速与自然蒸发的潜力也明显大于渠南岸段,湿度小、干燥、台风袭击少,适宜发展盐业生产。特别是南通岸段因台风显著增多,强度较大,对晒盐发展有一定障碍(图2-4至图2-13)。①

江苏沿海存在两大潮波系统,南受东海前进潮波控制,北受黄海旋转潮波控制,二者在中部岸段的弶港岸外辐合,无潮点位于废黄河口以东80公里处。故弶港沿岸潮差也最大,平均达3.9米以上,并向南、北递减。② 沿岸潮位年内变化夏高冬低,月变化呈天文潮汐特征,即农历每月初一、十五大潮汛,潮位最高,初八、二十三小潮汛,潮位最低。江苏沿岸以正规的半日潮型为主,潮位日变化为一日两高两低的形式。

据任美锷研究,江苏沿海北部海域受南黄海左旋旋转潮波控制,外海潮波在向岸运动的过程中,受地形影响,潮流椭圆旋转率不断减小,从而出现一个自北向南的近岸余流和向南的沿岸泥沙流,向沿岸输送大量的泥沙,实测平均含沙量达1.0—3.0克/升。南部海域受东海前进潮波影响,前进潮波进入浅水区后,出现一个北西向余流,受地形影响,并未形成近岸连续的泥沙流,供沙量也明显小于北部海域,平均含沙量为0.2—1.2克/升。这种南北潮流的差异,在北宽南窄的潮滩形态差异上也得到反映。同时,涨落潮流之间存在明显的不对称性,江苏沿海涨潮历时明显短于落潮,而平均涨潮流速则大于落潮,落潮平均含沙量明显小于涨潮,故形成了有利于泥沙向岸运动和沉积的水动力环境。③

---

① 全国海岸带办公室《中国海岸带气候调查报告》编写组:《中国海岸带和海涂资源综合调查专业报告·中国海岸带气候》,北京:气象出版社,1991年,第117页。
② 江苏省地方志编辑委员会:《江苏省志·海涂开发志》,南京:江苏科学技术出版社,1995年,第21页。
③ 任美锷:《江苏省海岸带与海涂资源综合调查报告》,北京:海洋出版社,1986年,第36—180页。转引自杨桂山、施雅风、季子修:《江苏淤泥质潮滩对海平面变化的形态响应》,《地理学报》2002年第1期。

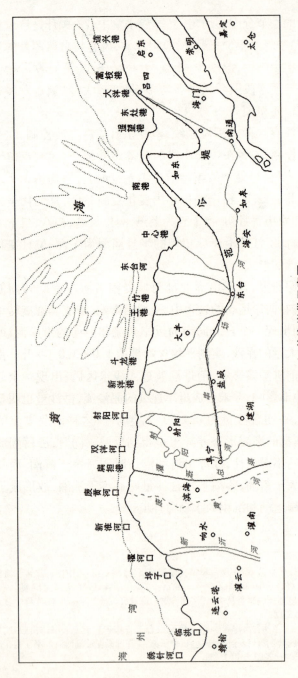

图 2 – 3 江苏海岸带示意图

说明：选自《江苏省志·地理志》第 211 页。

潮差与潮流影响了近岸地貌分布形态,在海岸线中部沿海海面,尚有10条形态完整的大型海底沙脊,向东北、东、东南方向呈辐射状延伸(图2-3)。这些沙脊群是由于东海前进波系统和黄海旋转潮波系统长期在弶港附近海区辐聚辐散,带来废黄河口和古长江口水下三角洲的泥沙和沉积物质,逐渐沉积冲刷形成。① 沙脊群范围南北长约200公里,东西宽为90公里左右,共有沙洲70多个,零米以上的沙洲总面积达2 125.45平方公里,其中以东沙最大,达693.73平方公里。

此外,江苏沿海近岸表层海水盐度比较稳定,夏季一般为24‰—31‰②。各月平均盐度在29.53‰—32.24‰之间,枯水期盐度稍高,约31.3‰—32.2‰,汛期稍低,约29.53‰—31.06‰。盐度垂直变化不大,长江等入海河口处表层海水盐度明显低于底层。近海海水年平均温度,以弶港以北表层为14.7℃,底层为13.7℃,弶港以南表层为16.2℃,底层15.9℃。辐射沙洲区水温特征与近海浅滩一致。③

图2-4　今江苏沿海及长江口卫星图(Google earth)

---

① 陈吉余主编:《中国海岸带和海涂资源综合调查专业报告集·中国海岸带地貌》,北京:海洋出版社,1996年,第194—195页;江苏地方志编辑委员会:《江苏省志·地理志》,南京:江苏古籍出版社,1999年,第210页。

② 薛鸿超、谢金赞等:《中国海岸带和海涂资源综合调查专业报告集·中国海岸带水文》,第89—94页。

③ 江苏省地方志编辑委员会:《江苏省志·海涂开发志》,南京:江苏科学技术出版社,1995年,第23页。

图 2-5　今废黄河口卫星图（Google earth）

图 2-6　河荡（盐城丹顶鹤保护区，2013）

图2-7 河荡(盐城丹顶鹤保护区,2013)

图2-8 辽阔滩涂(新洋港,2013)

图 2-9 盐田改为滩涂渔业养殖场(射阳,2013)

图 2-10 盐蒿群落(新洋港,2013)

第二章 16—19世纪江苏海岸生态环境变迁 | 39

图 2-11 废黄河口(笔者在滨海港考察,2013)

图 2-12 黏土、盐霜与海沙(连云港西墅,2013)

图 2-13　茅草群落(新洋港,2013)

二　黄河夺淮与"海势东迁"

历史时期江苏海涂快速淤成,是海岸带地理环境变迁最突出的表现。江苏海岸带面积广袤,为全国之冠,这一开敞式滨海平原却是数百年内快速淤涨形成的。黄河素以"善决、善徙、善淤"著称于世,公元1128年,黄河南徙夺淮,自此开启700余年的江苏入海时期。江苏弶港以北海岸主要受黄河夺淮及废黄河三角洲演变的影响,弶港以南岸线主要受长江河口演变的影响。在两大河流来沙、沿岸潮波系统以及明清小冰期气候波动的共同影响下,江苏海岸带得以快速淤涨成陆,推动了江苏海岸线变迁的基本过程,促进了江苏海岸带海陆相沉积地貌形成。

1. "海势东迁"基本过程

江苏海岸线除全新世高海面时期海水侵入较深入外,相当长时间内大致稳定在赣榆、板浦、阜宁、盐城至海安一线,在海岸线附近形成了：西冈（大约距今 7 000—5 000 年）、中冈（距今 4 610 ± 100 年）和东冈（距今 3 300—3 900 年）三条沙堤（图 2-14），堤后为一系列泻湖，古淮河北有硕项湖、桑墟湖，以南有射阳湖。这些贝壳堤发育与沉积是历史时期江苏海岸线演化的重要标志，也成为江苏海涂近五百年快速淤涨的起点。

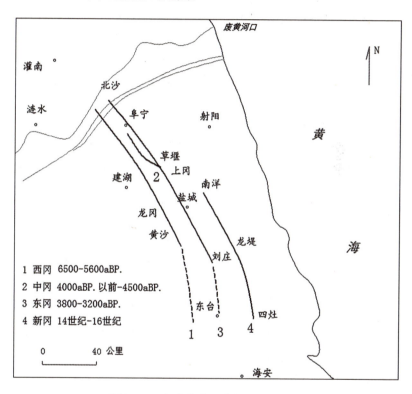

图 2-14　江苏海岸贝壳堤分布示意图

资料来源：朱诚，程鹏，卢春成，王文：《长江三角洲及苏北沿海地区 7 000 年以来海岸线演变规律分析》，《地理科学》1996 年第 3 期。

南宋建炎二年（1128）至清咸丰五年（1855）的 726 年内，黄河带来大量泥沙，使江苏海岸发生质变，在气候与非气候因素的推动下，塑造了广袤的黄河三角洲。不过，需要注意的是，"海势东迁"具有阶段性，速度并非一致。自 1128 年黄河夺淮以来，海岸线变迁经历了三个阶段,即13—16世纪中叶淤涨较慢、16—19世纪中叶快速淤涨,以及1855年黄河北归后南淤涨北蚀退并存。① 空间分布上,又以1550—1855年间的废黄河三角洲及其河口海岸淤涨最为快速,其次为中部海岸、三余湾岸段,南部的启海平原又出现了先坍塌后重涨的变化。

废黄河三角洲与淮北岸段的大幅淤涨。1194—1494年,黄河由颍、淝、涡、濉、泗等河分流入淮,流路分散,决口频繁,泥沙主要沉积在黄淮河下游冲积平原上,河口淤积甚少,延伸速度也比较缓慢,至16世纪中期,仅延伸15公里,速率为33米每年。② 据张忍顺先生考察,1500年以前黄河三角洲成陆速度平均约为每年3.2平方公里(表2-1)。但17世纪中叶至19世纪中叶,黄河三角洲的成陆速度明显增快,万历六年(1578)以后,淤积速度加快,1591年前后达到182米/年,1660年前后更达到258米/年,河口淤涨速度最高值出现在黄河北归前,约563米/年。③ 海岸迅速东移,河口也延伸至今河口外20多公里,形成了北达灌河、南抵射阳河口的黄河三角洲(图2-15)。在1128—1855年间,废黄河三角洲共成陆面积约0.7万平方公里(表2-1)。以废黄河口为顶点,南至射阳河口,北至灌河口,两翼基本呈对称淤积分布,故大致有一半的面积淤涨在淮北岸段。

表2-1 黄河三角洲成陆速度

年 代	成陆面积(km²)	成陆速度(km²/a)	岸线平均推进速度(m/a)
1128—1500	1 670	3.2	24
1500—1660	1 770	11.1	80
1660—1747	1 360	15.6	100
1747—1855	2 360	21.8	150

说明:选自张忍顺《苏北黄河三角洲及滨海平原的成陆过程》(《地理学报》,1984年第2期)。

---

① 凌申:《黄河南徙与苏北海岸线的变迁》,《海洋科学》1988年第5期。
② 邹逸麟:《黄河下游河道变迁及其影响概述》,《复旦学报》(社会科学版)1980年S1期;李元芳:《废黄河三角洲的演变》,《地理研究》1991年第4期。
③ 张忍顺:《苏北黄河三角洲及滨海平原的成陆过程》,《地理学报》1984年第2期。

第二章 16—19世纪江苏海岸生态环境变迁 | 43

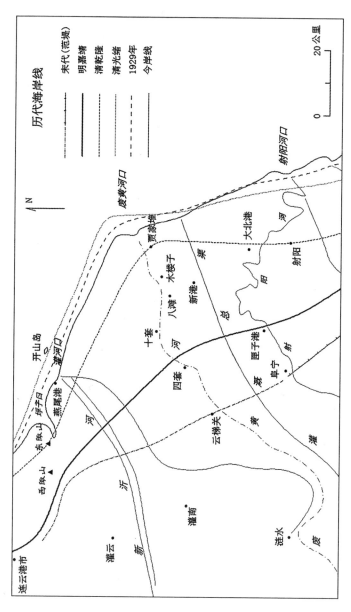

图 2-15 废黄河三角洲及淮北沿岸淤涨情形

说明：据张忍顺《苏北黄河三角洲及滨海平原成陆研究》(《地理学报》1984年第2期)图2改绘,并参考杨达源、周生路主编的《现代自然地理研究》(北京：科学出版社,2009年)第245页,图15.3。

中部海岸的快速淤涨。江苏沿海中部的海岸平原成陆方式是以沙洲并陆为主,以沙洲并陆后岸滩继续向海均匀地淤长为辅。① 与废黄河三角洲主要依靠大量泥沙直接堆积、快速推进而成的成陆方式存在一定的差异。1128—1855年,范堤以东滨海平原成陆面积共约0.45万平方公里。② 1494年以前,中部岸段的淤进速度也很缓慢,大量泥沙沉积在废黄河水下三角洲,搬运至中部岸段的过程尚不明显。明代中期以前,范堤以东的滨海平原成陆速度约为2.7平方公里/年。此后大致以10平方公里/年的速度继续成陆,且以黄河北归前的一段时间内最快,之后逐渐降低(表2-2)。需要注意的是,中部岸段的淤涨并非持续推进,其中在14—15世纪相当稳定,并发育了新冈(图2-5)。③

表2-2 范堤以东滨海平原成陆面积(平方公里)与速度(公里/年)

年 代	1027—1554	1554—1660	1660—1746	1746—1855	1855—1895	1895—1981	总 计
成陆面积	1 400	880	870	1 350	410	740	5 650
成陆速度	2.7	8.3	10.1	12.4	10.3	8.6	5.9

资料来源:摘自张忍顺《苏北黄河三角洲及滨海平原的成陆过程》(《地理学报》1984年第2期)。

南部岸段为南通段海岸,该段海岸与长江三角洲的形成与发展过程关系密切。14、15世纪,海门段江岸大坍塌,宋代的海门县境几乎全部沉没,现在启东-海门平原是近二百年内江沙重涨的产物,它和本地区东北部三余湾海积平原均因人工围垦加速成陆,而成为本地区最年轻的土地。④ 此外,北宋时除三余湾滨海平原及启东部分地区尚未成陆外,海门河口沙坝已并岸,使江北长江三角洲的陆

---

① 张忍顺:《苏北黄河三角洲及滨海平原的成陆过程》,《地理学报》1984年第2期。
② 同上。
③ 朱诚、程鹏、卢春成、王文:《长江三角洲及苏北沿海地区7 000年以来海岸线演变规律分析》,《地理科学》1996年第3期。
④ 陈金渊:《南通地区成陆过程研究》,《历史地理》第3辑,上海人民出版社,1983年,第36页。

地面积迅速扩张。至明代中期因陆地受海潮侵袭,不断有坍塌,海门县治屡次西移,清康熙十一年(1672)裁县入通州,成为一个乡。此后陆地淤涨,清乾隆三十三年(1768)置海门厅,治所在茅家镇。此后又陆续涨出若干个外沙,至光绪二十二年(1896),外沙与海门连成一片,至此,启海平原大体形成,民国元年(1912)复称海门县。①

  1855年黄河北归后,江苏沿海岸线变化出现重大转折,沿岸动力泥沙平衡发生了根本变化。江苏海岸由以往整体淤涨态势转变为北蚀退、南淤涨,即废黄河三角洲沿岸快速蚀退(图2-16),但中部、南部岸段整体上仍然外涨。据陈可锋博士研究,废黄河口三角洲的蚀退过程是从水下三角洲前缘斜坡开始,由海向岸,由北而南,以-10米水深线为代表的水下三角洲前缘斜坡内移为标志的侧向侵蚀过程为主,水下三角洲顶部平原面的刷低则起到加速斜坡内移的作用。② 1898—1957年岸线平均后退速度为169米/年,1957—1970年后退速度为85米/年。③ 一百多年来,废黄河三角洲海岸后退约20公里。同时每年以数千万方泥沙分运淮南海岸和淮北的海州湾沿岸,促使这些地段海岸继续外涨(图2-17)。④ 黄河北归,河流来沙切断了以往供给盐城至大丰一带海岸外涨的物质来源,但由于波浪对废黄河三角洲的侵蚀作用,这些沉积物被沿海潮流携带搬运、堆积,使得中部海岸继续淤涨,但速度呈逐渐下降趋势,1855—1895年的成陆速度降至10.3平方公里/年(表2-2)。岸线推进速度也明显下滑,20世纪以来平均约为16米/年。⑤ 其中斗龙港至弶港之间的岸段淤涨最快,但也不到100米/年(图2-17),而该岸段

---

  ① 江苏省地方志编辑委员会:《江苏省志·地理志》,南京:江苏古籍出版社,1999年,第212—214页。
  ② 陈可锋:《黄河北归后江苏海岸带陆海相互作用过程研究》,南京水利科学研究院博士学位论文,2008年;陈可锋、王艳红、陆培东、俞亮亮:《苏北废黄河三角洲侵蚀后退过程及其对潮流动力的影响研究》,《海洋学报》(中文版)2013年第3期。
  ③ 张忍顺:《苏北黄河三角洲及滨海平原的成陆过程》,《地理学报》1984年第2期。
  ④ 陈吉余主编:《中国海岸带和海涂资源综合调查专业报告集·中国海岸带地貌》,北京,海洋出版社,1996年,第131—132页。
  ⑤ 耿秀山、傅命佐:《江苏中南部平原淤泥质岸滩的地貌特征》,《海洋地质与第四纪地质》1988年第2期。

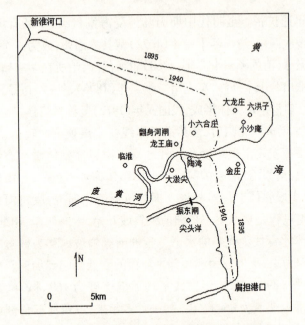

图 2-16　1855 年黄河北归后废黄河三角洲蚀退

说明：选自张忍顺《苏北黄河三角洲及滨海平原的成陆过程》(《地理学报》1984 年第 2 期)。

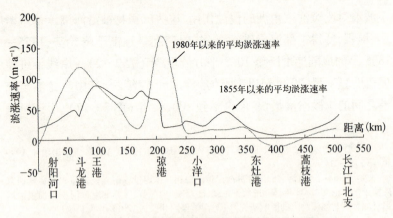

图 2-17　1855 年黄河北归后江苏滩涂淤涨速率

说明：选自王艳红、温永宁、王建、张忍顺《海岸滩涂围垦的适宜速度研究——以江苏淤泥质海岸为例》(《海洋通报》2006 年第 2 期)；1980 年以来的淤涨速度参见杨桂山、施雅风、季子修《江苏淤泥质潮滩对海平面变化的形态响应》(《地理学报》2002 年第 1 期)。

在1855年前年淤涨速度平均都在100米/年以上。①

总之,晚至16世纪中叶,江苏海岸带面积还比较有限,此后快速推进,至清代中后期已然塑造了突出的黄河三角洲以及大面积滨海平原(图2-18),南通岸段的启海平原也是在清代中后期的快速淤涨中形成。1855年黄河北归后,海岸线淤涨态势出现重大转折,废黄河三角洲岸段由以往淤涨转为快速蚀退,中部岸段继续淤涨。②

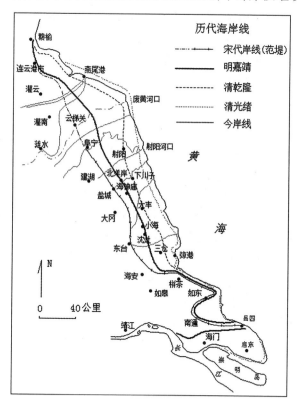

图2-18　历史时期江苏海岸线变迁

资料来源:据张忍顺《苏北黄河三角洲及滨海平原的成陆过程》(《地理学报》1984年第2期)整理。

---

① 张忍顺:《苏北黄河三角洲及滨海平原的成陆过程》,《地理学报》1984年第2期。
② 王志明、李秉柏、严晓兵、黄晓军:《近20年江苏省海岸线和滩涂面积变化的遥感监测》,《江苏农业科学》2011年第6期。

2. 明清小冰期气候波动

有关明清时期江苏海岸快速东迁淤涨的原因,学界讨论甚多,主要包括泥沙说、海退说等。此外,也有将海涂淤涨归结为人类活动。①"海势东迁"包括物质与动力两大来源,成因复杂。涉及泥沙、潮流、气候变化等方面。既有大尺度的全球性背景,又有中尺度的动力泥沙因素巨变,也有小尺度的环境演化。②但除了黄河泥沙的物质来源外,明清小冰期的气候波动引发的海平面波动(海退、海进)是影响海岸淤涨快慢不可忽视的地理背景。

明清小冰期内江苏沿海淤涨变动与多种因素有关。一般来说,引起海岸变化的主要原因,主要是海平面升降与海岸带的侵蚀与淤积变化③。但对于明清时期江苏海岸而言,泥沙增加与海平面下降哪一个主要推动了海岸快速淤涨,相关研究者意见并不一致。李元芳对此总结与论述比较全面,从海平面下降、黄河中游人类活动以及黄河尾闾河堤兴筑三个方面,讨论了河口淤进变化的过程。认为1578—1855年内,全球变冷,海面下降,气温下降了约2—2.5℃,影响了黄河中游植被生长,同期黄河中游人类活动加剧,也促使黄土高原土壤侵蚀和入黄泥沙加大,而在河口地区,海面下降,河流纵比降增大,水流流速加大,挟沙能力增强,加上明代潘季驯、清代靳辅治河,下游及河口段堤防更加完善,以至更多的泥沙下排河口处,淤积更为严重,故河口延伸速率明显大增。1194—1578年的380年内,河口仅向海延伸了15公里,而1578—1855年的270年内,淤涨了74公里,为前者的

---

① 任美锷:《人类活动对中国北部海岸带地貌和沉积的影响》,《地理科学》1989年第1期;张晓祥、王伟伟、严长清等:《南宋以来江苏海岸带历史海岸线时空演变研究》,《地理科学》2013年第3期;许炯心:《人类活动对公元1194年以来黄河口延伸速率的影响》,《地理科学进展》2001第1期。

② 张忍顺、陆丽云、王艳红:《江苏海岸侵蚀过程及其趋势》,《地理研究》2002年第4期。

③ 邹逸麟、张修桂、王守春:《中国历史自然地理》,北京:科学出版社,2013年,第539页。

五倍。[1]

泥沙是海涂淤涨的物质来源,泥沙量的变化是影响海涂淤涨程度的重要因素。一般认为,江苏沿海平原成陆主要是因为黄河夺淮泥沙堆积形成。[2] 据任美锷估计,1550—1854 年,黄河入南黄海的泥沙量约为年输沙量 6.0×10^8 吨,总量为 1824×10^8 吨,约有 10 亿吨泥沙造陆。[3] 不过,也有学者认为难以想象单凭黄河输沙量或者河口区地面升降速度在数十年的周期内发生 8 到 10 倍的骤增骤减,认为黄河河口海岸的几次加速淤长必然与全球气候变冷及相应的海面降低相联系。[4] 无论如何,泥沙量增加是导致 1550—1855 年间海岸淤涨加快的重要因素与物质来源。

同时,潮差变化也是百年尺度内影响各岸段海涂淤涨程度的重要因素。由于靠近沿海无潮点的海岸潮差小,平均高潮位相对较低,潮水对河流的顶托作用小。故黄河大量入海泥沙使海岸快速淤进时,无潮点附近的海岸总是对应着相对较低的沿岸陆地高程,故对其河口发育有引导作用。[5] 相反,江苏沿海潮差最高点位于弶港沿岸,该岸段正位于两大潮波系统的交会地区,潮差最大,泥沙搬运也是最远点,故该岸段海涂淤涨程度最弱,至今仍有一个明显内凹处(图 2 - 19)。

尽管存在一定争议,但目前比较一致的看法是:影响江苏海岸变迁速度快慢的主要因素应是小冰期海平面变化。当然,除泥沙淤积外,潮差在较小尺度上是海岸地貌变化的重要驱动因素,但在大尺度上观察,海面变化无疑是主要驱动因素。

---

[1] 李元芳:《历史时期海面升降对黄河河口及其三角洲发育的影响》,中国地理学会地貌与第四纪专业委员会编:《地貌环境发展》,北京:中国环境科学出版社,1999 年,第 175—178 页。
[2] 郭瑞祥:《江苏海岸历史演变》,《江苏水利》1980 年第 1 期。
[3] 任美锷:《黄河的输沙量:过去、现在和将来——距今 15 万年以来的黄河泥沙收支表》,《地球科学进展》2006 年第 6 期。
[4] 杨怀仁、谢志仁:《中国东部近 20 000 年的气候波动与海面升降运动》,《海洋与湖沼》1984 年第 1 期。
[5] 王艳红:《海洋动力对黄河尾闾变迁的影响》,《第十四届中国海洋(岸)工程学术讨论会论文集》,2009 年。

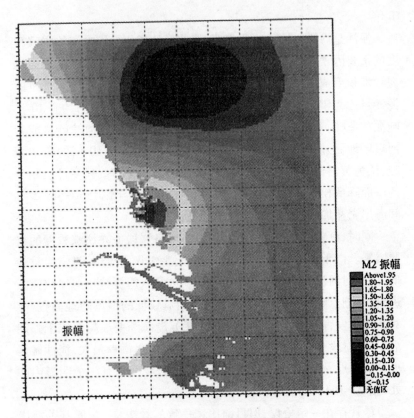

图 2-19　江苏沿海潮位同潮图

资料来源：江苏省 908 专项办公室：《江苏近海海洋综合调查与评价总报告》，北京：科学出版社，2012 年，第 23 页。

1550—1851 年间的小冰期，此时正是中国历史上明代嘉靖至清代道光年间，不仅是全球范围的典型降温时期①，在我国各类史志上也都有降温记载。也恰好是江苏海岸东迁、淤涨最为快速的阶段。

13—19 世纪，总体为相对低海面时期，在明初、16 世纪上半叶、

---

①　［美］布莱恩·费根著，苏静涛译：《小冰河时代—气候如何改变历史（1300—1850）》，浙江大学出版社，2013 年，第 55—64 页。

17世纪末至18世纪初也出现过几次相对高海面。① 不过明清小冰期内,我国海面下降到低点,这次海面下降在我国东部沿海平原造成同步性的较大规模海退及区域性低水位现象。② 历史文献中也记载了不少因水位降低而使古代遗址露出湖面、海面的事例。如乾隆《乍浦志》、道光《乍浦备志》载,清初在乍浦南三里许海中,在特大低潮面下曾四次(1647年、1683年、1697年、1730年)出露古代遗址。③ 明初至16世纪上半叶为相对高海面,这次海面上升曾在江苏海岸抵消了黄河入淮对海岸淤涨的加速作用,并造成了一系列特大潮灾,同时又在长江口和钱塘江口造成严重的"陆沉"、坍岸现象。也导致江苏海岸线在14—15世纪中的一段时期相当稳定,并发育了新冈。④

此外,最近80年来中国的相对海平面整体为上升过程,⑤据2008年《中国海平面公报》,近30年来,中国沿海海平面波动上升,平均上升速率为2.6毫米/年,高于全球平均水平。⑥ 此间江苏海岸仍然外涨,主要在中部岸段(图2-17)。据研究,在海平面上升期间,淤进型潮滩仍然表现为淤涨,只是淤涨速度有所减缓;多年平均潮位线以上滩面高程仍将淤积加高,只是整体加高幅度降低。⑦ 可见,海退、海进时期,江苏海涂都会淤涨,但海退时明显淤涨加速,而海进时缓慢。通过对比1550—1855年间中国气候、北欧气候与江

---

① 王文、谢志仁:《从史料记载看中国历史时期海面波动》,《地球科学进展》2001年第2期。

② 杨怀仁、谢志仁:《中国东部近20 000年来的气候波动与海面升降运动》,《海洋与湖沼》1984年第1期。

③ 张修桂:《金山卫及其附近一带海岸线的变迁》,《历史地理》第3辑,上海人民出版社,1983年。

④ 朱诚、程鹏、卢春成、王文:《长江三角洲及苏北沿海地区7 000年以来海岸线演变规律分析》,《地理科学》1996年第3期。

⑤ 任美锷、张忍顺:《最近80年来中国的相对海平面变化》,《海洋学报》1993年第5期。

⑥ http://www.soa.gov.cn/zwgk/hygb/zghpmgb/2008nzghpmgb/201212/t20121217_22815.html。

⑦ 杨桂山、施雅风、季子修:《江苏淤泥质潮滩对海平面变化的形态响应》,《地理学报》2002年第1期。

苏海岸带淤涨过程(图2-20),也可以看出在明清小冰期内,淤涨起伏与冷暖变化的确很吻合,即小冰期内的气候波动与江苏海岸的淤涨加速具有同步性。

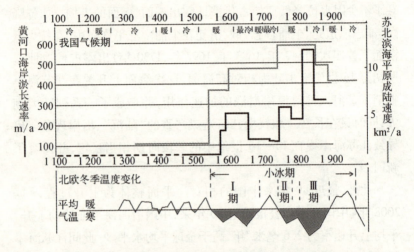

图2-20 明清小冰期气候变化与黄河口淤涨比较

说明:黄河口海岸、苏北滨海平原淤长速度根据张忍顺《苏北黄河三角洲及滨海平原的成陆过程》(《地理学报》1984年第2期)以及凌申《黄河南徙与苏北海岸线的变迁》(《海洋科学》1988年第5期)整理;北欧与中国同期气候变化根据杨怀仁、谢志仁的《中国东部近20000年来的气候波动与海面升降运动》(《海洋与湖沼》1984年第1期)图8整理。

总而言之,在明清小冰期的大背景下,海退加速了海涂淤涨速度,海进又会抵消淤涨速度,没有海退的影响,仅依靠泥沙量的变化难以实现如此快速的淤涨速度。故海平面下降是明清时期海涂淤涨加速的主要原因,同期黄土高原侵蚀加剧,黄河尾闾堤工的完善,也增加了来沙在河口处大量堆积,这些不同尺度的影响因子的共同作用,引发1550—1855年间江苏海岸颇为剧烈的淤涨过程。

三 海涂要素演替规律——观察海岸环境变迁的一把钥匙

明清数百年"海势东迁"是江苏海岸带最为显著的自然环境变

化,对海岸带生态环境变迁产生了深远影响。不过,海岸带环境变迁内容复杂,对海岸社会经济活动影响更为直接的是海岸生态环境变迁。有趣的是,由于古今海涂都存在相似的生态要素演替规律,为模拟、复原明清时期海岸带自然环境变迁图景的细节提供了可能。

受海涂生态要素演替规律影响,海岸带植被、土壤、盐分等生态要素发生了有序分布变迁,并存在宜垦、宜盐与宜渔带的典型地带性分异。这些生态要素分布特征对明清时期江苏海岸带人地互动、社会经济活动变迁产生了深刻影响。只有明晰海岸带因"海势东迁"而引起自然环境变迁的细节,方能更全面地认识明清江苏海岸带人地互动过程与特征。因此,海涂要素演替规律既是观察历史时期海岸带环境变迁的一把钥匙,也是观察其人地互动过程、考察人地关系变迁的重要基础。

1. 海岸带生态要素演替序列与特征

海岸带生态要素演替规律,是海涂特有的生态现象,在淤进型与蚀退型岸段普遍存在。明中叶后,黄河南徙携带大量泥沙,江苏海涂淤进迅速,土壤性状、植被群落演替也随之呈现地带性分布。据康熙《两淮盐法志》记载,梁垛场图中对海涂自陆向海划分为:草荡、淤荡以及光沙(图2-21),这种分带与今天江苏淤进型岸段的分带(即自陆向海为草滩带、盐蒿滩带,光滩、浮泥滩、板沙滩)一致。可见,古今海滩的相似性为复原历史时期海岸带生态环境变迁的特点提供了重要基础。①

据现代海岸带考察,淤进型海岸,自陆向海,在地貌上一般主要分为草滩带、盐蒿滩带以及光滩带三个主要生态类型。随着滩面日益淤高、淤宽,潮浸频率减低,各环境因素相应演替,呈现有规律的生态环境演替序列(表2-4)。板沙滩逐渐向浮泥滩、光滩、盐蒿

---

① 张忍顺:《江苏沿海古墩台考》,中国地理学会历史地理专业委员会《历史地理》第3辑,上海人民出版社,1983年,第52页。方明、宗良纲:《论江苏海岸变迁及其对海涂开发的影响》,《中国农史》1989年第2期。方明、陈铭达等:《江苏省海岸带航片判读的标志》,《南京农学院学报》1982年第3期;方明等:《江苏海涂土壤景观与土壤组合构型的研究》,《南京农业大学学报》1986年第1期。

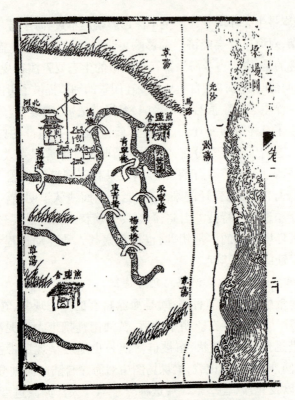

图 2-21 康熙《两淮盐法志》卷 2《疆域》梁垛场图

滩、草滩演替。在自然状态下,承前启后,循序渐进,不可超越或逆转。① 草滩带一般位于大潮高潮位以上,组成物质最细,一般为黏土和极细粉砂,滩面平坦,植被生长茂密(图 2-22);盐蒿滩带,位于平均高潮位和大潮高潮位之间,只有先锋植物盐蒿草能够适应生长②;光滩则位于中潮位至大潮低潮位,无植被分布,低潮时地面出露。滩面生物较多,有泥螺、锥螺、青蛤、文蛤、四角蛤以及蟹类等。③

---

① 陈邦本、方明等:《江苏海岸带土壤》,南京:河海大学出版社,1988 年,第 16 页。
② 陈吉余主编:《中国海岸带和海涂资源综合调查专业报告集·中国海岸带地貌》,北京:海洋出版社,1996 年,第 36—37 页。
③ 沈永明:《江苏沿海淤泥质滩涂景观生态特征及其演替》,《南京晓庄学院学报》2005 年第 5 期。

各潮间带的生态环境各有特征,各环境要素之间是相互联系又互相制约,其中尤以植物对环境条件的反应特别敏感(表2-3)。白茅、獐毛、大穗结缕草等草甸植物分布在年潮淹没带,一年中仅为风暴潮淹没1—2次,主要为陆生环境,白茅、獐毛草一般较高,可达1—2毫米,群落覆盖度达70%—80%,呈现连片状分布,其中混杂有其他植被。而土壤盐分含量高的月潮淹没带只能生长一年生的盐蒿,盐蒿草植被较矮,一般为0.3—0.5毫米,且较为稀疏,群落覆盖度为30%—50%,呈簇、丛、斑状分布。月潮淹没带下缘,是海涂土壤的积盐地带,土壤盐分高达10‰以上,连盐蒿也难以生长而成为光滩。日潮淹没上带呈悬浮的泥浆状,因水分、光照、温度等条件适宜生长藻类和苔藓,为泥螺生长提供了饵料,大量的泥螺与浮泥状的滩面是本段生态环境的标志特征,称为浮泥滩;日潮淹没下带土壤质地变粗,为紧砂土、松砂土,滩面板实不陷脚,称为板沙滩,此外,较大的河口边滩还有芦苇滩发育。① 另外,20世纪70年代推广的互花米草,分布在盐蒿草之前,外有光滩(图2-22)。

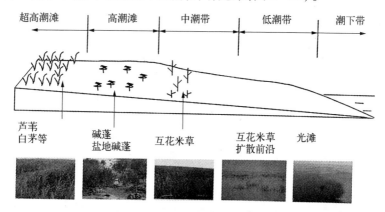

图2-22 现代江苏海涂湿地植被原生演替现状(盐城新洋港断面)

资料来源:江苏省908专项办公室:《江苏近海海洋综合调查与评价总报告》,北京:科学出版社,2012年,第558页。

---

① 陈邦本、方明等:《江苏海岸带土壤》,南京:河海大学出版社,1988年,第16页;沈永明:《江苏沿海淤泥质滩涂景观生态特征及其演替》,《南京晓庄学院学报》2005年第5期。

值得注意的是,海涂盐分的分布,以月潮淹没带的盐蒿滩、光滩最高,在演替规律作用下稳定存在,土壤全盐在 8‰ 左右,光滩为 10‰ 以上(表 2-3、图 2-23),属于强积盐地带。

表 2-3　淤进型海涂主要生态特征

生态特征	年潮带	月潮带		日潮上带	日潮下带
生态类型	草滩	盐蒿滩	光滩	浮泥滩	板沙滩
植被	白茅、獐毛	盐蒿	苔藓、藻类	藻类	藻类
表土有机质(%)	>1.0	0.5—1.0	0.3—0.5	0.3—0.5	<0.3
土壤全盐(%)	0.1—0.6	0.6—0.8	>1.0	0.8—1.0	0.8±
潜水矿化度(g/L)	<12	12—25	25—35	25—35	28±
土壤类型	草甸滨海盐土	潮滩盐土	潮滩盐土	潮滩盐土	潮滩盐土

资料来源:陈邦本、方明等:《江苏海岸带土壤》(南京:河海大学出版社,1988 年),第 15 页。

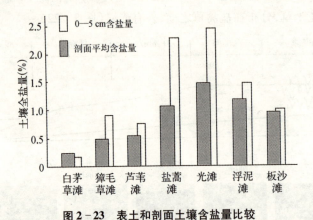

图 2-23　表土和剖面土壤含盐量比较

资料来源:陈邦本、方明等《江苏海岸带土壤》第 77 页。

总之,淤进型海涂演替序列表现为:伴随滩涂淤高淤宽、土壤盐分与潜水矿化度逐步下降,自海向陆,从日潮带、月潮带到年潮带次第演替,植被群落相应从藻类、盐蒿草到白茅草群落次第演替(表 2-4)。

表2-4 淤进型海涂生态演替序列

潮间带类型：年潮淹没带←月潮淹没带←日潮淹没带
生 态 类 型：草滩←盐蒿滩←光滩←浮泥滩、板沙滩
土 壤 类 别：草甸滨海盐土←潮滩盐土

说明：摘自陈邦本、方明等《江苏海岸带土壤》，第16页。

此外，蚀退型岸段也存在演替规律。1855年黄河北归后，废黄河三角洲由淤进转为蚀退。蚀退型岸段在生态特征上与淤进型并无显著差异（表2-5），只是整体上表现为逆序演替，伴随滩地侵蚀，潮浸频率增加，潮间带类型由年潮带转为月潮、日潮带，植被群落也同步逆向演替，随着岸滩蚀退，土壤盐分上升，草滩带退化，盐蒿群落增加（表2-6）。

表2-5 蚀退型海涂主要生态特征

生态特征	年潮水淹没带	月潮淹没带	日潮淹没上带
表土有机质（%）	1.0—0.5	<0.5	<0.3
土壤全盐（%）	0.2—0.6	0.8—1.0	0.8—1.0
潜水矿化度（g/L）	10—20	20—35	25—30
植被	獐毛、盐蒿	盐蒿、藻类	藻类
生态类型	草滩、盐蒿滩	光滩、贝壳滩	板沙滩
土壤类型	草甸滨海盐土	潮滩盐土	潮滩盐土

说明：选自陈邦本、方明等《江苏海岸带土壤》第17页。

表2-6 蚀退型海涂生态演替序列

潮间带类型：年潮淹没带→月潮淹没带→日潮淹没带
生态类型：草滩→盐蒿滩→光滩→贝壳滩、板沙滩
土壤类别：草甸滨海盐土→潮滩盐土

说明：选自陈邦本、方明等《江苏海岸带土壤》第17页。

2."沿海马路"与海涂淤涨情形

在淮南岸段，历史上有一条濒海南北走向的防潮矮堤——"沿海马路"，长期是该岸段重要地标。实际上，它是明清时期江苏海岸带一条重要的生态类型分界线，为我们了解历史时期的海涂演替现

象及海涂淤涨的情况提供了重要线索。"沿海马路"至迟在明代后期出现,在主要反映明后期淮南盐场情形的康熙《淮南中十场志》中,其安丰、何垛、梁垛、丁溪等场图均绘有"马路"或"沿海马路"①。嘉庆《东台县志》载,明代杜英在梁垛场倡筑"马路","筑马路堤以防潮水,因功大不果行,论者惜之。"②

据张忍顺先生考证,这条"沿海马路"南起角斜场,西北经富安、安丰,在北向过东台周洋、唐洋,大致与今黄河公路重合,经三仓、华鎣、大丰潘鎣,抵万盈墩附近,靠近七灶河后,与明代海岸线接近。③ 另外,据乾隆、嘉庆《两淮盐法志》东台场图所载,"沿海马路"均在南腰舍、顾家鎣、曹昌鎣、姜家鎣东侧附近(图 2-24)。其路线与乾隆海岸线走向及今 S226 省道(原黄海公路)大体一致。

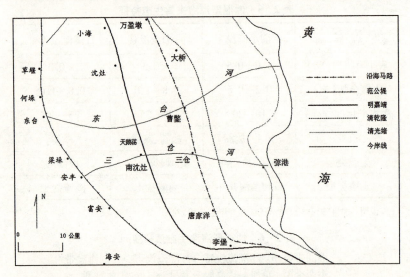

图 2-24 明清时期"沿海马路"与海岸线分布

说明:底图以复旦大学历史地理研究中心 CHGIS1911 年数据为准,海岸线变迁参考张忍顺《苏北黄河三角洲及滨海平原成陆研究》(《地理学报》1984 年第 2 期)。

---

① 康熙《淮南中十场志》卷 1《图经》,上海图书馆藏。
② 嘉庆《东台县志》卷 27《尚义》,台北:成文出版社有限公司,1970 年,第 976 页。
③ 张忍顺:《历史时期江苏海岸带的变迁》,《中国第四纪海岸线学术会议论文集》,北京:海洋出版社,1987 年,第 136 页。

宽阔的潮间带、"马路"以东滩地情形

历史上江苏海岸带除范堤外,并无大堤阻隔,故中部岸段大潮往往能够通行数十公里,潮间带极为宽阔。认识到这一点对我们理解历史时期海岸带环境变迁十分重要。嘉庆《东台县志》载:"自(东台)县治东八十里至马路,马路之外光沙无草,又四十里到海,再东为大洋。"①这些"光沙无草"即为光滩带,该地带却又四十里之远,足见当时海涂之宽阔。

据嘉庆《东台县志》载,各场治至"沿海马路"的里程大致如下:②

  东台场,场东一百五十里至沿海小龙港
  何垛场,场东一百十五里至沿海马路
  梁垛场,场东九十余里至沿海马路
  安丰场,场东六十里至沿海马路,十四里至仇湖庄
  富安场,场东一百里至沿海唐家洋
  角斜场,场东七里至野鸭荡,西五里至李家堡,东北五里即大海
  栟茶场,场东十八里至丰利界
  丁溪场,场东一百里至戴家古淤海口
  草堰场,场东八十里至沿海马路

以上各场署,均在范公堤一线,即各场范堤距"沿海马路"的长度。整体上,中部岸段的草滩带、盐蒿草滩相当宽阔,各场马路以东基本为光滩地带。如在嘉庆《两淮盐法志》淮南各盐场图中,"马路"以东多为"沙荡""新淤沙荡""光沙无草""光沙"等。③可见,到清代中叶,"沿海马路"成为盐蒿草滩与光滩的重要分界

---

 ① 嘉庆《东台县志》卷8《疆域》,台北:成文出版社有限公司,1970年,第344—345页。
 ② 同上书,第347—350页。
 ③ 嘉庆《两淮盐法志》卷五《图说下》。"沙荡""新淤沙荡""光沙无草""光沙"与现代分类的光滩类似。

线。据历代《两淮盐法志》盐场图及其图说的记载,可以整理出淮南中部盐场"沿海马路"以东的滩地生态特征变化,列表如下:

表2-7 淮南中部各场"沿海马路"以东滩地生态特征

场别	明后期	康熙	雍正	乾隆	嘉庆	光绪
富安			不毛光沙	不毛光沙	皆光沙不毛之地	有少量亭灶
安丰	光沙,东至海一百里	光沙		俱系光沙,并无新荡	光沙无草荡、新淤沙荡	马路而外皆浮沙无土
梁垛	草荡、新涨沙荡与海沙(光沙)	淤荡与光沙			空白	潮墩二,无亭灶
东台				光沙	空白	南新亭、北新亭
何垛	淤荡与陷沙,东至海120里	淤荡与陷沙			空白	8个新亭
丁溪	新涨沙荡、瘠薄光沙					
草堰			有少量草荡、亭灶	有部分亭灶、草荡		有部分亭灶
小海			空白	空白		

说明:明代情形据康熙《淮南中十场志》盐场图整理;清代各时期根据康熙至光绪年间《两淮盐法志》盐场图及图说整理。嘉庆、光绪《重修两淮盐法志》草堰场图已没有"马路"。"空白"为文献中"马路"以东没有任何标记,可能是光沙。

由上表可得到以下信息:明末清初,大部分盐场"马路"以东为光沙无草,光滩带十分宽阔。中部各盐场,除了安丰场外,其他各场基本在光绪年间"马路"以东有亭灶分布。草堰场"马路"以东最早设立亭场煎盐。而其他各场在嘉庆年间仍主要为光沙。除了安丰场外,中部盐场在嘉庆至光绪年间才出现亭灶搬迁到"马路"以东,而以往很少出现,说明在乾嘉以后,中部岸段有一个快速淤涨阶段。①

其中,光绪年间,东台场"马路"西曹昌鳘、华家鳘附近的潮墩已远离海岸三、四十里,周围已经长草茂盛②,"马路"以东也已经出现南新亭、北新亭。可见,在光绪年间东台场"马路"西已为草滩带,月高潮线已经向"马路"以东移动,盐蒿草群落开始出现,可以笼置新亭。

此外,到乾隆中期,"沿海马路"以东虽然多有淤涨,但仍以光沙为主要景观,除草堰场外,没有亭灶分布。可见,"马路"以东的海涂依旧受海潮浸渍影响,③以至东侧多为光沙不毛之地。经过半个世纪的演替,到光绪年间,"马路"以东才陆续出现新的亭灶(表2-7)。

不过,梁垛、何垛二场从明末开始,"马路"以东便是沙荡、光沙,但一直到嘉庆年间,也没有变化。即梁垛、安丰场是"马路"以东始终记载为光沙无草的盐场。这可能与安丰场海岸外的潮流影响有关,江苏沿海两大潮波系统在安丰场弶港外辐合,潮差最大,对沙洲冲刷、沉积产生重要影响,延滞了淤涨(图2-19),梁垛、安丰岸段直到今日仍有一处内凹(图2-24)。

安丰场"马路"以东里数与景观

安丰场旧设潮墩四座,三在马路之西,一在马路之东,每墩计高一丈四尺……马路计长十七里半,东至海约三十里,西至范堤约六十里。历来潮汛以道光二十八年为最大,漫过马路七八里,然并未损伤丁口,亦无人上墩避潮……光绪七年大汛,潮水仅及马路……新旧淤上亭场,其灶屋皆筑土盘为基,高多在

---

① 张忍顺:《历史时期江苏海岸带的变迁》,《中国第四纪海岸线学术会议论文集》,北京:海洋出版社,1987年,第139—140页。

② 光绪《重修两淮盐法志》卷37《场灶门·堤墩下》。

③ 张忍顺先生认为,乾隆年间沿海马路以东形成了脱离潮汐浸满影响的滨海平原,此说似不准确。参见张忍顺《历史时期江苏海岸带的变迁》(《中国第四纪海岸线学术会议论文集》,北京:海洋出版社,1987年,第138页)。

三尺以外,平时小汛并无潮至,七年大汛,潮水经过处深浅不过一二尺,未及盘基,故禾草虽伤,而人牛无损。①

该则史料表明,安丰场马路附近的潮墩高度为一丈四尺,光绪七年(1881)天文大潮抵达马路,平时小汛(月高潮)已经很少浸满。说明到光绪年间,马路以东的滩地开始脱离海潮的频繁浸渍,只有大潮、风暴潮才会抵达。

另外,据丁日昌《淮鹾摘要》记载:

> 安丰场……乾隆中年以来至道光初年,马路以东得古淤七八里,新淤十余里,续淤又十余里,地方广阔,出草既多,兼卤气极厚,又东至海边光沙六七里,人皆以捕鱼为业。②

这是一条揭示同治年间安丰场"沿海马路"以东海涂生态景观的重要史料。由此可知,同治年间安丰场以东已有草滩带、盐蒿滩带发育,马路以东共有近40—50里,其中光沙6、7里应该包括了光滩、浮泥滩以及板沙滩。故草滩、盐蒿滩共有约30里。

不过,令人意外的是,该条史料反映的同治年间滩地景观与光绪年间存在矛盾,数十年后,光绪年间安丰场"马路"外仍"皆浮沙无土"③。

除景观外,里数也有矛盾。据丁日昌《淮鹾摘要》记载:

> 旧制淤沙西六十里有马路一条,南接富安,北抵梁垛,计长十七里半。其路稍高于亭荡众灶,以为潮水之防,料年久日深,为运盐运草牛车经行之路,辙深土浅,势同行潦。每年伏秋大汛海潮上涌,近者淹毙甚多,远者亭荡漫没,农灶受害匪浅。④

该史料表明同治年间安丰场"马路"以东至少有六十里左右的"淤

---

① 光绪《重修两淮盐法志》卷37《场灶门·堤墩下》。
② 〔清〕丁日昌:《淮鹾摘要》卷1,〔清〕温廷敬编:《丁中丞政书》卷33,沈云龙主编:《近代中国史料丛刊续编》第77辑,台北:文海出版社,1980年,第1249页。
③ 光绪《重修两淮盐法志》卷17《图说门·泰属十一场图说》。
④ 〔清〕丁日昌:《淮鹾摘要》卷1,〔清〕温廷敬编:《丁中丞政书》卷33,沈云龙主编:《近代中国史料丛刊续编》第77辑,台北:文海出版社,1980年,第1249页。

沙",但光绪《重修两淮盐法志》记载为:"马路计长十七里半,东至海约三十里,西至范堤约六十里。"①同为安丰场"沿海马路"以东海涂,时隔 20 年左右为何反而大为缩短？况且嘉庆《两淮盐法志》记载的安丰场"马路"以东已经有不少新淤沙荡,经过数十年的演替,不可能在光绪年间依旧光沙无草。也没有资料表明"沿海马路"出现过东迁,两淮盐运使丁日昌为实地查勘,其记载也比较可信,相比而言,光绪年间的描述很可能不正确。另外,光绪《重修两淮盐法志》东台场图中,"马路"距海岸为 30 里左右,与嘉庆《东台县志》所载基本一致,但其图说明确说明:"近因海势东趋,以至沙滩愈形辽远,长落靡常,未敢拘以里数。"因此,光绪《重修两淮盐法志》场图中记载的"马路"以东的里数与光沙景观描述可能存在问题,也难以直接用来考察滩涂淤涨速度。

总之,考虑到清代相当长时期内"沿海马路"都在草荡的东侧边缘,实际上,"沿海马路"成为年潮淹没带与月潮淹没带的大致分界线,即月高潮不能浸满的位置。也说明中部岸段在淤涨速度上并不突出,特别是富安、安丰、梁垛、东台、何垛诸场,这些盐场的月潮淹没带长期以"沿海马路"为界。

3. 海涂生态类型的演替时间

淤进型海涂不同滩地类型的演替存在一定时间间隔,这种演替特点对海岸带盐作、农作活动分布变迁有重要影响,是海岸生态环境变迁的重要内容之一。

一方面,从民国年间南通大学农学院对部分岸段土壤含盐量的调查可知,盐蒿滩在 10 年内从 7.5‰脱盐至 4.7‰②,脱盐速率为年均下降 0.28‰。考虑到一般白茅草滩土壤盐含量为 2‰—3‰左右,故从盐蒿草滩演替为白茅占优势的群落一般至少需要 10 到 15 年。

---

① 光绪《重修两淮盐法志》卷 37《场灶门·堤墩下》。
② 贾敬业、邹迎曦、李乃栓:《从大丰县生态演替史看淤长型滩涂的开发与利用》,《自然资源学报》1991 年第 3 期。

另一方面，受淤进型海涂生态要素演替规律制约，从不毛光沙到长草新荡（盐蒿草稀疏分布），一般需要 15 至 20 年。例如陈家宽对上海长江口九段沙的考察认为，九段沙在 1843 年开始出露水面，1858 年开始有植被生长。① 即从不毛光滩到有植被出现约需 15 年，考虑到长江口淡水径流量大，近岸表层海水盐度也低于苏北岸段②，故江苏沿海滩地从光滩到盐蒿滩至少为 15 至 20 年以上。在相关文献中也有反映，道光十八年九月，两江总督陶澍奏称③：

> 泰州分司所属伍佑、新兴二场前于道光二年新淤升科案内均有剔除光滩、水洼、平路地亩。迄今已阅多年，经委员查勘伍佑一场前升原剔光滩等地及续丈新淤，见在剔除车路港洼外，实丈出长草应升地八百三十一顷十九亩九分……新兴一场，前升原剔水洼等地及续涨新淤，见在剔除水洼光滩外，实丈出长草应升地五百八十顷十六亩一分。

即道光二年丈量时未被计入的不毛光滩，到道光十八年已经长草，丈量升科，计入新淤荡地，由灶户领升。可见，不毛光滩到长草荡地时间间隔为 16 年。

同治八年，吕四场大使陶绍熙、候补周大使等亲历勘察，濒海有新淤丁荡尚未设亭置灶，卤气充足④：

> 该荡在于堤外逼近海洋，潮汐相应，尽属斥卤，多系不毛，其中间有长草，亦甚茸细，不成片段，无可樵采……查该荡新淤前于咸丰元年……勘丈共地二百三顷九十五亩零，内除不毛光沙、沟渠、道路五十七顷六十九亩零……

即丁荡在新淤出露前，于咸丰元年丈量过一次。也就是说，丁荡在

---

① 陈家宽：《上海九段沙湿地自然保护区科学考察集》，北京：科学出版社，2003 年，第 15 页。
② 薛鸿超、谢金赞：《中国海岸带和海涂资源综合调查专业报告集·中国海岸带水文》，北京：海洋出版社，1996 年，第 91 页。
③ 光绪《重修两淮盐法志》卷 97《征榷门·灶课上》。
④ 光绪《重修两淮盐法志》卷 30《场灶门·亭池》。

咸丰元年之后逐渐淤积(图2-25),到同治八年,开始有稀疏植被群落,但不成片段。即咸丰元年(1851)到同治八年(1869),共18年左右。

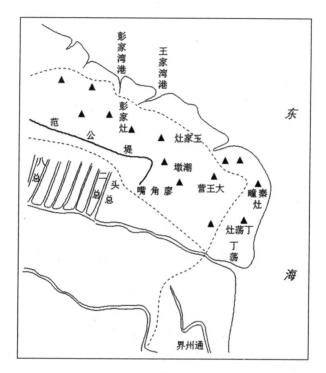

图2-25　同治八年吕四场丁荡位置

说明:据光绪《重修两淮盐法志》卷16《图说门·通属九场图说》吕四场图描绘。

总之,通过历史文献与现代考察对比,明清时期江苏海岸的光滩演替为盐蒿草滩大致为15—20年,从盐蒿草滩演替为白茅草滩至少需10年以上。

4. 宜耕带、宜盐带、宜渔带的分异

海涂生态要素分布的有序性,形成了自陆向海的草滩、盐蒿草滩、光滩的地带性分异,沿岸线呈南北平行分布,并伴随"海势东迁"不断东移,由此导致了海岸土地利用的相应变化与差异,是江苏海岸带生态环境变迁及影响的重要表现之一。

根据海涂主要生态要素地带性分布特征,按照适宜人类获取可利用资源的方式,可以将海岸带分为三带,即宜耕带、宜盐带、宜渔带,分别与草滩带、盐蒿草滩－光滩、浮泥滩－板沙滩相对应(图2－26、2－27、2－28)。伴随海涂淤涨与演替,宜耕带的确不断扩大,但并不等于宜盐带、宜渔带消失,它们是同时存在的。很大程度上,这种分带成为明清海岸带人地互动变迁的基本背景,三种生态类型的分异,表明人们获取可利用资源的方式多样化,即生计存在多样性,可以农作、可以盐作,也可以渔作。

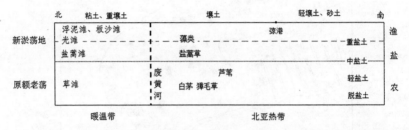

图2－26 江苏海岸自然环境与人类活动分区概念图

草滩带是淤进型海涂生态发育的最高阶段,植被覆盖度增加、根系发达,将滩地原来无序结构的土壤颗粒有序化,将分散的土粒改造成为有结构的团粒、团块[1],其土壤疏松,渗水性强,土壤中的孔隙较大,对农业生产最为有利。盐业生产所要求的则是无结构性的土壤。[2] 草滩土壤性状决定了不再适宜煎盐生产,而适宜种植业[3],成为宜耕带。"泰属各场荡地在范堤之东……每因淤沙外涨,腹内荡地土性渐淡,是以率多改荡为田。"[4]

盐蒿滩、光滩,土壤含盐量高,植被群落稀少,是古代海盐生产设置灰亭、滩池的理想位置,往往成为宜盐带。光滩以下为浮泥滩

---

[1] 宋达泉:《中国海岸带和海涂资源综合调查专业报告集·中国海岸带土壤》,北京:海洋出版社,1996年,第19页。
[2] 河北塘沽盐业专科学校:《海盐生产工艺学》,北京:轻工业出版社,1960年,第78页。
[3] 陈邦本、方明等:《江苏海岸带土壤》,南京:河海大学出版社,1988年,第17页。
[4] 嘉庆《两淮盐法志》卷27《场灶一·草荡》。

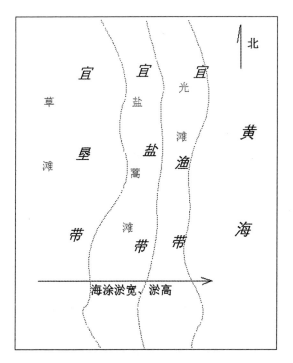

图 2-27 宜垦、宜盐、宜渔带分异示意图

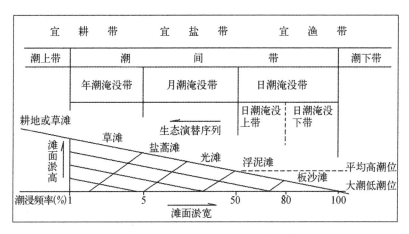

图 2-28 淤进型海涂生态要素演替示意图

说明：据陈邦本、方明等《江苏海岸带土壤》第 14、16、78 页改绘。

与板沙滩,多贝壳、藻类以及浮游生物生存,近岸滩涂贝类、鱼类资源丰富,多成为宜渔带,是近海渔业生产区域。

江苏海岸在地貌上呈南北带状分布,气候与土质分布存在明显差异,在人类活动分布上也存在差异(图2-26)。废黄河以北地层积累了丰富的黏土,往南为壤土、砂土。农作活动一般分布在轻盐土、脱盐土带,盐作活动分布在中盐土、重盐土带,渔作活动多在重盐的光滩带以下(图2-27、2-28)。明清时期,江苏海岸人类活动长期存在盐作、农作、渔作活动,虽然程度不一,但同时兼有,正是海岸带生态特征分异的客观反映。如滨海之新淤尽属斥卤,蓄草之外,不能种植……宜置亭而不虑其垦种也。① 安丰场……乾隆中年以来至道光初年,马路以东得古淤七八里,新淤十余里,续淤又十余里,地方广阔,出草既多,兼卤气极厚,又东至海边光沙六七里,人皆以捕鱼为业。②

5. 草滩带资源利用的双重性——助盐利垦

历史时期江苏海岸草滩带有两个重要特点,其一具有助盐利垦的资源利用双重性,其二面积不断扩大,是海涂最主要的生态类型。前已述及,草滩带是海涂植被类型演替的顶级群落,一般也是最后阶段,故伴随海涂淤涨、滩地淤宽,草滩带日益成为海岸带面积最大的生态类型。这种演替特征决定了整个海涂可耕地资源逐渐增多,即宜耕带不断增宽。整体上,海涂更加宜耕。

草滩带在资料利用上具有双重性,原因是草滩带提供了两种资源,一是由于土壤脱盐,有机质增多增厚,成为可耕地;二是草滩带拥有大量的白茅草植被,又是煎盐生产的重要的薪草来源。更为关键的是,草滩带的面积随着海涂外涨,更是不断增大。淤进型海涂淤涨,光滩、盐蒿滩、草滩均会加快淤宽,但三者相比,在自然状态下,由于植被演替速度稳定,故光滩、盐蒿滩的宽度相对稳定,而草滩带是演替的最后阶段与植被演替的顶级群落,其结果必然是越来越宽(图2-29)。

---

① 〔清〕丁日昌:《淮鹾摘要》卷1,〔清〕温廷敬编:《丁中丞政书》卷33,沈云龙主编:《近代中国史料丛刊续编》第77辑,台北:文海出版社,1980年,第1243页。
② 同上书,第1249页。

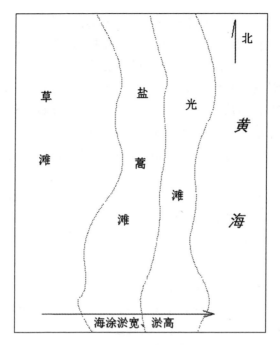

图 2-29 草滩带淤宽示意图

草荡淤宽、资源丰富,可以助盐、可以利垦。但资源利用上日益存在矛盾,在明清官府施行"蓄草供煎"制度下,煎盐生产离不开荡草资源,却大部分闲置了可耕地资源;同时,若开垦种植虽利用了可耕地资源,又限制了煎盐荡草来源,如何组合利用该类资源,便存在一定纠纷。在古代"官山海"的观念下,盐作活动成为封建官府获利的依赖,必然不断强化对草滩资源的垄断,抑制了草滩带可耕地的开发潜力,即宜垦的效率可能被长期抑制。

此外,虽然草滩带宜垦,但滨海盐土毕竟成土时间短,熟土层较薄,底层盐分依旧较高,存在不同程度的地下水矿化度以及土壤盐分,极易返盐。据现代考察,从盐土植被类型下的土壤肥力看,白茅草滩土壤表层肥力最好,但一般在 20 厘米深度以下,其土壤肥力较差。①

---

① 沈永明:《江苏典型淤长岸段潮滩盐生植被及其土壤肥力特征》,《生态学报》2005 年第 1 期。

这种土壤肥力特征显然限制了草滩垦种的方式与程度。一般多为浅耕深沟,利于排盐,不至于土壤返盐为主。故明清时期,沿海农民多浅耕、少耕,防止盐分上泛的耕播措施。①

草滩带资源的利用具有双重性,认识到这一点对于理解海岸带盐作、农作活动的发展变迁及其相互关系具有重要意义,也有利于理解明清官府海岸管理制度及其影响。很大程度上,伴随人口增长、人地压力提高,草滩带资源的双重性导致海岸带大量荡地日益开垦,盐业生产活动日益集中。换言之,在传统时代,从整体海岸带的生产布局看,应该是农作面积日益占主导,盐业占次要。

但这是没有考虑明清官府管制的影响。值得注意的是,明清官府恰恰长期垄断海岸带各项资源,专事盐利,长期施行"蓄草供煎"制度,即使在清末仍然试图强化以便获取盐课。这样的制度安排与海岸带的资源特点的结合,在清代中期以前的确发挥了积极作用,扩大了盐业生产,提供了大量的盐作产出与充裕的盐课。但伴随滩地淤宽,到清代乾嘉年间,这种制度已然导致大量的可耕地资源被浪费,在周围州县人口压力增大情况下,地力浪费更加突出。

本章小结

本章主要讨论了明清时期江苏海岸环境变化的具体表现,在前人研究的基础上,通过现代模拟与历史文献分析结合,考察了"海势东迁"、滩地快速淤涨的历史过程。并依据海岸生态要素演替作用,考察了海岸植被、土壤等生态要素的空间分布变化,及其引发的宜垦、宜盐、宜渔的地带性分异,并伴随海岸淤涨平行向海位移,这一独特的生态环境特征对海岸人类活动产生深刻影响,引发海岸社会经济活动的空间分布变化。尽管海岸变化最直观的表现往往是海岸淤涨蚀退的变化,不过对海岸人类活动影响更为直接的是海岸生态要素的分布变化。

---

① 江苏省地方志编辑委员会:《江苏省志·海涂开发志》,南京:江苏科学技术出版社,1995年,第136页。

第三章 海岸盐作环境变迁及其影响

通过前一章有关江苏海岸生态环境变化的讨论,笔者强调了海涂生态要素演替作用对海岸植被、土壤、盐分等生态要素的空间分布变化及其影响。这些变化对历史时期海岸人类活动特别是盐作活动将产生何种影响,需要进一步考察传统海盐生产及其所依赖的环境条件。因此,本章主要解决的问题是:明清时期江苏海岸快速淤涨及其引发生态环境变化,对传统海盐生产所需的关键自然资源(盐作要素)有何影响,有哪些主要分布特征。并通过揭示海岸盐作环境变化的本质,阐明传统盐作活动与海岸环境变化的关系。

一 淮盐概况

历史上两淮盐业的长期繁荣,是唐宋以来中国古代经济重心东移南迁的重要表现之一。唐宋以后,长江口以南的江南农业经济带以及长江口以北的盐业经济带,共同支撑了古代经济重心东移南迁,是全国经济重心区域的两大板块。

1. 盐场与销岸

明清时期,江苏海岸盐业生产长期繁荣。两淮盐场为朝廷提供了大量盐课,"两淮为天下财赋之薮"[1]、"淮盐岁课七十万五千一百八十引,征银六十万两,可谓比他处独多矣。"[2]官府长期高度重视两淮盐场的兴衰延续,垄断了江苏海岸带自然资源,专利盐作。

---

[1] 〔明〕毕自严:《度支奏议》卷4,明崇祯刻本。
[2] 〔明〕王士性:《广志绎》卷2《两都》,清康熙十五年刻本。

明至清初,两淮共有三十盐场,分别归通州、泰州、淮安三分司管辖。① 后陆续省并,到乾隆三十四年(1769)省并为 23 场,成为定制。

乾隆二十四年(1759)淮安分司由淮安移住海州,二十八年(1763)改称海州分司,其后各场隶属关系为:通州分司9场:丰利、掘港、石港(马塘并入)、金沙(西亭场并入)、吕四、余西(余中场并入)、余东、角斜、栟茶。泰州分司11场:富安、安丰、梁垛、东台、何垛、丁溪(小海并入)、草堰(白驹场并入)、刘庄、伍佑、新兴、庙湾;海州分司3场:板浦(徐渎场并入)、临兴(临洪、兴庄二场合并)、中正(乾隆元年新设,莞渎场并入)(图3-1)。

两淮盐场产销分离严重,运道绵长。淮北盐场销岸包括安徽、河南等府县,淮南盐场销岸在全国各产盐区中范围最大,包括了湘、鄂、西、皖四岸,即湖南、湖北、江西大部分府县以及安徽部分府县(图3-2),食盐人口众多。

2. 盐产与格局

淮盐兴衰与格局变迁主要包括两点:一是重点盐区由淮南向淮北转移。清末以前,淮南盐场长期是全国海盐生产中心。二是盐场不断东迁。即黄河夺淮后,江苏海岸为淤涨状态,盐场随海涂淤涨而外移。②

唐宋时期,全国经济重心东移南迁,淮盐迎来快速发展。《宋史·食货志》"绍兴末年以来,泰州……一州之数过唐举天下之数矣"、"淮南有楚州盐城监,岁鬻四十一万七千余石,通州丰利监四十八万九千余石,泰州海陵监如皋仓、小海场六十五万六千余石。"③元、

---

① 通州分司:丰利、马塘、掘港、石港、西亭、金沙、余西、余中、余东、吕四上10场;泰州分司:富安、安丰、梁垛、栟茶、角斜、东台、何垛、丁溪、草堰、小海中10场;淮安分司:白驹、刘庄、伍佑、新兴、庙湾、莞渎、板浦、徐渎、临洪、兴庄下10场。另外,明代天赐场于弘治十三年并入庙湾(部分并入莞渎场)。参见徐泓《清代两淮盐场的研究》,第10页;郭正忠主编《中国盐业史》,北京:人民出版社,1997年,第686页。

② 黄公勉、杨金森:《中国历史海洋经济地理》,北京:海洋出版社,1985年,第103—104页。

③ 《宋史》卷182《食货志·盐法》。

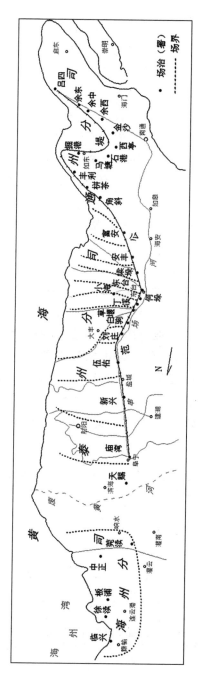

图 3-1 明清两淮诸盐场分布

明时期也有少数额产与岁办盐引数字,部分反映了淮盐的重要地位。明初两淮各盐场岁办大引额 116.07 万引(约 23.2 万吨),其中两淮为 35.2 万引(约 7.04 万吨)①,占全国的 30.3%。淮盐课入占全国 30.7%②。万历年间淮盐迎来黄金时代,至乾隆时期,达到极盛。③

清代淮盐取得较大发展,"淮盐课额,甲于天下……淮盐以一隅,抵数省之课。"④如康熙三年两淮岁入 177 万两,嘉庆八年为 230 万两⑤。平均估计,清代淮盐课额约占全国盐课的 49%⑥。"两淮场之广,草之丰,卤之厚,皆甲于天下。"⑦至乾、嘉、道各朝淮盐年产量在 200 万引左右,约占当时全国食盐产量三分之一。⑧ 扬州盐商因此煊赫一时,正是两淮盐业特别是淮南盐业鼎盛时期的折射。⑨ 时人盛赞:"两淮岁课当天下租庸之半,损益盈虚,动关国计"⑩,可见并不夸张。

淮盐生产格局长期南重北轻。其中,淮南盐产远在淮北之上,并持续到清末民初。宋代两淮年产盐合计 203.8 万担,其中淮南 156.1 万担,占 76.6%⑪。宋、元以及明中叶,虽缺少南北盐产具体数字,但同为煎法生产,且淮南盐场数量多、荡地资源丰富,产量应高于淮北。清代淮南盐产仍长期占据绝大部分比例,嘉庆六年(1802)其额产占两淮八成以上(表 3-1)。道光年间淮南岁额 1 395 510 引,淮北 296 982 引,淮南占两淮 82.5%。占全国海盐总产量 28.9%、全国总课银的 65.4%,此两项淮北分别只占 6.2% 与

---

① 《明史》卷 80《食货志·盐法》,一般每引 400 斤。
② 郭正忠:《中国盐业史》古代编,北京:人民出版社,1997 年,第 648 页。
③ 徐泓:《清代两淮盐场的研究》,台北:嘉新水泥公司文化基金会,1972 年,第 104—105 页。
④ 〔清〕陶澍:《陶文毅公全集》卷 14,"复奏办理两淮盐务一时尚未得有把握折子"。
⑤ 陈锋:《清代盐政与盐税》,郑州:中州古籍出版社,1998 年,第 171 页。
⑥ 同上。
⑦ 〔清〕包世臣:《包世臣全集》,合肥:黄山书社,1993 年,第 135 页。
⑧ 郭正忠主编:《中国盐业史》古代编,第 731 页。
⑨ 何炳棣:《扬州盐商:十八世纪中国商业资本的研究》,《中国社会经济史研究》1999 年第 2 期,第 59—76 页;徐泓:《清代两淮盐场的研究》,台北:嘉新水泥公司文化基金会,1972 年,第 104—107 页。
⑩ 〔清〕李发元:《盐院题名记》,嘉庆《两淮盐法志》卷 55《杂志四·碑刻下》。
⑪ 江苏省地方志编纂委员会:《江苏省志·盐业志》,南京:江苏科学技术出版社,1997 年,第 93,96 页。

3.1%。① 道光以后,受社会经济萧条以及太平天国战事影响,长江航运受阻,淮南失去关键的两湖销岸(鄂、湘),销滞产壅,至咸丰八年(1858)盐产顿减②,淮南盐场遂陷入困境。经同治、光绪年间恢复发展,至宣统年间淮南盐产仍占七成左右(表3-1)。可见,到清末民初,淮南盐场仍占两淮盐业核心地位。

表3-1 两淮盐产量(万吨)

年 份	两淮合计	淮 南	淮南比重
993	16		
1017	10		
1281	16		
1328—1329	22.8		
1332	19		
1356	14.1		
14世纪末	8.4		
1802	40	33.8	84.5%
1820	45		
1823	44.4		
1824	43.4		
1826	22.8	15.2	66.7%
1829	40		
1832	29		
1858		15.03	
1866		26.3	
1910	23.6	15.9	67.4%
1911	14.6	11.4	78.1%
1912	28	14.4	51.4%

---

① 《盐法通志》卷96《孙鼎臣论盐上》,转引自黄公勉、杨金森《中国历史海洋经济地理》,北京:海洋出版社,1985年,第172页。
② 同治《淮南盐法纪略》卷10《杂案》。

续 表

年　份	两淮合计	淮　南	淮南比重
1913	40.9	17.2	42.1%
1924	59.6	5.6	9.4%
1929	54.3	1.8	3.3%
1932	47.4	6.1	12.9%

说明：宋、元数据根据郭正忠《宋代盐业经济史研究》(北京：人民出版社，1990 年)、《中国盐业史》古代编、《宋史·食货志》、《元史·食货志》等整理。清、民国数据根据郭正忠《中国盐业史》(古代编，北京：人民出版社，1997 年，第 732、736 页)、江苏省地方志编纂委员会《江苏省志·盐业志》(南京：江苏科学技术出版社，1997 年，第 94—98 页)整理，每引按 400 斤换算。据吴承洛《中国度量衡史》(上海书店 1937 年版，商务印书馆影印，1984 年，第 73—74 页)，每宋斤约为今 1.2—1.3 斤，元、明、清每斤约为今 1.2 斤，1 担约为 119.4 斤。

　　清末民初，淮北改砖晒为滩晒，产量快速增加，为保证两淮盐课，清廷借淮北盐接济淮南销售不足，淮北盐场占两淮的份额快速上升，1913 年，淮北盐产已占两淮五成以上(表 3-1)。胡焕庸在《两淮水利盐垦实录》中概括到："北盐渐盛，南盐渐衰，盖在清末已见其端倪矣"。民国年间废灶兴垦以后，淮北盐产已基本取代淮南，淮南六场产量合计尚不如淮北一场①，两淮长期南重北轻格局因此逆转，生产重心北移。

　　总之，16—19 世纪中叶，是两淮盐场发展的高峰期。其中，淮南盐场长期占据主要盐产份额，主要得益于明清官府的垄断性支持，淮南盐场更占据了人口稠密的四大销岸(湘鄂皖西)(图 3-2)，加上明清时期海涂淤涨提供的丰富荡草、荡地资源，支撑了淮南盐场的鼎盛发展。

　　3. 技法与环境

　　淮盐历史悠久，汉初吴王濞煮海为盐，为两淮盐利之始。从最初煮海为盐到今天塑苦滩晒，生产工艺不断成熟。历史上，淮盐生产技法有煎有晒。不过，明中叶以前，两淮盐场长期采用摊灰淋卤煎盐法。

---

① 江苏省地方志编纂委员会：《江苏省志·盐业志》，南京：江苏科学技术出版社，1997 年，第 97—98 页。例如 1925 年，淮北济南场为 24.6 万吨，而淮南六场共 5.8 万吨。

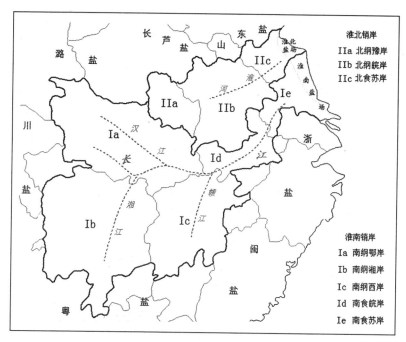

图 3-2 明清淮盐销岸范围与运盐河道示意图

资料来源：本图利用 MapInfo 绘制，省界底图以复旦大学中国历史地理研究所 CHGIS1820、1911 年底图为准。两淮南北盐场销岸范围参考光绪《重修两淮盐法志》卷19《图说门》、《盐法通志》卷6《疆域六·销岸三》资料整理，并参考美国国会图书馆藏"清代行盐四省图"（http://www.loc.gov/item/gm%2071005050）、徐泓《清代两淮盐场的研究》（台北嘉新水泥公司文化基金会，1972 年，第 139 页）、佐伯富《清代盐政之研究》（《盐业史研究》1993 年第 2 期，第 23 页附图）。

明代中后期，两淮盐场长期南煎北晒①，其生产所需的滩地空间、荡草与卤旺之地以及土壤质地等盐作要素均与海岸东迁密切相关。草丰卤足是两淮盐场摊灰淋卤煎法生产的必备条件，晒盐生产则不需要荡草资源，除了卤水外，更需要光照、风力资源以及一定的黏土层分布。

宋元至明清时期，淮南盐场长期沿用摊灰淋卤煎法生产，《太平御览》中淮南道便已载有成熟的"刺土成盐"生产工艺。② 至南宋年

---

① 淮北盐场在明后期之前是摊灰淋卤煎盐法生产。
② 〔宋〕乐史撰，王文楚等校：《太平寰宇记》卷130《淮南道八》，北京：中华书局，2007 年，第 2569 页。

间淮南盐区煎盐工艺达到成熟,其大要有八事:开辟亭场、海潮浸灌、摊灰曝晒、淋灰取卤、石莲试卤、斫运柴薪、煎卤成盐、出扒生灰。① 即基本工序为:引潮浸渍,铺设草灰于摊场,经过日晒,收取土卤,再以海水灌淋,得到较高浓度的卤水,上鉴煎熬成盐(图3-3)。

(1) 刈草

(2) 淋卤

---

① 张荣生:《从煮海熬波到风吹日晒——淮南盐区制盐科技史话》,《苏盐科技》1995年第3期。

(3) 煎盐

图 3-3　嘉靖《两淮盐法志》煎盐图

资料来源：嘉靖《两淮盐法志》卷一《图说》。

淮盐"煎盐必资草荡，草多则煎办有具，盐自丰盈。"①草荡产草"有红有白，皆含咸味，白者力尤厚，红可外售，而白有禁斫"②，"白草"即白茅（*Imperata cylindrical var. major*），是草滩带的优势植物；"红草"或红茅为盐蒿草（即盐地碱蓬）（*Suaeda salsa*），分布在盐蒿滩。这两种荡草是两淮煎盐主要的燃料来源，因两淮煎盐生产高度依赖荡草资源，故官府对其控制十分严格，按亭配荡，"蓄草供煎"，"禁止私垦，法至严也"③。卤水充分是两淮煎盐生产的另一个重要条件。制卤是极重要的生产步骤，两淮煎盐采用晒灰制卤法，陈椿《熬波图》中就载有"灌泼晒灰"的详细步骤④。海水一般为 2 到 3°Bé，直接煎煮费时费燃料，通过在近海傍潮的卤旺滩地开辟亭场，引潮浸灌、晒取盐分，收土淋卤，提高土壤盐度，以便制卤备煎，一般可以提高到 20°Bé。卤水充足离不开卤旺之地，故晒灰亭场一般位于

---

① 乾隆《两淮盐法志》卷 16《场灶·草荡》。
② 《盐法通志》卷 33《制法》。
③ 《清盐法志》卷 101《场产门二·草荡》。
④ 〔元〕陈椿：《熬波图》。

草滩带与岸线之间,前有海潮,后有荡草,兼顾卤旺与草足。①

明代中叶以前,淮北盐场与淮南同样采用煎法生产,自明中期以后,两淮盐场南煎北晒,嘉靖《惟扬志》云:"淮南二十五场则皆煎,淮北五场则皆晒。"②淮北晒盐早期为淋卤晒盐(人工淋卤砖池晒盐),结晶成盐时已不需要荡草,大致清代初期又发展出晒卤晒盐(分池晒卤砖池晒盐),二者在成盐环节上均采用砖池结晶法。至清末开始大规模采用泥池结晶法(滩晒),即纳潮后经多道蒸发池套晒成卤,然后入泥池结晶日晒成盐,改变了以往长期沿用砖池结晶成盐的方法,效率提高。大规模滩晒更离不开日照与土质条件,两淮土质分布变化与"海势东迁"密切有关,也是海岸环境变迁的重要表现,是黄河夺淮、泥沙沉积所致。在黏土层形成前,淮北盐场与淮南一样,长期沿用摊灰淋卤煎盐法。淮北沿海地带降水、蒸发条件比较优越,更适宜晒盐发展。

4. 盐场形态

因"海势东迁",江苏海岸盐作亭场又不断移亭逐卤,据光绪八年淮扬海道徐文达勘察,"泰属各场去海皆远……煎亭灶皆在场治七八十里、百数十里以外,远且有逾二三百里者。"③海涂淤涨,导致盐场逐渐向东延长,两淮大部分盐场都呈现东西分布的长条状(图3-1),盐课司、场署、仓储设备、日常交易一般在范公堤上,亭场与灶屋等基本生产设施分布在濒海地带。远离海岸的为下亭,靠近海岸的为上亭,中间为中亭,亭灶多分布在新淤与草荡之间,潮墩位列附近,灶舍略高出地面,以防止潮侵(图3-4、3-5)。

二 盐作环境之"变"与"不变"及对淮盐的影响

"海势东迁"对两淮盐作环境变化的影响,可以概括为宜盐带不断东迁,荡草、卤水等盐作要素伴随"海势东迁"、自然演替作用

---

① 参见雍正、乾隆《两淮盐法志》盐场图。
② 嘉靖《惟扬志》卷9《盐政志》。
③ 光绪《重修两淮盐法志》卷37《场灶门·堤墩下》。

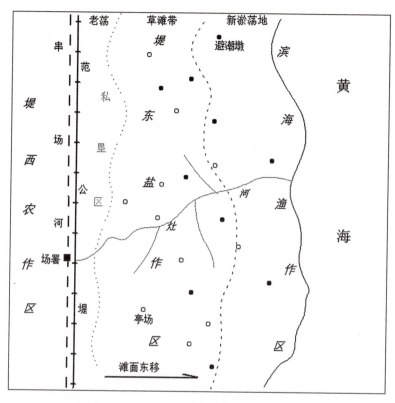

图 3-4 淮南盐场形态与盐作要素分布概念图

图 3-5 大丰公司煎盐灶舍

资料来源:《东方杂志》第 21 卷,第 11 期(上海书店出版社,1924 年),第 77 页。

而不断东移。其具体影响表现可以总结为"变"与"不变"两方面，其中煎法盐作环境变化并非指盐作要素缺乏，实质上仅是盐作要素（草、卤）数量与分布之"变"，而要素之间的组合关系"不变"。另外，"海势东迁"对淮北晒盐的产盐环境的影响主要是指荡地面积、土壤质地及其分布的变化。通过辨析盐作环境变迁中存在"变"与"不变"的差异，复原海岸带自然过程（"海势东迁"、自然演替）对两淮盐作环境要素（草、卤、土）的具体影响，可以深化对明清两淮盐作活动与海岸带环境变迁关系的认识。[①]

"海势东迁"引起的海岸自然环境变迁与盐作活动关系密切，然而相关论者在讨论江苏海岸环境变迁与淮盐兴衰时，对其复杂性存在认识不足或错误，对盐作环境变迁的复杂性尚未充分揭示，忽视了盐作环境变迁中存在"变"与"不变"的差异及其对淮盐兴衰变迁的深远影响。将"海势东迁"作为清后期淮盐南衰北盛的主要影响因素[②]，这样笼统的说法具有一定的普遍性。换言之，对煎法盐作环境变迁的复杂性缺乏讨论，往往关注了盐作环境变迁中"变"的方面，甚至简单理解为盐作要素的缺乏，却忽略了"不变"的表现。实际上，"海势东迁"引起的盐作环境变迁只是草、卤等盐作要素的数量、空间分布变化，并不会引起盐作要素缺乏，并没有改变它们的组合关系，煎法盐作活动能够长期延续。

---

① 本节参见拙文《略论盐作环境变之"变"与"不变"——以江苏淮南盐场为中心》，《盐业史研究》2014年第1期。

② ［日］渡边惇：《清末における淮南塩场の衰退について》，《立正史学》1972年第36期；于海根：《民国期间苏北淮南盐区的废灶兴垦事业》，《盐业史研究》1993年第1期；应岳林、巴兆祥：《江淮地区开发探源》，南昌：江西教育出版社，1997年，第249页；赵赟、满志敏、方书生：《苏北沿海土地利用变化研究——以清末民初废灶兴垦为中心》，《中国历史地理论丛》2003年第4期；凌申：《黄河夺淮与江苏两淮盐业的兴衰》，《中国社会经济史研究》2011年第1期；按：王日根、涂丹在《"明清海洋政策与东亚社会"国际学术研讨会综述》（《史学月刊》，2012年第9期）一文中介绍了吕小琴的《论明清"海势东迁"对两淮盐场的影响》的主要观点，认为"卤水淡薄促使两淮盐业生产重心由淮南移至淮北"。另外，也为周雪香的会议综述所载（见周雪香：《海洋社会经济与东亚文明研究的新观察——"海洋文明与战略发展"高端论坛暨"明清海洋政策与东亚社会"国际学术讨论会综述》，《中国经济史研究》，2012年第1期）。除此外，目前未见于其他刊物。

1. "海势东迁"、滩地淤涨与草荡

"海势东迁"最直接的表现是范公堤以东的海涂不断淤宽,荡地面积增加,荡草丰富、土地开阔。对于淮南煎法而言,荡地面积增多意味着煎盐所必需的荡草资源丰富,亭场扩展的空间增大,是淮南煎盐发展的重要促进因素。

首先,淮南盐场滩地淤积比淮北突出,且各场淤进程度不一。据《盐法通志》所载原额草荡、沙荡与历次新淤荡地亩数,淮南各场荡地总面积超过 600 万亩,其历次新淤荡地占原额草荡 59.3%,"考两淮今日产盐之区,在昔泰半没于海中,海势东趋,日渐淤积而成此地"[①]、"荡地则数倍于昔"[②]。其中泰属各场草荡面积占 76.6%,通属为 23.4%(表 3-2)。受海涂淤进速度影响[③],伍佑、新兴、草堰以及东台等场新淤面积更为明显。另外,从单次清丈看,淮南泰属各场也很突出。例如顺治十六年(1659),查出新淤沙荡,其中通州分司 46 364 亩、泰州分司 136 039.3 亩,淮安分司 73 188.1 亩。[④] 1855 年黄河北归后,淮南中部岸段(伍佑至富安场)仍然外涨,并持续至今。荡地面积的分布差异,势必影响盐场的规模与发展状况。以清末为例,比较淮南各场避潮墩、灶丁、灰亭、盐产量与荡地面积的变动情况,草荡面积丰富的盐场一般发展程度也更为突出,即各场发展状况基本与荡地面积保持一致(图 3-6)。可见,很大程度上淮南各场发展状况与荡地面积多寡正相关。

荡地增多,产草丰富,"荡地产草,至少每亩四石。"[⑤]需要注意的是,荡草资源多分布在草滩带与盐蒿草滩,在海涂演替作用下,"海势东迁"、滩地淤进,使荡草资源表现为数量增加与空间分布东

[①] 赵如珩:《江苏省鉴》,台北:成文出版社有限公司,1983 年,第 272 页。
[②] 光绪《重修两淮盐法志》卷 16《图说门·通属九场》。
[③] 张忍顺:《苏北黄河三角洲及滨海平原的成陆过程》,《地理学报》1984 年第 2 期,第 181 页。
[④] 光绪《重修两淮盐法志》卷 97《征榷门》。清初淮安分司包括了淮南的伍佑、新兴、庙湾、刘庄场。
[⑤] 张謇:《为合资设立掘港开垦公司呈请部署立案文》,张謇研究中心,南通市图书馆编:《张謇全集》第 3 卷,南京:江苏古籍出版社,1994 年,第 792—793 页。

表 3-2　清代淮南盐场原额、历次新淤荡地面积（亩）

场别	荡地	原额荡地	历次新淤荡地	新淤/原额
通州分司	吕四	131 657.2		
	余东	123 751.6	27 242.7	22.0%
	余西（余中并入）	100 161.3	110 579.8	110.4%
	金沙（西亭并入）	150 213.2	79 165.5	52.7%
	石港（马塘并入）	158 394.1	77 924.3	49.2%
	掘港	153 560.7	11 122	7.2%
	丰利	136 878.1	4 338	3.2%
	栟茶	213 331.3		
	角斜	55 119.9		
泰州分司	富安	378 608.5	56 189.8	14.8%
	安丰	282 050	60 915.1	21.6%
	梁垛	191 442.9	5 404.7	2.8%
	东台	233 435.9	17 226.4	7.4%
	何垛	210 212.2	90 813.8	43.2%
	丁溪（小海并入）	464 748.5	219 862.1	47.3%
	草堰（白驹并入）	341 171.1	203 146.3	59.5%
	刘庄	229 287.5	80 861.7	35.3%
	伍佑	234 300	321 836.7	137.4%
	新兴	145 574	798 302.4	548.4%
	庙湾（天赐并入）	182 546.3	274 364.5	150.3%
合　计		4 116 444.3	2 439 295.8	59.3%

资料来源：据《盐法通志》卷27《场产三·物地三》整理。

移的过程，而不会引发荡草资源缺乏，保证了煎法盐作的草薪供应。

其次，滩涂外涨对淮北晒盐同样具有促进作用。晒盐不用荡草，但荡地面积增多显然是促进因素。淮北岸段滩地淤涨远不如淮南盐场，但其滩地面积也有明显增加。除临兴场（临洪、兴庄合并）外，中正（莞渎并入）、板浦场（徐渎并入）都设在滩地淤涨比较突出的地带，即明清时期黄河入海口滩地的北扇（今连云港至灌南县以东地区）。其中，中正场滩地淤进最为明显

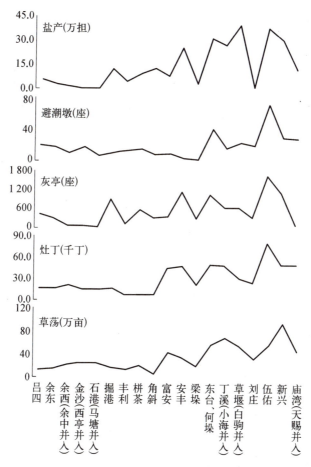

图 3-6 清末淮南各场发展状况与荡地面积

说明：淮南各场发展状况主要与灰亭、灶丁、潮墩以及盐产量等密切相关，荡地面积多寡则是"海势东迁"程度的直接反映。其中，草荡面积根据《盐法通志》卷 27《场产三·物地三》整理，为原额草荡与历次新淤合计数；避潮墩、灰亭根据光绪《重修两淮盐法志》卷 36《场灶门·堤墩》、卷 30《场灶门·亭池》整理。灶丁根据《盐法通志》卷 42《场产十八·盐丁》整理；盐产量根据《最近盐产录》（曹天生点较，《近代史资料》第 101 号，中国社会科学出版社，2001 年）第 1—35 页，《盐法通志》卷 37《产数》整理。按：盐产量未包括私盐，私煮产量不会被统计到。据佐伯富（《清代盐政研究》，《盐业史研究》，1994 年第 4 期，第 16—21 页）估计，私盐约占民众消费量的一半，规模不小。一般荡地、荡草多的盐场私盐也较多，如光绪《重修两淮盐法志》卷 97《征榷门》灶课上："荡草日多，私自置鏊煎盐"。

(表3-3),淤涨滩地共433 453.2亩,已远超原额荡地①。中正、板浦盐产量也相应地占据了淮北产量绝大部分(表3-3)。临兴场则位于海岸线比较稳定的赣榆县境内,滩地淤涨不明显。与此对应,清末民初,淮北盐场快速发展时,临兴场产量也只占淮北总产量较少比例(约两成左右)(表3-4)。另外,光绪三十三年(1907)开铺的济南场占据了废黄河口北侧苇荡左营大量的开阔滩地,经过扩建,到民国年间包含7个公司,铺建145条圩子,建滩1160份,拥有淮北一半的池滩,盐产量占淮北约七成,如1929年淮北四场共产盐52.54万吨,其中济南场为34.83万吨,占66.3%②,号称"淮北一巨擘"③。

表3-3 淮北中正场荡地淤涨变化(亩)

盐 场	原额荡地	淹沉荡地	续复荡地	新升荡地
中正(含莞渎场)	305 787.6	115 083.5	305 995.8	127 457.4

说明:根据《两淮盐务考略》、光绪《重修两淮盐法志》卷26《场灶门》、《清盐法志》卷101《草荡》整理。

表3-4 清末民初淮北各场盐产量(吨)

盐 场	1910	1911	1912	1913
板浦	37 220.6	15 866.8	57 075.1	91 073.1
中正	23 680.8	9 002.1	36 543.7	55 793.5
临兴	16 489.9	7 605.3	20 106.2	37 280.7
济南			22 717.9	52 758.1
合计	77 391.3	32 474.2	136 443	236 905.4

说明:1910、1911年数据根据《盐法通志》卷37《产数》整理;1912、1913年数据根据《最近盐场录》整理。

① 为历次续复荡地与新升荡地合计数。
② 江苏省地方志编纂委员会:《江苏省志·盐业志》,南京:江苏科学技术出版社,1997年,第97页。
③ 同上书,第47页。

因此,淮南、淮北盐场,均得益于"海势东迁"、滩地淤涨所提供的丰富土地、荡草资源与广袤的生产空间,有利于生产规模扩张,推动了明清时期淮盐的繁盛发展。

2. 卤潮资源分布变化

卤水资源分布变化也是"海势东迁"引起盐作环境变迁的重要内容之一。"海势东迁"对土壤盐分的影响表现为土卤空间分布东移,新淤卤旺地带普遍存在,并不会引发土卤缺乏,这与海涂生态要素规律性演替作用有关。

传统煎法盐作所需盐分主要来自两方面,濒海土壤以及近岸咸潮。即卤水资源丰度一般与两个因素相关,一是土壤表层(0至5厘米)剖面盐分含量(即土卤),二是咸潮。故煎盐生产的制卤环节离不开土卤、咸潮两种卤水资源的充分利用。淮南盐场采用摊灰淋卤煎盐法,在生产环节上,土卤丰富利于开辟摊场、摊灰晒卤;咸潮主要用来灌泼摊场,提高土壤盐分以便晒灰制卤备用。由于海涂要素演替作用,以及对潮汐的充分利用,卤水资源并不缺乏。

首先,土卤资源在数量与空间分布上的变化具有规律性,"海势东迁"并不会导致卤水资源短缺。受淤进型海涂要素演替规律作用,潮滩中卤旺之地空间分布发生重要变化,伴随"海势东迁"而不断东移,但却持续稳定存在,这是江苏海岸带盐作环境变迁的重要特征。据现代考察研究,江苏典型淤进型海涂内除板泥滩为水盐平衡态、草滩为脱盐态外,其余滩带均为积盐态。[①] 年潮淹没带的白茅草滩,其剖面平均含盐量最低(2.1‰),且0至5厘米表土盐分低于剖面平均盐分,为稳定脱盐环境。[②] 獐毛草滩(包括大穗结缕草群落)又比白茅草滩的土壤含盐量高出1倍多,与芦苇滩一样都是不稳定的脱盐生态环境。[③] 而位于月潮淹没带的盐蒿滩、光滩,其盐蒿滩土壤含盐量为6‰至8‰,光滩则超过10‰,表土盐含量最高,高

[①] 陈邦本、方明等:《江苏海岸带土壤》,南京:河海大学出版社,1988年,第77页。
[②] 同上书,第76页。
[③] 同上书,第76—77页。

出剖面平均含盐量约 2.3 倍①,且植物覆盖率低,蒸发强烈,是潮间带的主要积盐地带。② 加上返盐作用,有时表土含盐量高达 30‰ 左右。③ 在其附近开辟摊场,晒灰制卤,效果较佳,一般多为上亭。这些杂草较少、依潮傍海的卤旺之地,往往成为铺设新亭的理想地带,但附近荡草一般尚不茂盛,如光绪《重修两淮盐法志》载:吕四场"新淤丁荡,卤气充足,堪以建亭……该荡在于堤外,逼近海洋,潮汐相应,尽属斥卤,多系不毛,其中间有长草,亦甚茸细,不成片段。"④可见,滨海土卤资源仅表现为空间分布变化,即伴随"海势东迁"而不断东迁,并不会消失;老荡(白茅草滩)土卤资源逐渐减少,"每因淤沙外涨,腹内荡地土性渐淡,是以率多改荡为田,垦种杂粮。"⑤ 同时,新淤荡地(盐蒿草滩、光滩)卤旺比较普遍。

史籍中对新淤卤旺也有反映,除个别盐场外,大部分有新淤荡地的盐场都有很好的土卤资源分布。例如:"滨海之新淤尽属斥卤,蓄草之外,不能种植……宜置亭而不虑其垦种也"⑥、"安丰场……马路以东……续淤又十余里,地方广阔,出草既多,兼卤气极厚"⑦、"吕四……场境之北,向有荡地……实为草丰卤足之区。"⑧ 个别盐场(如刘庄、金沙、石港),地居腹里、远离海岸,新淤荡地面积较少,盐产难以为继,并非普遍现象。⑨ 文献所载正是淤进型海涂生态要素演替规律的客观反映。总之,这种演替规律深刻影响了土卤资源的空间分布,旧亭场老荡固然卤气渐衰,但新淤地带土卤资源十分普遍。

---

① 陈邦本、方明等:《江苏海岸带土壤》,第 77 页。
② 同上书,第 20 页。
③ 同上书,第 75 页。
④ 光绪《重修两淮盐法志》卷 30《场灶门·亭池》,《续修四库全书》第 843 册,上海古籍出版社,2002 年,第 268 页。
⑤ 嘉庆《两淮盐法志》卷 27《场灶一·草荡》,同治九年(1870)扬州书局重刊本。
⑥ 〔清〕丁日昌:《淮鹾摘要》卷 1,〔清〕温廷敬编:《丁中丞政书》卷 33,沈云龙编:《近代中国史料丛刊续编》第 77 辑,台北:文海出版社,1980 年,第 1243 页。
⑦ 同上书,第 1249 页。
⑧ 同上书,第 1257 页。
⑨ 《清史稿》卷 123《食货志》,中华书局,1977 年,第 3637 页。宣统元年,度支部尚书载泽疏言:淮南因海势东迁,卤气渐淡,石港、刘庄等场产盐既少,金沙场且不出盐。

其次,咸潮与近岸表层海水盐度也保证了卤水资源的稳定。煎盐所需海潮的盐分受到近岸表层海水盐度(5 米)以及外海咸潮的共同影响。近岸表层海水盐度主要受地表径流以及降雨形成的淡水团影响。1194—1855 年间,黄河南徙,江苏海岸带地表淡水通量明显增加,大量冲淡水引起近岸表层海水盐度出现重大变化,江苏岸段盐度势必降低。以今黄河口等淡水河口的盐度作参考,当时河口附近盐度应该在15‰—20‰之间①,其他岸段高于该值。1855 年黄河北归,黄河以及里下河的入海冲淡水又显著减少,近岸表层海水盐度因此又有较大提升。但近岸表层海水盐度的这种变化并不会明显影响淮南盐作活动。由于潮汐能够将外海盐度较高的咸潮推至近岸,②故摊灰制卤不只利用近岸表层海水,往往多利用潮汐作用充分纳取咸潮,这种生产特点也保证了煎法盐作所需卤水资源的稳定。

3. 土壤质地与空间分布

土质演变、分布状况及其差异,也是盐作环境变迁的重要内容之一,对晒盐、煎盐空间分布产生了深刻影响,很大程度上促成了明清两淮盐场南煎北晒的基本格局。③ 但以往对此研究薄弱,很少关注"海势东迁"对土质变化及其对两淮盐作活动变迁的影响。

江苏海岸带土壤质地变化是"海势东迁"、黄河携带泥沙经过长期分选、沉积导致。宋元以前,海岸长期稳定在范公堤一线(今通榆公路)附近。海涂砂质为主,范公堤两侧即有 2 至 3 道沙堤,组成物质为中砂或贝壳碎片,淮北岸段也有沙堤分布。④ 1194 年黄河全

---

① 薛鸿超、谢金赞等:《中国海岸带和海涂资源综合调查专业报告集·中国海岸带水文》,北京:海洋出版社,1996 年,第 49—50 页。
② 中国科学院自然科学史研究所地学史组:《中国古代地理学史》,北京:科学出版社,1984 年,第 254 页。
③ 嘉靖《惟扬志》卷 9《盐政志》,天一阁藏明代方志选刊,上海古籍书店 1963 年。"淮南二十五场则皆煎,淮北五场则皆晒。"
④ 陈吉余:《中国历史时期的海岸变迁》,陈吉余、王宝灿、虞志英等:《中国海岸发育过程和演变规律》,上海科学技术出版社,1989 年,第 5—6 页;凌申:《全新世以来苏北平原古地理环境演变》,《黄渤海海洋》1990 年第 4 期。

流夺淮入海后,携带泥沙进入江苏海岸,大量淤泥质黏土层逐渐形成,埋伏古沙滩。① 因不同地形的海水动力过程与泥沙运动规律的差异,引起沉积物粗细的差异。② 随着滩面淤高和淤宽,淤进型海涂其上部黏性覆盖层逐渐增厚,形成了上黏下砂二元相结构。③ 1494年后,滩涂外涨加快,连云港至灌河口一带快速沉积了大量黏性泥沙,废黄河三角洲以南、以北,由砂质海岸转变为粉砂淤泥质海岸。

具体而言,据现代研究,江苏各岸段土壤质地分布的总趋势呈现北黏南砂,局部地区有差异;以弶港为中心,向南、北逐渐由砂变黏。各岸段的物理性黏粒(< 0.01 mm) 含量存在明显的低值区(图 3-7),如梁垛闸到小洋口之间的中部岸段,为 6.1% —19%④;淮北灌河口附近以及南通遥望港、东灶港为典型的峰值区,前者黏粒含量更超过 30%。该岸段正是明清时期黄河三角洲的北扇冲积滩地,以黄河冲积为主的河积-海积复合体,普遍分布着平均粒径在 0.005—0.008 毫米的黄色黏土层,并自黄河口向南、向北,逐渐变薄、变粗。⑤ 另外,据民国年间实地调查资料,也显示盐城以南砂土增多,黏土分布逐渐减少(表 3-5),整体土质分布状况与今天一致。土壤含盐量一般随物理性黏粒含量的增加而增加⑥,当土壤黏粒含量大于 30% 时,随黏粒增加土壤盐分增加得更多⑦,故壤土、黏土的保卤能力较强。⑧ 因此大量淤积的黏土层对晒盐场防止卤水渗漏自然十分有利,如淮北台北、台南、灌东三盐场土壤机械组成中,

---

① 王宝灿、恽才兴、虞志英:《连云港地区(临洪河口-灌河口)海岸地貌》,陈吉余、王宝灿、虞志英等:《中国海岸发育过程和演变规律》,上海科学技术出版社,1989 年,第 242 页。
② 陈邦本、方明等:《江苏海岸带土壤》,南京:河海大学出版社,1988 年,第 14 页。
③ 同上书,第 40—41 页。
④ 同上书,第 38 页。
⑤ 王宝灿、恽才兴、虞志英:《连云港地区(临洪河口-灌河口)海岸地貌》,第 242 页。
⑥ 宋达泉:《中国海岸带和海涂资源综合调查专业报告集·中国海岸带土壤》,北京:海洋出版社,1996 年,第 55 页。
⑦ 陈邦本、方明等:《江苏海岸带土壤》,南京:河海大学出版社,1988 年,第 71 页。
⑧ 薛自义:《制盐工业手册》,北京:中国轻工业出版社,1994 年,第 146 页。

黏土含量明显高于细砂。① 而淮南盐场的土质条件则制约了其发展大规模滩晒盐的可能性,长期以煎盐为主。

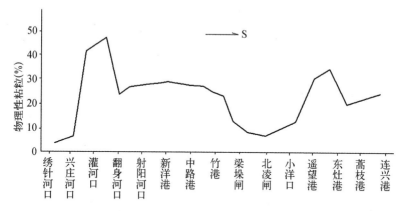

图 3-7　江苏沿海各岸段海涂土壤物理性黏粒含量(毫米)

资料来源:陈邦本、方明等:《江苏海岸带土壤》,第 38 页。

表 3-5　江苏沿海各地土壤性质分布(%)

岸　段	黏　土	壤　土	砂　土
启东	40	0	60
海门	0	70	30
南通	20	70	10
如皋	40	25	35
东台	30	40	30
盐城	50.5	48	1.5
阜宁	30	50	20
灌云	75	20	5
赣榆	25	45	30

资料来源:实业部国际贸易局:《中国实业志·江苏省》第一册第一编《总说》,1933 年,香港宗青图书公司 1980 年影印,第 33—34 页。

---

① 河北塘沽盐业专科学校:《海盐生产工艺学》,北京:轻工业出版社,1960 年,第 77 页。

4. "不变"的盐作要素组合关系

此处所言盐作环境变迁之"不变",并非某一具体盐作要素伴随"海势东迁"而"不变",主要指两淮煎法盐作要素组合关系"不变",它们仍同时存在于海涂。前已述及,"海势东迁"对江苏海岸盐作环境的确产生了深远影响,但就煎法盐作活动而言,这种"变"其实是一种表象,实际上多为荡草、卤水资源的数量、空间分布的变化,而并不会导致海涂缺失其中任何一种盐作要素。以往论者往往注意了海岸带环境变迁中盐作要素"变"的一面,或将"变"误解为盐作要素的缺乏,却忽略了盐作要素组合关系"不变"的另一面。换言之,草卤资源虽有数量与分布的变化,但在区域内长期共存,局部存在的分布不平衡影响了盐作活动的具体细节与方式,但并不会根本上妨碍盐作活动的延续。

"海势东迁",草卤资源在分布上往往因此存在一定程度的分离状况。即煎盐主要资用的白茅群落与土壤高盐分地带往往并不一致,就单个亭场附近的情况而言,伴随滩地淤高淤宽,植被群落逐渐茂密、白茅草占优,但土壤盐分逐渐降低,特别是由于滩地淤进速度加快,草滩带与盐蒿滩、光滩都有不同程度的增宽、距离加大。因此旧亭场(老荡)往往荡草渐盛而卤气渐衰,新亭场(新淤)则卤气较旺而荡草不茂,这种草卤分离的状况,影响了远离海潮旧亭场的盐产效率,新亭场则需要获得老荡的白茅草资源。

因此,"海势东迁",导致荡草、卤水资源往往并非存在于同一地带,二者空间分布上有一定距离,并伴随海岸东迁增快而呈现明显地带性分布,荡草更靠近白茅草滩,卤旺之地更接近光滩。这种伴随"海势东迁"而引起的草、卤在数量与空间分布上的变化,虽然存在一定程度的分离,但也并非难以克服,并未改变煎法盐作要素的组合关系,并不会妨碍盐作活动。因为通过人工方式协调盐作要素分离,完全可以达到要素组合利用的目的。实际上,明清数百年里,淮南盐场正是通过搬迁亭场、利用引潮沟、贩运荡草等人工协调措施,实现了要素的集约利用,盐作活动得以长期延续,也是盐作活动响应海岸变化的生动反映(详见第四章)。

旧亭场距离海潮较远,土卤淡薄,而荡草无缺,主要通过大小引潮沟渠(灶河)及时补充卤水资源,达到定期浸渍摊场的目的,以便制卤,如果难以为继,便搬迁亭场。"旧时亭场距海较远,卤气轻淡,是以渐移向外"①、"亭之筑必随荡地……厥后海势变迁,沙淤滩长,有移亭就卤者。"②淮北盐场也是如此,伴随海岸东迁,卤旺之地也此消彼长,那些近海傍潮地带,成为主要移铺之地。"道光季年,海势东迁,卤气日淡,于是花垛废而中富兴,盐池悉移铺焉。"③同时,新亭场依潮傍海,纳潮便利,卤水资源虽无虞,但距离草荡较远,多依赖灶河运草。据《最近盐场录》载:"各场地面有串场河、引潮河,不独得资蓄泄,亦可藉引咸潮,而运草运盐更为便利。若沟河不通,无从得潮,潮水不至,无从得卤水利。"④可见,灶河(引潮沟)的及时修护对于盐作活动的稳定、集约利用草卤资源至关重要。因此,通过移亭就卤、亭场搬迁、使用引潮河,实现了盐作生产要素的集约利用,客观上弥补了盐作要素分离的不足,达到盐作生产与环境变化的动态平衡。从土淡产薄的旧亭场逐渐搬迁到"草丰卤旺"之地,成为淮南盐场适应环境变化的主要方式,是两淮盐业兴衰变迁的重要表现之一。这种适应性行为正是对草、卤数量与空间分布变化的具体反映。

总之,"海势东迁"塑造了江苏沿海广袤的滨海平原,虽然滩地不断外涨,但由于海涂要素演替作用,所谓的环境变化,实质主要上是滩地面积增多、盐作要素(荡草、卤水资源)的数量增加与空间分布位移,"海势东迁"并未导致草卤缺乏,它们同时存在于海涂滩地。换言之,盐作要素组合关系"不变",并非具体的盐作要素"不变",强调是草卤资源发生数量、空间分布变化的同时,又同时存在

---

① 光绪《重修两淮盐法志》卷16《图说门》,顾廷龙主编:《续修四库全书》第843册,上海古籍出版社,2002年,第74页。
② 《清盐法志》卷103《场产四·亭池》。
③ 光绪《重修两淮盐法志》卷18《图说门》,顾廷龙主编:《续修四库全书》第843册,上海古籍出版社,2002年,第97页。
④ 《最近盐场录》,曹天生点校:《近代史资料》101,中国社会科学出版社,2001年,第4页。

于海涂,并不缺少草卤资源。"不变"的方面容易被掩盖在"变"的表象之下,误认为"变"的方面影响了盐作活动的持续发展。实际上,"变"(卤水、荡草资源的数量与空间分布变化),主要影响了盐作活动的空间分布变化,而非抑制盐作活动。"不变"的方面(海涂持续存在草卤资源),盐作生态才能得以长期延续,并不会妨碍淮南盐作活动持续进行。这种"变"与"不变"的统一,正是历史时期江苏海岸环境变化复杂性的体现。对这一变迁的复杂性与特殊性的考察,便于深化理解明清淮南盐作活动与环境变迁的关系。

三 "海势东迁,海水淡化"考

如前所述,"海势东迁"并不会引发海涂缺乏卤水资源,但以往论淮盐者,在涉及"海势东迁"与卤水资源变化的关系上,往往简单认为"海势东迁"导致了卤水淡化,并且缺乏论证,例如认为范公堤外海岸渐渐淤积,咸水浓度亦逐渐减少①、或"海势东迁",盐场海水存在淡化,导致煎法效率下降。② 这一未加深入考察的认识,却多用来解释淮盐兴衰与盐作环境变化的关系,进而认为"海势东迁"是引起淮南盐衰的主要原因。③ 故有必要专门对"海势东迁"与"海水淡化"的关系做一番考察,以进一步深化"海势东迁"与盐作环境关系的认识。

海水盐分是煎盐生产的原料来源,明清时期淮南煎盐已非直接煎熬海水,两淮摊灰淋卤煎法技术决定了制盐卤水资源来自两方面④,一是咸潮的盐分,二是摊场土壤中的盐分。前者与近海海水盐

---

① 郑尊法:《盐》,王云五编:《万有文库》第一集,商务印书馆,1929年,第89页。
② 刘淼:《明代盐业经济研究》,汕头:汕头大学出版社,1996年,第8、64页。
③ 例如应岳林、巴兆祥:《江淮地区开发探源》,南昌:江西教育出版社,1997年,第249页;刘淼:《明代盐业经济研究》,汕头:汕头大学出版社,1996年,第8、64页;[日]渡边惇:《清末における淮南塩場の衰退について》,《立正史学》1972年第36期;凌申:《黄河夺淮与江苏两淮盐业的兴衰》,《中国社会经济史研究》2011年第1期;赵赟、满志敏、方书生:《苏北沿海土地利用变化研究——以清末民初废灶兴垦为中心》,《中国历史地理论丛》2003年第4辑;[日]佐伯富:《清代盐政研究》,《盐业史研究》1993年第2期;于根:《民国期间苏北淮南盐区的废灶兴垦事业》,《盐业史研究》1993年第1期;凌申:《江苏滩涂农垦发展史研究》,《中国农史》1991年第1期。
④ 宋元至明清时期,淮南盐场长期沿用摊灰淋卤煎法生产,基本工序是:引潮浸渍,铺设草灰于摊场,经过日晒,收取土卤,再以海水灌淋,得到较高浓度的卤水,上鐅煎熬成盐。

度密切相关,后者与海涂滩地的盐含量有关。那么在"海势东迁"的自然过程影响下,二者出现何种面貌？又是否出现淡化？对两淮煎盐生产有什么影响？以下分别试作考察。

1. 咸潮：近岸表层海水盐度、制卤以及纳潮

近岸表层海水盐度基本变化

海水是高度混合的均匀水体,其盐度在各地基本接近、稳定,但水平和垂直方向上有一定变化,尤其是近岸表层海水盐度(5米)因受到陆地地表径流影响而有规律变化。① 历史上,以1855年黄河北归为分界,江苏沿海表层海水盐度分布经历了前低后高的基本过程。

由于近岸表层海水盐度主要受沿海淡水通量(河道地表径流、降雨、地下水、降水、蒸发)的影响,因此,"海势东迁"通过地表淡水径流量的增多进而影响近岸表层海水盐度。1194—1855年间,黄河全流夺淮入海,是历史时期江苏沿海近岸表层海水盐度最低的阶段。1494年以后,黄河三角洲淤进增快,至万历年间潘季驯"束水攻沙"后,海涂淤涨迅速,快速形成广袤滨海滩地,此阶段内黄淮入海淡水径流增大,以及西水下泄的影响,盐度势必降低。不过,具体盐度如何变化已无从得知,只能以今天的情况做比较。

以今黄河口、莱州湾以及珠江口等大河口及其附近岸段盐度作参考②,黄河在江苏入海口附近的盐度当在15‰—20‰之间,其他岸段则至少高于该数值;受到江苏沿岸潮流影响,在黄河口、长江口存在两个明显的低盐区外,二河口之间岸段的盐度自陆向海、自北

---

① 陈邦本、方明等:《江苏海岸带土壤》,南京:河海大学出版社,1988年,第59页。

② 考虑到明清时期黄河入海径流量应大于今日入海量,故以多个河口参照。今黄河口附近表层盐度全年最高值为32.4‰,最低值为15‰,平均为23.7‰(薛鸿超、谢金赞等:《中国海岸带和海涂资源综合调查专业报告集·中国海岸带水文》,北京:海洋出版社,1996年,第48—50页);珠江口全年平均表层盐度也为15‰—30‰之间,多年平均盐度为29.6‰(同书第137页);长江口多年平均为12.8‰(同书第90页);杭州湾多年平均为13.6‰(同书第90页)。

向南递增。即 1855 年以前江苏沿海大部分岸段至少有 15‰—20‰ 左右的盐度分布。

1855 年黄河北归,黄河以及里下河的入海淡水大幅减少,江苏沿岸盐度因此发生重大转折。河口是淡水径流与海潮此消彼长的交汇场,一般入海淡水径流与海潮侵入呈反向变动关系,即淡水进则盐度下降,淡水退则上升。虽然无法确知历史时期黄河入海径流量与河口及其附近岸段表层海水盐度变化的具体关系[1],但 1855 年黄河北归,淡水通量显著减少,此后江苏近岸表层海水盐度势必有较大提升,这应该是没有疑问的。其盐度分布大致与今日江苏沿岸盐度分布近似,接近 29‰(图 3-8)。[2] 此外,据《东台市水利志》载,20 世纪 60 年代三仓河在建闸前,三仓河中下游河道盐含量仍相当高,接近 10‰。[3] 可见,直到 1960 年代,沿海河道内的盐度还是比较高的。三仓河沿河附近,明清时期即有大量的亭灶分布,现在这一区域就有很多"灶"、"舍"、"鐅"、"墩"自然村分布。[4]

故 1194 年以来,以 1855 年为分水岭,基本可以分为两个盐度分布时段,1855 年之前平均盐度约为 15‰—20‰,之后为 29‰ 左右,前低后高。整体来看,15‰—29‰ 的近岸表层海水盐度是否妨碍煎盐呢?实际上,通过制卤与纳潮的方法,该盐度并不会显著影响制盐效果。

---

[1] 据肖纯超等人研究,淡水入海径流量与低盐区面积存在一定的线性关系(参见《2004—2009 年黄河口近岸海域低盐区面积的变化趋势研究》,《中国海洋大学学报》2012 年第 6 期);另据赵鹏等人研究,2000—2005 年间,黄河月入海径流量与莱州湾一带盐度分布也呈现明显的正向关系(《2000—2005 年莱州湾盐度的变化及其主要影响因素》,《海洋与湖沼》2010 年第 1 期)。

[2] 江苏沿岸盐度春季最低盐度出现在射阳河口,低于 30‰;夏季全岸段为 24‰—31‰ 左右,最低值也有 24 以下,如据 1980 年实测量,灌河口附近为 22.7‰,有一个低盐水舌(薛鸿超、谢金赞等:《中国海岸带和海涂资源综合调查专业报告集·中国海岸带水文》,第 90—91 页)。

[3] 东台市水利志编辑委员会:《东台市水利志》,南京:河海大学出版社,1998 年,第 56 页。

[4] 蒋炳兴:《盐城市综述》,南京:江苏科学技术出版社,1990 年,第 258、259 页;东台市地方志编辑委员会:《东台市志》,南京:江苏科学技术出版社,1994 年,第 113—114 页。

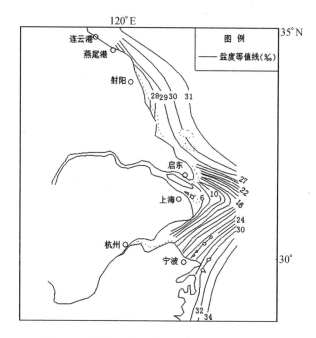

图 3-8 夏季江苏沿海近岸表层海水盐度分布

资料来源:薛鸿超、谢金赞等:《中国海岸带和海涂资源综合调查专业报告集·中国海岸带水文》,北京:海洋出版社,1996年,第91页。

制卤与盐度

制盐首先制卤。要考察一般煎盐所需海水浓度,必须首先考察制卤对于煎盐的意义。虽然海水盐度越高对制盐越有利,但实际上,所需的海水盐度要求并不高。海水盐度比较均一,一般近海海水盐度为2—3°Bé,约17‰—32‰,远低于井卤。[①] 而制卤的过程

---

① 井盐利用的黑卤、黄卤,其盐度明显高于海水。黄卤平均9°Bé(约83.4‰,以15℃海水为参照,下同),黑卤平均17°Bé(约165.9‰)。参见四川省五通桥区志编纂委员会《五通桥区志》(成都:巴蜀出版社,1992年)第237页;云南大学历史系编:《史学论丛·纪念李埏教授从事学术活动五十周年》第5辑(昆明:云南大学出版社,1993年),第269页;田秋野、周维亮《中华盐业史》(北京:商务印书馆,1979年)第13页。按:表示海水、卤水的浓度有多种方法,制盐工艺中主要是波美度(Beaume),符号为"°Bé",用波美计测定,另一种是含盐百分比或千分比,符号为"%"、"‰"。以15℃海水为例,盐度8.9‰为1.1°Bé、13.5‰为1.5°Bé、18.1‰为2.0°Bé、22.7‰为2.5°Bé、27.4‰为3.0°Bé,32‰为3.5°Bé。参见薛自义等《制盐工业手册》(北京:中国轻工业出版社,1994年,第110—111页、第116—117页,表2-1-20)。

本来就是将盐度不高的海水通过一定浓缩方式使其成为较高浓度的卤水,晒盐、煎盐一般都能以该盐度进行制卤,通过一定的制卤方法(淋卤、晒卤),可以将盐度较低的海水制成接近饱和点的卤水。①

以淮南盐场为例,从唐宋时期的刮土淋卤,到元明清时期的摊灰淋卤,历史时期淮南盐场制卤过程经历了从简单到逐渐复杂的过程。煎盐生产早已摆脱原始的直接煎炼海水的初级阶段,必须通过利用海潮与土卤制卤,获得接近饱和的卤水,再煎煮成盐,如此分工操作效率更高。② 明清淮南盐场摊灰淋卤煎法,其制卤并不需要薪柴燃料,主要利用潮水浸渍摊场,铺以草灰日晒,利用草灰、碎土的毛细管作用,充分吸附土壤盐分,收取卤土,用海水灌淋,便可以得到较高浓度的卤水(接近饱和卤),约为25°Bé(盐度274‰)。

盐度不够时,一般会多次淋卤。据《宋会要》载:"淳熙初间(1174—1189),亭户得尝试卤水之法,以石莲一十枚掷之卤水中,如五枚浮起为五分之卤,如七枚浮起为七分之卤,或不及七分,再用牛刺爬盐土,复将淡卤再淋,必待卤浓可用,然后煎之。"③据现代测算,七枚石莲浮起,一般为25°Bé。④ 这段史料说明宋代刮土淋卤法一般达到七分以上的卤水,才会用于煎煮结晶成盐,否则成盐效率低,徒费工时。若浓度不够,则重新刮土再淋。故盐度较低的地区,

---

① 近岸海水约为2—3°Bé(盐度17‰—32‰)。一般而言,含盐度在10°Bé以下的为初级卤水,10—20°Bé为中级卤水,21—25°Bé为高级卤水。海水浓缩到25.4—26°Bé时,含NaCl达到饱和点,为制卤阶段;饱和卤水继续浓缩至30°Bé,NaCl从开始析出到基本析出,为结晶阶段。

② 海盐生产主要经历了直接煎炼海水成盐、先制卤后煎盐、先制卤后晒盐以及直接晒盐几个阶段。参见朱去非:《中国海盐科技史考略》,《盐业史研究》1994年第3期;白广美:《中国古代海盐生产考》,《盐业史研究》1988年第1期;刘淼:《明代海盐制法考》,《盐业史研究》1988年第4期。

③ 〔清〕徐松:《宋会要辑稿·食货28·盐法》。

④ 朱柏铭主编:《宁波盐志》,宁波出版社,2009年,第54页。以30℃卤温,浮起7颗石莲测试,为25°Bé。普通卤水以26°Bé为顶点,浮起9颗石莲,已达到饱和卤水。按:朱去非认为刮土淋卤可到20°Bé,但未提及卤温。参见朱去非《中国海盐科技史考略》(《盐业史研究》1994年第3期)。

一般都会通过多次暴晒卤土以便获取较高浓度的卤水。①

此后出现的摊灰淋卤工艺是刮土淋卤的技术改进,制卤效率更高,利用煎盐时剩余的草木灰铺入摊场,经过日晒,其毛细管作用比泥土更强,吸附海水盐分的能力更优,成卤多,浓度高,也比泥沙轻便,减小了劳动强度。② 故两淮盐场摊灰淋卤法的出现与长期使用,保证了制卤的有效性与盐作活动的稳定。

无论是自然浸渍,还是引潮浸渍摊场,再晒灰,目的都是蒸发水分,而盐分吸附在灰土上,如此数次,再淋出盐水,便得到盐度较高的卤水。换言之,海水灌泼、浸渍的次数越多,说明海水盐度越低,需要通过增加浸渍次数来提高卤度。正如明末徐光启所言:"以海水灌土,晒干复灌,如是数次,淋漓出卤汁,比于海水,其咸十倍,然后入于锅鳌煎熬而成。"③可见,煎盐生产中,通过海水浸渍沙土,再晒土吸附,可以制取较高盐度的卤水。而且徐光启的数值估计也颇为准确,即一般海水盐度为 2—3°Bé,经过制卤工艺后为 20—25°Bé,正合"其咸十倍"。

另外,以浙西岸段参考,15‰—20‰的盐度并不影响传统煎法盐作活动。受长江、钱塘江大量淡水径流影响,长江口、杭州湾一带盐度远比江苏沿海一带低,特别是钱塘江北岸,受长江、钱塘江径流的共同影响,形成了我国东部沿海近岸的典型低盐区(图 3-8、3-9)。杭州湾全年平均盐度在 12‰左右,夏季低,冬季高,低盐期甚至低于 10‰。④ 宋、元至今,长江口、杭州湾一带的岸线与环境条件也基本稳定,古今盐度相近,该岸段内的浙西、南汇滩地长期有很

---

① 光绪《金山县志》卷 11《赋役志》下。光绪初年,崇明盐场仍沿用煎法,以海潮沃沙暴日中,将夕刮卤,聚而苫之,明日又沃暴之,如果五六日及淋盐取卤,每卤一担,成盐二十斤。
② 朱去非:《中国海盐科技史略》,《盐业史研究》1994 年第 3 期。
③ 〔明〕徐光启:《钦奉明旨条画屯田疏》,王重民辑校:《徐光启集》上册,上海:上海古籍出版社,1984 年,第 259 页。
④ 薛鸿超、谢金赞等:《中国海岸带和海涂资源综合调查专业报告集·中国海岸带水文》,北京:海洋出版社,1996 年,第 89~94 页。另外,据《上海市海岸带和海涂资源综合调查报告》载,杭州湾春夏时节盐度在 7‰—15‰左右(上海科学技术出版社,1988 年,第 31 页)。

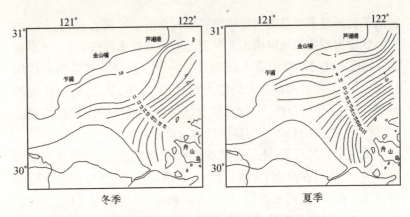

图 3-9 杭州湾盐度分布图(5 米层)

资料来源:《上海市海岸带和海涂资源综合调查报告》,上海科学技术出版社,1988 年,第 31 页。

多古盐场,产盐旺盛。如元代《熬波图》载,"浙之西、华亭东百里实为下沙……直走东南皆斥卤之地,煮海作盐,其来尚矣。"① 且直到民国年间仍有江苏省松江盐区,包括两浦(金山县)、袁浦(跨松江、奉贤县之间)、崇明(崇明县)以及青村(奉贤县)四大盐场。② 可见,钱塘江北岸虽然平均盐度低于 15‰—20‰③,且不同时期也有局部盐场的位移,但通过利用潮汐,维持了长期的盐作活动④,直到 1980

---

① 〔元〕陈椿:《熬波图》。

② 实业部国际贸易局:《中国实业志·江苏省》第 1 册,1933 年,香港宗青图书公司 1980 年影印,第 48 页。

③ 盐作活动一般主要利用纳潮以便获得潮汐带来的外海较高盐度海水,故盐作活动利用的盐度应略高于上述杭州湾全年平均盐度。至少保证一般海水 2 到 3°Bé 的盐度水平。今淮南启东、海门、如东三盐场纳入海水年平均浓度均在 2 和 3°Bé 之间(含盐量 20‰—28‰)(参见《江苏省志盐业志》第 9 页)。

④ 因长江主泓南移,江南沿岸成盐海岸线局部有变化,但海宁至金山一带盐作活动长期延续,如褚华《沪城水利考》载:"卤利已归奉贤"。参见李伯重《江南的早期工业化(1550—1850)》(北京:中国人民大学出版社,2010 年,第 95—96 页);日本学者北田英人的《中国江南三角州における感潮地域の変遷》(《东洋学报》1982 年第 3、4 号);熊月之、马学强《上海通史》(上海人民出版社,1999 年)第 108—109 页;何泉达《吴中水利与滨海盐利——兼论明清两代上海盐业衰颓的原因》(《史林》1991 年第 3 期)。另外,刘淼认为钱塘潮引起杭州湾沿岸海盐生产环境恶化(《明代盐业经济研究》,汕头:汕头大学出版社,1996 年,第 9 页),并不准确,明清江南沿海盐作衰落的区域主要在川沙一带,浙西以及崇明仍有长期盐作活动。

年代才废止。据此推测,1194—1855年以及黄河北归后,江苏沿海近岸表层海水盐度变化,并不会妨碍淮南各场引潮制卤。

需要注意的是,以上对近岸表层海水盐度变化的考察,限于史料与研究手段,无法做到进一步量化,但明清时期两淮盐场的繁荣发展,足以说明该盐度变化并未影响盐作活动。明后期至清中叶,正是两淮盐业鼎盛阶段,并非因海岸东迁而相应地快速衰落。例如明代盐课中,两淮盐产占全国30.7%[1]。又据明初岁办引数计算,明初各盐场岁办大引额116.07万引,其中两淮为35.2万引[2],占30.3%。清代乾、嘉、道各朝淮盐年产量约200万引左右,约占当时全国食盐产量三分之一。[3]

纳潮与盐度

制卤首重纳潮。实际上,盐作活动更多的是利用潮汐获取外海较高盐度海水,而并非直接利用近岸表层海水。纳潮技术的推广与运用,保证了在近海盐度较低的情况下也能得到外海较高盐度的海水,一定程度上降低了近海海水盐度变化对盐作活动的影响。外海海水盐度一般为32‰—35‰之间,高于前文所考察的明清至民国初江苏近岸表层海水盐度,即1494—1855年间约15‰—20‰,1855年以后至民国年间约29‰左右。

"办盐全赖海潮"。[4] 盐作活动离不开利用潮汐[5],纳潮目的在于获取盐度较高的优质海水,以便更有效地制卤。淮南传统煎法生产主要是自然纳潮,一般多利用上涌海潮沿着引潮沟自然浸满摊场,再布满草灰,经过日晒,析出盐霜,收取富含盐霜的卤土,复灌淋海水得到浓度较高的卤水。因此,纳潮是借助潮汐推力将海水输送

---

[1] 郭正忠主编:《中国盐业史》古代编,北京:人民出版社,1997年,第648页。
[2] 《明史》卷80《食货志·盐法》。
[3] 郭正忠主编:《中国盐业史》古代编,第731页。
[4] 〔元〕陈椿:《熬波图·坝堰蓄水》。
[5] 古代生产活动对潮汐的利用比较广泛,例如制盐业的利用海潮推送的外海盐度较高的海水纳潮制卤,滨海农田利用海潮对河水的顶托作用进行潮灌等等。参见中国科学院自然科学史研究所地学史组主编《中国古代地理学史》,北京:科学出版社,1984年,第253—254页。

上达较远的摊场,充分利用潮汐能获得外海较高盐度的海水。

近海海水是陆地淡水与海潮咸水共同作用的结果,历史时期近岸表层海水盐度固然较低,但潮汐可以将外海高盐度的海水规律性推进近海,盐度因而提高。① 在此时有选择地纳潮,便可以得到优质咸潮。换言之,虽然近岸有部分淡水团及低盐度海水存在,但并非主要利用这类海水制卤,而是在涨潮时,选择较高盐度的海潮蓄纳利用。潮水涨落规律和海盐生产关系密切,涨潮时,外海高盐度的海水被推向岸边,开闸引潮,海水自然流入摊场、盐田,既保证海水质量又节约工力。在长期生产实践中,盐民总结了灵活利用潮汐以获取较高盐度海水的丰富经验,其所需要的高浓度海水是盐民长期根据潮汐规律而纳入的,例如盐民中长期流传着"雨后纳潮尾,长晴纳潮头"、"秋天纳夜潮,夏天纳日潮"等谚语。②

同时,受地球自转影响,北半球河流入海一般会流向右侧,使右侧岸段盐度低于左侧岸段。③ 同样,涨潮时,潮水流向受地球自转影响,北半球潮流向右侧偏转。故我国沿海地区涨潮流,入港后偏向其流向的右侧,涨潮流右侧海水来自外海,盐度高;左侧海水掺杂有港汊停留的淡水,盐度低。这对盐场纳潮位置的选择十分重要。④ 此外,江苏沿海旋转潮波系统与东海前进潮波系统,两大系统在弶港附近叠合,也不断将外海盐度较高的海水周期性推送到近海,对于支撑、稳定、补给近海海水盐度也发挥了重要作用。

总之,受黄河南徙、"海势东迁"影响,黄淮等淡水河道的入海径流量增加,1855 年前近岸表层海水盐度的确存在一定程度的淡

---

① 薛自义等:《制盐工业手册》,北京:中国轻工业出版社,1994 年,第 333 页。
② 中国科学院自然科学史研究所地学史组:《中国古代地理学史》,北京:科学出版社,1984 年,第 254 页。按:根据生产经验,在雨季一般避开潮头的淡水团,多纳盐度较高的尾潮。无论是现代盐作还是传统盐作,纳潮的目的一致,纳潮方法采取早晴天纳潮头,平时纳潮中,雨后纳潮尾,夏秋季纳夜潮的措施,引进浓度较高的海水。一定程度上避免了近岸表层海水低盐度海水的影响。
③ 河北塘沽盐业专科学校编:《海盐生产工艺学》,北京:轻工业出版社,1960 年,第 51 页。
④ 同上书,第 51 页。

化,但并不会抑制淮南盐作活动。因为通过制卤与纳潮,主要利用潮汐携带而来盐度较高的外海海水,加上制卤工艺的运用,降低了近岸表层海水盐度变化的影响,满足了成盐要求。何况1855年黄河北归后,近岸表层海水盐度有所增高,反而更有利于盐作活动。不过,"海势东迁"的确对滨海滩地的土壤盐含量影响显著,并成为影响煎法盐作活动的重要因素。

2. 土卤:新淤卤旺与老荡卤淡并存

除了近岸表层海水盐度外,"海势东迁"对滩地土壤盐分即土卤资源的影响又如何呢?如前所述,"海势东迁"并不会引发海水淡化,只是对近岸表层海水盐度有一定影响。不过,其对滨海滩地土壤盐分的影响是直接的。"海势东迁"对滨海滩地盐分的影响,主要反映为老荡卤淡、新淤卤旺的演替。

海涂滩地分为老荡与新淤两个部分,历史文献中对海涂滩地的土卤资源情况有丰富的反映。"海势东迁",滩地淤高淤宽,原有的亭场,潮汐不到,海浸频率下降,卤气日淡,茅草渐茂,已然不适应继续从事大量煎盐生产。旧亭场所在的草荡土壤逐渐淡化,文献中对此多有描述,比较普遍,如:如"海势东迁,卤气渐淡"、"海势东迁,卤气日淡"、"海势东迁,卤气日薄"[1]、"海势东迁,卤气淡薄,报荒者达百余副"[2]、"因海势东迁,卤气渐淡,荡草日绌,供灶维艰,虽有移置亭灶之议,尚未实行,故石港、刘庄等场产盐极形短绌,金沙一场且久不出盐"[3]、"自海势东迁以后,昔日斥卤之地,大半去海已远,其间经官勘明放垦者,所在固有,而民间影射私垦者亦多。"[4]除了腹内老荡卤淡产薄外,文献中对"腹外"也不缺少卤旺的生动反映。

---

[1] 《清史稿》卷123《食货四》,中华书局1976年点校版,第3637页;〔清〕朱寿朋:《东华续录·光绪朝218》,上海古籍出版社2008年,第730页;〔清〕王定安等纂修:光绪《重修两淮盐法志》卷18《图说门》,顾廷龙编:《续修四库全书》第843册,上海古籍出版社,2002年,第97页;《清盐法志》卷101《场产门二·草荡》,民国九年(1920)铅印本,第1页。

[2] 民国《续修兴化县志》卷4《盐产》,第19页。

[3] 〔清〕刘锦藻纂:《清续文献通考》卷39《征榷考十一》,民国影印十通本。

[4] 〔清〕朱寿朋:《东华续录·光绪朝218》,第730页。

如同治年间丁日昌、光绪年间许星璧实地查勘两淮盐场所见,"滨海之新淤尽属斥卤"①、"安丰场……新淤十余里,续淤又十余里,地方广阔,出草既多,兼卤气极厚"②、"吕四……场境之北……实为草丰卤足之区。"③由此可见,"海势东迁",的确引起了盐场土壤淡化,但主要发生在旧亭场,而新淤地带其土壤盐含量较高,新淤卤旺普遍存在。

如何理解文献中记载的老荡卤淡与新淤卤旺同时并存的现象?这又必须回到海岸带生态演替特征。这与海岸带特有的演替作用以及滨海滩地水盐运动密切相关④。

旧亭场土壤逐渐淡化,潮浸频率降低。但同时,旧亭场土壤淡化不利于产盐,不等于所有的滩地均丧失盐作环境,各场荡地"每因淤沙外涨,腹内荡地土性渐淡,是以率多改荡为田,垦种杂粮。"⑤但"腹外"新淤荡地仍多卤旺,"滨海之新淤尽属斥卤,蓄草之外,不能种植……宜置亭而不虑其垦种。"⑥这是由于淤进型海涂生态要素存在规律性演替现象,保证了宜盐带(新淤荡地)持续存在。旧亭场逐渐土卤淡薄,难以产盐,新淤荡地草卤条件较好。故"海势东迁",卤淡产薄,实际上仅指已基本脱盐淡化的草滩带土壤,并非所有地带均淡化,在新淤荡地仍然处于强积盐过程,咸水浓度并不会减少,故清末丁日昌、许星璧查勘盐场时才会看到很多卤旺之地。那些原本位于草滩带的亭场由于海涂淤进,土壤逐渐脱盐淡化,其植被覆盖由原来的盐蒿草、獐毛草、大穗结缕草等演替为白茅草占优势的群落,土壤有机质高,更适宜垦种,逐渐难以产盐。即使定期

---

① 〔清〕丁日昌:《淮鹾摘要》卷1,〔清〕温廷敬编:《丁中丞政书》卷33,沈云龙编:《近代中国史料丛刊续编》第77辑,台北:文海出版社,1980年,第1243页。
② 同上书,第1249页。
③ 同上书,第1257页。
④ 参见本书第二章第三节。
⑤ 嘉庆《两淮盐法志》卷27《场灶一·草荡》。
⑥ 〔清〕丁日昌:《淮鹾摘要》卷1,〔清〕温廷敬编:《丁中丞政书》卷33,沈云龙编:《近代中国史料丛刊续编》第77辑,台北:文海出版社,1980年,第1243页。其他盐法文献也有类似的记载,客观反映了海岸带生态要素的演替规律。

有海水浸渍,由于土壤盐分过低,降低了制卤效果。于是逐渐有旧亭场搬迁至新淤卤旺地带,即位于盐蒿草、光滩之间的区域。

因此,"海势东迁"对滨海滩涂土壤盐分的影响,也并未导致卤水资源丧失。受演替作用支配,新淤卤旺与老荡卤淡的演替持续进行,故新淤卤旺之地持续存在,所谓的"淡化"也仅为老荡土壤。

需要指出的是,新淤卤旺固然对煎盐有利,不过,传统煎法生产在制卤环节主要利用的是潮水盐分,而并非仅利用滨海土壤自身的盐分。《本草纲目》云:天生曰卤,人生曰盐。文献中一般用"卤"、"斥卤"来表示土壤中的盐分,"斥卤可煮盐者"①,即斥卤滩地是淮南盐作活动不可或缺的区域,"淮南之盐卤从土出,灶丁择卤旺之地,坚筑如砥,一年后土密卤起,遂成亭场。"②但"卤从土出"并非指制卤仅依赖土壤盐分即可,由于滩地土壤盐分含量仍然较低,据现代海涂考察,其强积盐的光滩带盐度也仅有10‰左右,仅靠这部分盐分是难以有效制卤。故一般多纳潮浸渍摊场,咸潮的盐度明显高于光滩盐分,一般为20‰—30‰,可以提高摊场土壤盐分,晒灰后大量盐分析附在草灰,"灰有白光,卤气即足",③再灌海水淋之,方能得到较高浓度的卤水。因此,制卤工艺中绝大部分盐分实际上还是来自咸潮。若没有周期性的纳潮浸渍摊场,滩地伴随脱盐,逐渐土淡卤薄,便难以利用。

本章小结

本章主要讨论了历史时期江苏海岸环境变化对关键盐作要素的影响,揭示了盐作环境变化的本质是卤水与荡草资源数量与地理分布变化,"海势东迁"并不会引发盐作资源普遍缺失。

丰富的卤水与荡草资源,是传统淮盐生产所必需的盐作要素。由于海涂生态要素的演替与空间分布变化,海岸盐沼湿地内的卤水

---

① 〔晋〕郭璞:《尔雅疏》卷三,嘉庆二十年南昌府学重刊宋本十三经注疏本。
② 周庆云:《盐法通志》卷30《场产六·穿筑二》。
③ 周庆云:《盐法通志》卷33《场产九·制法一》。

与荡草资源持续存在数量与空间分布变化,往往伴随海岸淤涨淤宽而不断彼此远离,这是海岸变化引发盐作要素的数量与空间分布变化的主要表现。如何实现盐作要素组合,适应海岸快速淤涨变化,维持盐作活动,是海岸盐作活动适应海岸变化所需要解决的问题。总之,海岸变化引发的盐作要素变化,并不会妨碍海盐生产的持续,只是对盐业生产方式与形态产生了深远影响。

第四章 "移亭就卤"：独特的两淮盐作生态

在第三章中，笔者讨论了海岸盐作环境变化及其对传统盐业生产的影响，分析了卤水、荡草资源空间分布变化，如何适应这种变化，进而扩大海岸盐作规模，是两淮盐作响应小冰期内海岸淤涨变化的重要表现。"海势东迁"引起的盐作环境变迁，主要为盐作要素的动态变化，具体表现在草、卤资源的数量与空间分布之"变"，并非引起要素缺失，它们之间的组合关系依旧存在。因此，本章主要解决的问题是：海岸大规模盐作活动如何适应海岸变化引起的草、卤资源的数量与空间分布变化，其历史过程与机理如何，即两淮盐作活动如何实现适应海岸自然环境变化，并不断向海迁移扩展[①]。

盐作活动与环境关系密切，历史上两淮盐业长期为全国盐产重心，在16—19世纪鼎盛发展的数百年内，受到海岸东迁强烈影响。在海岸带自然过程演替作用下，两淮盐作生态集中表现为"移亭就卤"，伴随海岸淤涨，亭灶不断向海迁移的过程，是传统煎盐活动对自然演替过程的适应性行为，实现了盐作活动与环境变迁的动态平衡，获得了长期的稳定发展，是全国海盐产区十分独特的盐作生态。"海势东迁"、"移亭就卤"，即12世纪黄河南徙后，江苏海岸为淤涨状态，盐场随海涂淤进而逐渐外移、东迁的历史过程，也是两淮盐业兴衰变迁的重要内容之一。[②] 数百年内，"移亭就卤"成为两淮盐作活动不可或缺的环节，是淮盐适应"海势东迁"的主要表现与海岸

---

① 本章参见拙文《明清两淮盐场"移亭就卤"与淮盐兴衰研究》，《中国经济史研究》2016年第1期。

② 黄公勉、杨金森：《中国历史海洋经济地理》，海洋出版社，1985年，第103—104页。

盐作生态的典型特征,集中体现了淮盐兴衰与环境变化的密切联系,是厘清明清江苏海岸带环境变化与淮盐兴衰关系的关键,也是揭示两淮盐作活动如何响应海岸环境变化的关键。

一 "海势东迁"与亭场位移

12世纪以后,黄河南徙夺淮入海,江苏沿海滩地逐渐淤进。进入16世纪,淤涨快速①,塑造了广袤的海涂滩地,这一重大地理环境变迁对两淮盐作活动产生了深远影响。草丰卤足是两淮煎法盐作活动的基本条件,虽各场荡地"每因淤沙外涨,腹内荡地土性渐淡,是以率多改荡为田,垦种杂粮。"②但"腹外"新淤荡地仍多卤旺,"滨海之新淤尽属斥卤,蓄草之外,不能种植……宜置亭而不虑其垦种"。③这是由于淤进型海涂生态要素存在规律性演替现象,即海岸带生态特征出现有规律的演替序列,板沙滩逐渐向浮泥滩、光滩、盐蒿滩、草滩转变,在自然状态下,承前启后,循序渐进,不可超越或逆转④,保证了宜盐带(新淤荡地)持续存在。旧亭场逐渐土卤淡薄,难以产盐,新淤荡地草卤条件较好,故"海势东趋,多有移亭就卤"。⑤通过搬迁亭场到近海傍潮的草丰卤足之地,继续煎盐生产,成为两淮盐业生产活动适应环境变化的主要方式,也是区别于其他海盐产区的典型特征,自12世纪以来,这种独特的盐作生态,存在了数百年。⑥

---

① 张忍顺:《苏北黄河三角洲及滨海平原的成陆过程》,《地理学报》1984年第2期。
② 嘉庆《两淮盐法志》卷27《场灶一·草荡》。
③ 〔清〕丁日昌:《淮鹾摘要》卷1,〔清〕温廷敬编:《丁中丞政书》卷33,沈云龙主编:《近代中国史料丛刊续编》第77辑,台北:文海出版社,1980年,第1243页。其他盐法文献也有类似的记载,客观反映了海岸带生态要素的演替规律。
④ 陈邦本、方明等:《江苏海岸带土壤》,南京:河海大学出版社,1988年,第16页。
⑤ 光绪《重修两淮盐法志》卷142《优恤门》。按:两淮盐场摊晒草灰制卤的场地称为"亭"、"场"、"亭场"、"灰亭"等;煎熬卤水成盐的灶屋称为"灶"、"舍",故多将煎盐之地通称为"亭场"、"亭灶"、"盐灶"等。
⑥ 两淮"移亭就卤"的盐作形态,与明清时期江苏海涂大规模淤进成陆密切相关,其他海盐产区滩地、盐场位置相对稳定。除江苏海岸外,根据朱广福的研究(《从江口段历代盐场的分布看"海退"的实际情况》,未刊稿),受长江口滩地淤进影响,历史时期长江口附近的盐场也存在类似的"移亭就卤"盐作形态。

早在南宋时期,江苏海岸便已出现亭场搬迁①。宋以前,江苏海岸线长期稳定在范公堤(今通榆公路)一线附近②,煎盐亭场的位置也比较稳定。北宋天圣年间增修泰州捍海堰后,经南宋及元代多次延修增筑,障壁海潮,屏蔽盐灶,但堤西土壤海浸频率降低,脱盐加快,亭场逐渐纳潮困难,不适宜煎盐生产,故堤西亭灶渐次搬迁至堤东。晚至明嘉靖年间(1522—1566),淮南诸盐场堤西基本没有亭灶,据嘉靖《两淮盐法志》诸盐场图,泰州、通州以及淮安三司诸盐场,其范公堤以东均绘有煎舍、潮墩等盐作活动标志物,堤西则没有。明末清初,海潮更远,堤西旧亭场纳潮愈加困难。如新洋港口已经到了花川港,距离范公堤约 50 里③,堤西亭灶早已无法生产。据民国《续修盐城县志》记载:"凡明以前之灶地多在范堤以西,今曰农灶,亦曰引田,其地在明之季世已多垦辟"。④ 可见,堤西亭灶在明代已经盐改垦,亭灶基本搬迁至堤东。

　　清代中期,"海势东迁"速度增快,加上团煎已改为散煎⑤,灶户"移亭就卤"更为普遍。自陆向海,弃旧设新,从卤淡老荡移筅至新淤卤旺荡地,是明清时期淮南煎盐生产的重要特征。同时,为方便管理,盐课司署也随之东迁。⑥ 晚清淮南盐产下降,各场仍基本以移筅亭场为振兴手段。"近来海势东趋,卤气日薄,宜劝各垣商另移卤地筅置"⑦、"旧时(余西)亭场距海较远,卤气轻淡,是以渐移向外"。⑧

---

　　① 徐靖捷:《苏北平原的捍海堰与淮南盐场历史地理考》,《扬州大学学报》(人文社会科学版),2015 第 5 期。
　　② 张忍顺:《苏北黄河三角洲及滨海平原的成陆过程》,《地理学报》1984 年第 2 期。
　　③ 夏祥:《〈历史时期江苏海岸线的变迁〉纠误》,《江苏地方志》1994 年第 3 期。
　　④ 民国《续修盐城县志》卷 5《赋税·灶课》。
　　⑤ 民国《续修盐城县志》卷 4《产殖·场灶》。
　　⑥ 例如乾隆十一年(1746)丁溪场盐课司署东移 50 里至沈灶。三十一年(1766)小海场盐课司署东移 50 里至小海团,咸丰十一年(1861)草堰场盐课司署东移 50 里至西团。(盐城市地方志编辑委员会:《盐城市志》,江苏科学技术出版社,1998 年,第 876 页)
　　⑦ 〔清〕丁日昌:《淮鹾摘要》卷 1,〔清〕温廷敬编:《丁中丞政书》卷 33,沈云龙主编:《近代中国史料丛刊续编》第 77 辑,台北:文海出版社,1980 年,第 1218 页。
　　⑧ 光绪《重修两淮盐法志》卷 16《图说门·通属九场》。

除淮南诸盐场外,淮北盐场也是如此。① 自明代中叶改晒,盐场主要依赖卤水远近,不再需要荡草,故"海势东迁",仍有"移铺就卤"。如"中正场……滨海从前晒盐池面多座落中正、小浦、东大、东辛四疃,道光季年,海势东迁,卤气日淡,于是花垛废而中、富兴,盐池系移铺焉"②、"海远滩高,卤气不升,池面应行移铺。"③但淮北盐场海涂淤涨远小于淮南,移铺规模较小,主要集中在中正场。

此外,广设潮墩与"移亭就卤"密不可分,"潮墩之修废,灶丁之生命系焉。"④潮墩分布是明清时期淮盐适应"海势东迁"、逐渐扩张规模的重要反映。今盐城市境内的地名,往往与成陆初期盐、渔、农业或者微地貌、河道有密切关系,很有规律性。⑤ 直到今日,仍有大量聚落、自然村带有"墩"、"灶"、"团"等字,保留了盐作活动的历史遗迹。⑥ 嘉靖年间,淮南各场潮墩共 174 座⑦,亭场 15 599 面。⑧ 入清后亭灶更加分散,康熙十年(1671)盐城知县陈继美巡视沿海墩台,作诗云:"墩台星罗接大荒,凭高远眺海云翔",可见清初沿海墩台已相当密集。⑨ 至嘉庆年间淮南各场潮墩逾 300 座⑩,亭场为

---

① 按:当代淮北盐田也有搬迁,随海堤外迁,离海越远的老盐田逐步废弃,改为农田或养殖,当地称为盐田"新陈代谢"。参见杨达源、周生路主编的《现代自然地理研究》(北京:科学出版社,2009 年)第 253 页。
② 光绪《重修两淮盐法志》卷 18《图说门·海属三场》。
③ 光绪《重修两淮盐法志》卷 34《场灶门·盐色下》。
④ 嘉庆《两淮盐法志》卷 28《场灶二》。
⑤ 蒋炳兴:《盐城市综述》,南京:江苏科学技术出版社,1990 年,第 258、259 页。
⑥ 参见张忍顺:《江苏沿海古墩台考》,《历史地理》第 3 辑,上海人民出版社,1983 年,第 54 页;葛云健:《盐业对江苏城市聚落的形成与发展》,《浙江海洋文化与经济》第 5 辑,北京:海洋出版社,2011 年,第 108—110 页。按:团、灶、总等为古代淮盐生产组织之名,后来多形成聚落,发展为村、镇,其名多沿用至今,十分普遍。如东台市内的南沈灶、头灶、四灶、北团、东团、西团、南团等。墩是海涂上人工堆起的土墩,主要用来避潮,也叫救命墩,以后形成聚落、村镇,仍以墩命名,例如张家墩、蔡家墩、三墩等。
⑦ 据嘉靖《两淮盐法志》卷 3《地理志》各场潮墩数量整理。
⑧ 据刘淼《明代海盐制法考》(《盐业史研究》1988 年第 4 期)整理。
⑨ 张忍顺:《江苏沿海古墩台考》,《历史地理》第 3 辑,上海人民出版社,1983 年,第 55—56 页。
⑩ 据嘉庆《两淮盐法志》卷 28《场灶二》整理。按:两淮潮墩绝大部分在淮南,嘉庆年间淮北仅有 21 座潮墩残存。乾隆十一年兴筑潮墩,淮南通泰二司共新建 143 座,淮北没有新设。光绪初年,对淮南通泰各场共新修潮墩 99 座,淮北也未兴工。

21 342面。① 淮南盐场迎来鼎盛发展时期,清廷也加大了官办潮墩规模,分布日广,煎盐规模也相应扩大。潮墩与亭场搬迁整体上保持呼应,潮墩伴随淮南盐业盛衰而兴废,随着盐灶东迁而东迁。② 以江苏沿海中部岸段为例,这些含有"墩"、"团"、"灶"字自然村的空间分布,生动反映了明中期以后淮南部分盐场盐作活动的动态发展面貌,逐卤而进,不断东移。团灶集中且距离范公堤近,基本在嘉靖岸线以西。潮墩、散灶更为分散(图4-1)。

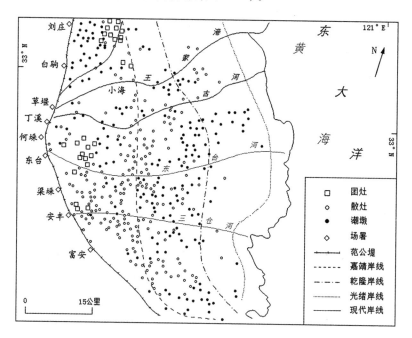

图4-1 明清时期海岸线变化与亭灶、潮墩分布(江苏沿海中部岸段)

说明:该图利用 MapInfo 软件绘制。底图以复旦大学历史地理研究中心 CHGIS 清代数据为准;历史时期海岸线参考张忍顺《苏北黄河三角洲及滨海平原的成陆过程》(《地理学报》1984年第2期);图中"团灶""散灶""潮墩"的空间分布,以含有"墩""团""灶"字自然村的分布为据;自然村以建湖、盐城、大丰、东台、海安、南通诸县地名录及地名图为准(1982—1985年间由各县地名委员会编纂)。

---

① 据嘉庆《两淮盐法志》卷30《场灶五》整理。
② 张忍顺:《江苏沿海古墩台考》,中国地理学会历史地理专业委员会:《历史地理》第3辑,上海人民出版社,1983年,第55—56页。

二 草卤分离与亭场选址

亭场选址是"移亭就卤"的首要问题。亭场位置受到诸多煎盐生产要素共同制约，并首先取决于草卤条件，很大程度上草卤分布状况决定了亭场的位置与分布特征。康熙《淮南中十场志》梁垛场图中将海滩自陆向海分为三带：草荡、新淤沙荡以及海沙，何垛场图有"陷沙"①。这种分带与今天江苏淤进型岸段的主要分带（自陆向海为草滩、盐蒿滩、光滩）一致，古今海滩的相似性也使得我们能够根据今天海滩特性去推断古时海滩的特性。② 海岸东迁，受淤进型海涂生态要素演替规律的影响，一方面草卤条件具备，另一方面草卤空间分布呈现逐渐分离状态，草滩带主要提供了煎盐生产所用的燃料来源，而卤水资源主要来自光滩带土壤与近海咸潮。并伴随滩地淤进，草、卤逐渐分离，对亭场分布以及盐作活动产生了深刻影响。

张忍顺先生认为亭灶一般在草滩带或滨海平原的近海部分③，盐灶、墩台均建在一般高潮位不能浸漫、秋季大潮均能淹没之处。即平均高潮线与秋季大潮高潮线之间；赵赟等人则认为亭灶设置在草滩带与盐蒿滩带，最为理想。④ 这些判断虽基本符合实际，但仍然比较笼统，尚不够准确，也没有区分新亭与旧亭的位置差异及其动态变化。要确定亭场位置以及新亭选址，应当首先严格区分不同荡地类型以及古今指代的差异。现代海滩生态类型分类中，草滩是指生长有多年盐生草甸植物的滩地，是淤进型海涂生态发育最高阶段。⑤ 故草滩主要指白茅群落。文献中常出现的"草荡"、"沙荡"、

---

① 康熙《淮南中十场志》卷1《图经》。另外，康熙《两淮盐法志》卷2《疆域》载"梁垛场图"，其沿海马路（近海防潮矮堤）两侧，分别绘有草荡、淤荡、光沙，也与现代苏北海涂生态类型分布一致。
② 张忍顺：《江苏沿海古墩台考》，中国地理学会历史地理专业委员会：《历史地理》第3辑，上海人民出版社，1983年，第52页。
③ 同上书，第58页。
④ 赵赟、满志敏、方书生：《苏北沿海土地利用变化研究——以清末民初废灶兴垦为中心》，《中国历史地理论丛》2003年第4辑。
⑤ 陈邦本、方明等：《江苏海岸带土壤》，南京：河海大学出版社，1988年，第17页。

"淤荡",又统称为"荡地"。"草荡"包含了现代分类中年潮淹没带的白茅草滩带与月潮淹没带的盐蒿草滩带,一般泛指白茅草滩以及盐蒿草滩、芦苇草滩等长草荡地,统称为"草荡"①;"沙荡"主要指植被稀疏的光滩或者光沙不毛之滩地②,一般多是新近淤涨而成,也是未来"蓄草供煎"之地。在演替作用下,"草荡"又是"沙荡"、"光沙"的进一步发展。③"淤荡"则为淤涨中的"沙荡",植被稀疏。另外,依卤旺程度,亭场一般又分为上、中、下三亭,卤气淡薄为下亭,移筅新淤的为上亭或新亭,中间者为中亭。④ 不同的荡地类型,提供了不同的煎盐生产要素,其分布状况与亭场位置以及新亭选址密切相关。

其一,从草卤分布状况来看。"海势东迁",草卤分离,由于土壤盐分、植被等生态要素演替存在差异,白茅草滩带、盐蒿草滩带以及光滩,三者所提供的煎盐生产要素并不一致。白茅草滩带土壤已经脱盐淡化,卤水不足,但主要提供了煎盐所必需的大量荡草资源;盐蒿滩与光滩带土壤呈强积盐态,主要提供了煎盐生产的土卤来源,距离海潮更近,引潮浸渍摊场、晒灰、淋卤更为便利,但产草不旺盛。根据学者对现代海岸带的研究,淤涨型海涂年潮淹没带的白茅草滩,不仅剖面平均含盐量较低(2.1‰),而且 0 至 5 厘米的表土盐分低于剖面平均盐分,为稳定脱盐环境⑤,有机质厚、盐分低,更适宜种植而非盐作活动。但盐蒿滩土壤含盐量为 6‰ 至 8‰,光滩更超过 10‰,盐分含量最高⑥,地面有少量植物覆盖,蒸发强烈,是潮间

---

① 历代《两淮盐法志》及盐法相关文献中,"草荡"使用普遍,而极少使用"草滩"。
② 明清江苏沿海"沙荡"为尚未长草的荡地,或有部分盐蒿草。刘淼认为"沙荡"是指"开耕荡地,即嘉靖时升科荡地,与草荡不同"(《明代盐业荡地考》,《明史研究》第 1 辑,1991 年,第 96 页),此说并不准确,光绪《重修两淮盐法志》卷 97《征榷门·灶课上》载:"其滨海各场潮涨水落淤为沙滩,号曰沙荡。"自明代起科,即对新淤沙荡起科认定,交一定的税以便确定"沙荡"使用权归属,避免日后纷争。"沙荡"靠近海潮,潮浸频率高,卤性强,难以种植作物,主要用于蓄草供煎或设置新亭。
③ 盐法文献中"光沙"、"光沙无草"、"光沙不毛之地"是比较笼统的概念,包含了现代分类的光滩、板泥滩以及浮泥滩。
④ 光绪《重修两淮盐法志》卷 29《场灶门·盘鳌下》。
⑤ 陈邦本、方明等:《江苏海岸带土壤》,南京:河海大学出版社,1988 年,第 77 页。
⑥ 同上书,第 77 页。

带的主要积盐地带。① 其地面光洁，杂草稀少、依潮傍海，正是煎盐所需的卤旺之地，一般成为亭场搬迁的新淤荡地。故新淤荡地对促进盐产具有重要意义，各场一般寻找新淤荡地以便维持盐作生产。如道光二、三年，"伍佑一场本属亭多荡少……得此新淤足供煎办"、"新兴一场原额老荡，地居高阜，以致草稀卤薄……应准商灶于新淤荡内择地报明移煎。"②另外，新淤荡地虽然可以设置新亭，但并非全用于铺设亭场，亭场自身占用土地空间很少③，绝大部分新淤荡地主要用于"蓄草供煎"。

其二，蒿草密集分布的盐蒿滩一般不便铺设亭场。如《太平寰宇记》载："若久不爬溜之地，锄去蒿草，益人牛自新耕犁，然后刺取。"④又如富安场"……马路折而东皆光沙不毛之地，三十总灶列沙而居"⑤、吕四场"新淤丁荡，卤气充足，堪以建亭……该荡在于堤外，逼近海洋，潮汐相应，尽属斥卤，多系不毛，其中间有长草，亦甚茸细，不成片段。"⑥可见，土壤盐分高，滩面光洁，杂草少的新淤荡地（稀疏盐蒿滩、光滩）实为理想的铺设新亭之地。故准确言之，不考虑其他因素，新亭场设置在盐蒿草稀疏分布带与光滩之间最为理想，主要在月潮淹没带内。实际上，明清多部《两淮盐法志》所载的盐场图对此均有反映，一般将亭场位置绘制在草荡与海潮之间，靠近新淤荡地。以小海场为例，"小海团"盐灶正位于草荡带与新涨荡地之间，近潮傍海，又有通海潮沟可以利用（图 4-2）。这正与淤进型海涂生态要素演替规律以及滩地类型分异完全一致，也是对微地貌以及海涂成陆过程的适应，对草卤分离状况的客观反映。

最后，从高程看，以江苏沿海中部岸段为例，亭场多密集分布在

---

① 陈邦本、方明等：《江苏海岸带土壤》，第 20 页。
② 光绪《重修两淮盐法志》卷 97《征榷门·灶课上》。
③ 单个亭场面积约 10 至 30 亩。江苏省启东县志编辑委员会：《启东县志》，中华书局，1993 年，第 310 页。
④ 〔宋〕乐史撰，王文楚等点校：《太平寰宇记》卷 130《淮南道八》，北京：中华书局，2007 年，第 2569 页。
⑤ 嘉庆《两淮盐法志》卷 5《图说下》。
⑥ 光绪《重修两淮盐法志》卷 30《场灶门·亭池》。

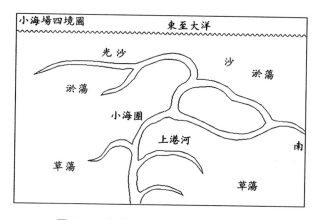

图4-2 淮南盐场荡地、亭灶分布示意图

资料来源：根据康熙《淮南中十场志》卷1《图经》"小海场四境图"改绘。

3至4米左右(废黄河口零点，下同)，该高程以下或以上均为亭场稀疏分布，这与潮滩高程以及潮位有关。据沈永明等学者研究，从东台市典型淤长岸段的潮滩断面测量结果来看。白茅与獐茅组成的茅草群落，其下限高程为3.52米，略高于该区平均高潮位3.5米，属于高潮滩的上部。一年中仅在风暴潮时被淹没，潮浸率非常低；盐蒿群落上限为茅草群落的下限，下限为3.36米，略低于平均高潮位，潮浸率约为20%—30%。① 又据清代《江苏沿海图说》载，通泰沿海朔望月时潮汐一般高度为一丈三尺，约3至4米之间。② 故沿海潮墩、煎盐灶墩均在此高度上下。例如"安丰场旧设潮墩四座，三在马路之西，一在马路之东，每墩计高一丈四尺"。③ 光绪初年淮南盐场新建增筑的潮墩一般"高一丈三尺及一丈六尺不等"④，均与平均高潮线基本一致，故近海煎盐亭灶，一般应设置在月高潮

---

① 沈永明、曾华、王辉、刘咏梅、陈子玉：《江苏典型淤长岸段潮滩盐生植被及其土壤肥力特征》，《生态学报》2005年第1期。
② 〔清〕朱正元辑：《江苏沿海图说》，马宁主编：《中国水利志丛刊》第39册，扬州：广陵书社，2006年，第31—45页。按：此处潮墩高度应为当地相对高度。
③ 光绪《重修两淮盐法志》卷37《场灶门·堤墩下》。按：该文献中记载的墩台高度为距地面的相对高度，并非海平面高度，没有统一高度零点。
④ 光绪《重修两淮盐法志》卷36《场灶门·堤墩上》。

也不易淹没的灶墩上,周围有数个晒灰亭场。一般潮墩比灶墩更近海岸,自身高度略高于灶墩。灶墩大致应高于平均高潮线,如光绪年间修筑灶墩,泰州分司各场灶墩相对地面的高度为八尺至一丈之间。①

值得注意的是,虽然新淤荡地卤气更旺,但未必一定是最佳设亭选址。距离海岸越近固然越易获取咸潮,如果没有潮墩的保护,亭场冲坏、煎灶溺毁、灶丁淹毙的风险也更大。"海势东迁",煎灶日趋分散,避潮墩密度与使用效率降低,在光绪年间大规模兴筑屋墩之前,旧有潮墩长期失修,"海势东趋,新涨沙滩,未设墩座,灶民移亭就卤,旧墩纵有存留等于虚设。光绪七年间飓风大作,海潮奔腾,趋避不及,概付沦胥。"②类似的记载常见史籍③,故海潮侵袭与潮墩的缺乏一定程度上抑制了在月潮淹没带迫近海潮之处铺设新亭的冲动与可能,如梁垛场"马路东凡有亭灶,皆系附近潮墩见已修整,如遇大潮之期,尚能躲避,所有近海新淤地方,并无亭灶"。④

总而言之,淤荡上限,草荡下限,亭场多密集分布。草荡内部也有部分旧亭场,多为下亭,远离海潮,卤气浅薄,盐作困难;新淤荡地也有新亭稀疏分布,草卤无缺,多为上亭,但潮灾风险也更大。前临海岸,后依草荡,循引潮河而居是多数亭场的共同特征。自陆向海,这种前有海潮、中有土卤、后有荡草的盐作空间分布格局,长期存在(图4-2)。

---

① 光绪《重修两淮盐法志》卷37《场灶门·堤墩下》。
② 光绪《重修两淮盐法志》卷36《场灶门·堤墩上》。
③ 如嘉靖《惟扬志》卷9《盐法志》(《天一阁藏明代方志选刊》,上海古籍书店,1963年)载,嘉靖十八年闰七月大海潮,漂没灶房2 195座,灶舍33 373间。嘉庆《东台县志》卷7《祥异》也记载了诸多潮灾,特别是农历七月份的天文大潮,损害尤多。如康熙四年(1665)七月,"飓风作,拔树,海潮高数丈,漂没亭场灶丁男女数万人";雍正二年(1724)"七月十八、九日,风雨,东台等十场暨通海属九场,共毙死男女四万九千五百五十八口"。按:史籍记载的潮灾常为年高潮,潮位明显超过潮墩高度,损害尤烈。一般月高潮并不会造成严重伤亡,通泰沿海朔望月时潮汐高度一般为一丈三尺,约3—4米之间,比大部分潮墩高度略低。
④ 光绪《重修两淮盐法志》卷37《场灶门·堤墩下》。

三 亭场搬迁频率、引潮沟与移笼临界点

整体上看,16—19世纪,两淮盐场亭灶固然因滩地外涨而不断东迁,但实际上,一方面由于自然演替作用缓慢,另一方面引潮沟的普遍使用,故大部分亭场搬迁频率并不高。在长期利用引潮沟逐渐适应海岸东移的过程中,亭场土壤盐含量逐渐降低,修浚引潮沟的投入也不断加大,以至于产盐效率下滑,沦为低产区时,才有了搬迁动力。

首先,虽然海涂淤进快速,但海涂生态要素的自然演替却是缓慢的过程,单个亭灶完全有时间适应,无须频频搬迁。根据前文对海涂要素演替时间的考察(详见第二章第三节第三小节),不考虑战乱、灾害等其他因素以及引潮沟的作用,仅因"海势东迁"所致亭灶搬迁最短的时间间隔至少约十几年。因为受淤进型海涂生态要素演替规律制约,从不毛光沙到长草新荡(盐蒿草稀疏分布),一般需要15—20年。例如长江口九段沙1843年开始出露水面,1858年开始有植被生长。①考虑到长江口淡水径流量大,近岸表层海水盐度低于苏北岸段②,故江苏沿海滩地从光滩到盐蒿滩至少为15至20年以上。如道光十八年(1838)两江总督陶澍奏称"泰州分司所属伍佑、新兴二场前于道光二年新淤升科案内均有剔除光滩、水洼、平路地亩。迄今已阅多年……实丈出长草应升地……"③即道光二年丈量时未被计入的不毛光滩,到道光十八年已经长草,丈量升科时计入新淤荡地,其时间间隔为16年;同书又载,同治八年(1869)吕四场新淤丁荡尚未设亭置灶,"该荡在于堤外,逼近海洋,潮汐相应,尽属斥卤,多系不毛,其中间有长草,亦甚茸细……查该荡新淤

---

① 陈家宽:《上海九段沙湿地自然保护区科学考察集》,北京:科学出版社,2003年,第15页。
② 薛鸿超、谢金赞:《中国海岸带和海涂资源综合调查专业报告集·中国海岸带水文》,北京:海洋出版社,1996年,第91页。
③ 光绪《重修两淮盐法志》卷97《征榷门·灶课上》。

前于咸丰元年……勘丈……"①即丁荡在咸丰元年(1851)后开始逐渐淤积,到同治八年,才有稀疏植被群落,历时18年左右。

在滩涂淤进较多的地区,一般亭场搬迁相对突出,如盐城新兴场北七灶有四移煎之名②,这已经是比较突出的搬迁了。嘉庆年间,东台场"马路之外光沙无草"③,并没有亭场,到光绪年间,"沿海马路"以东有"北新亭""南新亭"。④何垛场马路以东也有多个"新亭"⑤,数十里才有若干亭场搬迁。这与淤进型海涂生态要素演替规律基本一致,那些远离海潮的中亭、下亭完全可以通过引潮沟获取咸潮。

其次,海岸东迁,草卤分离,需要通过人为调节使煎盐生产要素相互结合,故充分利用引潮沟对盐场适应滩地外涨至关重要,降低了亭场搬迁的可能,延长了亭场存在时间,也是盐作活动对荡草、土卤、咸潮以及劳动力资源集约利用的集中体现。淤进型海涂潮滩宽阔,海潮与草滩带存在一定距离,少则数里,多则数十里甚至百里以上。据张忍顺先生研究,16世纪以后,安丰、东台等岸段淤进快速,每年约数十米到百米以上。⑥同治年间丁日昌实地查勘,安丰场"乾隆中年以来至道光初年,马路以东得古淤七八里,新淤十余里,续淤又十余里,地方广阔,出草既多,兼卤气极厚,又东至海边光沙六七里,人皆以捕鱼为业"。⑦可见,新淤荡地相当宽阔。宽阔的淤荡,使得旧亭场远离海潮,潮浸频率降低,只有通过人工引潮方能维持盐作活动。《最近盐场录》载:"(淮南)各场地面有串场河、引潮沟,不独得资蓄泄,亦可藉引碱潮,而运草运盐更为便利。若沟河不

---

① 光绪《重修两淮盐法志》卷30《场灶门·亭池》。
② 民国《续修盐城县志》卷5《赋税·场课》。
③ 嘉庆《东台县志》卷6《建制沿革》。
④ 光绪《重修两淮盐法志》卷17《图说门·泰属十一场》。
⑤ 同上。
⑥ 张忍顺:《苏北黄河三角洲及滨海平原的成陆过程》,《地理学报》1984年第2期。
⑦ 〔清〕丁日昌:《淮鹾摘要》卷1,〔清〕温廷敬编:《丁中丞政书》卷33,沈云龙主编:《近代中国史料丛刊续编》第77辑,台北:文海出版社,1980年,第1249页。

通,无从得潮,潮水不至,无从得卤水利。"①故各场灶河、引潮沟密集而发达,港汊密布,亭场多分布在港汊附近(图4-3),依靠各类河道纳潮。

20世纪60年代前,江苏海盐产区都是采用引潮法纳潮,人工纳潮中或用自然港汊,或用人工开浚的引潮河。江苏沿海潮汐在农历上半月以十三日起水,至十八日止,下半月以二十七日为起水至初三止,每汛在这六天为大满,亭场皆被海水浸漫,潮退后的亭场土壤含盐分增加,灶民根据亭场位置,先高处后低处依次摊灰开晒。先晒上场,次晒中场,最后晒下场,每日下午收灰入淋,场地空了,再放海水浸漫,以便次日摊灰曝晒。② 以今天江苏岸段作参考,江苏沿海为正规半日潮,一个太阳日内有两个高潮与低潮。平均涨潮历时3至4小时,平均落潮历时8至9小时。③ 可见平均高潮线附近自然浸灌的条件比较优越,因此平均高潮线以上、年高潮线以下的亭场多利用潮水上涌充分纳潮,蓄积备用。

再次,官府控制也可能成为影响移筦亭场快慢的重要因素。明清时期为控制盐业生产,防止透私,并不鼓励"移亭就卤",反而竭力控制灶丁,编订保甲册,设立火伏法④,目的无非是从源头上控制盐业生产,稳定盐课。晚清两淮盐产下滑,移筦亭场逐渐公开化。但光绪初年,为整顿淮南盐场,仍规定调查登记后,亭场十年内禁止移筦,以防止私自设亭,杜绝私盐生产。⑤ 到光绪末年,情势已然不同,也明显超过了15到20年的沙荡自然演替时间,部分亭场不搬

---

① 民国《最近盐场录》,曹天生点校,《近代史资料》第101号,中国社会科学出版社,2001年,第4页。
② 沈敏、卢正兴:《两淮制盐技术史话》,《盐业史研究》1994年第3期。
③ 参见《江苏省志·盐业志》"1951—1987年江苏沿海各闸潮汐要素表"(江苏省地方志编纂委员会主编,南京:江苏科学技术出版社,1997年,第13页)。
④ 参见陈诗启《明代官手工业的研究》(武汉:湖北人民出版社,1958年)第140—145页、徐泓《清代两淮盐场的研究》(台北:嘉新水泥公司文化基金会,1972年)第15—20、第35页;[日]佐伯富著,顾南、顾学稼译《清代盐政之研究》(《盐业史研究》1993年第3期,第12—13页)。
⑤ 光绪《重修两淮盐法志》卷29《场灶门·盘鐅下》载:"此次清查亭灶,拟刊发简明门牌,随时稽查也……上亭宜以双鐅计额,使无余盐透私;中亭宜以单鐅计额,使其不至受累,查无门牌之处,即系私亭……定案后,十年之内不准再有移筦亭场。"

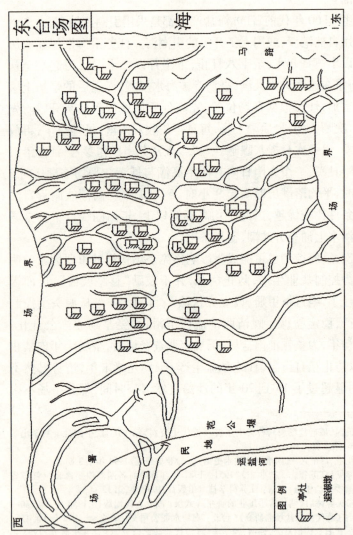

图 4-3 嘉庆《两淮盐法志》东台场图

说明：根据嘉庆《两淮盐法志》东台场图描绘。

迁便难以生产,只能迁就时宜了,如石港场"旧时距海不远,今则海沙涨起数十里,变为沙坦,亭场距海既远,卤气不升,渐移向外,虽违例禁,实就时宜"。①

最后,亭场远离海岸,土壤盐分降低,河道淤塞、修浚投入增大、引潮艰难,便到了"移亭就卤"的临界点。换言之,当亭场周围盐蒿草逐渐消失,演替为白茅占优势的植被群落时,荡草资源固然更加充裕,然而此时亭场土壤相应处于脱盐状态,不利于制卤。此后主要依赖人工引潮,若引潮沟失修,亭场极易荒废,盐作困苦。② 因此,某种程度上,旧亭场是否搬迁取决于引潮沟的维护与修浚的困难程度。引潮沟随着滩涂淤涨不断延长,其河口处由于海潮周期性淤积泥沙顶托,极易淤塞,疏浚工作繁重,一旦荒废,不能引潮,便影响了盐产效率,因此引潮沟虽能满足纳潮需求,但需要投入大量劳动力资源加以维护,故"每为沙泥壅涨淤塞,每岁亦须频频捞洗以深之"③、"无三年不浚之沟,无十年不挑之河"④、"冬令潮枯水涸,责令一律挑修,其通海口门尤宜疏浚,务使潮流四达,卤旺盐丰"。⑤ 而且及时维护与修浚的人工投入也相当艰巨,工作异常艰辛,如《熬波图》所形容:"潮来沟水满,潮落三寸泥,十日泥三尺,沟与两岸无高低,长柄枚桶短柄锹,开深八尺过人头,但得朝朝水满沟,一生甘作泥中鳅"。⑥

四 "移亭就卤"与投入——以清末为例

"移亭就卤"受自然环境、社会经济环境的共同影响,但在并不

---

① 光绪《重修两淮盐法志》卷16《图说门·通属九场》。
② 如嘉庆《东台县志》卷10《水利》转引《中十场志》:"灶河,亭民之命脉也,在团则赖以淋晒,在场则赖以装运,但地系沙土,其性善走,又形势浅狭易致淤垫,逾月不雨,河流立枯,淋晒既艰,装运复苦,驾以牛车劳费数倍"。故定例五年一浚,但"万历中未经挑浚者三十余年,几成平陆"。
③〔元〕陈椿:《熬波图》卷上,《景印文渊阁四库全书》第662册,台湾商务印书馆,1986年,第322页。
④ 周庆云:《盐法通志》卷37《场产十三·产数》,民国三年(1914)文明书局铅印本。
⑤〔清〕朱寿朋:《东华续录·光绪朝218》,上海古籍出版社,2008年,第730页。
⑥〔元〕陈椿:《熬波图》卷上,《景印文渊阁四库全书》第662册,第327页。

缺少草卤条件的情况下,"移亭就卤"维持与否主要取决于经济投入能力,这又明显受到社会经济状况的影响。在社会经济状况恶化时,长期形成的"移亭就卤"生产形态可能遭遇重重困难,抬高煎盐生产成本,制约移笃新亭、扩大生产的积极性。这在清代后期尤为明显,很大程度上影响了淮南盐衰。

同治年间,移笃亭场一般每副约需要银130至250两不等,花费不菲,也高于修复亭场。① 官府盐引时常积压,场商资本占搁,此项投入实属不易。又如吕四"场境之北向有荡地,计可置百余面,实为草丰卤足之区,约计新笃一亭,挑塘、筑墩、起建灶屋、买置鏊口,统需成本二百数十千文,现在租商皆系凑集之资,断不能筹此巨款创立新亭。似非另招殷商不能集事"。② 可见,此时移笃新亭投入成本较大,且移笃新亭也并非一定成功,试煎也要担风险。③ 另外,草卤分离,既增加旧亭场修浚引潮沟的成本,也增加了新亭场运草、运粮、远盐的成本。新亭虽近咸潮,却远离草荡,附近盐蒿草滩产草又远不如白茅草滩旺盛④,且白草火旺,红草力小。⑤ 故很多亭场依

---

① 〔清〕丁日昌:《淮鹾摘要》卷3,〔清〕温廷敬编:《丁中丞政书》卷35,沈云龙主编:《近代中国史料丛刊续编》第77辑,台北:文海出版社,1980年,第1316页。"掘港场……移笃每副约需三、四百千不等,而复建不过需其大半"。同书卷33第1257页载:"约计新笃一亭,挑塘、筑墩、起建灶屋、买置鏊口,统需成本二百数十千文"。同书卷35第1321页又载"询笃每副亭场,约需二百余千"。据彭信威研究(《中国货币史》,群联出版社,1954年,第537—549页),同治年间约银1两合钱1600—1800文。因此,合计笃置新亭需要银130—250两不等。

② 〔清〕丁日昌:《淮鹾摘要一》,〔清〕温廷敬编:《丁中丞政书》卷33,沈云龙主编:《近代中国史料丛刊续编》第77辑,第1257页。

③ 光绪《重修两淮盐法志》卷30《场灶门·亭池》。"卤气浓淡未能确有把握,诚恐试煎,无效致贻匕累"。

④ 据《江苏植物志》(江苏省植物研究所,上册,南京:江苏人民出版社,1977年,第236—237页),白茅植株高25—80厘米,在今天江苏省中部淤进型岸段仍有大面积分布。白茅群落也是海涂植被演替的最后阶段与顶级群落(刘昉勋、黄致远:《江苏滨海盐土植被的发生与动态的观察》,《植物学报》1980年第1期)。盐蒿(盐地碱蓬)植株高30—100厘米(《江苏植物志》下册,第123—124页)。据赵大昌《中国海岸带和海涂资源综合调查专业报告集·中国海岸带植被》(北京:海洋出版社,1996年,第147、150页),白茅群落覆盖度70%—80%,盐蒿群落覆盖度约60%。

⑤ 周庆云:《盐法通志》卷33《制法》载:"淮南之盐利用煎,其煎以草……其草有红有白,皆含咸味,白者力尤厚,红可外售,而白有禁斫。"

赖购草为主,而部分引潮困难、难以产盐的旧亭场灶户,干脆转而贩草获利,出现了专门贩卖荡草的草户。① 亭场距离草场也很远,多者二十余里,少者七八里。牛车运输远则三日,少则二日②,故运粮、运盐、运草都逐渐困难。

移笔亭场需要资金投入,清末煎盐本重利薄,商、灶往往借贷度日,以至铺设新亭的积极性受到明显抑制。很大程度上,咸丰至光绪年间,淮南盐业长期不振,便与移笔乏力有关。同治年间,丁日昌勘察两淮盐场,便深刻体会到虽各场新淤荡地草、卤基本具备,但遭遇无人投入的尴尬。如"三场(掘港、栟茶、丰利)近海下沙之地,其势辽阔,卤最厚,惜无殷商建立亭场。"③可见,荡草、卤气并不存在问题,是否有稳定投入,已成为"移亭就卤"得以维持的关键。至光绪末年,官府仍然希望鼓励灶户移笔亭场,以图恢复煎盐生产,进而稳定盐课。除个别盐场地居腹里,难以产盐外④,与同治年间一样,虽然各场新淤荡地草、卤无缺,但仍因财力匮乏,制约了新亭铺设的积极性。例如庙湾场"随地皆卤,随地皆可笔置,且闻学滩、苇营两地草荡几数千顷诚天然丰饶之区",特别是掘港、何垛、丁溪"草多卤足"、"草卤无缺"。⑤ 然而"场商资本多不充裕,灶丁困苦已达极点,加之近年以来灶丁则因草贵食昂,受累场商则因本重钱贱暗亏"⑥;而恢复生产,移笔亭灶、匀配草荡、及时疏浚引潮河等措施,

---

① 周庆云:《盐法通志》卷27《物地》载:"庙湾一场,灶户止有一亭,亦未开煎,专以贩草渔利,亭池全属商置。"

② 张孝若:《张季直九录·实业录》卷3,上海书店影印,中华书局,1931年,第6页。

③ 〔清〕丁日昌:《淮鹾摘要》卷3,〔清〕温廷敬编:《丁中丞政书》卷35,沈云龙主编:《近代中国史料丛刊续编》第77辑,台北:文海出版社,1980年,第1321页。按:据佐伯富、徐泓等学者研究,晚清淮南盐场灶户贫富分化,亭场商置趋多(参见佐伯富:《清代盐政之研究》,《盐业史研究》1993年第3期;徐泓:《清代两淮盐场的研究》,台北:嘉新水泥公司文化基金会,1972年,第62—63页)。故一般灶户无力移笔新亭,这为殷实商人兼并灶亭、笔置新亭提供了可能。但清末商、灶资金短绌,笔置新亭更为艰难,制约了商亭进一步扩大。

④ 如《盐法通志》卷27《场产三·物地三》载:刘庄场"卤气枯竭,荡多垦熟化为腴田,又无尾沙,难谋移笔,灶丁乐于开垦,苦于办煎。"

⑤ 周庆云:《盐法通志》卷27《场产三·物地三》。

⑥ 周庆云:《盐法通志》卷37《场产十三·产数》。

都需要筹款投入,"今商灶情形如此,已觉搘柱维艰,若再责以筹备巨赀举办各事,势必无此力量。"①另外,此时盐商往往不思扩大生产、技术变革,多半坐收利息为主,亭灶荒废。"场商安享其成,不思振作,吝于接济,惮于休整,以至灶情疲玩。"②以至署江宁知府许星璧总结到,淮南盐绌"此乃自海势东迁以后,昔日范公堤一带,潮丰卤足之区,今则距海已遥,亭荒卤淡,场商因循自娱,或因租产而痛痒无关,或系自垣而资本不足,听其荒废,移筻无多。"③因此,无怪乎张謇如此感慨:"试问淮南北各场商,有一人肯为增产而倾资整顿、冒险改良者乎?无有也。"④由此可知,即使有卤旺,然而荡草价昂,煎盐本重利薄,投入日绌,移筻势必乏力。清廷为应付财政危局,迫切希望提振盐课,不顾实际推动增产,也只是徒有增产愿望。故"海势既迁,垦地益辟,荡草之供煎不足,亭场之移筻为难,产额虚增,无补实际。"⑤

总而言之,新亭投入乏力,其影响是显而易见的。"移亭就卤"一直是淮南盐场响应"海势东迁"的基本方式,但晚清社会经济状况恶化,新亭投入日益困难,加剧煎盐本重利薄、私垦日多,加上晒盐竞争等,共同决定了"移亭就卤"难以为继、有心无力,"亭场移筻为难"。故晚清至民国初,新亭铺设乏力、旧亭场盐产下滑,正是咸丰军兴以来淮南盐产长期短绌的直接原因。在新亭场投入不足、旧亭场产量不断下滑的情况下,淮南盐业陷入前所未有的困境,长期的"移亭就卤"盐作生态走向衰亡。

本章小结

本章在前一章考察盐作环境变化图景的基础上,进一步复原海

---

① 周庆云:《盐法通志》卷37《场产十三·产数》。
② 同上。
③ 同上。
④ 张謇:《盐业整顿改良被扼记》,张謇研究中心、南通市图书馆:《张謇全集》第3卷,南京:江苏古籍出版社,1994年,第521页。
⑤ 《清盐法志》卷109《场产门十·产额》。

岸带自然过程背景下两淮盐作生态主要表现,整体来看,两淮"移亭就卤"的盐作生态是对海岸带自然演替过程的遵循与客观反映,是海岸盐作活动响应小冰期内海岸快速淤涨变化的重要表现。

草、卤资源空间分布的变化导致草卤分离,是盐作要素"变"的重要表现,然而,要素之组合关系并未发生变化,草卤分离的程度并非难以克服,并不会妨碍整体盐作活动的持续存在。"移亭就卤"成为两淮煎盐生产对荡草、土卤、咸潮以及劳动力等盐作要素集约利用的客观反映。通过"移亭就卤"、使用引潮河,弥补了要素分离的不足,实现了盐作活动与环境变化的动态平衡。明清时期淮盐正是通过"移亭就卤"的方式很好地适应了海涂外涨的环境变化,并在"海势东迁"最为显著的16—19世纪内取得了繁盛发展。

此外,"移亭就卤"的长期存在,也充分说明海岸变化并未引起盐作自然条件丧失、妨碍淮盐发展,而是伴随海岸淤涨变化形成的独特人类生产活动形式。

第五章　海岸盐作活动变迁及其地理背景

两淮盐作技法变迁也是以往淮盐研究的传统内容，学界研究丰硕，多从翔实文献出发，讨论了两淮盐作技法主要变迁过程。[①] 明清时期两淮盐场集中了摊灰淋卤煎盐、砖池结晶晒盐、泥池结晶晒盐，以及板晒盐的多种盐作技法，其产生、传播、空间分布等问题已为学界深入讨论。但仍有问题尚待厘清，为何晒盐只在淮北盐场发展，而淮南大部分盐场始终未能成功推广晒盐？为何板晒盐只能传播到淮南南部各盐场？为何分池套晒制卤工艺首先在淮北等北方盐场出现？又为何淮北晒盐自明代中叶形成后却长期发展缓慢？对这类疑问的解答既涉及社会因素、也离不开影响盐作分布变迁的另一个重要背景，即地理环境的影响。

但目前尚缺少从区域地理环境、社会经济变化的角度综合讨论明清两淮盐作技法及其活动分布变迁过程。本章及后续部分章节在以往研究基础上，着重以盐作技法变迁为中心，考察明清两淮盐作与技法的时空分布变迁，并分析社会经济与自然地理环境的驱动作用。

[①] 白广美：《中国古代海盐生产考》，《盐业史研究》1988年第1期；刘淼：《明代海盐制法考》，《盐业史研究》1988年第4期；林树涵：《我国海盐晒制产生年代考》，《盐业史研究》1989年第3期；李玉昆：《陈应功与海盐晒法》，《盐业史研究》1990年第3期；林树涵：《中国海盐生产史上三次重大技术革新》，《中国科技史料》1992年第13期；[日]佐伯富：《清代盐政研究》，《盐业史研究》1993年第2期；沈敏、卢正兴：《两淮制盐技术史话》，《盐业史研究》1994年第3期；朱去非：《中国海盐科技史考略》，《盐业史研究》1994年第3期；[德]傅汉斯：《从煎煮到熬晒——再谈帝国时代的中国海盐生产技术》，李水城、罗泰主编：《中国盐业考古》第2集，北京：科学出版社，2010年。

一 传统煎法与分布流变

整体而言,宋至明中叶,两淮盐场长期采用摊灰淋卤煎盐法;明中后期至清末民初,除淮北晒盐外,两淮盐场仍以摊灰淋卤煎盐法为主,淮南盐场更沿用至 20 世纪初。唐末宋初,淮盐区制盐工艺已基本定型。及至宋代,传统煎盐技法已经相当成熟,《太平寰宇》记载了淮南沿海盐场的"刺土成盐"法①,为摊灰淋卤煎盐生产工艺之雏形。北宋中后期,淮甸人陈晔编著《通州煮海录》记载了煎盐过程,分为碎场、晒灰、淋卤、试莲、煎盐、采花等六道工序。约在南宋淳熙年间,削土(刮土、刺土)淋卤法为摊灰淋卤法所代替。后者利用草灰吸卤,劳动量小,效果更佳。此后淮南盐区煎盐工艺达到成熟,其大要有八事:开辟亭场、海潮浸灌、摊灰曝晒、淋灰取卤、石莲式卤、斫运柴薪、煎卤成盐、出扒生灰。② 元代陈椿《熬波图》中也详细描绘了浙西下沙盐场摊灰淋卤煎盐生产流程,是江苏沿海盐作技法的重要反映。此后摊灰淋卤煎盐法被长期沿用,直至清末民初,两淮盐场仍有大量煎盐生产活动。

自明代中后期,江苏沿海出现盐作技法分布差异。"淮南二十五场则皆煎,淮北五场则皆晒"③。煎法效率固然不如晒法,但明清时期南煎北晒格局长期稳定,淮南产量占绝大部分。嘉庆六年(1802)其额产约 33.8 万吨,占两淮八成以上。④ 清代后期,淮南盐场陷入困境,淮盐逐渐南衰北盛,淮南煎盐亭场的规模以及灶丁人数逐渐减少。传统煎法占据了大量土地与劳动力资源⑤,效率低下,加剧人地矛盾,逐渐被淘汰。淮北晒盐以及淮南通属盐场的板晒盐

---

① [宋]乐史撰,王文楚等校:《太平寰宇记》卷130《淮南道八》,北京:中华书局,2007 年,第 2569 页。
② 张荣生:《从煮海熬波到风吹日晒——淮南盐区制盐科技史话》,《苏盐科技》1995 年第 3 期。
③ 嘉靖《惟扬志》卷9《盐法志》。
④ 江苏省地方志编纂委员会:《江苏省志·盐业志》,南京:江苏科学技术出版社,1997 年,第 94—95 页。
⑤ 孙家山:《苏北盐垦史初稿》,北京:农业出版社,1984 年,第 23、24 页。

逐渐挤占了两淮盐场传统煎盐分布范围。

　　需要指明的是,煎法盐作通过人工制卤、强制蒸发成盐,对环境的依赖相对较低,受气候影响较小,成盐时间也较快,缺点是易耗费薪材与劳动力。除劳动力外,煎盐依赖荡草、卤水,"草丰卤足"是其必备条件。晚清淮南盐衰,占据大量闲置荡地、效率低下的传统煎法逐渐被淘汰,是两淮盐作技术分布变迁过程中的重要变化,但并非地理环境条件不再支持煎法生产。① 故各类盐作技法中,传统煎法对地理环境的适应性最强,如废灶兴垦后,这种悠久盐作技法仍为部分地区盐民所利用。②

二　淮北晒法演变

　　两淮晒盐首先出现在淮北盐场。明代中后期,淮北盐场首先改煎为晒,逐步取代传统煎盐,是两淮盐作技法变迁史上的重大变化。整体上,淮北盐作经历了三个阶段:明中叶之前的摊灰淋卤煎盐、明中叶至清后期的砖池结晶晒盐法以及清末开始的泥池结晶滩晒。根据制卤与结晶的差异,又可细分为淋卤晒盐、分池晒卤-砖池晒盐以及分池晒卤-泥池晒盐三个不同阶段。

1. 淋卤晒盐

　　据《板浦丁氏族谱》载,明成化三年(1467),海州盐务督办丁永在板浦场改煎为晒③,可见在15世纪淮盐已开始出现改晒。

　　早期淮北晒盐,其生产环节上尚有传统煎盐的遗留,仍采用晒

---

①　据《盐法通志》卷27《场产三·物地三》载,清末淮南大部分盐场草卤条件较好。如"掘港场三面环海……草多卤足"、"何垛场草丰卤足"、"丁溪场正场灶亭草卤无缺"、"新兴场规模尚好,草卤皆敷"等。

②　《江苏省政府咨文》,《财政日刊》,1934年,第1961期,第2—4页。"现今启东人民,挖取盐泥,日益增多,动辄万人以上,均用小车搬运,每人至少必至数百斤之多,以每日计算被刮盐泥,均在数万斤,以之沥卤煎盐,为数至巨,……将有恢复废灶基地、筑墩淋卤之举,税警查禁,恃众反抗。"

③　转自李洪甫:《稗海流韵·明清小说与连云港人文》,北京:学苑出版社,2009年,第504页。

灰淋卤工艺,利用人力提取卤水,未充分利用分池蒸发制卤。① 正如刘淼、傅汉斯所论:改煎为晒是渐进的过程,淮北晒盐脱胎于煎盐,首先取代的只是耗费能源的最后生产环节——煎熬成盐,而人工制卤环节仍然保留。② 明代《盐政志》云:"惟晒有灰淋,淮北五场淋卤不同,或如淮南置亭场晒淋之法;土淋,或将咸瀉潮滩之地,筑土晒干,又造土池,装土若干,将前所筑晒干土舀入池内晒实,汲水淋卤,一如淋灰之法;晒卤,每灶以砖石砌成大晒池,每遇天时晴明,将土池所积卤水系入砖池晒之,每辰上卤,至申扫盐,不费煎鬻之力。"③ 可见,淮北晒盐早期阶段只是取代了传统煎盐法中人工强制蒸发结晶成盐的工艺流程,在十分关键的制卤环节上仍采用"灰淋"、"土淋"的人工晒灰淋卤法,与传统煎法并无二致,仅在结晶成盐环节用风日蒸晒法取代了以往的煎煮法。故灰(土)淋卤-砖池晒盐是淮北晒盐的第一个发展阶段。

这种尚待进一步完善的晒盐法可以归纳为淋卤晒盐法,也是传统煎法向晒盐的过渡阶段。只有摆脱了依赖人工晒灰淋卤的劳作,而转为依靠自然力(风日)蒸发海水制卤,方为真正的晒盐法,即晒卤晒盐法。根据成盐工具差异,晒卤晒盐又可分为分池晒卤-砖池晒盐、分池晒卤-泥池晒盐法。

2. 分池晒卤-砖池晒盐

制卤工艺从人工晒灰淋卤,转变为自然蒸发、分池套晒制卤,是淮北晒盐又一次重大变化。首先形成了完全脱离传统煎法、独立的盐作技法,④制卤工艺得到较大完善。

---

① 这可能是明代晒盐发展史上的普遍现象,其他海盐产区也有类似情况,例如明代的福建、两广晒盐场,也是先人工制卤后晒盐。参见朱去非《中国海盐科技史考略》(《盐业史研究》1994 年第 3 期)、林树涵《我国海盐晒制产生年代考》(《盐业史研究》1989 年第 3 期)。另外,海南省儋州湾古盐田,利用海岸火山岩石形成的平台引海水晒盐,据考可能唐代即存在,但尚待进一步证实。
② 刘淼:《明代海盐制法考》,《盐业史研究》1988 年第 4 期;[德]傅汉斯:《从煎煮到熬盐——再谈帝国时代的中国海盐生产技术》,李水城、罗泰主编:《中国盐业考古》第 2 集,北京:科学出版社,2010 年,第 34 页。
③ 〔明〕朱廷立:《盐政志》卷 1《出产》。
④ 刘淼:《明代海盐制法考》,《盐业史研究》1988 年第 4 期。

晒灰淋卤,虽然也利用了风日蒸发,但需要较多劳动量收集灰土、海水淋之,方得到卤水。而分池晒卤无须利用灰土吸附盐分,摆脱了收集灰土、淋卤的繁重工序,劳动强度明显降低,效率得以提高。这种制卤工艺的转变源自何时何地说法不一,①但可以肯定,利用自然力分段蒸发海水、套晒成卤的制卤工艺及其盐田系统的形成,是淮北晒盐甚至是中国古代海盐技法发展史上的一次飞跃。②

淮北分池晒卤、砖池结晶成盐,并非简单的浓缩海水成盐过程,而是一套复杂的分段引导水流的系统。③"盐池一面,外土池而内砖池,以砖数定产盐之额,名为额池……四旁土池曰头道、二道,以至于九道,每土池旁有小砖井,天雨即引卤入井蓄储。砖池旁有沙格较大池小而深,亦用以晒盐者。"④其卤水来源有二:"离海近者,开潮沟引水为卤,名曰卤沟,又名戽沟;离海远者择卤重之地穿泉取水,名曰卤井。"⑤可见,该系统部分实现了集中制卤、集中制盐,构成了复杂有效的分池晒卤晒盐的盐田系统。

分池晒卤晒盐虽然效率较高,但却长期发展缓慢。究其原因,社会因素发挥了深刻影响。明中叶至清末,淮北盐场长期以砖池结晶法晒盐为主,效率更高的泥池结晶滩晒被限制。⑥因泥池滩晒成本小,易铺设,比砖池晒盐更省工省时,且不易为官府稽查,"易成易毁"⑦,透私极易,因此始终被视为非法。为杜绝私盐,官府长期严

---

① 据林树涵考证,分池蒸晒制卤至迟于明代正德年间出现,由福建传入长芦再入淮北(《中国海盐生产史上三次重大技术革新》,《中国科技史料》1992年第13期);刘淼估计分池晒盐出现在明末清初(《明代海盐制法考》,《盐业史研究》1988年第4期);郑尊法认为天日法制盐是清代康熙年间由意大利传入(《盐》,王云五编:《万有文库》第一集,商务印书馆,1929年,第50页)。

② 郭正忠:《中国盐业史》古代编,北京:人民出版社,1997年,第510页。

③ [德]傅汉斯:《从煎煮到熬晒——再谈帝国时代的中国海盐生产技术》,李水城、罗泰主编:《中国盐业考古》第2集,第20页。

④ 周庆云:《盐法通志》卷30《场产六·穿筑二》。

⑤ 同上。

⑥ [日]佐伯富:《清代盐政研究》,《盐业史研究》1993年第3期;王日根、吕小琴:《析明代两淮盐区未取晒盐法的体制因素》,《史学月刊》2008年第1期。

⑦ 周庆云:《盐法通志》卷30《场产六·穿筑》。

禁民间私自铺滩,"私筑盐池者,尽行填塞。"①并对额池砖块的规格严加干预,以便管控盐产。故"盐池例有定制,不准私筑沙基,亦不准私增宽大。"②为便于控制、核算产出、了解产销动态。晒盐结晶池按规定必须使用砖池,"旧制砖长八尺宽半之额,以三百砖为一引,后以砖之大小有差,乃以方一丈为一引或十丈或二十丈。"③到清后期,清廷仍对淮北盐场规定实行砖池④,无视土池效率,只顾垄断盐利。

但私晒大量存在,产量颇丰。"砖池以外,广开池基,甚至新基已增,旧滩未划,致产额益无限制。"⑤可见淮北盐场海涂条件好,私铺土格、沙基十分普遍,成本低廉。以至官员查私疲于应付,"每至一圩,必谆谆告诫,不准再行私筑。"⑥为整顿盐政,清廷对淮北盐场私设沙基、私铺私晒进行了若干次集中查禁,"务将沙基一律犁毁。"⑦其中对板浦、中正两场共犁毁沙基2 961块,"不任旋毁旋筑,以清私源"⑧,可见私晒规模之大。

官府只顾稳定盐课、防止透私,对淮北晒盐的诸多管制,加上僵化的销岸制度⑨、引地狭小等原因,严重束缚了生产潜力,延缓了淮北晒盐兴起,以致到清末民初,淮北盐产仍处于两淮次要地位。明后期至清后期,数百年里,淮北晒盐产量占两淮很小部分,两淮盐业长期南重北轻,生产重心在淮南盐场。"国家海府之利,无大两淮。

---

① 〔明〕庞尚鹏:《清理盐法疏》,陈子龙编:《明经世文编》卷357,明崇祯平露堂刻本。
② 光绪《重修两淮盐法志》卷30《场灶门·亭池》。
③ 周庆云:《盐法通志》卷30《场产六·穿筑二》。
④ 参见《盐法通志》卷30《场产六·穿筑》以及《清盐法志》卷103《亭池》,道光十九年,禁池丁私铺盐池,及将池面私放宽大,并令青口三疃土池一律铺砖。
⑤ 《清史稿》卷123《食货志·盐法》。
⑥ 光绪《重修两淮盐法志》卷30《场灶门·亭池》。
⑦ 光绪《重修两淮盐法志》卷30《场灶门》。
⑧ 《盐法通志》卷30《场产六·穿筑二》。
⑨ 明清采取固定的销岸政策,越界即为贩私。据光绪《重修两淮盐法志》卷19《图说门》、《盐法通志》卷6《疆域六·销岸三》记载,淮北盐场纲盐引地只有皖岸四府三直隶州、豫岸一府一直隶州。远小于淮南纲盐的湘、鄂、西、皖四岸共三十一府三直隶州。官府垄断销售市场,对淮北晒盐业是直接抑制。

淮北者,淮南之一隅。两淮额行纲盐百六十余万引,而淮北仅三十万引……旺产亦不下五六十万引。"①据孙鼎臣上疏,清末淮南岁额1 395 510引,淮北296 982引。② 其中淮南占两淮82.5%。占全国海盐总产量28.9%、全国总课银的65.4%,此两项淮北分别只占6.2%与3.1%。③

3. 分池晒卤-泥池晒盐

清末民初,淮北晒盐由分散的小型砖池结晶滩晒转变为以八卦式盐田为代表的集中式泥池结晶滩晒,大规模滩晒盐快速兴起。以济南场的兴建为标志,淮北盐场迎来了大规模泥池结晶滩晒盐阶段,结晶工艺有了明显改善。这是淮盐史上晒盐走向成熟化、近代化的重要标志,是淮盐发展史上又一次重大进步。

光绪三十三年(1907),淮南因盐不敷销,为接济南销,清廷在废黄河口北侧苇荡左营的开阔滩地兴建济南场④,修筑新式八卦盐滩1 000余份。但受到旧池盐商阻碍以及官府固定销量的约束⑤,起初产量并不突出。据清末民初《最近盐场录》载,1910年济南场为17万担,1911年为13万担,1912、1913年又分别38、88万担。⑥ 虽有较快增长,但仍远低于旧池较多的板浦、中正场。⑦ 到民国年间,经过扩建,包含7个公司,铺建145条圩子,建滩1 160份⑧,全为新式八卦滩盐田。这种新式盐田系统效率大为提高,据民国《中国盐政

---

① 〔清〕魏源:《淮北票盐记》,《湖湘文库(甲编)魏源全集14》,长沙:岳麓书社,2011年,第245页。
② 〔清〕孙鼎臣:《论盐二》,葛士浚:《皇朝经世文续编》卷43《户政·盐课二》。
③ 黄公勉、杨金森:《中国历史海洋经济地理》,北京:海洋出版社,1985年,第172页。
④ 《清史稿》卷123《食货志》。
⑤ 《清史稿》卷123《食货志》:"北商称有碍旧池销路,经江督张人骏令按淮南缺额,以十万引为率。"
⑥ 《最近盐场录》,曹天生点校,《近代史资料》第101号,北京:中国社会科学出版社,2001年,第31页。
⑦ 民国二年(1913),板浦场产量152万担,中正场93万担。参见民国《最近盐场录》,《近代史资料》第101号,中国社会科学出版社,2001年,第31页。
⑧ 民国盐务署盐务稽核总所:《中国盐政实录》,《近代中国史料丛刊》第三编第871册,台北:文海出版社,1933年,第59页。

实录》载,其盐产量已占淮北近六成。① "今新铺各圩,大率组织沙基拓地,维宽引潮甚便,池非砖砌,卤气易升,以致产既多而粒尤大。"②此后淮盐格局开始改变。淮北盐产增加极快,清末民初,淮南盐场年均产量约 15 万吨左右,淮北盐产从宣统二年(1910)约 8 万吨快速上升至民国二年(1913)的 24 万吨。③ 胡焕庸在《两淮水利盐垦实录》中概括到:"北盐渐盛,南盐渐衰,盖在清末已见其端倪矣"。至此,两淮盐场长期南重北轻格局发生逆转,生产重心北移。民国年间大规模废灶兴垦以后,淮北盐产已基本取代淮南,淮南六场合计尚不如淮北一场产量。④

八卦式盐田系仿照古代八卦阵图铺筑而成,能够有效地集中引潮、晒卤、结晶、堆盐、运输,集多道流程于一体的新式盐田系统。晒盐时先由引潮河纳入海水进入大圩和洼地沟,用风车打到洼地面,以后依次放入大生活(大蒸发池)、小生活(小蒸发池),再用风车车入洼格(蓄水池、养水滩),用水车拐到头道格(蒸发池),经过二道格、三道格,直至九道格不等,始接近饱和卤,转入贮卤井以备晒盐,一般小满前后一二日便能成盐。⑤ 其盐田总面积,小者三十亩,大者约数百亩。⑥

专制主义政体会干涉到封建经济的各个角落中去。⑦ 清末民初,清廷迫于内忧外患,管制松弛,禁令形同虚设,私设土池滩晒公

---

① 民国盐务署盐务稽核总所:《中国盐政实录》,《近代中国史料丛刊》第三编第 871 册,第 53 页。
② 《最近盐场录》,曹天生点校,《近代史资料》第 101 号,北京:中国社会科学出版社,2001 年,第 5 页。
③ 周庆云:《盐法通志》卷 37《盐产十三·产数》。为便于比较,单位统一换算为吨。
④ 例如 1925 年,淮南六场合计产量约 6 万吨,济南场约 25 万吨。参见江苏省地方志编纂委员会:《江苏省志·盐业志》,南京:江苏科学技术出版社,1997 年,第 97—98 页。
⑤ 民国盐务署盐务稽核总所:《中国盐政实录》,《近代中国史料丛刊》第三编第 871 册,第 61—63 页。
⑥ 郑尊法:《盐》,王云五编:《万有文库》第一集,商务印书馆,1929 年,第 53 页。
⑦ 傅衣凌:《明清社会经济史论文集》,北京:人民出版社,1982 年,第 6 页。

开化,缉私已然无力应付①,"额池外私筑沙基,任意晒扫,遂致余盐日多,透私日甚。"②加上清末淮南盐衰,产额不足,危及盐课,为接济南销,最终允许了泥池滩晒法的运用。另外,官府控制与干预对淮南改晒进程也产生了重要影响③,即使是局部试验,也受到地方既得利益群体的阻挠。④ 这也是淮南盐场难以成功推广泥池结晶滩晒法的重要原因。

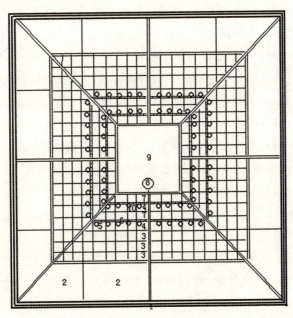

1. 大圩;2. 洼地(养水滩);3. 蒸发池;4. 加卤池;5. 卤井;6. 走卤桥;7. 结晶池;8. 胖头河;9. 廪基;10. 卤沟。

图 5-1 清末民初淮北盐场八卦式盐池示意图

说明:选自《江苏省志·盐业志》(第 64 页)。

---

① 张小也:《清代盐政中的缉私问题》,《清史研究》2000 年第 1 期。
② 光绪《重修两淮盐法志》卷 30《场灶门·亭池》。
③ 王日根、吕小琴:《析明代两淮盐区未取晒盐法的体制因素》,《史学月刊》2008 年第 1 期。
④ 民国《续修盐城县志》卷 4《产殖》。"光绪三十二年,邑人陈琴堂与赵鸿杰、姚镜蓉复于新洋口南创设海裕晒盐场。辟港挡车铺池四十六面,得盐一百八十四引。鹾商群起挠之,扼其销路,改国后,琴堂旋卒事遂中废"。

三 晚清淮南盐场板晒法

清末民初,源自两浙盐场的板晒法传入淮南通属盐场,一定程度上改变了16世纪中后期以来两淮盐场长期南煎北晒的基本分布格局。两淮盐场板晒盐作,稀疏分布在淮南南部盐场(东台及其以南盐场),淮南盐场整体上仍然以煎为主,兼有板晒。浙西、松江盐场为板晒盐作集中分布区。

淋卤板晒法简称板晒,仅在结晶成盐环节以板晒取代了传统煎煮,可以视为淋卤晒盐的变种。① 板晒法主要包括选辟塔场、引潮浸灌、耙晒咸泥、刮泥淋卤、板晒成盐五道工序,其晒板规格长2.5米,宽1米,形如门板,四周围木框,深约0.03米,便于贮卤。② 每卤一担,约摊板十块,夏日卤厚时,每板日可晒盐二三斤,冬日卤薄,只得一斤。③

受社会经济变化的影响,板晒法传入淮南较晚。约源自乾嘉年间浙东岱山盐场,咸丰年间传入浙西盐场,直到清末民初才传入淮南通属吕四、余中、掘港等盐场。④ 朱去非认为传入两淮较晚可能是当时交通落后,影响了传播速度。⑤ 但浙东、浙西以及南通一带,距离不远,交通条件并非不便利。半个多世纪内,浙东板晒法才逐步传入松江、淮南盐场,颇令人费解。笔者推测,板晒法传播速度可能主要取决于不同盐作效率的差异。清末民初长三角地区人地矛盾尖锐化,传统煎法成本已是滩晒的十一、二倍,板晒的七、八倍。⑥ 这为板晒法在淮南盐场的推广提供了重要背景。

清末民初,淮南盐场衰败,为保盐课,清廷在淮南盐场推广板

---

① 郭正忠主编:《中国盐业史》古代编,北京:人民出版社,1997年,第714页。
② 江苏省地方志编辑委员会:《江苏省志·盐业志》,南京:江苏科学技术出版社,1997年,第82—83页。
③ 民国盐务署盐务稽核总所:《中国盐政实录》,《近代中国史料丛刊》三编第871册,台北:文海出版社,1933年,第163页。
④ 朱去非:《盐板晒盐考》,《盐业史研究》1990年第3期。郑志章则认为板晒法源自元代福建盐场,并由闽南移民传入浙江沿海一带(参见郑志章:《板晒海盐技术的发明与传播》,《中国社会经济史研究》1984年第3期)。
⑤ 朱去非:《盐板晒盐考》,《盐业史研究》1990年第3期。
⑥ 民国《南通县图志》卷4《盐业志》。

晒。光绪三十三年(1907),许星璧巡查通泰海各场,鉴于通州地区人多地少,荡草十分紧张,他建议通属各场效仿通海垦牧公司试办板晒,以图节约成本,减缓争地矛盾。如"丰利场有卤无草……又地势近海,可刮咸泥仿照松江板晒。"①"栟茶……正场近海,亦可试办刮泥板晒之法。"②余东场"惟有仿照吕四试办板晒之法,渐图改良。"③有了官府的鼓励,板晒传入速度加快。板晒盐作逐渐分布于松江、通州诸盐场,甚至泰州部分盐场。光绪七年,江苏袁浦、青村以及东台、何垛、启东、三甲等地,均采用板晒法,其中袁浦、青村、横浦、浦东等场,共有晒板67.88万块。④

民国年间,淮南盐场推行废灶兴垦,传统煎盐规模快速萎缩,但板晒规模得以发展。到1929年"淮南盐场决改晒废煎,减轻成本"⑤,1930年,淮南通属吕四场有晒板1.28万块,东何场0.44万块。⑥ 以松江盐场板晒居多,青村、袁浦、两浦三场板晒产量占松江盐场98.8%。⑦

四 盐作活动分布变迁的自然地理背景

盐作活动是人与自然互动的产物,两淮盐作空间分布复杂,其盐作兴替过程、分布变迁,除了不同技法的生产效率、官府政策以及社会经济状况的影响外,也深受地理环境的制约。

1. 两淮盐场内部盐作分布差异

前文已述,淮盐煎、晒空间分布大致从宋元时期开始,由海岸全用煎法生产,到16世纪中后期,以黄河分界,开始南煎北晒;这种格

---

① 周庆云:《盐法通志》卷27《场产三·物地三》。
② 同上。
③ 同上。
④ 江苏省地方志编辑委员会:《江苏省志·盐业志》,南京:江苏科学技术出版社,1997年,第82—83页。
⑤ 民国《淮南盐场改晒废煎》,《申报》1929年1月22日,第7版。
⑥ 民国盐务署盐务稽核总所:《中国盐政实录》,《近代中国史料丛刊》三编第871册,台北:文海出版社,1933年,第162页。
⑦ 同上书,第601页。

局维持到清代中后期,松江、浙西盐场开始出现板晒法,之后板晒法逐渐向北扩展;同时淮北晒盐逐渐向南扩展,在淮南岸段北部形成了晒盐稀疏分布区,传统煎盐的范围明显缩小(图5-2)。至清末民初,两淮盐场最终形成了淮北晒盐、淮南煎晒并存的空间分布格局,这种盐作分布差异很大程度上受气候、土质差异的影响,是对地理环境变化的客观反映。考虑到日照、降雨等气候条件相对稳定,故某种程度上,土质的形成与分布差异,主要影响了两淮盐场南煎北晒的基本格局。

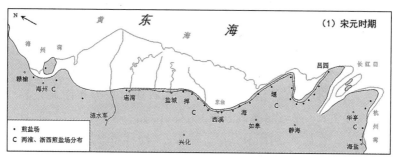

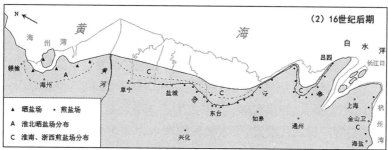

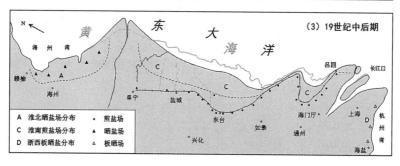

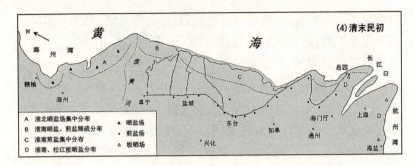

图 5-2 历史时期江苏海岸变化与盐作技术分布

说明：以 MapInfo 软件制作。历史时期海岸线依据张忍顺《苏北黄河三角洲及滨海平原的成陆过程》(《地理学报》1984 年第 2 期) 第 177 页海岸线变迁图描绘。清代底图以复旦大学历史地理研究中心 CHGIS1820、1911 年数据为准。宋至明时期底图根据谭其骧主编《中国历史地图集》第六、七册 (宋辽金时期、元明时期) (北京：中国地图出版社, 1982 年) 描绘。图中虚线为不同盐作技法大致分界线。

先看气候。江苏沿海各地降水量、日照时数分布南北差异明显，以废黄河（或苏北灌溉总渠）为界，淮北年均降水量最低、日照时数最高，在盐城、射阳及其以北岸段，年均日照时数为 2 300 小时以上（图 5-3），年均蒸发量超过 1 500 毫米，干燥度明显高于淮南岸段（图 5-4）。另外，每年 6 至 7 月份为梅雨期，8、9 月又有台风暴雨，降水较多，故中部岸段存在暴雨密集分布带，淮北岸段与南通岸段相对稀疏。① 南北岸段蒸发量差异影响了蒸发制卤的效果。

利用风日蒸发制卤、结晶成盐，必须空气干燥、降雨量或降雨日数少、蒸发量大、起风日多。② 海盐生产本身就是海水大量蒸发、浓缩的过程。据现代测定，引入盐田的海水为 2.5 至 3.5°Bé，要达到饱和卤水，即达到 25.5 至 26°Bé，必须蒸发引入盐田海水体积的 90% 以上的水量。③ 故分池晒盐对蒸发量要求很高，一定条件下，制卤效果高低，完全取决于蒸发量大小。蒸发量越大，蒸发时间越短，制卤、晒盐过程中卤水渗漏损失也越小，成盐回收率越高；反之，则

---

① 陈邦本、方明等：《江苏海岸带土壤》，南京：河海大学出版社，1988 年，第 9 页。
② 郑尊法：《盐》，王云五编：《万有文库》第一集，商务印书馆，1929 年，第 51 页。
③ 薛自义等：《制盐工业手册》，北京：轻工业出版社，1994 年，第 195 页。

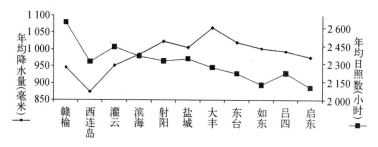

图 5-3 江苏沿海各岸段年降水量、日照时数(1961—1980 年)

资料来源:任美锷:《江苏海岸带和海涂资源综合调查报告》(北京:海洋出版社,1986 年),转引自陈邦本、方明《江苏海岸带土壤》(南京:河海大学出版社,1988 年),根据第 6 页表 1-4、第 7 页表 1-5 整理。

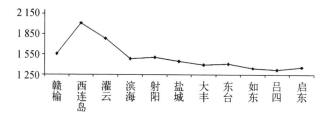

图 5-4 江苏沿海各岸段年蒸发量(毫米,1961—1980 年)

资料来源:任美锷:《江苏海岸带和海涂资源综合调查报告》(北京:海洋出版社,1986 年),转引自陈邦本、方明《江苏海岸带土壤》(南京:河海大学出版社,1988 年),根据第 8 页表 1-6 整理。

渗漏损失增多,回收率降低,影响制盐效率。[①] 因此,江苏各岸段蒸发量北强南弱的差异是导致淮盐南煎北晒的重要因素之一。为淮北晒盐的形成提供了条件,也限制了淮南盐场大规模晒盐形成。

再看土质。沿海土质分布差异与明清时期江苏沿海滩地淤涨、沿岸泥沙大规模搬运沉积的过程密切相关。其土质分布与沉积特征受江苏沿海特定的水文动力影响,即沿岸潮波系统以及旋转流的相互作用,泥沙得以充分分选、沉积所致。[②] 1494 年后,"海势东迁"

[①] 薛自义等:《制盐工业手册》,第 195 页。
[②] 刘振夏:《江苏潮流砂的粒度特征及其沉积环境的研究》,《海洋地质与第四纪地质》1983 年第 4 期。

速度加快,塑造了广袤的滨海滩地。① 连云港至灌河口一带快速沉积了大量黏性泥沙,废黄河三角洲以南、以北,由原来砂质海岸转变为粉砂淤泥质海岸。普遍分布着平均粒径在 0.005 至 0.008 毫米的黄色黏土层,自黄河口向南、向北,逐渐变薄、变粗。② 又据陈邦本、方明研究,江苏各岸段土壤质地分布的总趋势是北黏南砂,局部地区有差异。受苏北沿海南北两大潮波系统在弶港辐合的影响③,以弶港为中心,向南、北逐渐由砂变黏。故江苏全岸线物理性黏粒(<0.01 毫米)含量出现两个低值区(见第三章图 3-6),一是绣针河口到兴庄河口,不超过 10%,为松砂土和紧砂土。另一个是中部岸段,梁垛闸到小洋口之间,为 6.1%—19%④;也出现两个峰值区,淮北灌河口附近以及南通遥望港、东灶港,前者黏粒含量更超过 30%。

大量黏土层分布对分池晒卤晒盐具有重要意义。制卤环节需要一定黏土,不仅蒸发池需要丰富的黏土,贮水池(养水滩)、卤井、结晶池等设施的修建均依赖黏土层防止渗漏。⑤ 蒸发池的土壤要求有良好的持水性,即要求毛细管水运动缓慢,故含有某种程度的持水强的多量黏土最为理想。⑥ 一般黏性土比砂性土含盐量高,土壤含盐量随物理性黏粒含量的增加而增加⑦,并且当土壤黏粒含量大于 30% 时,随着黏粒的增加土壤盐分增加得更多。⑧ 另外,土质偏

---

① 张忍顺:《苏北黄河三角洲及滨海平原的成陆过程》,《地理学报》1984 年第 2 期。
② 王宝灿、恽才兴、虞志英:《连云港地区(临洪河口—灌河口)海岸地貌》,陈吉余、王宝灿、虞志英等:《中国海岸发育过程和演变规律》,上海科学技术出版社,1989 年,第 242 页。
③ 薛鸿超、谢金赞等:《中国海岸带水文》,北京:海洋出版社,1996 年,第 186—188 页。
④ 陈邦本、方明等:《江苏海岸带土壤》,南京:河海大学出版社,1988 年,第 38 页。
⑤ 郑尊法:《盐》,王云五编:《万有文库》第一集,商务印书馆,1929 年,第 36 页;薛自义等:《制盐工业手册》,北京:中国轻工业出版社,1994 年,第 187—188 页。
⑥ 河北塘沽盐业专科学校编:《海盐生产工艺学》,北京:轻工业出版社,1960 年,第 77 页。
⑦ 宋达泉主编:《中国海岸带和海涂资源综合调查专业报告集·中国海岸带土壤》,北京:海洋出版社,1996 年,第 55 页。
⑧ 陈邦本、方明等:《江苏海岸带土壤》,南京:河海大学出版社,1988 年,第 71 页。

黏更易防止渗漏，故整体上壤土、黏土对大规模滩晒盐生产更为有利。① 因此，江苏南北岸段土质分布差异决定了淮北更可能出现滩晒盐，而淮南土质条件较差。嘉靖《惟扬志》云："淮南二十五场则皆煎，淮北五场则皆晒"②，正是对土质分布差异的客观反映。从这个角度看，明代中后期淮北盐场改煎为晒以及分池晒卤工艺，恰是大面积滩地、丰富黏土层形成之后出现，这种历史巧合充分说明了黏土层对于大规模滩晒盐的重要意义。

土壤质地与蒸发量分布差异的综合作用，对两淮盐作分布变迁产生了深刻影响，为淮北晒盐的出现提供了地理条件，也制约了淮南发展大规模滩晒盐的可能。明中期以前，淮北沿海尚缺少大规模滩晒所必需的黏性土壤，很可能是明中期淮北盐场尚未演化出分池套晒制卤工艺的重要原因。同时，淮北盐场土壤偏黏，便于兴筑各类设施，而淮南盐场土质偏砂，难以试行淮北晒法。如张謇在通州吕四"仿海州及山东晒盐法，筑土池，土理疏渗，不任盛卤，改砖池仍漏，用水泥涂缝而止。会秋多雨，及晴而日薄，无良效亦止。"③淮南盐场试行滩晒法困难重重，只能继续沿用传统煎法以及能够适应环境特点的板晒法。故土质偏砂与多雨的自然条件正是淮南盐场在改晒进程中，最终未能实现大规模滩晒，只传入了板晒法的根本原因。

总之，江苏各岸段整体土质北黏南砂、降水北少南多（蒸发北强南弱）的差异，与清末民初北晒、南煎、板晒的盐作分布格局相吻合，充分体现了盐作与环境的密切关联（图5－5）。

2. 两淮盐场与其他海盐产区的差异

土质以及气候差异也影响了淮北晒盐与其他海盐产区的制卤工艺变迁。明代晒盐，淮北盐场使用砖池，福建、台湾使用缸片、断

---

① 薛自义等：《制盐工业手册》，北京：中国轻工业出版社，1994年，第146页。
② 嘉靖《惟扬志》卷9《盐政志》。
③ 张謇：《盐业整顿改良被扼记》，张謇研究中心，南通市图书馆编：《张謇全集》第3卷，南京：江苏古籍出版社，1994年，第519页。

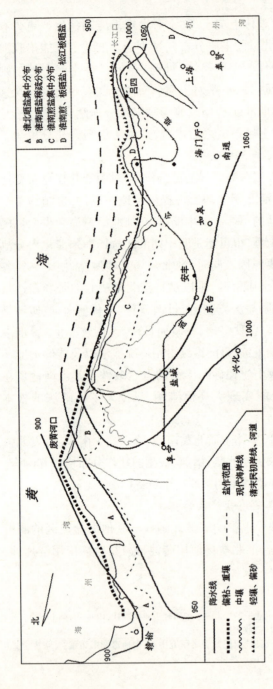

图 5-5 江苏海岸降水、土质与清末民初盐作活动分布关系

说明：本图以 MapInfo 软件制作，底图为复旦大学中国历史地理研究所 CHGIS1911 年数据；降水线根据全国海岸带办公室《中国海岸带气候调查报告》编写组著《中国海岸带和海涂资源综合调查专业报告集·中国海岸带气候》(北京：气象出版社，1991 年) 第 111 页图 7—3 描绘；全岸段土质分布根据陈邦本、方明《江苏海岸带土壤》(南京：河海大学出版社，1988 年) 第 39 至 40 页表 3—3 整理编绘，一般底层土壤与历史时期土质性状更为接近，故以 80～100 厘米土壤深度为据。另参考实业部国际贸易局《中国实业志·江苏省》第一册第一编《总说》(香港宗青图书公司 1980 年影印) 第 32 至 34 页《江苏省各县土壤性质百分分配估计》表。

瓷等材料(硚片),两浙板晒使用晒板结晶成盐,①虽然结晶池材料相异,但都采用自然蒸发结晶,制卤工艺上均采用人工制卤法,如灰(土)淋制卤。② 然而淮北等北方盐场最终发展出多道蒸发池套晒成卤(分池晒卤)的制卤工艺。这种工艺利用风日蒸晒制卤,较以往人工晒灰淋卤,效率明显提高,形成了相对独立的制盐工艺,是制盐发展史上划时代意义的跃进。③ 相反,明代两浙、福建、两广盐场并未出现分池晒卤的工艺流程,仍旧停留在人工制卤阶段。例如清代的两广、福建等东南海盐产区仍主要采用淋卤晒盐法,与明代无异。④ 至民国年间,为分池晒卤与人工淋卤并用。⑤ 各海盐产区制卤工艺先同后异,究其原因,不同海盐区土质、降水等自然条件差异发挥了重要影响。

分池晒卤晒盐的形成,需要一定的自然条件,并非沿海均能开展⑥,我国海岸线漫长,滨海气候、土壤等地理条件差异极大。其中,渤海湾西侧沿海低地与江苏沿海分布有大面积的富含黏土层的滨海盐土⑦,

---

① 按:也有用岩石改作结晶池,如海南儋州古盐田用火山岩石凿平成砚台形,用来盛卤晒盐。参见崔剑锋、李水城:《海南省儋州洋浦古盐田玄武岩晒盐工艺的初步调查》,《南方文物》,2013年第1期。

② 不同海盐产区其制卤工艺略有差异,如福建盐场为坎晒法,以"漏"制卤,基本原理与灰(土)淋卤一致。

③ 郭正忠主编:《中国盐业史》古代编,北京:人民出版社,1997年,第510页。长芦、山东的晒盐与淮北盐场一样,同属于分池套晒成卤、砖池结晶晒盐工艺。

④ 同上书,第712页。另参阅刘淼:《明代海盐制法考》,《盐业史研究》1988年第4期;白广美:《中国古代海盐生产考》,《盐业史研究》1988年第1期。按:据林树涵考证,分池蒸晒制卤源自福建盐场(《中国海盐生产史上三次重大技术革新》,《中国科技史料》1992年第13期),但他指出明代福建盐场缺少使用分池制卤工艺的文献记载,据《福建运司志》载,在万历年间(1573—1619)仍普遍使用晒沙土淋滤制卤的人工制卤工艺。故分池蒸制卤源自福建盐场,论据尚不足。另外,据清代《福建盐法志》卷4《疆域》载,清代福建宁德县漳湾场、罗源县鉴江场、霞浦县淳管场仍采用传统煎法生产。

⑤ 民国盐务署盐务稽核总所:《中国盐政实录》,《近代中国史料丛刊》三编871册,台北:文海出版社,1933年,第648—649页。

⑥ 田秋野、周委亮总结最为适宜的滩晒盐需要较高浓度海水、久晴高温的季节、干燥的风力、略带倾斜的地面、黏沙合适的土质、广大平坦的地区等自然条件。见《中华盐业史》,台湾商务印书馆,1979年,第16页。

⑦ 古代长芦盐场主要分布于今沧州、塘沽滨海。河北黄骅、海兴滨海主要为黏土分布。参见河北省地方志编辑委员会:《河北省志·自然地理志》,河北科学技术出版社,1993年,第290—291页。

为历史时期以黄河为主的入海河道所携带的大量泥沙沉积而成。优越的土质条件,加上北方干燥少雨多晴,为淮北、长芦盐场发展出独立的、完全脱离传统煎盐的分池晒卤工艺及其盐田系统准备了条件。东南沿海盐场的土质变化相对较小,沿海岸段以壤土、砂质海岸为主,缺少大面积偏黏土壤。① 虽然福建、两广沿海诸多港湾也有一定黏土分布②,但盐场周围普遍多山地③,海涂面积有限,远不如淮北、长芦滩涂开阔,便于铺设多道大面积的贮水、蒸发以及结晶池。因为修筑盐田时,制卤环节的蒸发池面积占到整个盐场的 85%—90%④。需要丰富的黏土层防止渗漏保卤,因此盐田的土质至关重要⑤。那些海滩远浅、斜度适当,面积广大,附近无河流、高山,且具有一定硬度和黏力的海涂更有利于晒盐。⑥

当然,土质条件不是促进淮北晒盐产生与发展的唯一因素,但淮北晒盐的规模化以及低成本优势的确与土质条件密切相关。此外,我国沿海降雨量也以总渠为界,以北黄、渤海岸段年雨量在1 000毫米以下,属半湿润气候型,以南年降水量在1 000毫米以上,属湿润气候型。⑦ 故东南沿海短晴多雨的特点,很大程度上制约了分池晒卤晒盐的利用效果,发展进程缓慢,直到民国年间,仍采用人工淋卤,尽管存在分埕晒卤(类似淮北晒卤晒盐),规模也有限。⑧ 当北方滩晒盐兴起,东南海盐的劣势便鲜明地表现在产量比重上(表5-1)。可见,土质与降水的分布差异与南北盐场制卤工艺变迁的差异也具有一致性,进而影响了南北盐产效率。

---

① 薛自义等:《制盐工业手册》,北京:中国轻工业出版社,1994年,第139页。
② 例如福建沿海分布有海泥土,土质偏黏,0—20厘土层含盐量为22‰至8‰,一般分布在半岛和岬角环抱的半封闭港湾中。福建省土壤普查办公室:《福建土壤》,福州:福建科学技术出版社,1991年,第165页。
③ 例如福建盐场附近山地众多,参见《福建盐法志》卷首《图说》。
④ 门腾椿:《海盐生产技术问答》,海洋出版社,1984年,第7页。
⑤ 郑尊法:《盐》,王云五编:《万有文库》第一集,商务印书馆,1929年,第53—54页。
⑥ 白广美:《中国古代海盐生产考》,《盐业史研究》1988年第1期。
⑦ 报告编写组:《中国海岸带和海涂资源综合调查专业报告集·中国海岸带气候》,北京:气象出版社,1991年,第30—31页。
⑧ 民国盐务署盐务稽核总所:《中国盐政实录》,《近代中国史料丛刊》第三编第871册,台北:文海出版社,1933年,第648—649页。

表 5-1　民国年间各海盐产区产量(万吨)

盐产区	辽宁	长芦	山东	淮北	淮南	两浙	福建	两广
年均产量	30	30	46.5	45	7.5	22.5	10	17.5
比例(%)	14.4	14.4	22	21.5	3.6	10.8	4.8	8.4

资料来源：据丁长清、刘佛丁《民国盐务史稿》(北京：人民出版社,1990年)第66页表1-2《各地盐产量》表整理。

本章小结

本章以两淮盐作技法分布变迁为中心,考察了明清时期江苏海岸盐作活动的时空特征,并分析了自然以及社会经济因素的驱动影响。进一步明确了两淮海盐生产工艺演变阶段及其与海岸环境的关系。简而言之,根据制卤与制盐工序的技术差异,两淮传统海盐生产工艺演化可以分为三个典型阶段：淋卤煎盐—淋卤晒盐—晒卤晒盐。由于地理环境的差异,淮南与淮北盐场在传统盐作工艺的演化过程存在差异,淮南长期坚守煎法生产,淮北则较早(16世纪中叶)推广了淋卤晒盐,并进一步演化至晒卤晒盐。总之,不同岸段气候、海岸自然环境差异,促进了两淮盐作工艺演化分异,形成南煎北晒的基本格局,但社会经济因素是淮盐生产重心变迁关键驱动力,后续章节中将进一步展开分析。

第六章 淮南盐场废煎改晒

本章以淮南盐场废煎改晒为专题,进一步考察淮南盐场为何长期沿用了传统煎法生产。通过与较早出现晒盐生产的福建盐场进行比较,尝试分析自然环境与社会经济因素对淮南盐场长期沿用煎法而未能改晒的驱动作用。

至清末,海盐产区大都改煎为晒,独淮南一区仍为煎法①。如何解释这种特殊现象便成为淮盐研究的重要话题。实际上,已有学者注意到这种特殊现象。如王日根、吕小琴从社会制度、官府管理体制的角度,讨论明后期两淮盐场改晒失败原因,分析了淮南改晒失败的社会体制原因(以下简称王、吕文)②。

以往明清两淮盐业研究,多从社会经济变迁的角度去考察盐业经济兴衰,谈及盐作活动与地理环境关系的极少。比较讨论晒盐与煎盐的生产效率时,往往脱离了地理与社会环境条件,孤立地论效率,将晒盐的效率优于煎盐做简单化理解。显然,海盐生产与地理环境关系密切,缺乏地理要素的讨论是不够的。考虑到明清时期江苏海岸重大的地理环境变迁,对这种反常现象的解释除了社会体制因素外,缺乏对地理环境变化的深入考察是不全面的。遗憾的是,关于地理环境的影响,学界缺少相关讨论,偶有涉及,也很简略,或寥寥数语,③制约了对盐作与环境变迁的深入理解。因此,在前文论述基础上,本章仍以自然与社会经济两方面的驱动作用作为基本分

---

① 田秋野、周委亮:《中华盐业史》,台湾商务印书馆,1979年,第4页。
② 王日根、吕小琴:《析明代两淮盐区未取晒盐法的体制因素》,《史学月刊》2008年第1期。
③ 如认为南方多雨,是影响南北晒盐相异的重要原因(郭正忠主编:《中国盐业史》古代编,北京:人民出版社,1997年,第714页)。

析框架,进一步厘清淮南废煎改晒的历史过程。

一 煎与晒:不能脱离地理环境比较

讨论淮南盐场改晒,煎、晒盐生产效率的比较是绕不开的话题。前章在讨论淮北晒盐兴衰过程时,已经表明晒盐兴起与优势的发挥离不开自然与社会经济环境双重条件。自然条件仅仅提供了晒盐产生的可能,而社会经济条件是促使其兴起的主要因素。因此,结合淮南盐场改晒,本小节继续讨论煎、晒比较时不能脱离的地理环境条件。

若比较煎与晒,首先需要区分分池晒卤晒盐与人工淋卤晒盐。但往往更容易先入为主地认为晒盐优于、先进于煎盐,效率比煎盐高,却忽视了综合分析①。实际上,晒盐要发挥较好的生产效率,需要同时具备一定的地理环境条件。煎、晒技术本无优劣之分,也无落后、先进之别。关键是能否实现区域资源要素组合的效率最大化,而资源要素的配置与组合并不是技法本身所决定的,还受到海岸带管理制度以及社会经济环境变化等多要素的复杂的互动与影响。

1. 晒盐的区分:淋卤晒盐、晒卤晒盐

讨论煎、晒,应先弄清(分池)晒卤晒盐与(人工)淋卤晒盐之别,区分的关键在于制卤环节是否需要人工劳作(利用滨海盐土)以便制卤。② 制盐首重制卤,两种晒盐法的效率差异集中表现在制卤环节。在前章,笔者总结了海盐工艺演变的三个典型阶段,其中,

---

① 按:考察煎盐向晒盐转变及其效率差异,不仅需要观察结晶环节,更需要进一步考察制卤环节是依靠人工操作淋卤、还是分池自然蒸发晒卤,若不加以区分,便会做出错误分析。如王日根、吕小琴在《析明代两淮盐区未取晒盐法的体制因素》(《史学月刊》2008 年第 1 期);刘伟榕、贺威在《宋元福建制盐业的发展与技术创新》(《盐业史研究》,2011 年第 2 期)中,未深入考察制卤工艺的差异及其影响,结论也就不正确。在比较晒盐与煎盐效率时,也忽视了影响效率发挥的复杂过程与其他因素,特别是一定的地理环境条件。

② 淋卤的设施也称作"溜井"构造,如福建盐场普遍使用的"漏"。参见刘淼:《明代海盐制法考》,《盐业史研究》1988 年第 4 期。

淋卤晒盐是向晒卤晒盐过渡的阶段,或尚待完善的晒盐法,属于早期晒盐方法,仍然需要大量人工制卤劳作,生产效率低于晒卤晒盐,其制盐成本与煎盐相差无几①。相反,晒卤晒盐在制卤与成盐两道工序上均摆脱了大量人工劳作,效率大为提高。

早期晒盐,其制卤环节上尚有传统煎盐的遗留,仍采用与传统煎盐一样的人工晒灰淋卤工艺,尚未充分利用自然力蒸发制卤。②明代《盐政志》云:"惟晒有灰淋,淮北五场淋卤不同,或如淮南置亭场晒淋之法。土淋,或将咸鹾潮滩之地,筑土晒干,又造土池,装土若干,将前所筑晒干土舀入池内晒实,汲水淋卤,一如淋灰之法;晒卤,每灶以砖石砌成大晒池,每遇天时晴明,将土池所积卤水爻入砖池晒之,每辰上卤,至申扫盐,不费煎鬻之力。"③这里介绍的便是淋卤晒盐法。

明代晒盐,拥有大面积滩涂的淮北等北方盐场最终发展出多道蒸发池套晒的制卤工艺。这种工艺利用风日蒸晒制卤,较以往人工晒灰淋卤,效率明显提高,最终形成了相对独立的制盐工艺,是我国制盐发展史上划时代意义的跃进。④ 而明代福建盐场并未出现分池晒卤晒盐法,长期采用淋卤晒盐法。⑤ 这与东南沿海缺少大面积滩

---

① 林树涵:《我国海盐晒制产生年代考》,《盐业史研究》1989年第3期。
② 这可能是明代晒盐发展史上的普遍现象,其他海盐产区也有类似情况,例如明代的福建、两广晒盐场,也是先人工制卤后晒盐。参见朱士非《中国海盐科技史考略》(《盐业史研究》1994年第3期)、林树涵《我国海盐晒制产生年代考》(《盐业史研究》1989年第3期)。
③ 〔明〕朱廷立:《盐政志》卷1《出产》。
④ 郭正忠主编:《中国盐业史》古代编,北京:人民出版社,1997年,第510页。长芦、山东的晒盐与淮北盐场一样,同属于分池套晒成卤、砖池结晶晒盐工艺。
⑤ 郭正忠主编:《中国盐业史》古代编,第712页;刘淼:《明代海盐制法考》,《盐业史研究》1988年第4期;白广美:《中国古代海盐生产考》,《盐业史研究》1988年第1期。按:林树涵认为晒海水制卤源自福建盐场(《中国海盐生产史上三次重大技术革新》,《中国科技史料》1992年第13期),但也指出《福建运司志》所载在万历年间(1573—1619)仍普遍使用晒沙土咸滤制卤的人工制卤,难以确认出现了晒海水制卤。另外,明清福建盐场盐作方法也有区分为"埕漏法"与"埕坎法"(前者即人工淋卤,后者类似分池晒卤),"埕坎晒盐"(类似分池晒卤晒盐)可能清代后期才局部存在,并没有普遍推广。如浔美场长期沿用的便是"埕漏法",直到民国年间也没有明显改进(见叶锦花:《福建晋江浔美盐场制盐技术考》,《四川理工学院学报(社会科学版)》,2013年第5期)。

涂、富含黏土层的土质以及短晴多雨的地理环境特点有关,限制了晒卤晒盐法在福建盐场推广。直到民国年间,仍主要采用淋卤晒盐,虽有分埕(池)晒卤晒盐,规模也有限。① 故清代的两广、福建等东南海盐产区仍主要采用淋卤晒盐法,至民国年间,晒卤晒盐与淋卤晒盐并用。②

不过,需要指出的是,万历《福建运司志》、弘治《兴化府志》以及《闽书》中提到的晒盐法均一致,都是淋卤晒盐法,并不属于晒卤晒盐,即不是利用风日晒卤③。万历《福建运司志》卷1《区域》载:"海滨潮水平临之处,择其高露者,用腻泥筑四周为圆而空其中,名曰漏;仍挑土实漏,中以潮水灌其上,于漏旁凿一孔,令水由此出为卤。又高筑丘盘,可用瓦片平铺,将卤洒埕中,候日曝成粒,则盐成矣。"④其制卤环节与以往煎法的人工淋卤基本一致⑤,仍然需要大量劳动力去完成挑土、灌淋卤水的工作。可见这是典型的淋卤晒盐法,显然不同于直接利用风日蒸晒海水制卤的晒卤晒盐法,后者无须利用人工处理泥土淋卤,效率更高,真正省却了人工制卤的环节。而万历《福建运司志》的晒盐方法,在弘治《兴化府志》中已有详细反映,前后一贯,并无变化,仍是淋卤晒盐法,并不存在技术突破。⑥换言之,明代福建南部盐场普遍推广的是淋卤晒盐技术,⑦(分池)

---

① 民国盐务署盐务稽核总所:《中国盐政实录》,《近代中国史料丛刊》第三编第871册,台北:文海出版社,1933年,第648—649页。
② 民国盐务署盐务稽核总所:《中国盐政实录》,《近代中国史料丛刊》三编871册,第648—649页。
③ 按:王日根、吕小琴误认为万历《福建运司志》中的晒盐法是对何乔远《闽书》中提到的晒盐法突破,但其实二者并无区别,也没有省却准备卤水的工序,在制卤环节与煎盐一致,仍属于淋卤晒盐的早期阶段。见王日根、吕小琴《析明代两淮盐区未取晒盐法的体制因素》(《史学月刊》2008年第1期)。
④ 万历《福建运司志》卷1《区域》。
⑤ 刘淼:《明代盐业经济研究》,汕头:汕头大学出版社,1996年,第65页。
⑥ 关于弘治《兴化府志》所载福建晒盐情形,可参见刘淼:《明代盐业经济研究》,第65页。
⑦ 唐仁粤:《中国盐业史》地方编,北京:人民出版社,1997年,第364、369页;叶锦花:《福建晋江浔美盐场制盐技术考》,《四川理工学院学报(社会科学版)》2013年第5期。

晒卤晒盐的"埕坎"法①,数量有限,主要还是淋卤晒盐。

另外,清代王守基《盐法议略·福建盐务议略》中所介绍的福建盐场制盐法也是淋卤晒盐法与传统煎法,也没有分池晒卤晒盐的说明。实际上,明末徐光启建议淮南盐场改晒时,考虑到淮南沿岸海水盐度相对较低,已经注意到了淋卤晒盐更适合,其在《钦奉明旨条画屯田疏》中推广的福建晒盐也正是人工淋卤晒盐。②

2. 煎、晒法效率的相对性

淋卤晒盐与淋卤煎盐在结晶成盐环节上,前者依赖天气因素,不费柴薪,劳力投入也较少,后者依赖人工强制蒸发,需要一定燃料与劳力。但就淮南盐区而言,晒盐生产不如煎盐生产稳定。煎法生产在人工强制蒸发结晶成盐环节,并不受天气影响,生产稳定,而淋卤晒盐的成盐环节显然受到天气状况制约,并不稳定。王、吕文中提到何乔远《闽书》所论福建晒盐"一夫之力可晒盐二百斤"③,容易给人以晒法成盐效率很高的印象,但周瑛补充指出"遇烈日,一夫之力可晒盐二百斤,然亦不能常得日也。"④显然,福建晒盐如此高效率的发挥是需要"烈日"作为前提的,而这个条件并"不能常得",也并非各盐场均具备。晒盐会受到降雨影响,对土质、蒸发状况有一定依赖,在现代塑苫技术出现前,产量难以稳定⑤。

论产量效率,淋卤煎盐未必低于淋卤晒盐。即使是民国年间的福建"埕坎"晒盐(分池晒卤晒盐),"夏秋经日即成盐,春冬则两三

---

① 福建、两广盐场的"埕坎",实际上都是晒盐池(参见〔清〕王守基:《盐法议略》,中华书局,1991年,第57页),但民国年间"坎"或为结晶池,"埕"为蒸发池(参见民国盐务署盐务稽核总所:《中国盐政实录》,《近代中国史料丛刊》第三编第871册,台北:文海出版社,1933年,第660—661页)。

② 〔明〕徐光启:《钦奉明旨条画屯田疏》,王重民辑校:《徐光启集》上,上海古籍出版社,1984年,第259页。

③ 该史料常被用来说明晒盐效率,如曾玲《明代中后期的福建盐业经济》(《中国社会经济史研究》,1987年第1期)。

④ 弘治《兴化府志》卷12《食货志》。

⑤ 〔清〕孙鼎臣:《论盐》,葛士濬:《皇朝经世文续编》卷43《户政二十·盐课》,沈云龙主编:《近代中国史料丛刊》第741册,台北:文海出版社,1966年,第1149页。

日始成,倘遇雨水则须延期。或重新采卤再制,平均每坎每日可晒八九斤,多至十余斤,每年约一百天为产盐时期"。① 这是民国年间福建盐场的实际情况,与"一夫之力,一日可得二百斤"的特殊情况相差甚远,与煎法相比效率也较低,如两浙的双穗盐场煎盐,每灶每煎一天,可得盐五百至六百斤。② 再以咸丰年间的定额为例,《盐法通志》载咸丰八年淮南盐场通泰两属二十场,"见存煎盘七十四角,煎鏊一万零十四口,每年共应产盐一百二十一万七千九百四十七桶。"③以煎鏊计,淮南各场平均每鏊每年额产为121.6桶,即24320斤(每桶约200斤)。此外,淮南各场旺产期也比较长,"每年正、二、十一、十二四个月为歉产,三月至十月八个月为旺产。"④

论薪柴之费,也要结合具体情况而论。薪柴之费在福建盐场或许是煎盐法的制约因素,但在淮南盐场却未必如此。淮南盐场由于明清时期黄河南徙、"海势东迁",滩地面积快速扩张,以及海涂生态要素的演替作用,草荡面积极为广袤,荡草资源丰富。据《盐法通志》所载原额草荡、沙荡与历次新淤荡地亩数估计,淮南各场荡地总面积约超过600万亩,其历次新淤荡地占原额荡地面积约59.3%⑤,"考两淮今日产盐之区,在昔泰半没于海中,海势东趋,日渐淤积而成此地。"⑥加上官府强制执行的"蓄草供煎"制度,荡地面积增多,荡草资源丰富,保证了大量荡草供应,铺设新亭的土地空间也更宽裕。另外,王、吕文认为煎盐必须集体劳作,并视为煎盐的一大弱点,但并不准确。虽然明代实行团煎制,的确是官府为控制盐业生产而强制施行的结果⑦,不过,煎盐生产完全可以分散操作。明代万

---

① 民国盐务署盐务稽核总所:《中国盐政实录》,《近代中国史料丛刊》三编871册,台北:文海出版社,1933年,第661页。
② 同上书,第373页。
③ 《盐法通志》卷37《场产十三·产数》。
④ 同上。
⑤ 据《盐法通志》卷27《场产三·物地三》整理。
⑥ 赵如珩:《江苏省鉴》,台北:成文出版社,1983年,第272页。
⑦ 郭正忠主编:《中国盐业史》古代编,北京:人民出版社,1997年,第516页。

历以后，散煎逐渐取代团煎①，笨重的盘铁也被轻便的锅鏾所取代。入清后，伴随"海势东迁"，亭灶更为星散，这在第四章"移亭就卤"盐作生态中已有详细讨论。

因此，丰富的荡地、荡草资源，支撑了淮盐的快速发展。煎盐为人工强制蒸发结晶，只要荡草供应充足，产量比较稳定。处于核心地位的淮南盐场，海岸四周平坦无山，虽无木柴之资，却恰好拥有全国独一无二的广袤海涂草荡，并不断淤涨变宽增加。又在官府垄断控制下，充分利用了当地自然资源，便发挥了极高的生产效率。16世纪后期至19世纪中叶，淮盐迎来黄金时期，并在清代乾、嘉、道年间达到全盛。"两淮场之广，草之丰，卤之厚，皆甲于天下。"②乾、嘉、道各朝淮盐年产量约200万引左右，供应着全国最大的销售引地（湘、鄂、西、皖、苏五岸），近8 000万食盐人口，占当时全国盐产量三分之一。③

相反，福建盐场近山，煎盐多用柴薪，④两浙也多用松、栗等木柴，四川井盐以煤炭、天然气为燃料，而淮南独用荡草为燃料，三者中，木柴成本最高。如清末张謇云："论成本，则晒为轻，煎之用荡草次之，煤火又次之，木则工本愈重。"⑤故福建盐场若采用煎法的柴薪成本显然高于淮南盐场煎法。

由此可见，柴本之费，在福建盐区的确会加速废煎改晒进程，这也是福建盐场较早对传统煎法结晶成盐环节废煎改晒的重要原因，但在淮南盐区未必如此。淮南煎盐所用并非薪柴，而是荡草，其成本低于山林之木柴。而且明清时期"海势东迁"，滩涂不断外涨，荡地面积广袤，加上长期沿用的"蓄草供煎"制度，整体上荡草供应充足。

---

① 光绪《重修两淮盐法志》卷28《场灶门·盘鏾上》；民国《续修盐城县志》卷4《产殖·场灶》。

② 〔清〕包世臣：《包世臣全集》，合肥：黄山书社，1993年，第135页。

③ 郭正忠主编：《中国盐业史》古代编，北京：人民出版社，1997年，第731页。

④ 道光《福建盐法志》卷54《盐法》："霞浦之淳管、宁德之漳湾、罗源之鉴江三场盐，为柴薪煎熬，谓之细盐。"

⑤ 《清史稿》卷123《食货四·盐法》，中华书局，1976年，第3604页。

3. 闽北三场及其启示

再看福建盐场内部的煎、晒分布。在王、吕文中,所论明末两淮改晒,是以福建晒盐作为重要的参考对象,不过遗憾的是,作者显然忽视了福建盐场本身也存在煎晒分布差异。实际上,清代福建盐区并非全然晒盐场,也有煎盐场分布。清代"闽省场灶,煎晒兼收,通省只有漳湾、淳管、鉴江三场,年有煎盐二万五千四十担,此外各场均候潮执卤沥水成盐,全藉夏秋二季烈日蒸晒,旺产盐场团均属兴化泉漳下游附海之地。"①如果再将福建煎晒分布与蒸发量分布联系起来,我们会发现一些很有趣的现象。

首先,福建盐场煎、晒的分布格局与蒸发状况密切相关。以今福建沿海气候做参考,整体上福建沿海蒸发量分布规律为,自北向南递增。以闽江口为界,明显北弱南强。闽江口以北(以下简称闽北)岸段为1 100—1 500 毫米,闽江口以南(以下简称闽南)为1 500—2 100 毫米。②此外,日照时数分布又可分为三部分,闽北岸段年日照数为1 700—1 900 小时,中部岸段(福清至浔美)年日照为1 900—2 200 小时,南部岸段(浔美至诏安)年日照更在2 200 小时以上。③故福建沿海气候资源分为三个差异较大的岸段。闽北岸段,光、热资源稍差,为中亚热带海洋性季风气候,中部岸段光、热资源处于中等水平,但已比北段有显著增加,因为中段已经属于南亚热带海洋性季风气候,南段光热资源最为丰富。④ 整体上,闽江以南岸段光热资源明显高于闽北岸段。

有趣的是,清代福建各晒盐场均分布在闽江以南沿岸,与各岸段光热资源、蒸发量分布一致(表6-1、图6-1)。从图表可知,南部岸段的晒盐场生产效率明显高于中部岸段,与光热资源分布密切

---

① 道光《福建通志》卷54《盐法》。
② 全国海岸带办公室《中国海岸带气候调查报告》编写组:《中国海岸带和海涂资源综合调查专业报告集·中国海岸带气候》,北京:气象出版社,1991年,第146页。
③ 同上书,第143页。
④ 福建省社会科学研究所:《福建省海岸带和海涂资源综合调查报告》,北京:海洋出版社,1990年,第22—23页。

相关。而在蒸发量最低的闽北岸段(1 100—1 500 毫米),恰好又分布有宁德县漳湾场、罗源县鉴江场以及霞浦县淳管三个煎盐场。据王守基《盐法议略》载,清代后期福建盐场沿海仍有煎盐三场,晒盐十三场。① 据乾隆《福宁府志》卷12《食货志·盐法》,淳管场"锅煎细盐年约计出盐一千余引"、宁德县"盐埕锅煎细盐共六所,灶口共三百名,年约计出盐二万余引不等。"② 又据道光《福建盐法志》载:"漳湾细盐场,共灶户三百名,煎锅三百口,年共煎细盐三万担。"、"鉴江细盐场,共灶户六十名,煎锅一百二十口,年共煎细盐六千六十担。"、"淳管细盐场,共灶户三十九名,煎锅七十八口,年共煎细盐一千五百担。"③ 合计每煎锅年产额为:宁德漳湾为 10 000 斤,罗源鉴江为 5 050 斤,霞浦淳管为 1 923.1 斤。可见,三个煎盐场具有一定规模,单产效率也不低。

表6-1 福建晒盐场产量分布

盐　场	原额盐埕(坎、坵)	年定额产(担)	年均额产/坎、坵(斤)
福清	1 699	10 000	588.58
洪白	5 895	20 000	339.27
赤杞	9 445	25 000	264.69
福兴	34 839	138 500	397.54
江阴	20 272	112 427	554.59
上里	13 776	42 762	310.41
下里	77 268	210 548	272.49

---

① 〔清〕王守基:《盐法议略·福建盐务议略》。另据道光《福建通志》卷54《盐法》载,三场产细盐(煎盐法生产的盐)。三场共 25 040 担,产量有限,共本县运销。
② 乾隆《福宁府志》卷12《食货志·盐法》,台北:成文出版社,1967 年,第 195 页。另据道光《福建通志》卷54《盐法》载,福宁府霞浦县淳管场年约产细盐一千担,配本县运销;宁德县漳湾场年约产细盐二万担,配本县并寿宁县畲滩埠;福州府罗源县鉴江场年约产细盐四千四十担,配本县并寿宁县畲滩埠。
③ 道光《福建盐法志》卷9《场灶一》,于浩辑:《稀见明清经济史料丛刊》第1辑第29册,国家图书馆出版社,2009 年,第 186—187 页。

续 表

盐　场	原额盐埕(坎、垡)	年定额产(担)	年均额产/坎、垡(斤)
前江	65 398	213 088	325.83
浔美	8 580	65 025	757.87
恫洲	5 969	29 375	492.13
惠安	3 409	58 960	1 729.54
浯洲	2 721	61 318	2 253.51
祥兴	3 745	59 928	1 600.21
莲河	13 752	220 040	1 600.06
漳浦东	2 245	28 762	1 281.16
南场	1 507	30 050	1 994.03
诏安	3 233	65 988	2 041.08

资料来源：据道光《福建通志》卷54《盐法》原额盐埕、场产数字整理。其中福兴、恫洲盐场为嘉庆十七年数字。台北：华文书局股份有限公司，1968年，第1107—1108页，同治重刊本。

虽然闽北三场规模有限，但长期沿用了煎盐法，并未改晒，这给了笔者重要的启示。一方面，相对较弱的蒸发状况制约了该岸段内盐场改晒的效果，最终未能与闽南岸段各晒盐场一样采用晒盐法；另一方面，对淮南盐场与闽北三场未能改晒的解释应该是一致的。王、吕文分析的体制原因，一定程度上解释了明代福建部分盐场改晒成功以及明末淮南未能改晒的原因。不过，却忽视了闽北三场的例外。三场同福建闽南沿岸诸晒盐场近在咫尺，也非王朝统治核心区，但并未同闽南盐场一样改晒。笔者以为，能够同时解释闽北三场与淮南盐场均未能改晒的原因，更多地应从地理环境条件来找寻了。

其次，无独有偶，福建沿岸煎晒分布与蒸发量分布的一致关系，在明清两淮、两广、两浙盐场均有不同程度的反映。换言之，传统时

图 6-1 清代福建沿海盐场分布

资料来源:底图为复旦大学中国历史地理研究所 CHGIS 1820 年数据;盐场分布依据道光《福建盐法志》、王守基《盐法议略·福建盐务议略》整理。

期各海盐产区不同岸段基本都存在煎晒并存的分布格局①。其中,

---

① 浙江岸段日照、蒸发量为舟山地区最高,其次杭州湾两侧,温州岸段最低(全国海岸带办公室《中国海岸带气候调查报告》编写组:《中国海岸带和海涂资源综合调查专业报告·中国海岸带气候》,北京:气象出版社,1991 年,第 128—130 页)。舟山地区产盐也最旺,"两浙产盐之旺,首推余姚、岱山。"(《清史稿》卷 123《食货四·盐法》,中华书局出版社,1976 年,第 3637 页),据《两浙盐法志》、王守基《盐法议略·两浙盐务议略》载,舟山一带板晒分布最为集中,其次为杭州湾两侧,温州岸段较少,一般煎晒并重。广东岸段蒸发量以粤东、粤西为高,珠江口附近最低(全国海岸带办公室《中国海岸带气候调查报告》编写组:《中国海岸带和海涂资源综合调查专业报告·中国海岸带气候》,第 154—156 页),据《两广盐法志》卷 18《场灶下》载,其煎盐主要分布在珠江口岸段,晒盐分布在粤东岸段,粤西岸段煎法尚未改晒。

两淮盐场南煎北晒的空间分布格局与其蒸发量南弱北强的状况分布一致(见第五章图5-2)①,据文献记载,嘉靖以后,两淮盐场即表现为南煎北晒。嘉靖《惟扬志》云:"淮南二十五场则皆煎,淮北五场则皆晒。"②以今气候特点参考,江苏沿海岸段的蒸发量、土壤渗透率处于中国沿海中间水平,低于北方但高于南方。整体上蒸发量南弱北强,恰好与两淮盐场南煎北晒的分布格局完全一致。据任美锷及其他学者调查研究,淮南盐区大部分盐场的蒸发量也在1 500毫米以内,大部分岸段为1 100—1 300毫米之间③,与闽北三场的蒸发量一致。福建晒盐场均分布在1 500毫米以上的蒸发量区域内,而在两淮盐区内,晒盐分布在淮北岸段,蒸发量也在1 500毫米以上。可见,福建盐场南晒北煎,两淮盐场南煎北晒,都与各自岸段蒸发状况高度一致。因此,从地理环境看,明清数百年里,闽北三个煎盐场未改晒,与淮南大部分盐场未能改晒具有相同的意义,即当地的自然条件均是维持煎法生产、抑制改晒效果的重要因素。

需要指出的是,即使在福建盐场内部,柴薪之费抬高也并非一定废煎改晒。据乾隆四十三年(1778)闽浙总督杨景素奏报,虽然闽江口北三场煎盐"柴本已增至两倍有余"、"较晒盐又多柴薪之费"、"穷丁终岁勤勉,竟无所获",但令人惊奇的是,面对三场煎法生产的窘境,并没有改晒之议,且闽南晒盐场近在咫尺,也并未援引,仅通过酌增收购价来保护灶户利益④,并建议拨发帑本养灶。因此,以闽北三场之例可知,柴薪之费只是外在条件,是否具备改晒的地理

---

① 按:王日根、吕小琴讨论明末淮盐改晒时,并未区分淮南、淮北盐场的煎晒分布差异,误认为整个明代两淮盐场均采用单一的煎法生产。实际上,嘉靖年间淮盐已经表现为南煎北晒的分布特征,即两淮北部盐场已是晒盐法(淋卤煎盐)。见王日根、吕小琴《析明代两淮盐区未取晒盐法的体制因素》(《史学月刊》2008年第1期)。

② 嘉靖《惟扬志》卷9《盐政志》。

③ 任美锷主编:《江苏海岸带和海涂资源综合调查报告》,北京:海洋出版社,1986年,转引自陈邦本、方明《江苏海岸带土壤》,第6页表1-4、第7页表1-5、第8页表1-6。

④ 道光《福建通志》卷54《盐法》。"请将此三场所产细盐,每担酌加钱一百文行销。此三场细盐之宁德等处每勉酌增钱一文"。

环境条件也很重要①。闽北三场既远离王朝统治核心区,又与闽南盐场相近,也有长期的柴薪之费的困扰,却奇迹般地长期沿用煎法、并未改晒。通过前文讨论可知,如果没有其他特殊原因,闽北三场未能改晒只有一个比较合理的解释,即地理条件制约了此区域采用晒盐的效果,很可能改亦无用。

4. 晒盐效率与土质、蒸发状况

如前所述,煎与晒,在不同的地理环境条件下发挥的效率不可能一致,孤立地比较二者效率并没有意义。徐光启在《钦奉明旨条画屯田疏》中论晒盐:"凡一晒即成者,皆因海水之咸,凡淋卤而后煎者,皆因海水之淡,然海水虽淡,既已浇淋成卤,则与海水之咸者同矣,曷为不可晒乎?"②显然,他认为晒盐效率高低与海水盐度有关。实际上,海盐产区晒盐效率高低并不取决于海水盐度。因为近岸海水盐度一般均为 2—3°Bé,没有明显差异。在海水盐度基本相同的情况下,能够发挥更优的晒盐效率,主要是蒸发状况与土质。

一方面良好的蒸发条件是发展晒盐的关键条件。另一方面,黏土层又是大规模晒制海盐不可或缺的环境因素。利用风日蒸发制卤、结晶成盐,必须空气干燥、降雨量或降雨日数少、蒸发量大、起风日多。③ 海盐生产本身就是海水大量蒸发、浓缩的过程。据现代测定,引入盐田的海水为 2.5 至 3.5°Bé,要达到饱和卤水,即达到 25.5 至 26°Bé,必须蒸发引入盐田海水体积的 90% 以上的水量。④ 一定条件下,制卤效果高低,完全取决于蒸发量大小。蒸发量越大,蒸发时间越短,制卤、晒盐过程中卤水渗漏损失也越小,成盐回收率

---

① 按:乾隆四十三年(1778)闽浙总督杨景素奏报闽北三场的情形。郭正忠主编的《中国盐业史》第六章(陈锋撰写,第 710 页)中也引用了闽北三场的情形,以此说明柴薪之费是促进改晒的动力,但有趣的是,闽北三场并未因此改晒,长期延续了煎法生产。笔者认为不同区域改晒进程与驱动因素存在较多差异,地理背景的影响不能忽视。

② 〔明〕徐光启:《钦奉明旨条画屯田疏》,王重民辑校:《徐光启集》上,上海古籍出版社,1984 年,第 259 页。

③ 郑尊法:《盐》,王云五编:《万有文库》第一集,第 51 页。

④ 薛自义等:《制盐工业手册》,北京:中国轻工业出版社,1994 年,第 195 页。

越高;反之,则渗漏损失增多,回收率降低,影响制盐效率。① 同时,晒盐场蒸发池、结晶池对土壤质地的要求比较特殊,需要土壤质地偏黏为佳。② 一般而言,开阔的滩地、附近没有大型河道入海影响,有丰富的黏土层等条件是晒盐所必需的,因为修筑盐田时,首先应考虑盐田的土质③,同时海滩远浅、斜度适当、面积广大,附近无河流、高山,具有一定硬度和黏力的海涂也更有利于晒盐。④ 大量黏土层分布对晒卤晒盐更具有重要意义,晒卤晒盐法中,制卤与成盐环节的蒸发池、贮水池(养水滩)、卤井、结晶池等设施的修建均需要丰富的黏土,依赖黏土层防止渗漏。⑤ 特别是蒸发池的土壤,要求有良好的持水性,即要求毛细管水运动缓慢,含有某种程度的持水强的多量黏土最为理想。⑥ 如在福建盐场的"漏"制作中,便需要"腻泥"⑦。可见,黏土层分布对晒盐至关重要,土质偏黏更易防止渗漏。

因此,淮北、长芦等北方晒盐场拥有广袤平坦开阔的海滨滩地,以及富含黏土层的土质特点,滩地平坦坚实,加上气候干燥(日照多、降水偏少),晒盐环境十分优越。

5. 淮南盐场土质、蒸发状况

在影响淮南改晒的地理环境条件中,气候与土质的影响最为突出,由于气候条件(降水、蒸发、日照)相对稳定。相比较而言,土质分布状况存在一定的历史变化。故某种程度上,明清江苏沿海土质分布变迁是对晒盐的形成与发展更为关键的地理环境条件。

淮南盐场的土质分布状况为部分岸段推广晒卤晒盐提供了一

---

① 薛自义等:《制盐工业手册》,北京:中国轻工业出版社,1994年,第195页。
② 河北塘沽盐业专科学校编:《海盐生产工艺学》,北京:轻工业出版社,1960年,第74—78页。
③ 郑尊法:《盐》,王云五编:《万有文库》第一集,商务印书馆,1929年,第53—54页。
④ 白广美:《中国古代海盐生产考》,《盐业史研究》1988年第1期。
⑤ 郑尊法:《盐》,王云五编:《万有文库》第一集,第36页;薛自义:《制盐工业手册》,第187—188页。
⑥ 河北塘沽盐业专科学校编:《海盐生产工艺学》,第77页。
⑦ 万历《福建运司志》卷1《区域》。

定的条件,土质的形成与分布差异,对淮南盐场改晒是否成功也发挥了深远影响,但大部分岸段并不具备。明清时期,江苏沿海土质分布并非一成不变,而是数百年海陆演化的结果。受江苏沿海特定的水文动力影响,即在沿岸潮波系统以及旋转流的相互作用下,经泥沙充分分选、沉积,①形成显著的土质分布差异特征。

1494年后,"海势东迁"速度加快,塑造了广袤的滨海滩地。据陈邦本、方明研究,江苏各岸段土壤质地分布的总趋势是北黏南砂,局部地区有差异(见第三章图3-6)。② 灌河口-翻身河口原为黄河洼地,物理性黏粒含量在43%—52%之间,以重壤为主。翻身河口-射阳河口岸段,物理性黏粒20%—30%之间,质地为轻壤或中壤。③这种土质分布特征与民国年间的调查基本一致,即盐城以南,砂土增多,黏土分布逐渐减少,盐城及以北地区,土壤偏黏(见第三章表3-5)。因此,整体上淮南岸段土质分布特征表现为:斗龙港以北(以下简称斗北)至黄河入海口,为重壤、偏黏土;斗龙港以南(以下简称斗南)岸段中,斗龙港至弶港为中壤、轻壤;弶港至吕四为轻壤、偏砂土(图6-2)。这样的土质分布差异,导致淮南盐场只有在靠近淮北的岸段(斗北岸段,阜宁至大丰之间),具备兴办一定规模晒盐场的土质条件。

同时,淮南盐场的蒸发量分布状况,也制约了大部分盐场不具备推广晒盐条件。蒸发状况受日照、降水、风力的共同影响,江苏沿海各地降水量、日照时数分布南北差异明显,以废黄河(或苏北灌溉总渠)为界,淮北岸段年均降水量最低、日照时数最高,据1961—1980年实测,淮北岸段年均日照时数为2 300—2 600小时,年均蒸发量超过1 500毫米,淮北岸段干燥度明显高于淮南岸段(见第五章图5-3、图5-4)。淮南岸段内,以斗龙港为界,整体上斗北岸段太

---

① 刘振夏:《江苏潮流砂的粒度特征及其沉积环境的研究》,《海洋地质与第四纪地质》1983年第4期。
② 陈邦本、方明等:《江苏海岸带土壤》,南京:河海大学出版社,1988年,第38页。
③ 同上书,第39页。

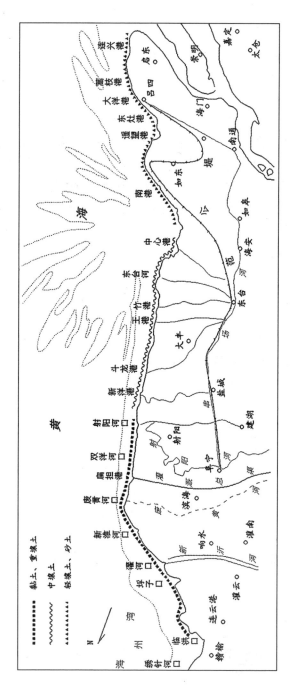

图 6-2 江苏沿海土质分布

资料来源：根据陈邦本、方明《江苏海岸带土壤》（河海大学出版社，1988年）第39至40页表3-3整理编绘，一般底层土壤与历史时期土质性状更为接近，故以80~100厘米土壤深度为据。同时参考表3数据。

阳总辐射及日照时数,明显高于斗南岸段。① 斗北岸段,蒸发量为1 400—1 500 毫米以上,适宜晒盐;斗南岸段则普遍低于1 300 毫米,与闽北沿岸类似,制约了晒盐推广。

综合淮南盐区土质与蒸发状况,可以细分为两个部分,斗北岸段具备了一定规模的晒盐条件,斗南并不具备。当然,地理环境条件并非决定了晒盐法完全不能进行,但若强行推广晒盐法、无视自然状况,其生产效率无疑会大打折扣,直至最终放弃。换言之,所谓的晒盐优势,一旦离开了"优势"所依赖的地理环境条件与社会经济条件,并不能发挥其最佳效能,强行推广可能适得其反。因此,在淮南盐场的中部、南部岸段,如果推广晒法,很可能生产效率远不如煎法盐作,这在淮南盐场的多次改晒历史中便有充分证明。

二 淮南盐场的三次改晒

历史上,江苏淮南盐场经历三次主要的改晒或试验推广,但均以失败告终。究其原因,主要与自然环境条件有关。如前文所述,从淮南盐场的土质与蒸发条件来看,可以细分为斗北、斗南两个岸段,前者适宜一定规模的晒盐,而后者并不适宜。

1. 明末徐光启的推广

明末,徐光启在淮南盐场倡议推广晒法。这应该是淮南盐场第一次官府公开推动的改晒努力。他在《钦奉明旨条画屯田疏》中,详细列举了淮南改晒之利,他认为晒盐之利有五,可以节约人力、薪柴、利垦荡地、降低盐价、消弭私盐②,但淮南盐场并未出现大规模试验改晒。实际上,这些仅仅是社会经济环境或经济效益推动改晒的动力,而徐光启显然忽视了自然环境条件(近海盐度、土质与蒸发状况)的影响,没有详细考察晒盐法在淮南是否还能发挥在福建、淮北等晒盐场相近的效率。

---

① 江苏省科学技术委员会等:《江苏省海岸带自然资源地图集》,北京:科学出版社,1988 年,第 69 页。

② 〔明〕徐光启:《钦奉明旨条画屯田疏》,王重民辑校:《徐光启集》上,上海古籍出版社,1984 年,第 260—261 页。

必须指出的是，徐光启并没有在淮南鼓吹推广晒卤晒盐，而主要推广的是福建晒盐，即淋卤晒盐法①。他认为："淮北之海水，黑洋河之海水，陕西、宁夏之池水，本性极咸，与卤汁无异，则作畦灌水，晒水成盐"、"凡一晒即成者，皆因海水之咸，凡淋卤而后煎者，皆因海水之淡，然海水虽淡，既已浇淋成卤，则与海水之咸者同矣，曷为不可晒乎？"②可见，徐光启认为淮南盐场既然可以淋卤煎盐，应该也可以推广淋卤晒盐。

不过，徐光启将北方晒盐"一晒即成"，归结于海水之咸，并不准确。一方面近岸海水盐度相差很小，且纳潮制卤的海水盐度更基本一致（详见第三章第三节）。他显然忽略了促使高效晒盐的其他地理因素，特别是土质与蒸发状况。在徐光启时代，淮北、长芦等北方晒盐场已然摆脱了淋卤晒盐的早期阶段，而出现了更为有效的晒卤成盐，至此北方晒盐才真正成为完全独立于煎盐的制盐方法。

此外，徐光启通过辨析晒盐节约薪柴、人力，认为效率高于煎盐。并将盐价上涨归结于薪柴之费，也是片面的。盐价之贵不可能全然在于薪柴之费。由于海涂淤涨，其实淮南盐区荡地资源十分丰富，草荡面积、荡草资源相对于煎盐之需，几乎无穷无尽。一直到清代乾嘉年间，依旧没有因为荡草缺乏而废煎。同时，淋卤晒盐节约了煎煮之功，却在最为浪费人力的制卤环节，依旧依赖人工晒灰淋卤法，远不如利用风日直接晒海水成卤成盐。淮南盐区斗南岸段直到整个东南沿海，往往短晴多雨，晒盐生产依赖露天作业，受天气影响较大，而煎熬乃人工强制结晶成盐，可在灶屋内顺利操作，能够避免雨季的较大影响。平时晴好天气制卤备用，即使雨天也可以上鏊煎熬成盐。

---

① 按：王日根、吕小琴讨论明末淮南推广晒盐时，未注意到明末徐光启建议淮南盐场推广使用晒盐法，是淋卤晒盐法，而非晒卤晒盐法。见王日根、吕小琴《析明代两淮盐区未取晒盐法的体制因素》（《史学月刊》2008年第1期）。

② 〔明〕徐光启：《钦奉明旨条画屯田疏》，王重民辑校：《徐光启集》上，上海古籍出版社，1984年，第259页。

2. 清末张謇的试验

以清末张謇的试验为代表,淮南盐区迎来第二次改晒的努力。晚清淮南盐衰,煎盐本重利薄,传统煎法成本已是滩晒的十一、二倍,板晒的七、八倍①,改晒的动力大为增加。只有改为晒法,不与垦争地,才能降低产盐成本。

前已述及,淮南盐场斗北岸段,可以发展一定规模的滩晒盐,文献中也有反映。光绪三十二年(1906),射阳花川港邑绅陈琴堂、赵鸿杰、姚镜蓉等,移植淮北制盐法,废煎办晒,于新洋口南创设海裕晒盐场。划地 100 顷,铺池 40 面,雇工 200 名,置办风力车 10 余部,制滩石礅 10 具,得盐 184 引(每引 800 斤),创建了淮南盐区第一家晒盐场。②然而"鹾商群起挠之,扼其销路"③,民国年间,随着陈琴堂离世,晒盐场遂废。

斗南岸段,土质与蒸发状况制约了晒盐试验。清末实业家张謇,为改良淮南盐业,努力试验各种制盐方法,他在《盐业整顿改良被扼记》中,记载了自己力推淮南试验晒法的艰难历程,"仿海州(淮北)及山东晒盐法,筑土池,土理疏渗,不任盛卤,改砖池仍漏,用水泥涂缝而止。会秋多雨,及晴而日薄,无良效亦止,费银七百六十四两一分。最后试松江板晒法,刮沙淋卤,卤洁而盐白。自制板贵,制于宁波,运远而仍贵。"④可见,淮南盐场试行滩晒法困难重重,只能继续沿用传统煎法。可以说,清末张謇改晒试验,是对明末徐光启倡议改晒的践行,其试验改晒的结果说明淮南南部岸段很难取得较好的效果。

不过,吕四场板晒法的成功,为淮南部分盐场转为板晒提供了榜样。清末民初,淮南盐场衰败,为保盐课,清廷在淮南盐场推广板

---

① 民国《南通县图志》卷4《盐业志》。
② 射阳县志编辑委员会:《射阳县志》,南京:江苏科学技术出版社,1997 年,第79 页。
③ 民国《续修盐城县志》卷4《产殖》。
④ 张謇:《盐业整顿改良被扼记》,张謇研究中心,南通市图书馆编:《张謇全集》第 3 卷,南京:江苏古籍出版社,1994 年,第 519 页。

晒。光绪三十三年(1907),许星璧巡查通泰海各场,鉴于通州地区人多地少,荡草十分紧张,他建议通属各场效仿通海垦牧公司试办板晒,以图节约成本,减缓争地矛盾。如"丰利场有卤无草……又地势近海,可刮咸泥仿照松江板晒。"①"栟茶……正场近海,亦可试办刮泥板晒之法。"②余东场"惟有仿照吕四试办板晒之法,渐图改良。"③板晒盐作活动逐渐分布于松江、通州诸盐场,甚至泰州部分盐场。但在盐作分布上,淮南盐场仍然以传统煎法为主,板晒规模很小,主要分布在吕四场。到1929年"淮南盐场决改晒废煎,减轻成本"④,1930年,通属吕四场仍有晒板1.28万块,东何场0.44万块。⑤ 到民国年间,淮南各场仍用煎法为主,间有板晒,每年产量平均约150万担,占全国产量3%。⑥ 到1945年,尚有小规模的煎盐生产⑦,足见煎法生命力之顽强。

此外,板晒法与淋卤晒盐法类似,二者在制卤环节上基本一致,都是利用滨海泥土淋卤(晒土或晒灰),离不开大量的人工劳动。晒盐的结晶池多使用砖块、缸片、断瓷或石头等材料,而板晒法使用木板晒制成盐,因此板晒法也属于淋卤晒盐法的阶段,不同于淮北等北方盐场的晒卤晒盐(第三阶段),后者生产效率较高。

正是因为淮南不具备发展大规模滩晒盐的条件,所以清末民初在试验晒盐的过程中,发现除了个别盐场可以发展晒盐(斗北岸段)、推广一定规模的板晒盐(南通岸段)外,淮南中部各场并不能有效发展晒盐。此后,淮南盐场的困境,促进了荡地私垦及后来的废灶兴垦,通过荡地开垦而获得的收益逐渐超过盐业生产,土地利

---

① 周庆云:《盐法通志》卷27《场产三·物地三》。
② 同上。
③ 同上。
④ 《淮南盐场改晒废煎》,《申报》1929年1月22日,第7版。
⑤ 民国盐务署盐务稽核总所:《中国盐政实录》,《近代中国史料丛刊》三编第871册,台北:文海出版社,1933年,第162页。
⑥ 曾仰丰:《中国盐政史》,商务印书馆,1937年,上海书店1984年影印,第59页。
⑦ 江苏省地方志编纂委员会:《江苏省志·盐业志》,南京:江苏科学技术出版社,1997年,第36页。1945年底,淮南仍有盐灶18 000余座,煎煮小籽盐;盐板约2 000块,制卤蒸晒(板晒),称为中籽盐,共有灶民3 500余人。

用方式发生转型。同时,正由于淮北盐场高效的晒盐产出,补足了淮南产额的不足,也推动了淮南盐场转垦为主而不再继续尝试转晒。

3. 20世纪60—70年代的改晒

淮南盐区大规模改晒、兴建晒盐场的高潮是在20世纪60—70年代,受此间"大跃进"的激进政策影响,淮南盐区迎来最后一次改晒,扩建效率之高,历史罕见。据《盐城市志》记载,1959年,盐城沿海各县纷纷投资新建、扩建晒盐场,阜宁、滨海、射阳、盐城、建湖、大丰、东台7县以及其他沿海农场均建立了晒盐场,盐滩23 410公顷。① 但这种脱离地理环境条件的盲目扩建,最终难以维持,除了比较适宜晒盐的斗北岸段外,其他晒盐场陆续淘汰。到1987年,能够维持运营的基本都是斗北岸段的盐场(大丰至滨海县)。②

淮南盐场自明末以来的主要改晒经历,充分说明了晒法在淮南盐区特定的地理环境条件下,所表现的效果并不同于淮北、长芦以及福建晒盐场。历史已经证明,煎法在淮南大部分盐场长期延续,并非人们不愿主动改造,而实在是不得已而维持。

本章小结

本章讨论了淮南盐场废煎改晒的历史过程,并分析了影响淮南改晒的自然地理与社会经济两方面的驱动作用及差异。强调了煎、晒的效率比较不能脱离地理环境条件,进一步揭示了海岸盐作活动与环境的具体联系。

淮南斗北岸段在土质、蒸发条件与淮北晒盐场接近,完全具备晒盐条件,但一直到清末民初才有改晒试验,并且直到20世纪60年代,才成功建立了晒盐场。故淮南斗北岸段长期未能改晒,主要原因在于管理制度、官府垄断的制约,并非自然条件不具备;相反,

---

① 盐城市地方志编纂委员会:《盐城市志》,南京:江苏科学技术出版社,1998年,第878—879页。

② 盐城市地方志编纂委员会:《盐城市志》,第879页。

斗南岸段土质偏砂,降水多,蒸发量低,并不具备滩晒盐的基本条件,该岸段未能改晒的主要原因在于自然条件的影响。该岸段内曾有张謇反复试验北方晒盐,最终失败,也只能选择浙西板晒;20世纪60年代淮南沿岸大规模兴建了晒盐场,均因效果不佳而放弃。

总而言之,淮南盐作长期延续了煎法生产,未能改为晒盐,引发这一现象的原因在于:一方面自然环境条件限制了晒盐在淮南各场的效率发挥,制约了改晒可能,另一方面官府对淮南盐课的高度依赖,通过诸多手段维持了淮南煎法盐作的长期存在。故淮南煎法盐作活动的长期存在是自然环境条件与海岸带管理体制共同作用的结果。只不过,在淮南不同岸段,自然环境条件与管理体制所发挥作用存在显著差异。

第七章　晚清淮南盐衰

　　晚清淮南盐衰,是明清时期江苏海岸盐作活动变迁的重要表现。本章通过考察海岸自然环境变化与晚清社会经济形势的影响,综合分析了自然与社会因素对清末淮南盐业衰落的驱动作用及其差异①。

　　有关晚清淮南盐衰的原因,以往学者多有讨论,也是淮盐研究的一个传统话题。总体上对社会经济因素影响的讨论较多,对自然环境变化的影响鲜有深入分析。并且普遍将"海势东迁"引起的自然环境变化作为淮南盐衰的根本原因,但缺乏必要的论证,并非个例。② 如

---

①　本章参见拙文《晚清淮南盐衰的历史地理分析》,《历史地理》第 28 辑,上海人民出版社,2013 年。

②　凌申:《黄河夺淮与江苏两淮盐业的兴衰》,《中国社会经济史研究》2011 年第 1 期,第 15 页;孟尔君、唐伯平:《江苏沿海滩涂资源及其发展战略研究》,南京:东南大学出版社,2010 年,第 83 页;徐峰:《台北盐场志》,徐州:中国矿业大学出版社,2008 年,第 135 页;邹莉莉:《清末民初苏北沿海滩涂农业开发的缘起及其影响》,《前沿》2007 年第 12 期,第 243 页;殷定泉:《略论清末民初的淮南盐业改革》,赵昌智、周新国:《祁龙威先生学术活动六十周年纪念文集》,扬州:广陵书社,2006 年,第 251 页;严小青、惠富平:《明清时期苏北沿海荡地涨圯对盐垦业及税收的影响——以南通、盐城地区为例》,《南京农业大学学报》2006 年第 1 期,第 79 页;赵赟、满志敏、方书生:《苏北沿海土地利用变化研究——以清末民初废灶兴垦为中心》,《中国历史地理论丛》2003 年第 4 辑,第 104 页;凌申:《滩涂盐业开发与江苏沿海城镇的演变》,《盐业史研究》2002 年第 2 期,第 16、18 页;王红:《论张謇对淮南盐政的整顿和改革》,《盐业史研究》1999 年第 1 期,第 27 页;张荣生:《南通盐业史概》,《盐业史研究》1995 年第 1 期,第 71、72 页;[日] 佐伯富:《清代盐政研究》,《盐业史研究》1993 年第 2 期,第 26 页;[日] 渡边惇:《清末における淮南塩場の衰退について》,《立正史学》1972 年第 36 期;凌申:《江苏沿海经济开发史略》,《海洋与海岸带开发》1993 年第 4 期,第 81 页;王振忠:《清代两淮盐业盛衰与苏北区域之变迁》,《盐业史研究》1992 年第 4 期,第 3—13 页;凌申:《江苏滩涂农垦发展史研究》,《中国农史》1991 年第 1 期,第 62 页;方明、宗良纲:《论江苏海岸变迁及其海涂开发的影响》,《中国农史》1989 年第 2 期,第 36、37 页;高龄奇:《江苏滩涂开发概述》,《江苏水利史志资料选辑》1989 年第 18 期,第 59 页;黄公勉、杨金森:《中国历史海洋经济地理》,北京:海洋出版社,1985 年,第 109 页。

"自然条件的变化是淮南产盐区衰落的根本原因"①、"海势东迁导致淮南盐业的衰落"②、"淮南盐业到了近代迅速衰竭,主要原因是黄河夺淮引起海势东迁"③、"自然条件的制约是淮南盐场废灶的根本原因"。④

此外,晚清社会经济形势的变化为较多学者关注和讨论。分析了社会治乱兴衰对淮盐生产的影响与制约,以及与人口、经济规模的联系⑤。主要包括:咸丰军兴,两淮销岸长期为川盐侵占、盐商资本衰耗、灶户破产、逃亡⑥;清代中叶整体社会经济的萧条、银钱比价增高、运盐成本增加、盐价高昂、购买力下降⑦;淮北晒盐、浙东板晒盐的成本与技术优势、荡地私垦、草价上升、私盐盛行⑧;淮南盐业税率繁重⑨,以及清末废灶兴垦等⑩。另外,日本学者渡边惇在1972年的《立正史学》上发表了《清末淮南盐场的衰败》一文⑪,也详细讨

---

① 应岳林、巴兆祥:《江淮地区开发探源》,南昌:江西教育出版社,1997年,第249页。
② 凌申:《"废灶兴垦"与江苏沿海城镇形成及时空演化》,《城市发展研究》2008年第5期,第105页。
③ 于海根:《民国期间苏北淮南盐区的废灶兴垦事业》,《盐业史研究》1993年第1期,第49—50页。
④ 赵赟:《苏皖土地利用及其驱动力机制》,复旦大学博士学位论文,2005年,第227—228页。
⑤ 郭正忠主编:《中国盐业史》古代编,北京:人民出版社,1997年,第726、733、734页。清代食盐生产主要受制于五个因素的制约:人口增减;社会治乱兴衰;市场销售的畅滞;生产技术;自然环境、气候、自然灾害。按:其中自然环境的影响,主要是海潮、洪灾、旱灾,未提及海势东迁。
⑥ 王振忠:《清代两淮盐业盛衰与苏北区域之变迁》,《盐业史研究》1992年第4期,第3—12页;陈锋:《清代盐政与盐税》,郑州:中州古籍出版社,1988年,第84—104页;[韩]李俊甲:《太平天国时期川盐在湖南湖北的进出与银两流通》,《盐业史研究》2006年第1期,第32—43页。
⑦ 周志初:《清代中叶社会经济的变化与两淮盐务的衰落》,《盐业史研究》1992年第3期,第13—18页。
⑧ [日]佐伯富:《清代盐政研究》,《盐业史研究》1994第2期,第23—33页;1994年第4期,第16—21页。
⑨ 丁长清、唐仁粤主编:《中国盐业史》近代编,北京:人民出版社,1997年,第31页。
⑩ 赵赟、满志敏、方书生:《苏北沿海土地利用变化研究——以清末民初废灶兴垦为中心》,《中国历史地理论丛》2003年第18卷第4辑,第102—111页。
⑪ [日]渡边惇:《清末における淮南塩場の衰退について》,《立正史学》1972年第36期,第10—45页。

论了清末淮南盐场衰落的过程与社会经济原因。

因此,综合讨论海岸自然环境与清末社会经济环境变化的驱动作用,有利于进一步阐明晚清淮南盐衰的本质。

一 自然环境变化与淮南煎法盐作

自明代中期,江苏沿海滩地淤涨速度加快,"海势东迁"明显。① 主要表现在荡地面积增多、宜盐带东迁,提供了丰富的荡地资源。淮南煎盐需要的海涂空间、荡草与卤旺之地均与海岸东迁所引起的滩地外涨、土壤、植被以及盐分的演替密切相关。"海势东迁"、滩面淤宽,除了草滩面积增大外,并没有改变煎盐生产所必需的自然环境条件。淮南盐场通过"移亭就卤",保持了社会生产与自然环境变化的动态平衡。

1. 海涂演替规律与煎法盐作环境

受淤进型海涂演替作用,海涂始终存在宜盐带。淤进型海涂月潮淹没带包括盐蒿滩、光滩,其盐蒿滩土壤含盐量为6‰—8‰,光滩则超过10‰,盐含量最高(见第二章表2-3),地面没有或有少量植物覆盖,蒸发作用强烈,是潮间带主要积盐地带。② 在旱季返盐时,地有白霜,远望之如"地有白光"③。亭场选址取决于卤厚草丰,一般集中在盐分较高的稀疏盐蒿滩与光滩内,即平均高潮位以上。嘉庆《两淮金沙场志》载:"每到夏季,海水涨汛……逢大汛之期煎晒灶丁务须速移内地,至霜降后水落归槽停止。"④密集分布的盐蒿滩以及草滩,主要用来"蓄草供煎",草多则不便设场制卤。如《太平寰宇记》载:"若久不爬溜之地,锄去蒿草,益人牛自新耕犁,然后刺取。"⑤ 土壤盐分高,滩面光洁,杂草少的新淤荡地是最为理想的

---

① 张忍顺:《苏北黄河三角洲及滨海平原的成陆过程》,《地理学报》1984年第2期,第181页。
② 陈邦本、方明等:《江苏海岸带土壤》,南京:河海大学出版社,1988年,第20页。
③ 民国《南通县图志》卷4《盐业志》。
④ 嘉庆《两淮金沙场志》,《古迹·灶课》。
⑤ 〔宋〕乐史撰,王文楚等点校:《太平寰宇记》卷130《淮南道八》,北京:中华书局2007年,第2569页。

铺设新亭之地。

值得注意的是,晚清淮南盐场陷入困境,但受制于土壤、气候条件,并未转型大规模滩晒盐。据陈邦本、方明研究,江苏沿海土壤质地分布的总趋势是北黏南砂①,淮南并不具备发展大规模滩晒盐的土壤条件。② 淮南岸段也远不如淮北干燥。据1961—1980年实测资料,今苏北灌溉总渠以南年均蒸发量均在1 500毫米以下,远低于淮北。③ 清末张謇曾在吕四试验海州与山东晒盐,受土质、气候影响,都没有成功。④ 即使是局部的试验性发展,也受到既得利益群体的阻挠。⑤

另外,近岸表层海水盐度变迁也不可能对淮南煎盐产生不利影响。1855年前,江苏沿海由于长期存在黄河来水等大量地表径流,其黄河口一带盐度应该在15‰—20‰左右⑥,盐度必然低于1855年黄河北归后。近岸表层海水盐度越高固然对煎盐生产越有利,不考虑其他因素,其盐度大致在10‰—15‰以上,便可以利用其制卤备煎。⑦ 可见,无论黄河是否在江苏入海,近岸表层海水盐度都能满

---

① 陈邦本、方明等:《江苏海岸带土壤》,南京:河海大学出版社,1988年,第38页。

② 据宋达泉《中国海岸带和海涂资源综合调查专业报告集·中国海岸带土壤》(北京:海洋出版社,1996年)第55页。一般黏性土比砂性土含盐量高,土壤含盐量随物理性黏粒含量的增加而增加。据河北塘沽盐业专科学校《海盐生产工艺学》(北京:轻工业出版社,1960年)第74、77页。滩晒盐离不开黏性土层,在滩晒盐的土壤机械组成中,黏土比重占绝大部分。

③ 任美锷:《江苏海岸带和海涂资源综合调查报告》,北京:海洋出版社,1986年。转引自陈邦本、方明等:《江苏海岸带土壤》,南京:河海大学出版社,1988年,第8页。

④ 张謇:《盐业整顿改良被扼记》,张謇研究中心,南通市图书馆编:《张謇全集》第3卷,南京:江苏古籍出版社,1994年,第519页。"复仿海州及山东晒盐法,筑土池,土理疏渗,不任盛卤,改砖池仍漏,用水泥涂缝而止。会秋多雨,及晴而日薄,无良效亦止"。

⑤ 例如民国《续修盐城县志》卷4《产殖》。"光绪三十二年,邑人陈琴堂与赵鸿杰、姚镜蓉复于新洋口南创设海裕晒盐场。辟港挡车铺池四十六面,得盐一百八十四引。磋商群起挠之,扼其销路,改局后,琴堂旋卒事遂中废"。

⑥ 1194—1855年间,黄河全流夺淮入海。以今黄河口盐度作参考,据薛鸿超、谢金赞《中国海岸带和海涂资源综合调查专业报告集·中国海岸带水文》(北京:海洋出版社,1996年,)第49、50页,当时黄河口附近盐度应该在15‰—20‰之间。

⑦ 有关近岸表层海水盐度与传统海盐生产关系的考察,参见本书第三章第三节。

足煎盐生产要求,况且1855年以后,盐度有所提升。

2. 滩地面积增多对淮南盐作的促进作用

"海势东迁"最直接的表现是范公堤以东海涂不断淤宽,荡地面积广袤。"荡地既多,煎盐较旺"①。淮南煎盐生产需要占用大量的劳动力与土地资源②。荡地面积多寡特别是新淤荡地对煎盐简单式重复扩大生产具有重要促进作用。

淮南滩地淤进突出,且各场淤进程度不一。自南向北,荡地面积逐渐增多,荡草资源逐渐丰富。据《盐法通志》所载原额草荡、沙荡与历次新淤荡地亩数,淮南各场荡地总面积超过600万亩,其中,历次丈升的新淤荡地约244万亩,占原额草荡59.3%(见表3-2),"考两淮今日产盐之区,在昔泰半没于海中,海势东趋,日渐淤积而成此地"③。荡地面积多寡很大程度上影响了盐场发展状况,如光、宣年间泰属草荡面积与灰亭数量、盐产量均占80%左右,通属则为20%左右(表7-1)。

丰富的滩地与荡草资源,为淮南盐场兴盛提供了坚实的物质基础。不考虑其他因素,草荡丰富显然是淮南煎盐生产的有利条件。16世纪到19世纪中叶,滩地迅速淤涨,加上"蓄草供煎"、划地销盐的垄断制度保证,淮南盐场迎来黄金时代,其后逐渐发展,至乾、嘉、道时期,为极盛时代④。清代淮南盐产长期占据两淮绝大部分比例,淮盐格局因此长期南重北轻,并持续到清末民初。嘉庆六年(1802)其额产约33.8万吨,占两淮八成以上⑤,咸、同年间虽有下滑,但到宣统年间淮南盐产仍占七成左右(表7-2)。

---

① 光绪《重修两淮盐法志》卷97《征榷门·灶课上》。
② 刘淼:《明清沿海荡地开发研究》,汕头:汕头大学出版社,1996年,第132页。
③ 赵如珩:《江苏省鉴》,台北:成文出版社,1983年,第272页。
④ 徐泓:《清代两淮盐场的研究》,台北:嘉新水泥公司文化基金会,1972年,第104—105页。
⑤ 江苏省地方志编纂委员会:《江苏省志·盐业志》,南京:江苏科学技术出版社,1997年,第94—95页。

表7-1 清末淮南盐场草荡面积、灰亭数量与盐产量

场 区	草荡(万亩)	灰亭(座)	盐产(万担)
通属各场	153.4	2 735	49.1
泰属各场	501.4	7 143	216.5
通属比例	23.4%	27.7%	18.5%
泰属比例	76.6%	72.3%	81.5%

资料来源：灰亭根据光绪《重修两淮盐法志》卷30《场灶门》光绪十七年通泰各场实存数整理；草荡数据根据《盐法通志》卷27《场产三·物地三》整理，草荡面积为原额草荡与历次新淤合计数；盐产数量根据《盐法通志》卷27《产数》整理。

表7-2 清末民初淮南、北盐产量(吨)

场 区	1910	1911	1912	1913
淮 南	158 572.29	113 873.29	143 963.27	171 968.06
淮 北	77 391.26	32 474.23	136 442.98	236 905.42
淮南比例	67.2%	77.8%	51.3%	42.1%

说明：宣统二、三年据《盐法通志》卷37《产数》整理，民国元年、二年据《最近盐场录》整理。一担按120斤换算。

3. 丁日昌、许星璧的查勘

荡为草源，草为盐母。淮南煎盐生产离不开荡草资源，荡草资源又主要产自草滩带。白茅是海涂植被演替的顶级群落，故而沿海滩地新淤越多，荡草资源越丰富。同治年间两淮盐运使丁日昌与光绪末年署江宁知府许星璧查勘两淮盐场，为我们了解当时淮南盐场提供了更直接的场景，整体上看，各场在新淤荡地草丰卤足的情况很普遍。

咸、同年间，淮南盐场不振，产额下滑，盐课减少。为配合曾国藩的增产计划，丁日昌实地考察了淮南盐场，各场卤气并不存在问题，但生产设备荒废严重，草少价昂。部分盐场草卤情形为："滨海之新淤尽属斥卤……"①"安丰场……新淤十余里，续淤又十余里，

---

① 〔清〕丁日昌：《淮鹾摘要》卷1，〔清〕温廷敬编：《丁中丞政书》卷33，沈云龙主编：《近代中国史料丛刊续编》第77辑，台北：文海出版社，1980年，第1243页。

地方广阔,出草既多,兼卤气极厚"①"吕四……场境之北,向有荡地,计可置百余面,实为草丰卤足之区"②"三场近海下沙之地,其势辽阔,卤最厚。"③迫于鼓励生产,丁日昌甚至夸大了人力对卤气的影响。④

光绪三十三年(1907),许星璧查勘两淮盐场,以保证淮南产额,充裕盐课。他认为草丰卤足的盐场还是要充分利用环境条件移亭就卤、恢复煎盐生产。"遍查通、泰两属,除何垛、草堰、庙湾三场荡草有余,尚可增灶外,其余各场亭灶病在荒不病在少,重在移不重在增"、"泰属之草堰新淤最多,其次则何垛、丁溪、梁垛、富安、新淤亦多寡不等……饬商赶紧认领,迅速增移,迟则本地奸徒择肥私占。"⑤大部分盐场具备草卤条件,例如:"丰利场有卤无草""掘港场三面环海……草多卤足,为通属九场之冠""何垛场草丰卤足,泰属十一场中,除草堰外,以此为最""丁溪场正场灶亭草卤无缺""安丰场开垦独多,产草独少""新兴场规模尚好,草卤皆敷""庙湾场……学滩营地租价极贱,产草极丰……随地皆卤,随地皆可笐置。"⑥

从前后两个时期的实地考察可知,大部分有新淤荡地的盐场都有很好的草、卤条件,正是淤进型海涂演替规律的客观反映。个别盐场受滩地外涨影响,地居腹里,盐产难以为继,但并非普遍现象。⑦另外,文献中常提到"海势东迁,卤淡产薄",也仅指已经脱盐的宜耕带,并非海岸带均不能产盐。总之,虽"海势东迁"、滩地外涨,但

---

① 〔清〕丁日昌:《淮鹾摘要》卷1,〔清〕温廷敬编:《丁中丞政书》卷33,沈云龙主编:《近代中国史料丛刊续编》第77辑,第1249页。
② 同上书,第1257页。
③ 〔清〕丁日昌:《淮鹾摘要》卷3,〔清〕温廷敬编:《丁中丞政书》卷35,沈云龙主编:《近代中国史料丛刊续编》第77辑,第1321页。按:三场指栟茶、丰利、掘港。
④ 同上。"卤气虽在潮水,亦在人力"、"距海二、三十里,永不能经潮水,竟有卤气好者,想在人力勤而得地气也"。
⑤ 《盐法通志》卷37《场产十三·产数》。
⑥ 《盐法通志》卷27《场产三·物地三》。
⑦ 《清史稿》卷123《食货志》。宣统元年,度支部尚书载泽疏言:"淮南因海势东迁,卤气渐淡,石港、刘庄等场产盐既少,金沙场且不出盐"。

淮南盐场草、卤资源仍然具备,在新淤卤旺地带移筅新亭,仍然是恢复增产的重要手段。自陆向海,弃旧设新,从卤淡老荡移筅至卤旺的新淤荡地,成为明清时期淮南煎盐生产的重要特征,也是适应"海势东迁"的发展模式、趋利避害的必然选择。

二 经济环境变化对晚清淮南煎盐的影响

食盐生产是人类社会经济行为,只要自然环境条件允许,其兴衰与否主要取决于社会经济状况。从淤进型海涂演替规律以及晚清丁日昌、许星璧的查勘可知,淮南盐区完全具备"移亭就卤"继续发展煎盐生产的自然环境条件。但晚清经济环境变化加剧了煎盐本重利薄,进而严重阻碍了像以往一样通过"移亭就卤"继续发展煎盐生产的可能,正是晚清淮南盐衰的根本原因。自然环境变化主要影响煎盐的生产环节,而经济环境能够影响煎盐的产、运、销整个环节。咸丰军兴后,淮南盐场产、运、销陷入困境。煎盐日益本重利薄,逐渐不适应变化的经济形势,从事煎盐早已入不敷出,直接生产者自身的再生产都难以保证,生产势必衰落。灶户改业增多,垦进则盐退,民国年间大规模废灶兴垦又加速了淮南盐衰。

1. 鄂、湘销岸丧失

淮南盐场产销分离,生产兴旺与否与销售市场直接相关。通过划界运销,连接产地与销岸,不但影响着盐商兴替、盐课征纳,而且直接制约着盐业发展。① 咸丰军兴后,长江航道梗阻,川盐济楚,淮南盐场最重要的两湖销岸长期丧失,淮南盐场陷入困境,也为川盐、淮北晒盐兴起提供了历史机遇。

道光末年,两淮盐业已经出现疲敝之像,积弊严重②,盐商因此

---

① 陈锋:《清代两湖市场与四川盐业的盛衰》,《陈锋自选集》,武汉:华中理工大学出版社,1999年,第284页。
② 〔清〕陶澍:《再陈淮鹾积弊折子》,《陶澍集》,长沙:岳麓书社,1998年,第159页。"……种种浮费,倍蓰于课。归于盐价,以至本重价悬,销售无术。转运愈滞,积引愈多。"

困乏倒闭居多①。陶澍在淮北试行废引改票后,裁汰浮费,减轻课税,效果显著,盐价大减。② 淮南盐场积弊多年,更甚淮北,但清廷担心改革失败而盐课受损,且"官吏衣食于盐商,无肯议改者"③,以至淮南盐场迟迟未改。1849 年武昌塘角大火,盐商损失严重。以此为机,清廷推动淮南改票,重点仍是裁汰浮费、减轻成本。④ 改票后成效显著,"既裁浮费,又多运盐二百斤,成本轻减过半。故开办数月,即全运一纲之引,楚西各岸盐价骤贱,农民欢声雷动。"⑤但随即太平天国战事爆发,淮南盐场尚未完全推行改票,转振之机遂成泡影。战乱平息后,曾国藩、李鸿章等人欲重整旗鼓,但已非往日之规。⑥ 另外,太平天国战乱期间,淮南盐场运销环节上最重要的仪征掣验所,以及扬州盐商聚集之地,均位于战乱中心。江运梗阻,"场商星散,停收四年之久。"⑦湖南"自江淮道梗,淮南片引不到。"⑧为应对危机,清廷采取借运邻盐,遂有川盐济楚。⑨ 战乱平息后,鄂、湘两岸仍为川盐侵占,"引地被占,十有余年"⑩。此间,川盐迎来黄金发展时期⑪,淮盐却因此不振。曾国藩虽倾力整顿,但效果不佳,"淮南盐务,运道难通,筹办有二难。一在邻盐侵灌太久。西岸食浙

---

① 〔清〕陶澍:《再陈淮鹾积弊折子》,《陶澍集》,长沙:岳麓书社,1998 年,第 159 页。"查淮商向有数百家,近因消乏,仅存数十家,且多借资运营"。
② 〔清〕陶澍:《淮北票盐试行有效请将湖运各畅岸推广办理酌定章程折子》,《陶澍集》,第 217—218 页。"自票盐到境,盐价顿减"。
③ 《清史稿》卷 397《陆建瀛传》。
④ 《清史稿》卷 123《食货志》载:"凡省陋规岁数百万(两),又减去滞引三十万。"
⑤ 《清史稿》卷 123《食货志》。
⑥ 郭正忠主编:《中国盐业史》,北京:人民出版社,1997 年,第 817—821 页。同治二年(1863),两江总督曾国藩以整顿票法,订立《淮盐运江西章程》、《淮盐运楚章程》以及《淮盐运皖章程》,规定 600 斤成引,500 引为 1 票。这与初期以 10 引或 100 引为 1 票已明显不同,将资本微薄的商贩排斥在外,造成官绅富豪的垄断。另外,捐票本、不另招商又造成了票商的垄断,票盐法又走上了专商引岸制的老路,弊端随之复生。
⑦ 〔清〕杜文澜:《淮盐六弊说》,光绪《重修两淮盐法志》卷 157《杂记门》。
⑧ 〔清〕骆秉章:《采买淮盐济食分岸纳课济饷折》,《骆文忠公奏议·湘中稿》卷 3,《近代中国史料丛刊》,台北:文海出版社,1966 年,第 533 页。
⑨ 光绪《重修两淮盐法志》卷 54《转运门·借运邻盐》。咸丰三年,湖广总督张亮基奏:"江路梗阻,转运不前,票商裹足……以川盐、潞盐接济"。
⑩ 光绪《重修两淮盐法志》卷 55《转运门》。
⑪ 陈锋:《清代盐政与盐税》,郑州:中州古籍出版社,1988 年,第 94—99 页。

私、粤私而兼闽私,楚岸食川私而兼潞私……一在厘卡设立太多。淮盐出江,自仪徵以达楚西,层层设卡报税……"①他的抱怨正是淮南盐场陷入困境的症结所在。重要市场丧失,盐路不畅,对淮盐产生明显冲击。同治年间,淮南盐产约59万引(表7-3),但在两湖销售量仅约7万引,川盐约20余万引,只有川盐的三分之一左右。②销滞产壅,盐商资本衰耗,运商星散,场商逃亡。"灶盐无商收买,煎丁有煎无售"③,私盐更剧。

表7-3 晚清淮南盐产情况

	引 数		桶 数	
道光年	额	1 662 763	额	3 320 000
道光三十年(1850)	额	同上	额	同上
咸丰八年(1858)	额	同上	额	同上
	实	360 000	实	1 292 367
同治六年(1867)	额	589 000	额	2 200 000
光绪十八年(1892)	额	404 500	额	1 456 200
光绪三十年(1904)	额	同上	额	同上

资料来源:李积新《江苏盐垦》(1931年10月南京农业周报社)《淮南各场最近十余年盐产数目表》,转自孙家山《苏北盐垦史稿》(北京:农业出版社,1984年)第23页。

食盐为生存必需品,消耗量与人口规模密切相关。太平天国战乱期间,官军与太平军在苏、皖、鄂、湘及赣等地区长期拉锯战,造成长江中下游大量人口死亡,到1865年,淮南各销岸人口损失约

---

① 《清史稿》卷123《食货志·盐法》。
② 〔清〕曾国藩:《议复楚省淮南引地折》,〔清〕李瀚章、李鸿章编纂:《曾国藩全集》奏稿3,北京:中国华侨出版社,2003年,第1296页。"同治八、九年,川盐愈来愈旺,……每年占销不下二十万引,……湖北九年分所销淮盐仅七万余引,比川盐销数不过三分之一,喧宾夺主,莫此为甚。"
③ 郭沛良:《泰栈章程详》,同治《淮南盐法纪略》卷1。

4500万,食淮南盐人口锐减近半①,"引地全失,户口流离"②。除了江苏食岸外,西、皖两岸损失人口更多于湘、鄂,因此同治、光绪年间,两湖销岸地位更显重要。"淮纲之兴替全视楚岸之畅滞为转移"③。战乱平息后,盐路渐通,淮南盐场迫切需要恢复两湖引地。虽然川盐也是煎法生产,却主要用煤炭、天然气资源,不与民争耕地,燃料成本低。且川盐税率低于淮盐,距离两湖又近,进出两湖顺江而下,甚为便利。以至战乱平定后川盐仍长期盘踞两湖。同治七年至光绪九年,两江盐政与川楚督抚就淮南是否规复引地、禁川复淮进行了长期辩论。④ 曾国藩为重振盐纲,采取"重抽川税"⑤,同治十年,又决定划地分销。⑥ 到光绪二年,才基本恢复了两湖大部分引地(图7-1)。清廷通过加重川盐税厘与划地分销,以强制手段将川盐挤出两湖市场,楚岸停运,川盐也结束了黄金发展时期。⑦

市场争夺战虽取得成功,然而淮南盐场并未因此重现生机。加上此时荡草日显紧张,草价上涨,淮南煎盐本重加剧。清末民初,煎盐成本已是滩晒的十一、二倍,板晒的七、八倍。⑧ 而官定桶价过低,煎盐本重利薄,生产积极性不高,灶户更愿意改垦,至少可以保证口粮自给,或者贩私、贩草,以致南盐产数长期不足,两湖销区时常脱纲缺盐。⑨

---

① 五省区人口损失总计约5000万,其中,属于淮南销区人口损失约为4500万。据曹树基研究(《中国人口史》卷5清时期,第467—468、505、535、540、553页)的人口数字进行估算,1776—1851年间,五省食淮南盐人口约6000—8000万。太平天国战乱间,江苏损失人口约1630万;安徽损失人口约1700万(皖南地区约930万)。江西约1172万,湖北约500万,湖南约200万。
② 民国《南陵县志》卷15《食货》。
③ 光绪《重修两淮盐法志》卷55《转运门》。
④ 同上。
⑤ 同上。
⑥ 《清史稿》卷123《食货志·盐法》。"武昌、汉阳、黄州、德安四府还淮南,安陆、襄阳、郧阳、荆州、宜昌五府,荆门州仍准川盐借销,湖南祗岳、常、澧三属行销川盐,岳州、常德亦应归淮,澧州暂销川盐"。
⑦ 陈锋:《清代盐政与盐税》,郑州:中州古籍出版社,1988年,第107—108页。
⑧ 民国《南通县图志》卷4《盐业志》。
⑨ 张謇:《盐业整顿改良被扼记》,张謇研究中心、南通市图书馆编:《张謇全集》第3卷,南京:江苏古籍出版社,1994年,第517页。

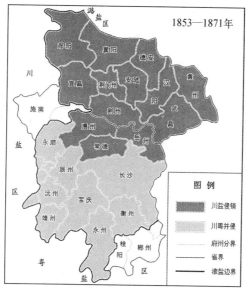

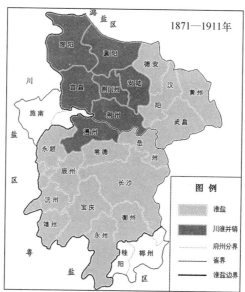

图 7-1 晚清淮南盐场鄂、湘销岸形势

说明：底图根据复旦大学历史地理研究中心 CHGIS1911 年府、县数据绘制。淮南鄂、湘销岸以《盐法通志》(卷6《疆域六·销岸三》)"全国销盐区域表"绘制，并参考美国国会图书馆藏"清代行盐四省图"(http://www.loc.gov/item/gm%2071005050)。

又进一步导致邻盐侵入,加剧了淮盐传统销区的丧失。① 清末淮南销区食盐人口恢复、增加,产数不足,又出现脱销现象。"南盐益缺竟至产不敷销",为应急之需,清廷一方面"借运山东、长芦之盐"②,一方面着手借北地铺池晒盐以济南,同时,也努力恢复淮南盐产,希望通过修复、移笨亭场,以保产额。结果,北盐南销,以北济南效果最为明显。淮北晒盐成本轻,产能高,余盐多。③ 自道光年间废引改票后,淮北盐价更贱,销盐由22万引增加到46万引。运商抢购,以至桶价上升,池商遂"相率私铺池面",产量增加更快。④ 同治年间,南盐产数下滑,借运北盐规模约七万引⑤,约占南北盐引总数一成多。此后略有变动,到光绪年间淮南盐区内仍规定行销一定的淮北盐。⑥ 北盐南运,淮南盐空出的市场份额为淮北食盐所占,大大刺激了淮北盐业兴起,也再次加剧了淮南积压盐引,滞销严重,并持续到民国初年。⑦

2. 银钱比价:桶价、盐价、米价与草价

晚清煎盐本重利薄,与桶价过低、工食草薪价格攀升密切相关。在食盐专卖制度下,商人没有定价自由,给灶户的桶价、草本为官府所定。淮南盐场生产成本(场课、灶课、工食、草薪等)一般占到场价的四分之一左右,并随着时代后移,比例逐渐增高。⑧

---

① 《淮盐存鄂之丰足》,《谈盐丛报》1914年第12期,第100—101页。"近年因两淮产盐不旺,鄂岸淮盐时常脱纲,致借芦、借鲁、借川以补其缺,淮盐票商已大受影响。"
② 民国《续修江都县志》卷5《盐法考》。
③ 光绪《重修两淮盐法志》卷84《督销门·借运北盐》。"同治四年,海州分司……场产极旺,余盐甚多,亟须筹销济灶,以杜私源。"
④ 〔清〕丁日昌:《淮鹾摘要》卷2,〔清〕温廷敬编:《丁中丞政书》卷34,沈云龙编:《近代中国史料丛刊续编》第77辑,台北:文海出版社,1980年,第1294页。"除四十六万引正额,另派江运八万引外,存廪者积至三、两纲之多。"
⑤ 光绪《重修两淮盐法志》卷84《督销门·借运北盐》。
⑥ 光绪《重修两淮盐法志》卷38、39《转运门》载:"今按淮南纲食盐见行597 608引,内拨36 000行运北盐,每引皆600斤。"
⑦ 《疏通淮盐销路》,《谈盐丛报》1913年第7期,第104页。"吕四、余东场商,以真梁积压,呈请疏销,……查该两场真梁积压总计约二万引,自应赶速疏通销路。"
⑧ 〔日〕佐伯富:《清代盐政之研究》,《盐业史研究》1996年第1期,第66页。

桶价(或场价,场商、垣商给灶户的收购价)一般以草价为参照。① 道光年间,每斤不超 10 文,一般 5 文左右,最低 1、2 文。② 直到宣统年间,桶价也基本没有变化,每桶约 1000 文(表 7-4)。但官定草本补偿极低,有的补偿每桶 150 文,有的甚至没有补偿草本。③ "近十年来之草价,至贱三百文,多者且六七百文;而场例草价仍同治所定,每石二百四文。"④官定价格数十年未变,工食物价已上涨数倍⑤,粮价更是明显上升(图 7-2)。清末民初,淮南草价一担约 400 到 500 文。⑥ 每桶盐需两担草⑦,仅草本一项便需要 800 到 1000 文,桶价已明显不合时宜,灶户入不敷出。

表 7-4　清末淮南盐场场价(桶价)比较(单位:文)

场别\场价	每桶(200 斤)			每斤		
	1865 年	1868 年	1909 年	1865 年	1868 年	1909 年
角斜	1 000	850	1 020	5	4.25	5.1
栟茶	1 000	880	930	5	4.4	4.65
丰利	800	840	1 160	4	4.2	5.8
掘港	1 080	880	1 050	5.4	4.4	5.25

① 民国《南通县图志》卷 4《盐业志》。"煎盐一鐅需草四十斤,通计五鐅得盐一桶。煎丁每桶之成本以草价之贵贱为衡,加以工食"。
② 〔清〕陶澍:《会同钦差拟定盐务章程折子》,《陶澍集》,长沙:岳麓书社,1998 年,第 165 页。"场盐每斤,向卖制钱一二文、三四文不等";陶澍:《敬陈两淮盐务积弊附片》(《陶文毅公全集》)卷 11)载"计算场价,每盐一斤不及十文。"
③ 《盐法通志》卷 41《场产十七·工本》。
④ 张謇:《盐业整顿改良被扼记》,张謇研究中心、南通市图书馆编:《张謇全集》第 3 卷,南京:江苏古籍出版社,1994 年,第 518 页。
⑤ 民国《南通县图志》卷 4《盐业志》。"今日之为商病者,则凡引地之岸价,运商购于场商之牌价,场商给于灶丁、池丁之桶价、筐价及购买而给于草户之草价,一切皆官定之。然率仍四十年之旧。夫煮晒盐工本之相去不止一与十一之不同,又今时衣食需视昔悬绝至倍蓰"。
⑥ 周猛藏:《岑春煊与泰和盐垦公司》,盐城市郊区政协委员会文史资料委员会:《盐城文史资料》第 1—2 辑,1984 年,第 72—73 页。"一担草四百文,需草两担,煎盐一桶。而盐商桶价,仅给钱七百文";民国初年田北湖《说盐》:"今草一担,值钱五百文。"
⑦ 张謇:《宣告掘港场荡地历史及所规划》,张謇研究中心、南通市图书馆编:《张謇全集》第 3 卷,第 797 页。"每产盐一桶,须草两石"。"石"应为"担"。

续　表

场别 \ 场价	每桶（200斤）			每　斤		
	1865年	1868年	1909年	1865年	1868年	1909年
石港	816	816	1 086	4.08	4.08	5.43
金沙	1 000	1 000	1 200	5	5	6
余东	800	800	1 080	4	4	5.4
余西	780	780	1 060	3.9	3.9	5.3
吕四	700	700	1 000	3.5	3.5	5
富安	860	780	870	4.3	3.9	4.35
安丰	880	780	910	4.4	3.9	4.55
梁垛	920	800	920	4.6	4	4.6
东台	780	720	830	3.9	3.6	4.15
何垛	850	740	840	4.25	3.7	4.2
丁溪	760	680	800	3.8	3.4	4
草堰	740	660	975	3.7	3.3	4.875
刘庄	880	780	840	4.4	3.9	4.2
伍佑	750	680	840	3.75	3.4	4.2
新兴	671	609	739	3.355	3.045	3.695
庙湾	850	800	940	4.25	4	4.7

资料来源：郭正忠主编：《中国盐业史》，北京：人民出版社，1997年，第699页。按：据《盐法通志》卷41《场产十七·工本》，同治四年应为同治五年。根据彭信威《中国货币史》（上海：群联出版社，1954年）第537—549页，咸丰军兴后银贵钱贱，同治年间又发生逆转，逐渐银贱钱贵。1852年，银1两合制钱1 500文，此后快速上涨，咸丰五年为2 000文。光绪末年为1485—1683文之间。

　　官府僵化的价格管理制度，使商品经济规律难以发挥作用，封建剥削程度加重。官盐在销售地价格一般为每斤60至80文①，是

---

① 周庆云：《盐法通志》卷67《转运十三·盐价二》。"光绪二年，核定淮盐各岸价，楚岸正盐六百斤汉局售价银二十四两，西岸正盐六百斤西局售价银二十一两，皖岸至少每百斤不得跌至三两，湘岸售价每百斤定银三两五钱。"约每斤不到60文，但一般都高于此数，边远地区更高。例如清人谢元淮《养默山房诗稿》卷32记载，清末湖北销岸官盐每斤80文左右。

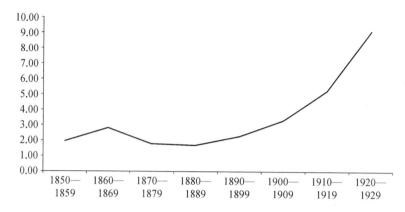

图7-2　清代后期至民国年间长江三角洲地区米价变化（银两/石）

说明：米价根据王业键《1638—1935年间江南米价变动趋势》（《中国经济史研究》1993年第3期，第149—160页）表1的逐年序列整理，取十年平均数计算。

给予灶户收购价的十余倍。① 销售价与收购价之巨大差额，基本流入了清廷、运销商之手，成为是清廷盐斤加价、正杂盐课、各类浮费的重要来源。到清末年间，淮南各场桶价约每斤5文左右（表7-4）。②桶价与销售价差距过大，牺牲了灶户利益，严重挫伤煎丁生产积极性，破产、售私或私垦增多。③ 正如张謇所言："淮南盐务之弊，在草贵而桶价贱。草价、桶价，向由官定其数，以牌价、岸价通计为标准，不能涨缩。灶丁所煎之盐，与所得场商之桶价，不能顾其成本，故漏私愈多，而争蓄草之地愈烈。盖冀荒地多则草价贱，而

---

① 据佐伯富估计（《清代盐政研究》，《盐业史研究》1993年第3期，第11—48页），销售价约为场价（桶价）的数十倍。

② [日]佐伯富：《清代盐政之研究》，《盐业史研究》1993年第3期刊，第11—48页。最高十文，最低一、二文。按：佐伯富（该文第15页）认为草价上涨导致盐价上涨，此说有误。可能将收购价（桶价、场价）误作销售价（盐价）。因桶价官定，煎丁购买荡草时支付给草户的草价与场价（桶价）无关，更不会决定盐价。清代后期盐价上涨主要受盐课、运销成本影响。桶价自道光年间以来长期稳定，而盐价虽有官定，但各地实际盐价差异较大。其桶价与盐价之差额正是清末盐税、加价以及运销成本的重要来源。

③ 田北湖：《说盐》："近年淮南盐产额奇绌，时时脱档，虽由海岸东伸，潮远卤薄，然草荒价贵，实为祸原。灶丁方因苦无告，豪猾又争垦荡田，两害相乘，灶丁逃亡多矣。今草一担，值钱五百文，人非至昏极黑，孰甘折阅从事者，毋怪煎丁之废煎也"。

煎盐之本可贱。"①桶价过低,而工本不菲,煎丁获利微薄,难以糊口,必然导致售私或改业。②私盐收购价明显比官府桶价占优势。③"灶户平日售私已成习惯,盖缴官则领价有限,而售私之获利无穷。"④私盐也更为泛滥,加剧了官盐滞销。

煎盐生产获利微薄,势必制约扩大生产、"移亭就卤"的积极性,导致更多改垦、贩私、贩草,又加剧煎盐本重利薄。"人情惟利是趋,煎丁半皆改业力农,其未垦之荡,每遇秋冬收割之时,率皆速樯,满载贩运出场售卖,以致场下草价数倍于往昔。煎本日见加重,盐务深受其害。"⑤结果加剧荡草紧张,草价上涨,煎盐本愈重,获利愈少,恶性循环。因此废煎渐多,盐产下降,垦进盐退,并持续到民国初年的废灶兴垦。

3. 垦进盐退

荡地包括可耕地、荡草两种资源。煎盐生产离不开荡草资源,却大部分闲置了可耕地资源。客观上看,草滩带增多、大量闲置,的确更有利于垦利。但清廷仍认为垦地日多是煎盐之害。⑥私垦盛起,从民间私垦到清末局部放垦,再到民国年间大规模废灶兴垦,煎盐生产空间与要素减少,愈加本重。废灶兴垦快速发展时期,淮南盐场也急剧衰落。垦进盐退,也是淮南盐衰重要的

---

① 张謇:《宣告掘港场荡地历史及所规划》,张謇研究中心,南通市图书馆编:《张謇全集》第3卷,(南京)江苏古籍出版社,1994年,第796页。

② 〔清〕丁日昌:《淮鹾摘要》卷1,〔清〕温廷敬编:《丁中丞政书》卷33,沈云龙主编:《近代中国史料丛刊续编》第77辑,台北:文海出版社,1980年,第1248页。"近日场下草价数倍于往昔,煎丁成本加重,商、场限于牌价、桶价,未能大增,又需带扣欠,且灶户运盐入垣,海河水小之时,驳送费用更重,守候结账付钱需时日久,种种花用无利可沾。穷灶食仰给于盐,所得不敷养赡。率愿改业。私盐价值既高于商收,且系现钱自行到门收买,诸多便宜,以故灶户……乐于卖私。"

③ 张謇:《盐业整顿改良被扼记》,张謇研究中心,南通市图书馆编:《张謇全集》第3卷,南京:江苏古籍出版社,1994年,第518页。"现各灶私盐之价,每斤至少八九文,贵或十二三文,所得桶价连加赏,每斤止五文二毫,非煎丁愿,势亦必漏私。"

④ 周庆云:《盐法通志》卷37《场产十三》。

⑤ 〔清〕丁日昌:《淮鹾摘要》卷1,〔清〕温廷敬编:《丁中丞政书》卷33,沈云龙主编:《近代中国史料丛刊续编》第77辑,第1247页。

⑥ 同上书,第1220页。

促进因素。

咸丰军兴后,淮南盐业不振,荡地私垦增多,荡草紧张。"草荡半成熟田,致草价较昔几增数倍。"①同时,清末淮南盐场周边的经济发展,对荡地、荡草资源的需求也日益增多,推升草价。特别是周边民炊、烧窑、私酒酿造等生活生产需要,荡草更加供不应求,草价日昂。②例如掘港场荡草"多装载出场,卖为民间炊草,是以场草价日昂。"③个别盐场情况更为严重,如"余东场荡地本少……自咸丰三年以后,私垦日多,直至亭场边界。所有长草之地,仅剩下尾新淤。"④

海涂淤进,宜耕带逐渐淤积增宽,可耕地大量增加,也导致大量荡地资源闲置。"荡地产草,至少每亩四石"⑤。两担供煎盐一桶,则500万亩荡地应产盐1 000万桶。但咸丰到宣统年间,淮南盐产最多200余万桶,光绪年间,更下降至145万桶左右。约70—160万亩荡地面积就足够供煎,荡地闲置明显。⑥如清末吕四场,"盐法旧有放荒蓄草,禁民开垦之例,故荒废之荡几占及该场全境之半。"⑦盐业不振,荡地闲置、抛荒,势必刺激私垦。"淮南煎盐渐次衰退,当业者致无以为生,故凡长草美地,昔为盐官所禁者,纷纷私垦,由来已久。"⑧光绪三十年(1904)"今九场之中,独掘港、余西、余东三场余地为最多,民户之徙居而开垦者亦不少;金沙、吕四、石港

---

① 《清盐法志》卷101《场产门二·草荡》。
② 徐泓:《清代两淮盐场的研究》,台北:嘉新水泥公司文化基金会,1972年,第143—149页;[日]佐伯富:《清代盐政之研究》,《盐业史研究》1996年第一期,第66页。
③ 〔清〕丁日昌:《淮鹾摘要》卷3,〔清〕温廷敬编:《丁中丞政书》卷35,沈云龙主编:《近代中国史料丛刊续编》第77辑,台北:文海出版社,1980年,第1318页。
④ 〔清〕丁日昌:《淮鹾摘要》卷1,〔清〕温廷敬编:《丁中丞政书》卷33,沈云龙主编:《近代中国史料丛刊续编》第77辑,台北:文海出版社,1980年,第1234页。
⑤ 张謇:《为合资设立掘港开垦公司呈请部署立案文》,张謇研究中心,南通市图书馆编:《张謇全集》第3卷,南京:江苏古籍出版社,1994年,第792—793页。
⑥ 孙家山:《苏北盐垦史初稿》,北京:农业出版社,1984年,第23—24页。
⑦ 《清盐法志》卷101《场产门二·草荡》。
⑧ 实业部国际贸易局:《中国实业志·江苏省》第2册,1933年,香港宗青图书公司1980年影印,第257页。

三场,则卤气衰而垦田多……官有照例放荒之禁,民骛垦荒成熟之利"①、"今统计九场涨地,多于原额蓄草之区,不下十倍。闲地有余,而草贱于谷……灶丁私自开垦,转售民户,所谓照例放荒者,皆成熟田。"②民、灶纠纷也因此增加,且多发于通州地区。"咸同以后,灶民、沙民相率私垦于荒地之内,畸零隐匿,争讼纷纭。"③甚至有海门沙民到通州荡地私垦④。到光绪年间,民灶争地纠纷扩大化,争夺荡地资源日益激烈,盐垦公司、权势者、私人等都积极介入。⑤

　　淮南煎盐生产陷入困境,荡地私垦增多,为民国年间兴垦事业准备了条件。大规模、有组织的废灶兴垦事业兴起客观上又成为淮南盐场快速衰落的直接原因。1901年,张謇为大生纱厂寻找一个可靠的棉花生产基地,并利用当时大量失地农民作为廉价劳动力,创办了通海垦牧公司。民国初年,又适逢一战期间国际棉价暴涨,刺激了国内棉纺工业发展与植棉业投机,于是大规模废灶兴垦事业兴起。1914年,淮南设立垦务局,有五年垦尽之计划。并制定了放垦章程,一部分滩地"蓄草供煎",一部分荒地从事垦殖⑥,淮南盐场推行"废煎办晒""宜垦之地办垦,宜盐之地办盐"⑦。到1929年"淮南盐场决改晒废煎,减轻成本"⑧,以至沿海滩地基本为盐垦公司占据。1935年,两淮盐场范围内共有77个盐垦公司,多数分布在靠近

---

① 张謇:《拟开垦通分司九场蓄草余地章程》,张謇研究中心、南通市图书馆编:《张謇全集》第3卷,南京:江苏古籍出版社,1994年,第763页。
② 同上书,第765页。
③ 张謇:《为合资设立掘港开垦公司呈请部署立案文》,张謇研究中心、南通市图书馆编:《张謇全集》第3卷,第792—793页。
④ 张謇:《宣告掘港场荡地历史及所规划》,张謇研究中心、南通市图书馆编:《张謇全集》第3卷,第795页。"咸同以后,海门沙民,间有至其地(掘港场)私垦者"。
⑤ 同上书,第796页。清末,掘港场有"皖人戴姓、金姓,张合肥李氏之帜,觊掘地之利,陆续私买四七总之地四万余亩。……而两总之灶民,……反抗不认。金、戴复借兵力与灶民斗,灶民死者二人,于是纠讼经年"。
⑥ 转自孙家山《苏北盐垦史初稿》(北京:农业出版社,1984年)第25、26页。
⑦ 张謇:《提议淮南各场推行板晒维持盐权兼顾灶民生计案》,张謇研究中心、南通市图书馆编:《张謇全集》第2卷,第630页。
⑧ 《淮南盐场改晒废煎》,《申报》1929年1月22日,第7版。

沿海的新淤荡地(图7-3),占有沿海荡地面积共4 132 688.85亩。① 其中,分布在淮南盐场范围约388万亩,"举数千万亩蔓草荒烟之地,一变而阡陌相距,田庐相望。"②垦进则盐退,20世纪30年代初,淮南煎灶基本取消。"今因淮南盐垦,盐地皆成棉田,产量大减。"③淮南盐场在道光年间,年产盐约330万桶,咸丰至光绪末年间,基本维持在150万桶左右(表7-3)。到1913年,盐产量为17万吨(约170万桶),尚且占两淮盐产总额42.1%(表7-2)。民国年间,淮南盐场经过裁并,1924年淮南六场合计盐产量约5万吨,已不足两淮总产10%(表7-5)。淮盐生产重心至此转移淮北。濒海土地利用方式、生产格局因此发生改变,淮南、北分别以垦业与盐业为主导,更适合自然资源分布状况,土地利用效率得以提高。但废灶兴垦、废煎改晒,是生产效率、资源配置的优化选择,并非自然环境条件已经不适应煎盐生产,例如启东推行废灶后,当地就出现了贫民因无力购买食盐,自己刮盐泥重新煎盐的现象。④

表7-5 1924—1932年淮南、北盐产量(万吨)

场 区	1924	1925	1926	1927	1928	1929	1930	1931	1932
淮南六场	5.57	5.79	4.21	0.52	4.57	1.80	1.34	3.08	6.13
淮北四场	54.07	42.51	36.32	34.97	40.71	52.54	9.45	21.27	41.31
济南场	32.57	24.64	22.04	19.99	24.43	34.83	2.15	8.67	16.87
两淮合计	59.64	48.30	40.53	35.48	45.28	54.33	10.79	24.34	47.44
淮南占比	9.3%	12.0%	10.4%	1.5%	10.1%	3.3%	12.4%	12.6%	12.9%

资料来源:江苏省地方志编纂委员会《江苏省志·盐业志》,南京:江苏科学技术出版社,1997年,第97—98页。

① 孙家山:《苏北盐垦史初稿》,北京:农业出版社,1984年,第82页。
② 李积新:《江苏盐垦经济观》,《农学》1926年第3卷第3期,第78—98页。
③ 李长传:《江苏省地志》,台北:成文出版社,1983年,第163页。
④ 《财政日刊》1934年第1961期,第2—4页。"启东地瘠民贫,更值荒年之际,贫苦细民,无力购盐,又难安淡食,挖取盐泥,肩挑龁水,意在自用者,法无明文禁止。……现今启东人民,挖取盐泥,日益增多,动辄万人以上,均用小车搬运,每人至少必至数百斤之多,以每日计算被刮盐泥,均在数万斤,以之沥卤煎盐,为数至巨,……将有恢复废灶基地筑墩淋卤之举,税警查禁,恃众反抗。"

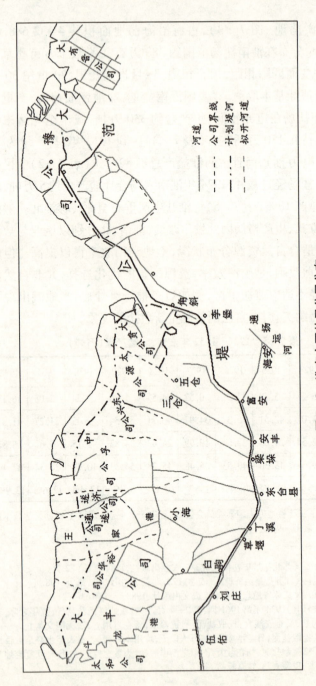

图 7-3 淮南主要盐垦公司分布

资料来源:《江苏盐垦》图,《地政月刊》1933 年第 1 卷第 12 期,第 1 页。

4. 盐斤加价、盐税沉重

晚清盐课不断加征导致盐政败坏,是清末盐价增高、煎盐本重利薄加剧的又一个不可忽视的原因。盐税历来是清政府岁入重要来源,淮南盐课在清廷财政中长期占据突出地位,在全国盐课中的比例约49%。① 清末内忧外患,为应付财政危局,场课、引课等正课外,创设了盐厘、出现名目繁多的加价。两淮每引盐从最初只征正课银几钱,以后正杂各课不断加征,到清末,每引盐征各种价银五两五钱二分五厘,盐厘银四两六钱②,各种课额加征最终都归结在盐引上,引课日益加重③,税率高涨。以至淮南盐场课税为全国之最(表7-6),淮南四岸加价为正课的13—16倍之多。④

表7-6 清末各盐区盐税税率对比(1910年)(两,库平银)

	销 区	税率(当地秤每百斤)
长芦	直隶 河南 天津 北京	1.02 1.01 0.96 0.79
两淮	淮南四岸 淮南食岸 淮北食岸 其他各岸	3.25—3.61 0.53—1.13 0.78 1.24—1.91
两浙	东西纲地、苏五属引地 肩住引地 温、台、处三属地	1.19—1.52 0.24—1.00 0.06—1.32
四川	滇黔官运 计岸官运 济楚官商运 票盐	1.05—1.62 1.16—1.54 0.71—0.75 0.96—1.08

---

① 陈锋:《清代盐政与盐税》,郑州:中州古籍出版社,1988年,第171页。
② 民国《南陵县志》卷15《食货》。
③ 陈锋:《清代盐政与盐税》,第155页。
④ 丁长清、刘佛丁:《民国盐务史稿》,北京:人民出版社,1990年,第17页。

续　表

销　区		税率（当地秤每百斤）
云南	正岸 边岸	2.47—5.16 2.98—3.55
东三省		0.43
福建 两广		0.73 2.4
河东	山西 陕西 河南	1.44 1.45 1.7

资料来源：丁长清、刘佛丁：《民国盐务史稿》，北京：人民出版社，1990年，第18页。

咸丰军兴后创设盐厘，成为晚清盐课的重要组成部分，最早征收盐厘的便是两淮盐场。盐厘征收，完全是为了筹措军需，"抽厘为济饷之举"①。随着清廷财政困难，各种盐厘不断增多，甚至预征②。盐厘外，晚清最常见的盐课便是各类名目的盐斤加价，各种大型需费几乎都要搜刮盐课，"新政举行，罔不取诸盐利"③，已成为清廷补救财政的惯用手段④，大都用来补足军费和筹措赔款。不仅加价数额巨大⑤，且盐斤加价名目繁多，如外债赔款、练兵经费等等。突出者如因1894年甲午海战，清廷每斤加价2文，谓之海防筹饷。中日议和后，又以该项加价转为旧案赔款；1901年庚子赔款数额更大，清廷对各省盐斤一律加价4文，谓之新案赔款；1908年实行禁烟，土药税收因此减少，食盐再次加价4文，谓之抵补药税。⑥ 自光绪二十一年（1895）至三十四年（1908），淮南盐场的江西省销区（西岸）共加价8

---

① 《清盐法志》卷3《通例·征榷门》。
② 《清盐法志》卷153《两淮·杂记门》。"近年淮销疲滞，捐输重叠。本年又令淮南运商预征盐厘一百余万两，商人迥不如前……"
③ 《清史稿》卷123《食货志盐法》。
④ 陈锋：《清代盐政与盐税》，第140页。
⑤ 同上书，第141页。光绪之前加价一般每斤一、二文，光绪年间少则每斤二文，多则四文。
⑥ 丁长清、刘佛丁：《民国盐务史稿》，第16—17页。

次,每斤共增价22文,官价由每引21两上涨为28两3钱6分,而零售价格则上涨一倍还多。① 据陈锋先生考证,湖南一省光绪朝的加价多达十一项,少则每项数千两,多则数十万两,且一直沿用。② "马关条约"更使清廷财政陷入破产境地,此后又以盐税作为担保,大量举借外债,到善后借款成立前,盐税收入曾作为庚子赔款、币制借款、克里斯浦借款等12种借款的担保,实际负担额约2 000万海关两。③

另外,各类盐斤加价、盐厘往往成为清末盐价的主要部分。以南陵县为例,除临时加价外,其他各项每年合计十两余,是盐厘的三倍(表7-7)。折算为每斤食盐各项加价合计超过25文,当地官定盐价约每斤45文。④ 引课、场价、运费、盐斤加价、盐厘及官吏额外勒索均汇入运盐成本中,官盐价格上涨,私盐愈加泛滥,官盐滞销愈严重。又加剧引滞课悬,相互交织,恶性循环。⑤ 总之,不断增加的盐课,大大加重了淮盐负担。淮南盐业非但没有得到清廷的投入与扶持,反而盘剥加重。使得本已十分脆弱的煎盐生产面临绝境。"今税捐繁重,限止自由,盐民不能胜任负担,十分之九停烧,盐产量大减。"⑥盐引积压,资本占搁,制约了商、灶投入煎盐生产的能力。

表7-7 清末南陵县盐斤加价名目

盐斤加价名目	每引课额(每引600斤)
盐厘	每引征收库平银三两八钱
新盐厘	光绪二十七年起每引征收库平银八钱
海防加价	光绪二十七年起每引征收湘平银一两
安徽练军加价	光绪二十七年起每引征收湘平银一两
偿款加价	光绪二十七年起每引征收库平银二两四钱
续添安徽偿款新加价	光绪二十九年起每引征曹平银一两一钱二分五厘

资料来源:民国《南陵县志》卷15《食货》。

---

① 《江西盐政纪要》第二编第四章,丁长清、刘佛丁:《民国盐务史稿》,第17页。
② 陈锋:《清代盐政与盐税》,第140—141页。
③ 丁长清、刘佛丁:《民国盐务史稿》,第29页。
④ 周庆云:《盐法通志》卷67《转运十三·盐价二》。
⑤ 郭正忠主编:《中国盐业史》古代编,北京:人民出版社,1997年,第767页。
⑥ 《启东盐民生活片段》,《健康生活》1934年第1卷,第2期,第73页。

5. 移笕乏力

晚清至民国初,淮南盐场因经济环境变化而导致新亭场投入乏力,旧亭场又因"海势东迁"、土壤淡化而盐产下滑,正是咸丰军兴以来淮南盐产长期短绌的直接原因。正如民国年间李积新所言:"沧桑变迁,沙圩成陆,旧时亭荡潮汐不至,卤质日淡,地遂宜于垦而不宜于盐,盐产因以日绌。而盐商仍限于旧制,无术更张。"①因此,在新亭场投入不足、旧亭场产量不断下滑的情况下,淮南盐产必然短绌。虽然仍可通过"移亭就卤"增产,但经济环境变化导致"亭场移笕为难"②。若盲目增产,又适得其反。

咸丰军兴,淮南盐业生产破坏严重,以往移笕的新亭场遭到荒废。③ 咸丰八年,"淮南二十场亭鏊大半荒废"④。乾、嘉、道淮南盐场鼎盛时期,年产盐约33万吨(330万桶),1858年额产仅为129万桶(表7-3)。战乱平息后,清廷欲加快恢复,"荒废者修之,距海远者移之。"⑤但此时的经济环境下,盲目增产反而使淮南盐场产运销更为困难。并通过影响食盐运销环节进而影响增产效果,增产未必增收,反受其害。同治五年(1866),江路逐渐廓清,销路缓慢恢复,在官府推动下,盐产快速增加。到同治六年(1867),额产比1858年几增加一倍(表7-3),但邻盐侵灌依旧,淮南盐引仍存在大量积压。⑥ 同治十年(1871),鄂、湘两岸共积压盐引高达七十万引(约140万桶)⑦,几乎为一年额产。直到光绪初年,仍然销售受阻。⑧ 销售不旺,盲目增产,导致食盐积压,资本被大量占搁。杜文澜一针见

---

① 李积新:《江苏盐垦经济观》,《农学》1926年第3卷第3期,第78—98页。
② 《清盐法志》卷101《草荡》。
③ 光绪《重修两淮盐法志》卷30《场灶门·亭池》。"因海势东趋,卤气日薄,曾于咸丰元年饬令觅地移笕亭场,名为新亭,各场均遵办有案,乃停纲之后,任其荒废,至咸丰七年,……查亭鏊仅存十分之六七"。
④ 《清盐法志》卷109《场产门十·产额》。
⑤ 民国《续修江都县志》卷5《盐法考》。
⑥ 光绪《重修两淮盐法志》卷55《转运门》。同治七年,两江总督兼盐政曾国藩奏:"……查鄂湘两局积压淮盐不下十余万引,存数极多,销数极滞,而川私纷至沓来,较前尤盛"。
⑦ 光绪《重修两淮盐法志》卷55《转运门》。
⑧ 光绪《重修两淮盐法志》卷29《场灶门》。"近来产浮于额,以致盐积如山,成本占搁,积成坐困之势"。

血地指出了盲目增产后的弊端①,有产无收,透私更甚。

　　同时,经济环境变化对煎盐的生产投入也产生了明显阻碍。移亭就卤需要资金投入,煎盐本重利薄,商、灶往往借贷度日,铺设新亭的积极性受到抑制。同治年间,两淮盐运使丁日昌巡查淮南各场,虽各场荡草、卤气并不存在问题,但"惜无殷商建立亭场"②。移笕亭场一般每副约需要银130—250两不等,花费不菲,也比修复亭场花费高。③ 加上官府盐引时常积压,场商资本占搁,此项投入更加不易。又如吕四"场境之北向有荡地,计可置百余面,实为草丰卤足之区,约计新笕一亭,挑塘、筑墩、起建灶屋、买置鳖口,统需成本二百数十千文,现在租商皆系凑集之资,断不能筹此巨款创立新亭,似非另招殷商不能集事。"④

　　到光绪年间许星璧查勘盐场时,移亭就卤的困难更为明显。因"场商资本多不充裕,灶丁困苦已达极点,加之近年以来灶丁则因草贵食昂,受累场商则因本重钱贱暗亏"⑤;恢复生产,移笕亭灶、匀配草荡、疏浚沟河等措施,都需要大力筹款投入,"今商灶情形如此,已觉揢柱维艰,若再责以筹备巨赀举办各事,势必无此力量。"⑥因此,许星璧总结道:"自海势东迁以后,昔日范公堤一带,潮丰卤足之区,

---

　　① 〔清〕杜文澜:《淮盐六弊说》,光绪《重修两淮盐法志》卷157《杂记门》。"同治五年,丁升司因销路渐广,饬增产额,据通泰分司禀定,加增七十六万七千余桶,并旧存为额产二百万桶。……计已需成本三百万串,加以存堆之盐约百万引,占搁成本四五百万串。二共需钱七八百万串。……产盐又旺,一日不收,灶户一日不食,非透私即滋事,只得重利借债以应之。债日多,利日重,渐至挪移无路,而场商遂发发不可终日矣。……今亭鳌太多,场商无力应付……皆因有产无收而致四路透漏"。

　　② 〔清〕丁日昌:《淮鹾摘要》卷3,〔清〕温廷敬编:《丁中丞政书》卷35,沈云龙主编:《近代中国史料丛刊续编》第77辑,台北:文海出版社,1980年,第1321页。

　　③ 同上书,第1316。"掘港场……移笕每副约需三、四百千不等,而复建不过需其大半"。同书卷33第1257页载:"约计新笕一亭,挑塘、筑墩、起建灶屋、买置鳖口,统需成本二百数十千文"。同书卷35 1321页又载"询笕每副亭场,约需二百余千"。据彭信威考证(《中国货币史》,上海:群联出版社,1954年,第537—549页),同治年间约银1两合钱1 600—1 800文。因此,合计笕置新亭需要银130—250两不等。

　　④ 〔清〕丁日昌:《淮鹾摘要》卷1,〔清〕温廷敬编:《丁中丞政书》卷33,沈云龙主编:《近代中国史料丛刊续编》第77辑,台北:文海出版社,1980年,第1257页。

　　⑤ 《盐法通志》卷37《场产十三·产数》。

　　⑥ 同上。

今则距海已遥,亭荒卤淡,场商因循自娱,或因租产而痛痒无关,或系自垣而资本不足,听其荒废,移笼无多,且灶舍、坑池、卤锅、煎鏊布置无法,窳敝不完"①,正是切中要害。因此,即使卤旺,然而荡草价昂、煎盐本重利薄、商力衰耗,移笼势必乏力,徒有增产愿望。②

最后,制度僵化,革新维难,官府"专己自是""安于苟且"③。盐商不思扩大生产,多半坐收利息为主,亭灶荒废,不思技术变革。"场商安享其成,不思振作,吝于接济,惮于休整,以至灶情疲玩。"④因此,张謇感慨道:"试问淮南北各场商,有一人肯为增产而倾资整顿、冒险改良者乎?无有也。"⑤

本章小结

本章以晚清淮盐衰为专题,综合分析了自然环境与社会经济因素的驱动作用及其差异,以往将海岸带自然环境变化作为晚清淮南盐衰的主要原因或根本原因是不正确的。简而言之,淮盐之病,在销不在产。"海势东迁"以来,自然环境并没有改变淮南煎盐的产盐条件,"海势东迁"并非是淮南盐衰的根本原因。但晚清特别是清末民初这一阶段的经济环境变化,使煎盐日益本重利薄,逐渐难以为继,最终消亡;同时,"移亭就卤"乏力并非自然环境条件不具备,而是受到了清末社会经济环境恶化的影响。在驱使淮南盐衰的动力中,自然环境与经济环境相比,前者主要影响煎盐生产环节,后者影响了煎盐产运销的所有环节,且发生了明显不利于煎盐继续维持的巨大变化,其影响显然是主要的。

从淤进型海涂生态演替规律以及丁日昌、许星璧的考察可知,海岸盐作自然环境条件并不缺乏。16 世纪后期至 19 世纪中叶,

---

① 《盐法通志》卷 37《场产十三·产数》。
② 《清盐法志》卷 109《场产门十·产额》。"海势既迁,垦地益辟,荡草之供煎不足,亭场之移笼为难,产额虚增,无补实际"
③ 民国《南通县图志》卷 4《盐业志》。
④ 《盐法通志》卷 27《场产三·物地三》。
⑤ 张謇:《盐业整顿改良被扼记》,张謇研究中心,南通市图书馆编:《张謇全集》第 3 卷,南京:江苏古籍出版社,1994 年,第 521 页。

"海势东迁"最为迅速,两淮盐业也迎来快速发展时期。试想,如果"海势东迁、卤淡产薄"是淮南盐衰的主要原因,那么数百年的"海势东迁"过程中,不可能只在清末民初遭遇了衰退,应当早已难以为继。也就不会出现后续发展以及乾嘉全盛时期,不会持续到清末方才衰落。民国年间,李旭旦曾总结道:"在昔盐产本以淮南为主,后以海滩外涨,卤气渐减,垦务纷起,荡地多放垦。"①此言虽客观,但也掩盖了另一个事实,海滩外涨,远离海潮的滩地卤气减少,相反,新淤荡地的产盐条件依然具备。总之,并非海岸淤涨导致盐衰,晚清至民国年间经济环境的变化已经明显不利于煎盐生产,尽管海岸仍然广泛分布盐作自然资源。

  淮南盐场兴衰明显受明清官府海岸管理行为影响。明清时期,垄断性的"蓄草供煎"、固定的引岸制度是保证淮南煎盐长期兴旺的根本原因。划定引界,垄断生产资料与产销过程,限制了各盐区与不同制盐法的直接竞争。造就了淮南盐场长期繁荣。这种排斥市场经济原则的专制经济活动行为,面对晚清经济环境变化,旧制度已经明显僵化,但清廷依然固守,尽管"盐法不合今情,盐官便于痼疾;故盐愈绌而弊愈甚。"②曾经发挥重要作用的"蓄草供煎"、引岸制度日益僵化,淮南煎盐生产关系依靠旧体制的维系凸显落后,仍占用大量耕地资源、生产效率低下,它们的维持与存在,加剧了人地矛盾。

---

① 李旭旦:《两淮考察记》(15),《中央日报》1934 年 8 月 25 日。
② 张謇:《盐业整顿改良被扼记》,张謇研究中心,南通市图书馆编:《张謇全集》第 3 卷,南京:江苏古籍出版社,1994 年,第 517 页。

第八章 淮北晒盐的产生与发展

淮北盐业是两淮盐业重要组成部分,其发展变迁过程比较特殊。在前章讨论淮南盐作兴衰的基础上,本章以淮北晒盐的产生与发展为中心,进一步分析江苏海岸盐作活动历史过程,考察海岸自然环境与社会经济因素对淮北盐业发展变化的驱动影响。

淮北盐区制盐历史悠久,自明代中叶改晒以来,长期为我国北方四大海盐产区(辽宁、长芦、山东、淮北)之一。今天淮北盐场,与海南的莺歌海盐场、天津的长芦盐场以及台湾布袋盐场又并称中国四大海盐场区。淮北海岸位于江苏沿海废黄河口以北。江苏沿海自赣榆县绣针河口至盐城市新洋港岸段长约184公里、宽约30公里的海滩上,总面积约6500平方公里,均具备晒盐活动的基本条件,自翻身河至临洪河口岸段,土壤质地黏重,渗漏量小,最为适宜大规模晒盐生产。① 这一岸段正属于淮北盐场的范围。

关于淮北晒盐的发展过程,以往认识比较模糊,讨论不全面,将淮北盐业兴起归结于晒盐的优势或淮北海岸的稳定②,也未讨论海岸环境变化与淮北晒盐发展的内在联系,往往认为淮北盐场取代淮南在于晒盐技术的"先进性"。但前文已讨论,所谓晒盐技术"先进性"是相对的,发挥效率离不开具体自然环境、社会经济条件(详见第六章)。实际上,淮北晒盐发展存在曲折过程,以往研究者对此鲜有关注,忽略了淮北晒盐长期被抑制的历史。

淮北晒盐产生与发展是两个完全不同的阶段,并非晒盐一旦形

---

① 陈邦本、方明等:《江苏海岸带土壤》,南京:河海大学出版社,1988年,第129页。

② 参见凌申《黄河夺淮与江苏两淮盐业的兴衰》(《中国社会经济史研究》2011年第1期)。

成,淮北盐业便快速兴起、取代淮南盐场地位,其发展过程远非一帆风顺,自明代中叶晒盐出现,一直到清末民初的数百年内,淮北晒盐始终发展缓慢。

一 晒盐出现

明代中期以前,两淮南北盐场均长期采用摊灰淋卤法煎盐法生产,至迟16世纪中期,淮北盐场已推广晒盐生产。嘉靖《惟扬志》云:"淮南二十五场则皆煎,淮北五场则皆晒。"①另外,据《板浦丁氏族谱》载,明成化三年(1467),海州盐务督办丁永在淮北板浦场改煎为晒②,可能是反映淮北开始推广晒盐的较早记载。

自然环境条件是否具备,是淮北晒盐能够出现、形成的前提,主要包括气候与土质条件两方面。需要注意的是,淮北盐场并非天然具备晒盐的自然环境条件,特别是大规模晒盐所依赖的土质条件是黄河南徙、"海势东迁"的结果。气候相对干燥则是天赋条件,与"海势东迁"无关。

淮北岸段蒸发量较高的气候特征为晒盐形成准备了条件。江苏沿海各地降水量、日照时数分布,以废黄河为界,南北差异明显,淮北岸段年均降水量最低,在盐城、射阳及其以北岸段,年均日照时数为2 300小时以上(见第五章图5-3),年均蒸发量超过1 500毫米,干燥度明显高于淮南岸段(见第五章图5-4)。淮北干燥度明显高于淮南。不过,相对于日照资源、蒸发量等天赋的气候条件,土质是后天所形成、对淮北晒盐的出现更为重要的自然环境条件。淮北晒盐所必需的大规模黏土层得益于12—19世纪数百年内黄河南徙大量的泥沙沉积。但明中期以前,尚缺少大规模滩晒所必需的黏性土壤。某种程度上,缺少特殊土质,便没有淮北大规模晒盐的出现。

---

① 嘉靖《惟扬志》卷9《盐政志》。
② 转引自李洪甫:《稗海流韵·明清小说与连云港人文》,北京:学苑出版社,2009年,第504页。

如第三、五章所讨论,土壤质地与分布的差异对海岸带植被、盐分的分布与演替产生深刻影响,也影响了晒盐、煎盐空间分布。1194年,黄河携带泥沙进入江苏海岸,大量淤泥质黏土层逐步形成,埋伏古沙滩。① 海岸的动态变化,引起不同地形的海水动力过程与泥沙运动规律的差异,又引起沉积物粗细的差异。② 随着滩面淤高和淤宽,淤进型海涂其上部黏性覆盖层逐渐增厚,是上黏下砂二元相结构。③ 1494年后,黄河三角洲淤进速度增快,大量泥沙经过充分分选、沉积,故连云港至灌河口一带快速沉积了大量黏性泥沙,由原来砂质海岸转变为粉砂淤泥质海岸。南起灌河口、北至临洪河一带,成为明清时期黄河三角洲的北扇冲积滩地,是以黄河冲积为主的河积-海积复合体,普遍分布着平均粒径在0.005至0.008毫米的黄色黏土层,并且自黄河口向南、向北,逐渐变薄、变粗。④ 故江苏各岸段土壤质地分布的总趋势是北黏南砂,全岸线物理性黏粒(<0.01 mm)含量淮北高于淮南,并在淮北灌河口附近最高,黏粒含量超过30%。⑤ 而一般黏性土比砂性土含盐量高,土壤含盐量随物理性黏粒含量的增加而增加⑥,并且当土壤黏粒含量大于30%时,随着黏粒的增加土壤盐分增加得更多。⑦

因此,"海势东迁"促进了淮北滩地黏土层增多增厚。壤土、黏土的保卤能力较强⑧,渗透力小、紧密,更有利于晒盐扩大生产。淮

---

① 王宝灿、恽才兴、虞志英:《连云港地区(临洪河口-灌河口)海岸地貌》,陈吉余、王宝灿、虞志英等:《中国海岸发育过程和演变规律》,上海科学技术出版社,1989年,第242页。
② 陈邦本、方明等:《江苏海岸带土壤》,南京:河海大学出版社,1988年,第14页。
③ 同上书,第40—41页。
④ 王宝灿、恽才兴、虞志英:《连云港地区(临洪河口-灌河口)海岸地貌》,陈吉余、王宝灿、虞志英等:《中国海岸发育过程和演变规律》,第242页。
⑤ 陈邦本、方明等:《江苏海岸带土壤》,南京:河海大学出版社,1988年,第38页。
⑥ 宋达泉:《中国海岸带和海涂资源综合调查专业报告集·中国海岸带土壤》,北京:海洋出版社,1996年,第55页。
⑦ 陈邦本、方明等:《江苏海岸带土壤》,第71页。
⑧ 薛自义:《制盐工业手册》,北京:中国轻工业出版社,1994年,第146页。

北岸段(绣针河口至射阳河口之间)土壤质地中高黏粒含量(见第三章图3-7、表3-5),为淮北晒盐的出现准备了的地理条件。明代后期以后,两淮盐场整体上表现为南煎北晒是对海岸土质分布条件的客观反映。同时,"海势东迁"以来,淮北岸段特别是埒子口到黄河口一带,滩地更为开阔,优越的环境条件,为淮北晒盐的发展提供了条件,使淮北滩涂蕴藏了较高的晒盐生产潜能。

总之,伴随"海势东迁",土质变化与滩地不断扩大,为淮北晒盐的兴起提供了自然条件,但大规模晒盐的环境条件具备后,并不会自发兴盛起来,还要受到社会经济状况、官府与民间的投入以及管理制度的制约与影响。

二 16—19世纪曲折发展

若没有成熟的社会经济条件,自然环境条件只为淮北晒盐的繁盛提供了可能与基础。淮北晒盐自明代中后期出现以来,长期未能兴起,直到清末才有勃兴之机,这主要与官府长期采取重南轻北的海岸管理与土地利用政策以及社会经济环境变化的影响有关。淮北晒盐虽然具备较高的生产效率,却并未兴起,产量长期不如淮南,两淮盐作格局长期南重北轻。

1. 官府垄断与抑制

在16—19世纪数百年内,淮北晒盐业整体上可以细分为两个发展阶段:其一长期被抑制的阶段,即明中叶至晚清时期的缓慢发展;其二为晚清以后的快速兴起阶段。自明代中叶出现晒盐,直到清代后期,淮北盐产量一直较低。淮盐格局长期南重北轻,淮南盐产远在淮北之上,持续到清末。"国家海府之利,无大两淮。淮北者,淮南之一隅。两淮额行纲盐百六十余万引,而淮北仅三十万引……旺产亦不下五六十万引。"[①]道光年间淮南岁额1 395 510引,淮北296 982引,淮南占两淮82.5%。占全国海盐总产量28.9%、

---

① 〔清〕魏源:《淮北票盐记》,转自《湖湘文库(甲编)魏源全集14》,长沙:岳麓书社,2011年,第245页。

全国总课银的 65.4%，此两项淮北分别只占 6.2% 与 3.1%。① 此后受社会经济萧条以及太平天国战事影响，销滞产壅，咸丰年间淮南盐场遂陷入困境。后虽经同治、光绪年间恢复发展，但淮南盐产逐渐为淮北超越。

诚然，盐产是官府统计的数字，考虑到透私甚易，故淮北实际产量要高于这些数字。不过，官府长期重南轻北的海岸带管理制度，显然抑制了淮北晒盐兴起。明代中叶以来，淮北盐场开始改晒，但长期为官府抑制，重南轻北。一个重要原因是晒盐透私易，余盐多，对原有的盐业管理体制、盐课稳定有着分化作用，不利于官府控制盐利。因此，打击私盐，也直接影响了淮北晒盐发展。

其一，禁止私自铺滩，杜绝私盐，限制了高效率的滩晒盐工艺发展。

明末至清末时期，淮北盐场长期以砖池结晶法晒盐为主，效率更高的土池结晶滩晒被限制。② 因土池滩晒成本小，易铺设，比砖池晒盐更省工省时，且不容易被官府稽查，透私极易，因此始终被视为非法。为杜绝私盐，官府禁止民间私自铺滩，"私筑盐池者，尽行填塞"③。为加强控制，并便于计征盐课，也规定了盐池规格。"盐池例有定制，不准私筑沙基，亦不准私增宽大，原为杜私晒透漏之弊。"④

泥池滩晒在官府规定与私盐中游离，私晒容易。官府通过规定砖数，以防额产之外透私，但"沙基产盐，天地自然"，但往往"商知之而利之，官知之而禁之。"⑤在九道水池中，最后一道结晶池，按规定必须使用砖池，根本目的是为了核算产出、便于控制，了解产销动态情况。但是结晶池也完全可以不铺砖，直接使用泥池结晶，费用自然更低廉，效率更高。

---

① 《盐法通志》卷96《孙鼎臣论盐上》，转引自黄公勉、杨金森《中国历史海洋经济地理》，北京：海洋出版社，1985年，第172页。
② 〔日〕佐伯富：《清代盐政研究》，《盐业史研究》1993年第3期，第10—24页；王日根、吕小琴：《析明代两淮盐区未取晒盐法的体制因素》，《史学月刊》2008年第1期，第100—106页。
③ 〔明〕陈子龙：《明经世文编》卷357，明崇祯平露堂刻本。
④ 光绪《重修两淮盐法志》卷30《场灶门·亭池》。
⑤ 〔清〕丁毓昌：《淮北三场利弊说略》，光绪铅印本。

沙基即砖池外土质蒸发池,官府一般规定在九道格套晒成卤后,再勘察结晶池的盐产状况。而实际上在"太阳好时,二、三道格皆可成盐。"①但"池丁坚执过九道成盐之说,不肯认沙基可以成盐也。"②目的是为私晒掩护。因为官府"完粮则只勘其中心之砖池大小,定额产若干。"此后私铺沙基逐渐增多,冲击了官盐运销。光绪三年四月,海分司于宝之禀:

> 查北鹾销数疲滞,由于私盐充斥。清源之法首在场灶,而稽查垣产尤以清理池面为最要。查砖池例有定额,不准私放,亦不准私铺。自垣商无力广收,灶户私行透漏,竟有于额池外私筑沙基,任意晒扫,遂致余盐日多,透私日甚。卑职深知此弊,业于二月间派委候补巡检杜保恩等八员分赴板浦中正两场会同场员各带勇役分投查禁,务将沙基一律犁毁。③

从这则文献可知,官府对于打击私盐以垄断盐利毫不含糊,同时也说明淮北私晒极为容易。为此,光绪初年,清廷严禁私自铺设土格、池滩。④并坚持铲除淮北沙基,以杜绝私盐,保证盐课,如对板浦、中正两场共犁毁沙基2 961块,"不任旋毁旋筑,以清私源。"⑤为防止私晒,甚至"滩高水远,池面荒废,无力移铺者,随时铲除。"⑥但禁而不止,私晒始终存在,"砖池以外,广开池基,甚至新基已增,旧滩未划,致产额益无限制。"⑦官员也很无奈,"卑职等每至一圩,必谆谆告诫,不准再行私筑。"⑧可见在条件好的海涂,私铺土格(海盐晒盐池)、沙基已然十分普遍。

---

① 〔清〕丁毓昌:《淮北三场利弊说略》,光绪铅印本。
② 同上。
③ 光绪《重修两淮盐法志》卷30《场灶门》。
④ 光绪《重修两淮盐法志》卷30《场灶门·亭池》。"凡于养水滩之外,另有土格者,随即押令一律铲除"。
⑤ 《盐法通志》卷30《场产六·穿筑二》。
⑥ 《盐法通志》卷37《场产十三》。
⑦ 《清史稿》卷123《食货志·盐法》。
⑧ 光绪《重修两淮盐法志》卷30《场灶门·亭池》。"临浦各疃,距海较远,向系汲井晒扫,工力既费,卤气亦淡,而所汲之水仅敷养水滩晒扫,是以不遑再筑沙基,当此功令森严之际,谨当随时赴圩严行查禁,断不敢因本无沙基,稍涉大意"。

其二,销售市场长期有限。产与销相比,淮北晒盐兴衰,并不在于产能,而在于是否能够拥有足够的销售市场。而这一点恰是淮北盐场的不足。在两淮盐场中,淮北晒盐的生产过程与生产要素最不容易为官府所控制,灶民利用简易生产要素即可私自晒盐。而淮南煎盐的生产要素例如荡地、荡草、潮墩、劳动力等等都容易被控制①,因此,官府将最大的食盐消费市场(引地)长期给了淮南盐场。

值得注意的是,在全国的盐产区分布格局上,有一个突出的特点,即中部湖南、湖北、江西、安徽四省均不产盐②,但食盐人口众多,近一个亿的庞大食盐消费市场,成为全国规模最大的食盐引地,谁拥有了这一最大的销售市场,盐业势必繁荣。有趣的是,明清政府将湘、鄂、西、皖四省引地几乎全都划归两淮盐场,有了庞大的销售市场,这显然促进了两淮盐业长期的繁荣发展,在全国盐产中取得最为突出的地位。

但淮北盐场的引地范围远小于淮南盐场(图 8-1),据光绪《重修两淮盐法志》卷 19《图说门》、民国《盐法通志》卷 6《疆域六·销岸三》记载,淮北盐场纲盐引地只有皖岸四府三直隶州、豫岸一府一直隶州。远小于淮南纲盐的湘、鄂、西、皖四岸共三十一府三直隶州。就食盐人口而论,以乾隆四十一年(1776)为例,淮北纲(豫岸、皖岸)、食(江苏)各岸在清代中叶人口合计为 2 770 万。③ 淮南引地范围内的食盐人口合计约为 6 000—8 000 万。④ 官府垄断销售市场,将全国最大的销售引地划给了淮南煎盐,是对淮北晒盐兴起的重要抑制,当然也成为促进淮南盐场长期繁盛的重要原因。

---

① 王日根、吕小琴:《析明代两淮盐区未取晒盐法的体制因素》,《史学月刊》2008年第 1 期。
② 湖南、安徽、江西为纯销区,不产盐;湖北西部有少量产盐,清代后期麻城曾出现膏盐,数量也有限。20 世纪中期湖北境内探明分布有大量岩盐资源(参见唐仁粤主编《中国盐业史》地方编,第 499 页)。
③ 乾隆四十一年(1776)人口数字参见葛剑雄主编、曹树基著《中国人口史》(清时期)第 5 册(复旦大学出版社,2002 年)第 87、101、358、361 页。
④ 葛剑雄主编、曹树基著:《中国人口史》(清时期)第 5 册,第 467—468、505、535、540、553 页。1776—1851 年间,五省食淮南盐人口约 6 000—8 000 万。

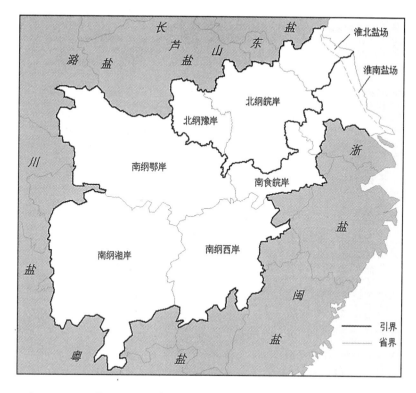

图 8-1　明清时期淮南、淮北盐场的引地范围

说明：明清两淮盐场的销售引地范围整体未变，个别县的引界微调，本图未反映。据康熙、光绪《重修两淮盐法志》与《盐法通志》。

因此，在专制政治的干预下。僵化的销岸制度、市场狭小等原因，严重束缚了淮北晒盐生产潜力，延缓了淮北晒盐兴起。

2. 废引改票

清代中叶淮北盐务积弊沉重，纲法壅滞，由陶澍力推的废引改票，通过降低运销成本，一度刺激了淮北盐业发展。

淮北部分引地废引改票的具体做法都反映在《试行票盐章程》中①，主要包括裁革专商，听民贩自由贩运，"不论资本多寡，皆可量

---

① 道光《淮北票盐志略》卷2。

力运行";裁汰浮费,减轻课税,这是改革的关键之一,陶澍奏请革除窝价、岸费、场费等浮费银达 260 万两,浮费的裁减和课税的减轻,使盐价大减和食盐的畅销成为可能。① 另外,还包括了改变运盐道路,减少运盐手续等,以便减少运盐成本。自改票后,盐价大减②,销量大增,"不但正课复归正额,每年销盐至四十六万引,除奏销淮北正杂课银三十二万两外,嗣又带销淮南悬引二十万,纳课银三十一万两。是淮北之课较定额又增两倍矣。"③同时,这种刺激也同时加大了私晒规模的扩大。运商抢购,以至桶价上升,池商遂"相率私铺池面",产量增加更快④。

由此可见,废引改票主要在裁汰冗费,降低盐价,以便促销,最终恢复盐课收入。而对淮北盐场打击私盐的管制与规定并未改变,仍对淮北盐场加强砖池检查与使用。例如道光十九年(1839),"禁池丁私铺盐池,及将池面私放宽大,并令青口三疃土池一律铺砖。"⑤

其后,这种裁汰浮费,降低成本的方法对淮北以及淮南部分引地发生过效果,有利于两淮盐产的稳定,但咸丰军兴后,清廷为应付危局,又多方征收捐税,官盐价涨,销售又日见壅滞。到同治年间,票盐法已非往日之貌,"捐输票本"更使得原来的票盐有名无实。⑥淮北盐重又滞销,主要原因在于官盐价格重新高涨,超过了私盐。这种滞销不旺的状态一直延续到光绪末年。

三 清末民初晒盐勃兴

官府对盐业生产的全面干预,划定引界、垄断生产资料与销售

---

① 郭正忠主编:《中国盐业史》(古代编),北京:人民出版社,1997 年,第 815 页。
② 〔清〕陶澍:《淮北票盐试行有效请将湖运各畅岸推广办理酌定章程折子》,《陶澍集》,长沙:岳麓书社,1998 年,第 217—218 页。"自票盐到境,盐价顿减"。
③ 〔清〕王守基:《两淮盐法议略》,《续文献通考》卷 36《征榷八》,第 7897 页。
④ 〔清〕丁日昌:《淮鹾摘要》卷 2,〔清〕温廷敬编:《丁中丞政书》卷 34,沈云龙编:《近代中国史料丛刊续编》第 77 辑,台北:文海出版社,1980 年,第 1294 页。"除四十六万引正额,另派江运八万引外。存廒者积至三、四纲之多"。
⑤ 《盐法通志》卷 30《场产六·穿筑》;《清盐法志》卷 103《亭池》中记载:道光十九年,禁池丁私铺盐池,及将池面私放宽大,并令青口三疃土池一律铺砖。
⑥ 郭正忠主编:《中国盐业史》古代编,第 820 页。

市场、限制竞争等，既维持了淮南煎盐的繁盛生产，也抑制了淮北晒盐生产力。一旦僵化的旧制度崩溃，淮北晒盐势必兴起。清末政衰、管制松弛，禁令形同虚设，"于额池外私筑沙基，任意晒扫，遂致余盐日多，透私日甚"①。私晒已然公开化，潜在产能被激发。为接济陷入困境的淮南盐场，淮北盐场迎来快速发展的历史机遇。

光绪三十三年(1907)，淮南因盐不敷销，清廷于淮北埒子口苇荡左营增铺新池，谓之济南盐池。② 全采用新式八卦滩，即泥池滩晒盐田，占据了废黄河口北侧苇荡左营大量的开阔滩地。包括大德、大阜、公济、大源、大有晋、裕通、庆日新等七个制盐公司，简称济南七公司，资金雄厚，规模宏大。修筑新式八卦盐滩1 000余份。据清末民初《最近盐场录》载，1910年济南场为17万担，1911年为13万担，1912、1913年又分别38、88万担。③ 后经过扩建，到民国年间包含7个公司，铺建145条圩子，建滩1 160份，拥有淮北一半的池滩，盐产量更占淮北约七成，如1929年淮北四场共产盐52.54万吨，其中济南场为34.83万吨，占66.3%④，号称"淮北一巨擘"⑤。

济南场的设立，是为接济淮南不足，专销湘、鄂、西三地，如民国八年(1919)淮北四场中，板浦、中正、临兴销售总额为7.3万吨，但济南一场针对原淮南销区的湘鄂西三地共销售总额10万吨⑥。此时，淮南原有的湘鄂西销区逐渐改为销售淮北济南场盐，淮南盐场销区只剩江苏部分地区而已⑦。以往淮北销区狭小，到民国初年快速扩大，占据了淮南大部分销区（图8-2），显然直接促进了淮北晒盐快速兴起。

---

① 光绪《重修两淮盐法志》卷30《场灶门·亭池》。
② 《清史稿》卷123《食货志四·盐法》。
③ 民国《最近盐场录》，曹天生点校，《近代史资料》第101号，北京：中国社会科学出版社2001年，第31页。
④ 江苏省地方志编纂委员会：《江苏省志·盐业志》，南京：江苏科学技术出版社，1997年，第97页。
⑤ 同上书，第47页。
⑥ 盐务署盐务稽核总所编：《中国盐政实录》，《文海出版社》,1933年,77—78页。
⑦ 同上书,171页。

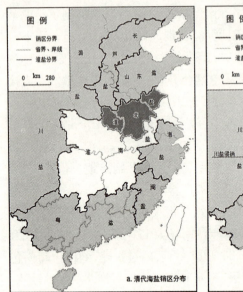
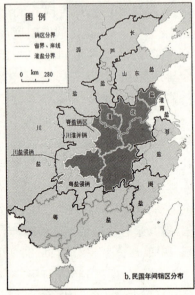

图 8-2　清与民国年间淮南、淮北盐场销区变化

说明：底图根据复旦大学 CHGIS 数据（1820 与 1911 年），以及谭其骧主编《中国历史地图集》（第七册、第八册）编绘。清代两淮盐场销区范围根据《盐法通志》《清盐法志》整理；民国年间销区变化根据《中国盐政实录》79—82 页（淮北）、171 页（淮南）、232 页（湘岸）、262 页（鄂岸）、293—294 页（西岸）、312 页（皖岸）、451—461 页（两浙）、614 页（松江）、668—669 页（福建）、730—732 页（两广）、1164—1165 页（长芦）、1448—1451 页（山东）整理绘制。

可见，长期被抑制的产能，在清末终于迎来机遇，趁清末淮南煎盐产不敷销，砖晒（砖池结晶法）逐渐废弃，滩晒（土池或泥池结晶法）公开化，淮北晒盐规模因此快速扩张。这主要得益于淮南盐业停滞不前，难以满足市场需求。同时，清廷时局维艰，财政困难，更加迫切需要依赖增加盐课收入。故官府为稳定盐课收入，竭力保证盐业经济，逐渐放开了对淮北大规模滩晒盐的控制，借北济南。淮北因此销售快速上升，投资也加快，先前大量被闲置的产能快速被利用起来。

淮盐生产格局也正是在清末民初逆转。到 1913 年，淮北盐产统计比例首次超过淮南（表 8-1），正如胡焕庸在《两淮水利盐垦实

表8-1 清末民初两淮盐产格局变化(担)

场区	1910	1911	1912	1913
淮南	2 009 912	2 417 902	2 411 445	2 880 537
淮北	1 471 667	675 207	2 285 477	3 968 265
淮南比例	57.7%	78.2%	51.3%	42.1%
淮北比例	42.3%	21.8%	48.7%	57.9%

资料来源：民国《最近盐场录》(曹天生点校,《近代史资料》第101号,北京:中国社会科学出版社2001年,第31页)。

录》中概括道:"北盐渐盛,南盐渐衰,盖在清末已见其端倪矣"。此后持续上升,至民国年间废灶兴垦以后,淮北盐产已基本取代淮南,淮南六场合计尚不如淮北一场产量①,至此,淮北盐场成为两淮盐场的重心,淮盐长期以来南重北轻的格局发生逆转,是淮盐发展史上重大的历史转折。

本章小结

本章以淮北盐场为中心,讨论在海岸带自然过程的背景下,淮北晒盐产生与发展、两淮盐作重心北移的历史过程,重点分析了明清官府重南轻北的海岸带管理政策对淮北晒盐兴起的重要影响,探讨了海岸自然环境与社会经济因素对淮北晒盐产生与发展过程的驱动作用及其差异。

从淮北盐业发展历程可见,淮北晒盐的出现与兴起,同样得益于"海势东迁"、滩地淤涨。某种程度上看,清末淮北晒盐的兴起,也是一种长期被压抑的产能急剧的释放。能够压制产能的便是明清官府重南轻北的海岸管理政策。

适宜的气候条件、海岸淤涨带来的大面积黏土层,为淮北海岸较早产生淋卤晒盐提供了重要自然条件。不过,为控制盐税收入,官府长期重煎抑晒(重南轻北),无疑是妨碍淮北晒盐发展的关键

---

① 江苏省地方志编纂委员会:《江苏省志·盐业志》,第97—98页。

因素。实际上,官府对煎、晒盐生产的区别态度,可能源自历史上著名的"李孜日炙盐案"①,官府为稳定盐课,防止晒盐透私侵蚀盐课,对北方海岸天然日晒盐的采取了消极态度,影响深远。

煎、晒相比,煎盐更利于国家严密控制盐业生产的组织、配套生产资料,晒盐易加剧余盐增多,引发私盐②。因为煎盐生产依赖的基本生产资料(荡草柴薪、煎盘锅具等),官府规定只能由官府拨给、铸造,通过控制基本生产资料进而控制了生产。但晒盐不需要煎煮,官府很难通过控制生产资料进而控制晒盐生产。换言之,难以控制盐产规模、易透私的特点,是明清官府消极对待淮北晒盐的根本原因。这种消极态度反映在两淮内部销区的分配上,淮北盐场在盐产规模与销区范围上都长期远低于淮南盐场。

明清官府无视淮北晒盐较高的生产效率,长期坚持重南轻北(重煎抑晒)政策,扭曲的资源配置,降低了两淮整体盐作效率,使得原本可以扩大产能的淮北晒盐被抑制,通过垄断方式又使得日益本重利薄的淮南煎盐得以延存。直到清末民初,淮南盐衰难以维系,为稳定两淮盐利,清廷遂采取以淮北接济淮南的办法,最终淮北晒盐取得了大部分淮南销区,销售市场的扩大直接刺激了淮北晒盐的快速发展。

总之,淮北晒盐尽管产生较早,但发展缓慢,长期未能兴起。导致这一现象出现的原因中,自然环境与社会经济因素的驱动作用存在显著差异。淮北岸段优越的环境条件的确促进了晒盐产生、蕴藏了较高的生产效率,但何时能够兴起、走向稳定生产与规模化,显然社会经济条件的影响才是关键。

---

① 《金史·食货志·盐》载,大定二十三年(1183),山东博兴盐民李孜所获非刮碱非煎的"日炙盐"(日晒盐),尽管根据当时法律不能定为私盐,但官府意识到这种生产方法不易控制,故为杜绝后人效仿,防止"日炙盐"扩大侵蚀盐课,仍对李孜加以定罪。
② 叶锦花:《福建晋江浔美盐场制盐技术考》,《四川理工学院学报(社会科学版)》2013年第5期。

第九章　重盐轻垦：海岸农作、渔作活动

除前述各章考察的海岸盐作活动外,历史时期海岸农作、渔作活动也是江苏海岸社会经济变迁的重要内容。在16—19世纪海岸快速淤涨背景下,海岸农作活动产生了怎样的时空变化,驱动机制如何,对海岸盐垦关系转变有何影响,将是本章重点讨论的主题。此外,历史时期江苏海岸渔业尽管长期存在,但规模比较小,积累的历史资料很少。因此本章以海岸农作活动为主,海岸渔作活动仅作一般介绍,没有展开时空特征与驱动分析。

以往学界对江苏沿海农作活动的研究颇为丰硕,并以张謇这一特殊人物为中心,广泛讨论了与江苏盐垦、土地利用变化等方面问题,论著颇多。[1] 显然,这也是一个比较成熟的传统研究领域,但对海岸环境变化背景下农作活动以及盐垦转变仍缺乏比较全面地考察。本章即以海岸农作活动为中心,揭示海岸土地利用变化的时空特征,并综合分析自然与社会经济因素的驱动作用。

自黄河南徙,海涂淤涨,江苏海岸农作活动进入新的发展阶段。

---

[1] 孙家山:《苏北盐垦史稿》,北京:农业出版社,1984年;严学熙:《张謇与淮南盐垦公司》,《历史研究》1988年第3期;刘淼:《明清沿海荡地开发研究》,汕头:汕头大学出版社,1996年;王树槐:《江苏淮南盐垦公司的垦殖事业1901—1937》,台湾中研院《近代史研究所集刊》1985年第14期;于海根:《民国期间苏北淮南盐区的废灶兴垦事业》,《盐业史研究》1993年第1期;严学熙:《张謇与中国农业近代化——论淮南盐垦区》,《论张謇——张謇国际学术研讨会论文集》,1993年;赵赟、满志敏、方书生:《苏北沿海土地利用变化研究——以清末民初废灶兴垦为中心》,《中国历史地理论丛》2003年第4辑;应岳林、巴兆祥:《江淮地区开发探源》,南昌:江西教育出版社,1997年;方明、宗良纲:《论江苏海岸变迁及其对海涂开发的影响》,《中国农史》1989年第2期;刘淼:《明清沿海海荡地屯垦的考察》,《中国农史》1996年第1期;赵赟:《苏皖地区土地利用及其驱动力机制(1500—1937)》,复旦大学博士学位论文,2005年。

明清时期,官府在江苏海岸施行重盐轻垦政策,延续了约 500 余年,
直到清末才出现官府公开放垦,规模也十分有限。到 1914 年以后
方出现大规模废灶兴垦,江苏海岸土地利用由以往长期盐作主导开
始转向垦作主导的新阶段。

一 沿海农作

江苏沿海滩涂开发历史悠久,除了盐作活动外,也长期存在农
作活动,整体上农作活动发展变迁经历了三个阶段:一是北宋泰州
捍海堰兴筑后的大规模开发,即宋元以来至清代后期,长期在盐为
重的经济格局下,潜行着逐渐扩大的私垦形态,并随着"海势东迁"
而逐渐扩展。① 二是清末民初南通实业家张謇发起的垦牧活动,持
续至民国时期的废灶兴垦。三是 20 世纪中叶以后的大规模围垦海
涂开发活动。②

伴随海涂演替以及海岸社会经济环境变化,海岸土地利用变化
存在自西徂东、由南而北的变化。③ 不过,明清时期海岸农作活动存
在不断东扩的特点,其背景便是黄河南徙、大规模滩涂不断淤成。
伴随草滩带淤宽淤高,宜耕带也逐渐向东扩展。可以说,这种潜行
在盐作活动之后的农作活动从一开始便如影随形,不断东扩。此
外,一般认为沿海荡地经历了禁垦、放垦,再到兴垦的三个阶段。④
但实际上,明清时期,禁与放更多地表现为阶段性反复,难有一个清
晰地可以区分禁与垦的时间界限,是阶段性盐垦纠纷交织调整的
反映。

---

① 方明、宗良纲:《论江苏海岸变迁及其对海涂开发的影响》,《中国农史》1989 年第 2 期。
② 王艳红、温永宁、王建、张忍顺:《海岸滩涂围垦的适宜速度研究——以江苏淤泥质海岸为例》,《海洋通报》2006 年第 2 期。
③ 赵赟、满志敏、方书生:《苏北沿海土地利用变化研究——以清末民初废灶兴垦为中心》,《中国历史地理论丛》2003 年第 4 辑;方明、宗良纲:《论江苏海岸变迁及其对海涂开发的影响》,《中国农史》1989 年第 2 期。
④ 参见刘淼:《明清沿海荡地开发研究》,汕头:汕头大学出版社,1996 年,第 72 页;赵赟、满志敏、方书生:《苏北沿海土地利用变化研究——以清末民初废灶兴垦为中心》,《中国历史地理论丛》2003 年第 4 辑。

1. 明清兴灶禁垦与盐垦争地

这一阶段受明清官府兴灶禁垦的海岸带管理政策影响,荡地虽然不断出现垦作活动,但一旦危及盐作活动与盐课,便容易遭遇法令禁止。禁垦是官府专制性海岸带管理,但私垦的存在,则是海岸带自然过程的客观反映。滨海荡地的土地利用政策更多地表现为禁垦与开垦的反复,荡地开垦的不断扩大,正是由于海涂不断淤涨的自然过程所导致。

明代禁与垦　余荡可耕

早在宋元时期,虽官府禁垦,往往豪强侵占荡地,私垦不断。"诸场煎盐柴地,旧来官为分拨,初非灶户己业,亡宋时禁治豪民,不许典卖,亦不许人租佃开耕,今知各场富上灶户往往多余冒占,贫穷之人内多买柴煎盐,私相典卖,开耕租佃,一切无禁,今后运司严加禁治。"[①]

明初洪武年间,为了稳定滨海煎盐生产,官府一方面严禁逃亡,同时也配给一些土地,让灶民耕种,以免随意逃走,对滨海荡地的开垦也并非完全禁止。"明初仍宋、元旧制,所以优恤灶户者甚厚,给草场以供樵采,堪耕者许开垦。"[②] 故在官府的特许下,滨海荡地存在非常零星且数量极微的垦种活动。[③]

数十年后,伴随荡地开垦日多,特别是豪强灶户的侵占荡地,逐渐威胁煎盐荡草供应,至景泰元年(1450),诏令:"各运司、提举司及所属盐课司,原有在场滩荡供柴薪者,不许诸人侵占。"该法令改变了洪武年间"勘垦种者"可以开耕的旧制。对于盐用荡地,无论灶户、民户均不许开垦,景泰诏令的原则,为后世遵行。[④]

但经过一段时间,荡地兼并便又出现,"灶户芦场草荡,亦为富豪所据"。[⑤] 这与明代赋役制度有一定关系。明代灶户受里甲与盐

---

① 《元典章·户部》卷8。
② 《明史》卷80《食货志·盐法》。
③ 孙家山:《苏北盐垦史初稿》,北京:农业出版社,1984年,第77页。
④ 刘淼:《明清沿海荡地开发研究》,汕头:汕头大学出版社,1996年,第64页。
⑤ 《明宪宗实录》卷263"成化二十一年三月己丑"条。

务两套行政系统影响,一方面他们承担了部分田赋,另一方面又承担了盐课,但官府一般首先考虑盐利,对灶户有优惠政策,"灶户每一大丁免田百亩",富裕灶户往往多利用这一便利政策,在滨海荡地侵占了很多田地,但并不承担相应的赋税。① 民、灶政策的差异,促使了灶户荡地私垦获利,但"殊不知优免之惠徒能利殷富,不能及于贫难。夫贫者身亲在场供办则又无田可免,其有田堪免者多系挂名灶籍之人。"②"以至奸豪之徒巧伪百出,在灶丁既利优免之多,每受寄富民之田。在富民亦利徭役之轻,多诡寄灶户之籍。"③

一般而言,禁止荡地开垦的法令越严格,反而说明荡地占垦越普遍。④ 相比清代而言,明代对荡地开垦特别是堤西老荡,并未严禁,反而很多开明官员鼓励"余荡开耕",这种观念无疑是十分明智的,从海岸带自然过程与社会经济过程的相互关系看,显然属于因地制宜之举。实际上,盐务官员反对的是豪强私占荡地,危及盐业稳定,并非反对灶户垦种余荡。

弘治元年(1488),两淮巡盐御史史简在《盐法疏》中所言:"近年草荡有被豪强军民、总灶恃强占种者……致使草荡日见侵没,盐课愈加亏兑。"⑤如弘治《两淮运司志》载泰州分司兼并、占耕情形:

> 判官徐鹏举查勘各场军民侵占,悉令退出还官,分给灶户,栟茶场西草荡一处为通泰等处人民占种,弘治元年……查勘还官,随复占种,弘治三年……给贫灶,岁久仍废,弘治十三年……清查新立界墩木牌,明白四至,分拨各场灶丁营业,永无弊矣。⑥

---

① 徐靖婕:《盐场与州县——明代中后期泰州灶户赋役管理》,《历史人类学学刊》2012年第2期。
② 〔明〕庞尚鹏:《庞中丞摘稿·均民灶徭役》,〔明〕陈子龙编:《明经世文编》,中华书局,1962年,第3833页。
③ 同上书,第3833页。
④ 刘淼:《明清沿海荡地开发研究》,汕头:汕头大学出版社,1996年,第65页。
⑤ 〔明〕朱廷立:《盐政志》卷7《疏议下》。
⑥ 弘治《两淮运司志》卷5《建制沿革》,于浩辑:《稀见明清经济史料丛刊》第2辑第25册,北京:国家图书馆出版社,2012年,第416—417页。

此外，淮安分司情形也如此，"原设草荡共 1 323 440 亩，各场多被军民灶户侵占"，弘治二年清查时"俱还官，惟伍祐未退"，次年，"筑立界限，岁久仍废"，弘治十三年，才"立界墩木牌"，分拨各场。①又如正德年间吏部尚书许趱疏言："荡地原无赋入，且淹没不常，非岁稔之区"、"其已入赋额者勿论，余悉任其开耕，俟三年后耕获有常，始开报起科。"②嘉靖三年（1524），朱廷立也认为应当"供煎之外，余荡可利，但畏私垦之禁，莫敢开耕。"并认为："以有用之产而置之无用，不无可惜，欲耕之民而驱之不耕，诚所未安。"③至正德、嘉靖年间，对开耕荡地升科纳粮，荡地开垦开始公开化、合法化、扩大化，也打破了景泰年间以来数十年的禁垦限制。④

实际上，为稳定盐作活动，官府也允许盐民垦种一定的田地以养灶，也是稳定盐民的措施。15 世纪末，两淮中部各场（富安至庙湾场）有官府及灶民田地田地合计约为 24 万亩（表 9-1）。到 16 世纪中叶，两淮各盐场总的草荡面积约为 750.6 万亩，田地为 91.9 万亩，总面积 842.5 万亩，田地占 10.9%，中部富安至庙湾共约 43.7 万亩（表 9-2）。当然，官府支持的开垦很有限，大部分盐场荡地面积仍主要作为草荡，以"蓄草供煎"（图 9-1）。

表 9-1　弘治年间中部各场田地（亩）

盐　场	田　地
富安	2 414.8
安丰	18 265.7
梁垛	8 868.6

---

① 弘治《两淮运司志》卷 7《建制沿革》，于浩辑：《稀见明清经济史料丛刊》第 2 辑第 25 册，北京：国家图书馆出版社，2012 年，第 541—542 页。
② 乾隆《两淮盐法志》卷 16《草荡》，于浩辑：《稀见明清经济史料丛刊》第 1 辑第 4 册，第 531 页。
③ 《续文献通考》卷 25《征榷考》。
④ 刘淼：《明清沿海荡地开发研究》，汕头：汕头大学出版社，1996 年，第 68—69 页。

盐　场	田　地
东台	48 300.4
何垛	6 200
丁溪	5 187.9
草堰	1 329.3
小海	1 682
白驹	12 518.9
刘庄	64 878
伍佑	49 337.7
新兴	22 779.6
庙湾	
合计	241 762.9

资料来源：弘治《两淮运司志》卷5、卷6《建置沿革》。

表9-2　16世纪中叶两淮各场草荡与田地面积(亩)

盐　场	草　荡	田　地
丰利	1 008 800	12 269
掘港	1 005 330	125 439
栟茶	322 351	6 123
石港	106 087.5	3 262
马塘	112 123	51 765
金沙	109 333.2	9 226
西亭	40 880	5 996
吕四	283 920	3 871
余西	73 800	14 990
余中	58 883	23 571

续 表

盐 场	草 荡	田 地
余东	131 657.3	
角斜	43 324.3	10 990
富安	812 700	5 578
安丰	303 280	161 181
梁垛	226 800	8 091
东台	302 400	48 330
何垛	189 000	30 890
丁溪	309 500	5 034
小海	183 600	1 682
草堰	221 390.4	1 329
白驹	145 875	12 518
刘庄	355 400	64 878
伍佑	334 300	49 337
新兴	111 000	22 779
庙湾	82 400	25 113
莞渎	210 000	42 800
板浦	63 162	132 767
兴庄	31 067	10 762
徐渎	28 188	15 211
临洪	299 052	12 767
共计	7 505 603.7	918 549

资料来源：嘉靖《两淮盐法志》卷3《地理志》。

其后伴随海岸淤涨，老荡卤淡，荡地开垦规模不断扩大。至明代万历年间(1572—1620)，草堰场、庙湾场等都有大量荡地被垦，若

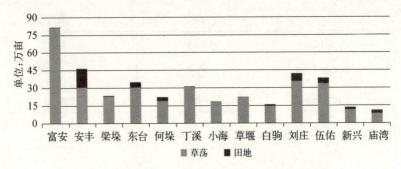

图 9-1　16 世纪中叶泰属中部各场草荡与田地比较

资料来源：嘉靖《两淮盐法志》卷 3《地理志》。

与明初原额草荡比较，二场相比万历年间已开垦 50% 左右。[①] 一般来说，私垦只要不危及盐作活动，便不会引起官府重视，凡是到了危及盐课地步，必定有官员奏请禁垦。面对此时的私垦情势，请禁之言又起。万历四十四年（1616），户部尚书李汝华题奏《盐政五议》[②]，希望稳定盐作，限制私垦。兹赘列如下：

> 其五曰禁垦荡，祖制草荡每场若干顷，皆禁之以长草煎盐，而近乃渐垦之，以开田积谷之利岂不倍蓰于草。顾有所甚急焉者，善乎。前盐臣之言曰：荡即产金，金不能烧灰淋卤，租即充帑，帑不能煎卤成盐，语云利不百不变法，乃今贪富豪三厘之租，卖祖宗百年之荡，皆运司及三分司官图升租之利，给帖争先，征银恐后，场官分管批文起解，在三分司各有十处庄田，在运司则有三十处庄田……据彼疏中庙湾一场，已开至九万九千二百余亩，又三十六年查出草堰一场东西南北四团并四十总，开垦逃亡草荡十万亩有奇，则三十场可知矣，今又越十年则所垦又不知几何矣，开垦日多，草荡日促，草无从出，盐将何办，彼豪灶方毕力于农亩，盐虽欲不踊贵得乎，是在盐臣严核请禁，庶草日蕃而盐场办，诚平价第一义也。

---

　① 刘淼：《明清沿海荡地开发研究》，第 69 页。
　② 〔明〕袁世振：《两淮盐政疏理咸编·户部题行十议疏》，〔明〕陈子龙编：《明经世文编》卷 474，中华书局，1962 年，第 5218 页。

因此，整体上看，明代经历了明初准许开垦，到景泰年间，私垦影响到盐作又被禁止，再到正德、嘉靖年间官员又请开垦，放垦半个世纪后，到万年四十四年，开垦规模十分可观，导致危及煎盐，又再次被请禁垦。这种官府政令上禁与垦的反复，正是私垦渐次东扩的反映，当然也是海涂不断淤涨的一种表现。

清代禁与垦：清丈古熟地

入清以后，禁垦仍然是荡地利用的基本原则，但私垦仍然屡禁不止。至乾隆年间，淮南泰属各场范公堤外民田规模已不断增多，危及盐业正常发展。因此，1761—1762 年，官府对盐场土地面积最多、私垦最多的泰州分司各场进行了一次集中清理。此次官府公开清丈，目的是处理以往长期积累的私垦问题，对长期用于垦作的土地加以认定，同时重新确定盐作用地面积。

乾隆二十六年(1761)，"范公堤外乾隆十年以前旧垦熟地 6 404 顷 5 亩，内除伍佑一场全行放荒仍照本额报完折价外，其余熟地照梁垛折价起科""其丁溪等七场堤外夹杂民田，既经一概令其放荒"。① 经江苏巡抚陈宏谋及其他官员清查，富安、安丰、梁垛、东台、何垛、丁溪、小海、草堰、刘庄、新兴与庙湾十一场，实际熟地 6 391 顷 52 亩 6 分。②

表 9-3 乾隆二十七年淮南泰属各场古熟地清丈面积(亩)

盐　　场	古　熟　地
富安	29 156
安丰	27 111.7
梁垛	49 184.4
东台	27 296.5

---

① 光绪《重修两淮盐法志》卷97《征榷门·灶课上》。
② 同上。按：此处乾隆十年(1745)泰属中部十一场古熟地面积数字，与嘉庆《两淮盐法志》卷27《场灶一·草荡》所载乾隆二十七年清丈的古熟地面积存在较大差异，后者为34.6万亩(表9-3)。

续 表

盐　场	古 熟 地
何垛	25 875.5
丁溪	61 474.5
小海	7 387.2
草堰	7 107.9
白驹	12 518.9
刘庄	16 631.3
新兴	15 333.6
庙湾	66 961.9
合计	346 039.4

资料来源:嘉庆《两淮盐法志》卷27《场灶一·草荡》。

同时,面对逐渐增多的私垦,在不影响盐业生产的前提下,官府事实上也开始转为默认,并采取一定措施以稳定盐民,协调盐垦矛盾。主要是通过对私垦土地征税加以认定,甚至有一定优惠。例如自乾隆二十七年(1762),对中部各盐场的垦地清丈后,开始征收农业土地税,各场垦地按照梁垛场例折价征科,每亩征收银2分5厘[①]。至嘉庆年间(1796—1820),当时周边田赋为每亩征银4分8厘[②],而对盐场田地(民灶田地折色)仍为每亩2分7厘[③],数十年间基本不变。

乾隆二十七年(1762)的熟地清丈,老荡垦作合法化。显然,这是延续了明代中后期开科纳粮的办法,对已经存在的私垦予以承认。不过,除了已清丈的古熟地外,实际上主要目的仍然是加强对荡地私垦的管制,强化"蓄草供煎"制度,进一步明确古熟地与供煎荡地的界限,此后对分配给各场的荡地禁止私垦更为严格。乾隆三

---

① 光绪《重修两淮盐法志》卷97《灶课上》。
② 嘉庆《东台县志》卷16《赋税》。
③ 同上。

十五年(1770)，朝廷再次重申荡地禁垦令："近年开垦的堤外之地悉令放荒，仍为草荡以供煎事，违者按律科罪。嗣后无论堤之内外，概禁开垦。"

但禁与垦的反复仍然持续，为避免盐垦矛盾激化，危及盐业生产，官府也规定一定的灵活性政策。道光五年(1825)盐政曾燠奏：

> 两淮各场荡地，例归场灶蓄草供煎，按亩征完，折价批解运库，随同盐课奏销。凡有新淤荡地，勘以长草供煎者，随时勘明升科，按照见煎亭鐅匀派领升。其原额老荡遇有淤高，全无卤气，不能供煎者，勘明改作熟田，加完课则，历经循照办理。①

显然，新淤沙荡要勘明升科，目的是按照亭鐅匀派领升以便供煎。但海涂淤涨，原额老荡逐渐土卤淡薄，离开新亭场很远。如果新亭场能够解决荡草，则老荡一般都会改作熟田。但是私垦问题其实远远超出了该政策的约束，很难实际落实。当然，官府主动对老荡改田，虽然也顺应了形势，但无论如何，"加则改田以杜私煎私垦之弊"②，根本目的仍是为了稳定盐业生产，海岸带兴灶禁垦的基本政策不变。如道光七年(1827)，因私垦荡地，影响荡草生产，遂令"各灶户将私垦之荡照旧放荒外，再查各场荡地，如有私垦成熟者……立即犁毁，押令放荒。"③甚至为维护荡草供应，打击越境贩卖荡草，规定了《拦草章程》。④

咸丰军兴以后，因荡地需要交纳捐税，多数盐场荡地私垦再次公开化。但官府一方面从灶户索取了更多的荡地捐税，另一方面又欲继续维持"蓄草供煎"，以便稳定盐利。尽管迫于财政危机，官府以盐为重的态度并没有改变，反而继续竭力维持。灶民为求生计，卤淡老荡也大多开垦。

---

① 光绪《重修两淮盐法志》卷97《征榷门·灶课上》。
② 同上。
③ 周庆云：《盐法通志》卷27《物地·场产三》。
④ 光绪《重修两淮盐法志》卷26《场灶门·草荡》。

如丁日昌查勘所见：

> 近年场下荡地逐渐私自开垦，完极轻之钱粮，收极重之花息，较之煎盐之利巨细悬殊，人情惟利是趋，煎丁半皆改业力农，其未垦之荡地，每遇秋冬收割之时，率皆远樯满载贩运出场售卖，以至场下草价数倍于往昔，煎本日见加重。①

可见，在同治年间，盐场所属荡地私垦可观，一部分灶户为求生计，或者贩卖荡草，或者开垦荡地。灶民迫于生计追求的是荡地资源利用的综合收益②，更有利于因地制宜开发荡地，也是对自然演替过程的客观反映。但这些活动均与官府维持煎盐生产的利益诉求完全相反。贫民灶户的生计所求与官府的自利性是明显矛盾的。

一些开明的、熟悉海涂情势与盐务的官员早已看出禁止私垦的不明智。江苏巡抚丁日昌便是其中代表，他在《淮鹾摘要》中记载了咸丰、同治年间淮南盐场盐作、私垦的情形：③

> 荡地以蓄草供煎，私垦久干例禁，商灶非不凛遵，在前偶有冒禁者，尚知畏人告奸。军兴以后，荡捐既办，公然以荡为田矣。今若听其自然则日甚一日，伊于胡底。然既垦之荡，牛力籽种所费不资，灶户已视为恒产。概令放荒亦岂易事。惟现在海日东趋，本非昔比，其中有可听其耕种，不必查禁者，有无待禁止，自不能开垦者，即有必须查明定界，严为示禁者，诚能分别查办，既不扰令，亦易行矣。附近范堤之地去海已远，卤气不升，不能置亭，即使蓄草亦必不丰且即草丰亦断不能供煎于百十里之外，已垦之地实足养民，此可升为古熟而不必复禁也，其滨海之新淤尽属斥卤，蓄草之外不能种植，且其地系新淤各灶缺草者，每往樵探，名为公樵，此则只宜置亭而不虑其垦种也。

---

① 〔清〕丁日昌：《淮鹾摘要》卷1，〔清〕温廷敬编：《丁中丞政书》卷33，沈云龙主编《近代中国史料丛刊续编》第77辑，台北：文海出版社，1980年，第1249页。
② 刘淼：《明清沿海荡地开发研究》，汕头：汕头大学出版社，1996年，第72页。
③ 〔清〕丁日昌：《淮鹾摘要》卷1，〔清〕温廷敬编：《丁中丞政书》卷33，沈云龙主编《近代中国史料丛刊续编》第77辑，第1242—1243页。

丁日昌建议私垦宜分别查办、分别处理是十分明智的,考虑了荡地的实际情况与灶户的生计所求。在管理观念上,与明代后期盐务官员建议"余荡可耕"也一致,目的也是稳定盐业生产,同时减轻灶户生计负担。

光绪年间,私垦仍不断扩大。由于海涂东扩,原额草荡以及升科之后的新淤荡地逐渐土淡,往往为灶民与当地农民私垦成熟,煎盐只能圈占那些尚未经过升科认领的新淤荡地,用来"蓄草供煎"。①"自海势东迁以后,昔日斥卤之地大半去海已远,其间经官勘明放垦者所在固有,而民间影射私垦者亦多。"②此后清廷开始逐步放垦。光绪二十三年(1897),"两淮场田变通丈垦"③,光绪二十六年(1900),新兴、伍佑二场公开放垦。这是清末新政背景下的海岸管理的突破,既是以往政策上禁与垦反复的延续,也是清末海岸带管理体制的改变。

总之,明清时期海涂快速淤涨,在海岸带重盐轻垦基本政策下,盐作活动取得了空前繁荣,但海岸带农作活动也从未停止东扩的脚步,但由于受到官府管制的影响,垦作规模仍然十分有限,禁垦与放垦多次出现反复,这种反复是海涂淤涨以及自然演替过程背景下盐垦纠纷的具体体现,也是草滩带具有资源利用双重性的表现。

2. 清末民初废灶兴垦:废灶不废盐

在明清时期,海岸带长期重盐抑垦,农作活动主要以私垦形态不断东扩。至清末民初,大规模废灶兴垦事业的兴起,成为江苏海岸带农作活动的第二个阶段。王树槐将清代后期的盐垦事业分为三个时期,一为清末时期,1912—1928年为第二时期,盐垦公司快速发展直至陷入困境;1922年以后,大多数盐垦公司都陷入困境,负债累累。第三时期为国民政府建都南京至抗战爆发止。④

---

① 〔清〕陆费垿:《淮鹾分类新编》卷1《场灶》。
② 〔清〕朱寿朋:《东华续录·光绪朝》,宣统元年上海集成图书公司本。
③ 《清盐法志》卷101《草荡》。
④ 王树槐:《江苏淮南盐垦公司的垦殖事业1901—1937》,台湾中研院《近代史研究所集刊》1985年第10期。

1901年张謇提倡集资垦殖，于1905年在海复镇成立通海垦牧公司，1914年又出任北洋政府农林工商总长，在财政部专设淮南垦务局，掀起了一次新的大规模有组织的围垦海涂活动。海岸带农作活动围绕废灶兴垦进入了有计划、有组织的重垦轻盐阶段，海岸带社会经济格局随之逆转，对淮南煎盐以及海岸带社会经济过程产生了深远影响。

《垦荒章程》在放垦地段上这样规定：堤内（堤西）原额灶地、草荡，一律放垦；堤东草荡距海已远，卤气净尽者，一律放垦；沙荡新淤，未入引额完课，距海亦远，卤气已淡者，一律放垦。① 这种因地制宜、盐垦兼营的思想，反映了政策制定者充分考虑到了沿海自然条件的差异。

公司垦区与民垦区的分布

及至清末民初废灶兴垦之前，长期的私垦已然形成了一定面积的"民垦区"②，与其后的公司垦区有所区别。老荡宜耕带多半为民户占据，分布在公司垦区之西（图9-2）。这些民垦区主要为当地灶民以及邻近农民长期私垦所形成。

民垦区是明清时期长期垦种的结果，明代中期即有大量垦种面积。如弘治《两淮运司志》所载，泰州分司有官府及灶民田地共110 379.1亩，此阶段海涂淤进尚不明显，这些田地绝大部分为堤西旧荡垦种而成。到嘉靖年间，堤西已没有亭灶，据嘉靖《两淮盐法志》诸盐场图，泰州、通州以及淮安三司诸盐场，其范公堤以东均绘有煎舍、潮墩等盐作活动标志物，堤西则没有。又据民国《续修盐城县志》记载："凡明以前之灶地多在范堤以西，今曰农灶，亦曰引田，其地在明之季世已多垦辟。"③可见，堤西荡地在明代已基本垦种。

从垦区面积看，据中央大学地理系在民国二十年（1931）的调查：

---

① 孙家山：《苏北盐垦史初稿》，北京：农业出版社，1984年，第25—26页。
② 同上书，第77页。
③ 民国《续修盐城县志》卷5《赋税·灶课》。

灌河以南范堤以外未垦之地，尚约 800 万亩，其中当有半数系涂滩，半数系草地。涂滩之中，约有半数将一时不能开垦，如此则可垦之地，约尚有 600 万亩。600 万亩之中，约有半数已入于公司之范围，其他半数，则尚系无主荒土，将来可以放领。①

可见，有大量海岸土地为盐垦公司所占。另据赵赟研究，从垦业角度上，民国年间江苏滨海平原盐垦区耕地、盐地与未利用地的比例大致为 50.4%、6.3% 和 43.3%。②

很多盐垦公司分布在滨海地带，并不均衡，存在较大差异。如图 9-2，沿海计划新运河线路与垦区分界线之间的区域，恰好是清代后期亭灶集中分布地带，往东为新围垦地区，亭灶较少。1913—1919 年间，受国内外市场影响，大量资本投入到沿海地区，基本占有了原来淮南泰属各场荡地。值得注意的是，1920—1929 年间，19 家新设立的公司，基本分布在通洋港（今通洋镇）至合德（射阳县城）之间，有 11 家。另一处在大淤尖附近，有 3 家。在一战期间投入过热后，20—30 年代设立的公司，可以投入的荡地有限。多集中在靠近射阳河、黄河尾闾（原苇荡营地）（图 9-2）。

有趣的是，盐垦公司设立的先后与所占的盐土类型密切相关。先设立者，往往占据较好荡地，后设立者，不得已一般只有选择卤气更重的荡地。如 20 年代设立的 19 家公司，有 15—17 家位于靠近中度、重度盐渍土低洼地带；30 年代设立的 15 家盐垦公司，有 11 家在中度、重度盐渍土范围内，只有四个家在低盐土区（图 9-2、图 9-3）。故这一时期分布在该区域的公司，需要更大的水利投入，受制于时局动荡，很多公司投入不足，成效微弱。

另外，从图 9-2、图 9-3 也可看出，明清时期，制约民垦区东向扩大的主要要素，除了官府长期重盐轻垦政策的影响外，堤东缺少

---

① 《两淮盐垦水利实录》第五篇《垦务》，转引自孙家山《苏北盐垦史稿》，北京：农业出版社，1984 年，第 83 页。
② 赵赟：《苏皖土地利用方式与驱动力机制（1500—1937）》，复旦大学博士学位论文，2005 年，第 267 页。

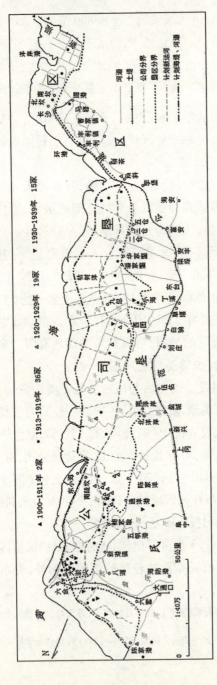

图 9-2 民国年间江苏海岸带垦区分布图

说明：据李积新《最近二十年中之江苏盐垦事业（通泰两属盐垦公司概况）》《农学》，1924年第7期，第70—82页），《江苏盐垦》图（《地政月刊》，1933年第1卷第12期，第1—2页）改绘。并参考孙家山《苏北盐垦史稿》（第33、91页图），姚恩荣、邹迎曦《盐垦公司与废灶兴垦》（《江苏省志·海涂开发志》（第59页图），赵赟《苏皖土地利用方式及其驱动力机制（1500—1937）》（第280页）、1900—1939年间各盐垦公司设立与分布情况根据孙家山《苏北盐垦史稿》（第29—37页）整理。1920—1929年设立的公司共19家，新农公司位置不确。

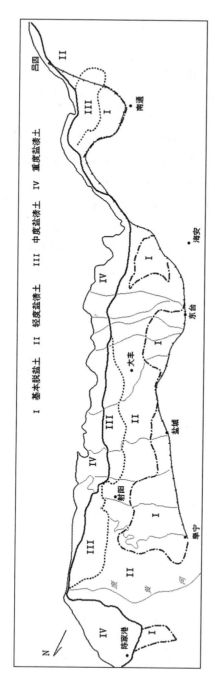

图 9-3　江苏海岸带土壤类型示意图

说明：据朴家山《苏北盐垦史初稿》（北京：农业出版社，1984 年）第 3 页图改绘。

海堤挡潮也是重要制约因素,因此民垦区范围主要分布在已基本脱盐的草滩带内。

植棉获利与民垦区作物分布

沿海废煎后,土地转垦,主要是植棉活动得以扩大。海涂植棉活动是为了获取高收益的经济作物,供应的是国内外市场。而民垦区麦豆粮生产基本是为了自己食用。得益于"一战"期间棉纺织业的勃兴,原棉需求快速增加,海岸带很多滩地的土壤、光热条件又十分有利于棉作。到民国年间,沿海植棉规模显著。

清末放垦,棉花种植成为最重要的内容。如海州、阜宁二州县在宣统元年的开垦,即以"棉花为最要,杂粮次之。"[1]原因正是光绪三十四年海关贸易中对纱布进口比例较高,必须增棉产一千二百万担,即需要增产棉地二千四百余万亩方足抵进口之纱。若再加上六千三百余万进口布所用之棉,则更需要增地六千八百余万亩。[2]

植棉获利吸引了众多投资者,例如通海垦牧公司的获利,让社会上出现对投资入股垦殖公司的高度热情,"股东之广,几遍全国。"[3]快速推动海岸带垦区成长为重要棉产区。据1919年《中华棉产统计》,南通、海门两县共有棉田1018万余亩,棉花产量170余万担;而江南的江阴、常熟和松太地区则只有棉田224.8万亩,棉花产量70多万担。通、海两县的棉花产量几乎比江南地区的棉花产量多出近100万担,棉田面积几乎是江南地区的四倍之多。[4] 由此可见,苏北滨海棉区1919年已超过江南地区而成为江苏省新的棉产中心基地。[5]

从"圈地"获利来看,以往明清数百年海岸带重盐抑农,到清末至民国年间重农抑盐,从一个极端走向了另一个极端。从一个垄断

---

[1] 李文治:《中国近代农业史资料》第1辑(1840—1911),北京:生活·读书·新知三联书店,1957年,第224页。
[2] 同上。
[3] 张保丰:《淮南垦殖的过去与未来》,《新中华》1935年第3卷第24期。
[4] 赵赟、满志敏、方书生:《苏北沿海土地利用变化研究——以清末民初废灶兴垦为中心》,《中国历史地理论丛》2003年第4辑。
[5] 张丽:《江苏近代植棉业概述》,《中国社会经济史研究》1991年第3期。

走向另一个"垄断",都很难做到与自然演替过程高度统一,正如张謇所言,"办垦者偏于垦之利,但求推广垦地,办盐者狃于盐之利,仍冀保留煎灶。各怀其私,互相诘让,以致盐垦两业,均受停顿废弛之弊。"①此外,在海州阜宁二州县的开垦中,主要是针对苇荡营兵地之外的官滩与灶地。②

据孙家山调查研究,公司垦区内以一年一熟棉作为主,民垦区兼有麦、稻种植,棉作极少。③ 与公司垦区棉作为主不同,民垦区基本以稻、麦、豆为主。

同时,民垦区的作物类型也是明清长期垦作的延续。弘治《两淮盐法志》记载了两淮三十场垦地田赋数字,以清代泰州分司十一场范围(明代有十三场)为例,各场均有麦、稻、豆作,其稻作规模已经超过一半的比例(表9-4)。清代堤外民垦区内,稻作也有一定规模,道光年间(1821—1850),已有不少稻作分布。"候补大使朱文樘禀称,勘得富安、安丰、梁垛、东台、何垛、丁溪、草堰七场,因夏间雨泽愆期,灶河淤浅,无从车灌,早晚两禾未能栽插。"④

表9-4 弘治年间淮南中部各场田赋(石)

场 别	夏税小麦	秋粮米	秋粮豆
富安	49.42	136.36	66.68
安丰	109.2	164.16	151.22
梁垛	90.57	461	115
东台	467.34	2 604.21	527.37
何垛	53.72	178.4	77.23
丁溪	170.18	143.21	219

---

① 张謇:《提议淮南各场推行板晒维持盐权兼顾灶民生计案》,张謇研究中心,南通市图书馆编:《张謇全集》第2卷,南京:江苏古籍出版社,1994年,第630页。
② 李文治:《中国近代农业史资料》第1辑(1840—1911),第224页。
③ 孙家山:《苏北盐垦史初稿》,第85—87《民垦区作物成数调查表》、第89—90《公司垦区主要作物及栽培制度》表、第91页图十。
④ 〔清〕陶澍:《陶澍全集·奏疏3》,2010年。

续 表

场 别	夏税小麦	秋粮米	秋粮豆
草堰	51.33		78.6
小海	94.1	5.54	120.96
白驹	64.17	674.88	47.74
刘庄	462.44		
伍佑	599.36		
新兴	314.99	705.54	0.8
庙湾			

资料来源：弘治《两淮运司志》卷5、卷6《建置沿革》。注：刘庄场米豆3 440.22石，伍佑场米豆合计为1 713.49石。

废灶不废盐

废灶兴垦，并不是彻底废止煎盐。实际上兴垦与废灶并不是非此即彼的关系。由于适宜开垦的地方一般都是长草荡地，近海傍潮地带仍适宜盐作活动，而不会完全圈垦。如宣统元年对海州、阜宁二州县的开垦条例中，便明确了"公司界内灶地，亦照此例，仍以酌量地势无碍盐场为要旨。"①

海岸草滩宜垦带具有助煎利垦的资源利用双重性特点，用于盐作则浪费了大量的可耕地，若用于垦业，则荡草紧张。"垦与盐之不能相容，如冰炭之不能相入也。盐欲地之卤，垦欲地之淡；盐欲蓄草以供煎，垦欲去草以种植；盐欲潮之常至，垦则唯恐潮之至。"②试行改晒则可以避免这一冲突。"煎盐成本重，晒盐成本轻，夫人而知之。淮南之盐弊在煎，煎须草，蓄草妨垦，弃煎而易之以晒，即无须草，即不妨垦。如是则宜垦之地办垦，宜盐之地办盐，国家之税源既无妨碍，人民之生计亦可维持，斯诚两利之道，可以并行

---

① 李文治：《中国近代农业史资料》第1辑(1840—1911)，北京：生活·读书·新知三联书店，1957年，第224页。
② 张謇：《整理盐垦公司刍议》(1922)，《张季子九录·实业录》卷6，中华书局，1931年，第20页。

不悖。"①如同仁泰晒盐公司"集资十万余两,历掷巨资,遍试新法,最后归于板晒"。②

废煎改晒,同时垦殖,使公司荡地内部盐垦并存。据赵赟研究,公司垦区内盐地比重较大,平均约为 26.1%,这与盐垦公司所在位置有关,范堤以东平均约 15 公里范围内,多为脱盐土、轻盐土,在清末民初多为民户开垦,而盐垦公司只能在更靠海的滩涂发展,这些滩涂多为中盐土、重盐土。③故在盐垦的风潮下,大部分公司限于滩地条件,仍然从事盐作活动,如张謇创办的通济公司,即因地力不佳,垦而发荒,遂全部"蓄草供煎"。④到 1935 年,苏北 73 家盐垦公司,仍然盐垦兼营的,尚有 15 家,盐地面积约 107.4 万亩,占 73 家公司总面积的 26%。⑤盐垦公司中,绝大多数采用盐垦兼营。专事垦殖的主要如垦牧公司、华丰、裕华、大纲等。其他还有个别投机者,不从事生产,而囤地抬价获利,"不过吸收地亩,抬价居奇,以待大公司之购买耳,其能自行垦殖者不多。"⑥专心投资渐少,而投机渐多。

盐垦兼顾,主要是经济利益行为,也是为了提高土地的综合收益。如包容所言:"夫盐与垦性质相反,不能兼利,垦欲废灶以事农,盐须留草以供煎,垦冀土味之淡,盐则惟恐不咸,垦惧海潮之侵入,盐且欲引而致之,其两者之背驰,盖至如此。惟盐之利究不逮垦,故虽兼办盐垦者,盐灶逐渐废弃,转令灶民务农,大概不出数年,现有之灶,皆在废弃之列矣。"⑦

但围垦需要大量水利投入,特别是近海挡潮,一旦海堤失修,垦

---

① 张謇:《提议淮南各场推行板晒维持盐权兼顾灶民生计案》,张謇研究中心,南通市图书馆编:《张謇全集》第 2 卷,南京:江苏古籍出版社,1994 年,第 630 页。
② 同上书,第 630 页。
③ 赵赟:《苏皖土地利用方式与驱动力机制(1500—1937)》,复旦大学博士学位论文,2005 年,第 268 页。
④ 费范九:《南通盐垦始末》,政协南通市文史资料编辑部:《南通文史资料选辑》第 11 辑,1991 年,第 39 页。
⑤ 赵赟:《苏皖土地利用方式与驱动力机制(1500—1937)》,复旦大学博士学位论文,2005 年,第 270 页。
⑥ 包容:《江苏北部开垦滩涂之状况》,《中华农学会丛刊》1927 年第 54 期,第 55 页。
⑦ 同上。

殖便难以维持,例如民国28年(1939)遭遇大高潮,堤破多处,潮退后,公司无力修复海堤,放弃棉垦,单一经营盐业。①

大部分盐垦公司依靠盐作活动生产,足以说明即使放垦也并不表明该地带属于宜耕带,在自然过程演替上仍旧属于宜盐带。在大规模全线海堤出现前,盐垦公司所做的水利活动并不能有效加快土壤脱盐,盐分仍高,制约了垦业开发,为获得土地收益,延续盐作活动是因地制宜之策。

可见,废灶不等于废盐,盐垦纠纷,关键在于传统煎法需要荡草,如果淮南盐场都改为晒盐法,问题便迎刃而解。但问题是,淮南盐场各岸段并不具备发展大规模滩晒盐的自然条件,这在前面章节已有讨论。最终只有吕四等场试用浙东板晒法成功,大部分盐场仍旧以煎法生产为主(表9-5)。

表9-5 民国年间淮南各场亭灶与晒板数量

场　别	亭灶(副)	晒板(块)
庙湾	38	
新兴	1 231	
伍佑	1 963	
草堰	147	
丁溪	684	
东何	684	4 400
安梁	406	
栟角	180	
丰掘	270	
余中	69	
吕四	28	12 800
合计	5 700	17 200

资料来源:民国盐务署盐务稽核总所:《中国盐政实录》,《近代中国史料丛刊》三编第88辑第871册,台北:文海出版社1933年,第161—162页。

---

① 东台市水利志编辑委员会:《东台市水利志》,南京:河海大学出版社,1998年,第73页。

3. 盐垦事业衰落：乍兴乍灭

废灶兴垦的兴起与淮南盐衰

前已论及清末民初废灶兴垦的兴起及其基本面貌,但关于废灶兴垦兴起的原因,以往论者多先言淮南盐衰,形成了对二者关系的误解。①

如贾敬业等人认为盐业衰落是废灶兴垦兴起的原因。② 方明等人认为"黄泛后淮南海岸迅速东移,海涂生态发生了变化,草滩日益发育,土壤逐渐熟化,卤气减薄,越来越不适宜淋卤煎盐,故淮南有废灶兴垦之举"、并认为"虽有朝廷禁垦阻挠,但终究不能抵挡自然发展的客观规律和广大人民因地制宜合理利用滩涂的意志,最后淮南垦务兴盛。"③另外,赵赟将清末淮南盐场废灶看做海涂演化的必然,并认为地貌变迁,是沿海盐转垦的根本驱动力。④

这些看法明显强调了海岸带自然过程对淮南盐衰以及垦业兴起的决定作用,但在前文论述的基础上,笔者认为,海岸带自然过程既不是淮南盐衰的原因,也不可能决定垦务兴起,它们的兴衰变化都与社会经济环境变化密切相关。垦务兴起是一战期间特殊的国内外经济形势所起到的突出作用。如果垦务必然兴起,为何一战前未能兴起？而直到一战期间方才兴起？又为何在一战结束后便遭遇困境？实际上,废灶兴垦是特殊经济形势下,资本者圈地后对海岸带投资投机的结果,离开当时的社会经济环境变化,强调自然过程的影响是不合适的。淮南盐衰只不过提供了一种借口,并成为圈

---

① 例如于海根：《民国期间苏北淮南盐区废灶兴垦史研究》,《东南文化》1994 年第 1 期；凌申：《江苏滩涂农垦发展史研究》,《中国农史》1991 年第 1 期；江苏省大丰县政协文史资料研究委员会：《大丰县文史资料》第 7 辑,1986 年,第 12—13 页。

② 贾敬业、邹迎曦、李乃栓：《从大丰县生态演替史看淤长型滩涂的开发与利用》,《自然资源学报》1991 年第 3 期。

③ 方明、宗良纲：《论江苏海岸变迁及其对海涂开发的影响》,《中国农史》1989 年第 2 期。

④ 赵赟：《苏皖土地利用及其驱动力机制(1500—1937)》,复旦大学博士学位论文,2005 年,第 226—228 页。

地者扩大占地的最好理由。故与其说废灶兴垦是海涂演化的必然，倒不如说是当时社会经济环境的"必然"。毫无疑问，清末民初人地压力上升，在当时社会经济环境与生产条件下，垦地植棉最为获利。

再用今天海岸带开发情况做比较，现代江苏沿海开发便不再以农垦为主，反而以工业集聚为重，这也是当前社会经济环境影响的结果。同样的土地，并非只能垦作，在不同的生产力水平与社会经济环境下，其土地获利收益存在差异，则利用方式与程度也存在差异。只要社会经济环境允许，宜垦带上完全可渔、可牧、可林甚至发展工业等更为获利的产业。

不过，相关研究者也肯定了废灶兴垦事实上加速了淮南盐衰。[①] 肯定了社会经济的发展是驱动沿海垦殖变化的主要动力，突出表现在土地政策的变动上，从清廷"例禁私垦"到民国政府的"一律放垦"。[②] 认为此阶段盐垦公司快速发展，是政策推动、市场拉动以及张謇集团领导等共同作用的结果。[③] 虽正确指出了社会经济环境对盐垦事业推动的影响，但同时将地貌变迁、海涂演化看成是废灶兴垦的"根本驱动力"与"必然"，并不恰当。

前文已述，明清时期，海岸带自发的废煎改垦从来便没有停止过，这是土地获利最大化的客观追求，"舍煎改垦，其收获将十倍于盐产收入。此淮南盐产所以日少，而垦务因以日盛也。"[④] 盐退垦进，完全是获利行为，在以往仅用于供应荡草的草滩带，大量的可耕地如果被垦种利用，对于缓解海岸带人地矛盾，提高土地产出与综合效益，是十分有利的。

总之，通过前文对两淮盐作活动兴衰变迁以及沿海农垦发展历

---

① 赵赟：《苏皖土地利用及其驱动力机制（1500—1937）》，复旦大学博士学位论文，2005年，第233、242页；殷定泉：《略论清末民初的淮南盐业改革》，赵昌智、周新国：《祁龙威先生学术活动六十周年纪念文集》，扬州：广陵书社，2006年，第250—258页。
② 赵赟：《苏皖土地利用及其驱动力机制（1500—1937）》，复旦大学博士学位论文，2005年，第234页。
③ 同上书，第242页。
④ 胡焕庸：《两淮水利盐垦实录》，1934年，第230页。

史过程的考察,实际上废灶兴垦是加速淮南盐衰的原因。换言之,废灶兴垦是海岸带长期潜行的私垦活动的公开化,并在一战期间特殊的经济形势下,获得了短暂繁荣。淮南煎盐生产陷入困境,为民国年间兴垦事业准备了条件,但大规模、有组织的废灶兴垦事业兴起客观上又成为淮南盐场加速衰落的直接原因。

盐垦事业衰落

经历"一战"期间的短暂繁荣后,到 20 世纪 20—30 年代,江苏盐垦事业走向衰落,其衰落的背景与清末淮南盐衰本质上一样,主要是社会环境变化影响,"大战期中的特殊繁荣及战后的困苦破产情形"①,便是一个极好的对比。孙家山也指出"人谋不臧""债务过巨"只是衰败的表面原因,主要原因是社会经济条件的影响。严中平、孙家山等人对"一战"前后具体社会情势与海岸带植棉事业的衰落,都有过深入讨论,这里不再赘引。

此外,就海岸带自身条件来看,地理环境的影响也是加剧盐垦公司生存压力的重要原因。很多盐垦公司位于中度、重度盐渍土范围内,围垦时需要大量的水利与土壤改良投入,"非筑堤建闸,不足以防止潮水的侵袭;非浚河开沟,不足以降低低下水位并排除土壤中多余水分和盐分。"②

但除了通海垦牧公司外,其他公司水利、土壤改良方面的成绩均不佳,通海垦牧公司通过水利、土壤改良将熟田面积提高到八成,而其他公司都没有达到这样高的比例。③ 其他公司的水利设施,不仅沟间距离较宽,而且堤闸工程质量远不如通海垦牧公司完善,或仅做成一堤一河,甚至连堤闸也没有。水利设施的不完善,以至水灾、旱灾、潮灾频繁,大片土地抛荒。

公司所占之地,大多在盐垦区濒临海岸易遭海浸的地方,土壤含盐量较重。土壤改良是必需的,但各公司投入经费不足,工程简

---

① 严中平:《中国棉纺织史稿》,北京:商务印书馆,2011 年,第 6 页。
② 孙家山:《苏北盐垦史初稿》,北京:农业出版社,1984 年,第 38 页。
③ 同上书,第 41—42 页。

陋,则是及普遍的现象,除了通海垦牧公司,以及大有晋、大丰、泰和、华成等工程质量较好外,其他公司质量明显较差。① 此外,在灌排沟渠的修筑上,各个公司往往缺乏协同合作,而是以邻为壑,制约了排盐排涝的效果。②

据孙家山整理研究,只有30余家公司有具体的水利投入规模与费用数据,另外30多家公司基本没有水利投入。③ 这样的投入分布与差异,不能不让人联想多数公司存在圈地投机,而非在盐垦本身。另外,20世纪20—30年代中,水利投入下滑(表9-6),期间设立的公司又基本分布中度、重度盐渍土范围内(见图9-2、9-3),需要更多的水利投入以便改良土壤。

表9-6 民国年间各盐垦公司水利投入(堤工、河工合计)

年 份	各公司总水利投入(元)	平均(元)
1913—1919	2 973 976.14	82 610.5
1920—1929	418 610	22 032.1
1930—1939	124 866	8 097.7

资料来源:据孙家山《苏北盐垦史初稿》(北京:农业出版社,1984年)第43—45页数据整理。

4. 盐垦转换与人地压力背景

可耕地浪费

明清时期,官府在江苏海岸带长期施行"蓄草供煎"制度,导致大量的可耕地资源浪费,是加剧人地矛盾尖锐化的重要因素。由于草滩带具有资源利用的双重性,既拥有可耕地资源,也拥有大量的荡草可以供煎。在兴灶禁垦的政策下,传统煎法生产只利用了草滩带的荡草资源,却大量闲置了其可耕地资源。而且草滩带是海涂植被演替的顶级群落,伴随"海势东迁",其面积日益广

---

① 孙家山:《苏北盐垦史初稿》,第95页。
② 同上书,第97—98页。
③ 同上书,第43—45页。

衰。在官府主导的单一"蓄草供煎"盐作活动下,草滩带的可耕地资源浪费必然日益严重,除了一定规模的私垦外,大部分荡地均被闲置。

根据盐法志文献记载,至光绪年间,清代淮南各场历次新淤荡地合计 2 439 295.8 亩。不考虑原额荡地面积,因为至清末原额荡地基本垦为农田,不再供煎。仅从历次新淤的 244 万亩荡地比较,按照一亩地产草四担,供煎两桶(400 斤)计算,光绪年间淮南盐场应可产盐 488 万桶。但实际上从道光至咸丰年间额产始终为 332 万桶,而咸丰八年实际产量仅为 129.2 万桶,同治六年额产为 220 万桶,光绪十八年(1892)额产也仅为 146 万桶。① 由此可见,至光绪年间,以历次新淤荡地面积比较,荡地闲置十分明显,大量土地资源被固定在盐作活动。

人口增长、盐垦争地加剧

据光绪《重修两淮盐法志》卷 97《灶课上》载,乾隆二十年,吉庆奏:

> 泰属各场赋荡之外有泥淤沙积之区,现长稀疏细草,穷灶煎丁公共取樵,名曰官滩,无如经界不清,不特灶与灶争,而民人贪利者更争讼不已,查范公堤外尽属灶荡,原无民赋,总以淤沙无专主,故致纷争。莫若逐一查丈,除不毛之滩不计外,其余按新淤沙荡例令灶户计亩升科,则民灶之争端不禁自息。

可见,乾隆年间滨海新涨淤沙存在明显荡地争夺现象,且是灶户、民灶之间均有争夺。这与滨海地区人地压力上升的背景有关。淤出草荡,往往是民灶争取,乾隆三十年,"盐场县范公堤外淤出草荡从前民灶公樵争讼不止,酌议于紧附县城之处计地 756 顷给民樵牧,另于伍佑新兴二场内拨给灶樵地 756 顷。"② 当时,争夺荡地资

---

① 李积新:《江苏盐垦》(1931 年 10 月南京农业周报社)《淮南各场最近十余年盐产数目表》,转自孙家山《苏北盐垦史稿》,第 23 页。
② 光绪《重修两淮盐法志》卷 97《灶课上》。

源日益激烈,淮南废灶兴垦中,往往出现"办垦者偏于垦之利,但求推广垦地,办盐者狃于盐之利,仍冀保留煎灶。"①此后盐垦公司、权势者、私人等不断介入争抢。如清末掘港场有"皖人戴姓、金姓,张合肥李氏之帜,觊掘地之利,陆续私买四七总之地四万余亩……而两总之灶民,执非灶户不得卖之例……反抗不认。金、戴复借兵力与灶民斗,灶民死者二人,于是纠讼经年。"②

清末至民国年间(1860—1930),江苏沿海区域的人口密度不断攀升,南通、海门、如皋、启东等县人口众多。③ 具体到江苏沿海,明清时期,其海岸带州县人口密度与周围各州县人口变化相比,密度明显偏低,在附近各县人口密度上,自北而南人口密度逐渐上升,特别是通州地区,一方面未受太平天国明显影响,另一方面堤内土地开发较早,密度上升很快。如1808年,东台县人口约44万④,海门厅人口约为57万。⑤ 1820年海州人口约122万。⑥ 乾隆四十年通州人口193.4万⑦,密度约276人每平方公里。

1929年,当时人口密度分布整体特征是四周高,沿海滩地低。⑧

---

① 张謇:《提议淮南各场推行板晒维持盐权兼顾灶民生计案》,张謇研究中心,南通市图书馆编:《张謇全集》第2卷,南京:江苏古籍出版社,1994年,第630页。
② 张謇:《宣告掘港场荡地历史及所规划》,张謇研究中心,南通市图书馆编:《张謇全集》第3卷,第796页。清末,掘港场有"皖人戴姓、金姓,张合肥李氏之帜,觊掘地之利,陆续私买四七总之地四万余亩。……而两总之灶民,执非灶户不得卖之例,……反抗不认。金、戴复借兵力与灶民斗,灶民死者二人,于是纠讼经年"。
③ 王树槐:《江苏淮南盐垦公司的垦殖事业1901—1937》,台湾中研院《近代史研究所集刊》第14期,1985年,192—193页;民国年间江苏人口密度参见实业部国际贸易局:《中国实业志》江苏省第一编(1933年,香港宗青图书公司1980年影印)第12页。江苏平均密度为294.73人,南通县为551.95人,海门县为478.40人,如皋为402.40人,启东为285.37人。
④ 葛剑雄主编,曹树基著:《中国人口史》第5卷(清时期),复旦大学出版社,2002年,第78页。
⑤ 同上书,第83页。
⑥ 同上书,第84页。
⑦ 葛剑雄主编,曹树基著:《中国人口史》第5卷(清时期),第82页。根据《江苏省志·人口志》(北京:方志出版社)第78页,1820年为193.3万人。
⑧ 陈华寅:《苏浙皖三省各县人口密度说明》,《统计月报》1929年第1卷第2期,第6页。

按照1932年调查,江苏省人口密度平均为每平方公里295人,为当时全国之最高。① 其中,沿海地区内,通州人口密度在沿海最高(图9-4)。人多地少、人地压力明显高于东台以北沿海各县,东台、南通、海门、启东一带尤为突出。导致了向其他荡地较多地方寻求耕地。"咸同以后,海门沙民,间有至其地(掘港场)私垦者,然必有管、顾等姓老灶,为之引导,为之私卖,为之容隐;而场差灶头,又必各有所得而相为隐"②、"咸、同以后,灶民、沙民相率私垦于荒地之内,畸零隐匿,争讼纷纭。"③

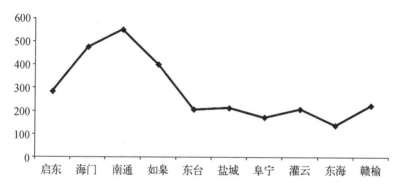

图9-4 1932年江苏沿海地区人口密度(人/平方公里)

资料来源:实业部国际贸易局编:《中国实业志·江苏省》第一册第一编总说,实业部国际贸易局,1933年,香港宗青图书公司1980年影印,第15—16页。

人口密度上升,也伴随地价上涨。东台到启东地区的地价明显高于赣榆到盐城县,东台与海门尤为突出,每亩90元左右(表9-7)。

---

① 李长传:《江苏省地志》,民国二十五年(1936)铅印本,台北:成文出版社,1983年,第103页。
② 张謇:《宣告掘港场荡地历史及所规划》,张謇研究中心、南通市图书馆编:《张謇全集》第3卷,南京:江苏古籍出版社,1994年,第795页。
③ 张謇:《为合资设立掘港开垦公司呈请部署立案文》,张謇研究中心、南通市图书馆编:《张謇全集》第3卷,第792—793页。

表 9-7 1932 年江苏沿海各县地价(元)、户均农地(亩)

田亩	赣榆	灌云	阜宁	盐城	东台	如皋	南通	海门	启东
亩/每户	9.6	27.3	296.8	10.7	2.2	15.9	1.1	2.1	17.7
元/每亩	35.0	22.2	30.0	35.8	86.4	50.8	55.0	90.0	45.0

资料来源：民国实业部国际贸易局：《中国实业志·江苏省》第一册第二编经济概况，实业部国际贸易局，1933 年，香港宗青图书公司 1980 年影印，第 15—16、24—25 页。其中，地价(元/每亩)为各等级水田、旱地的平均数。

全国放垦

如果跳出江苏海岸范围，实际上清末江苏沿海荡地放垦是全国性放垦的重要组成部分，即江苏海岸荡地放垦并非个别现象。光绪年间，随着人地压力加大，东北、内蒙古以及江苏、安徽、广西等地成为重要的官荒放垦地带，[①]江苏沿海荡地放垦也是在此背景下逐渐推动的。1900 年，庚子事变爆发后，对清廷打击甚大，朝廷保守派迫于形势开始变法。在清末新政施行的背景下，全国多地出现兴垦热潮，江苏海岸的放垦便是在此背景下展开。继光绪二十六年（1900）年新兴、伍佑二场放垦后，通海垦牧公司于第二年（1901）成立。

总之，江苏沿海废灶兴垦的兴起，很大程度上与清末人地关系紧张状态有关。在传统时代，能够开发的多余土地所剩无几，而江苏海岸广袤的滩涂荡地尚未被充分开发利用，存在明显的土地闲置，生产力未得到发展。沿海滩地在长期"蓄草供煎"制度下，大量可耕地资源被不合理地限定在效率低下的淮南煎盐生产方式中，导致海岸整体社会生产效率低下，加剧了区域人地矛盾尖锐化，为大规模垦殖运动准备了历史条件。

二 渔作活动

海陆之间蕴藏着丰富的物质与能量，多样化的资源造就了多样

[①] 李文治：《中国近代农业史资料》第 1 辑（1840—1911），北京：生活·读书·新知三联书店，1957 年，第 214—223 页。

化的生产活动,除盐作、农作外,渔作活动也是海岸带社会经济伴随自然过程演替的重要内容之一。由于生产规模相对较小,历史文献记载也很少,故本小节仅简略介绍海岸带渔作活动的基本面貌。

海岸带渔作活动主要发生在宜渔带区域,伴随海涂东迁,原来渔作活动地带逐渐为煎盐生产替代,而原来宜盐的煎盐地带又可能转变为宜垦地带,为垦种替代。这是传统时代江苏海岸人类活动对海涂要素演替作用的适应性表现。

1. 滩涂采捕

"海势东迁",濒海地带稳定存在一条南北走向与海岸线平行的宜渔带,传统时代的渔作范围即在各县滨海滩涂潮间带以及近岸浅水区域。根据周梦庄《盐城考古录》所论,东冈文化遗址"多数坐落在牡蛎壳沙堆积土上",可见江苏省滩涂采捕的历史相当悠久。①

明清时期,海涂扩展,为滩涂渔作采捕活动提供了更多空间,濒海光滩及其以下泥滩、浅水区域是渔作活动的主要区域。即光滩以上的滩地往往是煎盐区域,以下多为渔作区域。如安丰场"……乾隆中年以来至道光初年,马路以东得古淤七八里,新淤十余里,续淤又十余里,地方广阔,出草既多,兼卤气极厚,又东至海边光沙六七里,人皆以捕鱼为业。"②清初孔尚任在《西团记》中,也生动地描绘了海涂采捕活动:

捕鱼者刳舟如葫芦,周旁胶无隙穴,其背仅容出入,有螺户焉,虽冒浪不灌,内□半水,两胁缝以长木,与内水平……舟之尾罟系焉,诱鱼自投,既得鱼,纳于内水,纳满又从潮来,赛如初。③

其基本操作为:取捕者刳舟如葫芦,用长木平衡两侧,以桩缆固定

---

① 《江苏海洋渔业史》,《江苏渔业史丛书》,1989年,第35页。
② 〔清〕丁日昌:《淮鹾摘要》卷1,〔清〕温廷敬编:《丁中丞政书》卷33,沈云龙主编:《近代中国史料丛刊续编》第77辑,台北:文海出版社,1980年,第1249页。
③ 〔清〕孔尚任:《湖海集》卷8,清康熙间介安堂刻本。

于潮水中,网系舟尾,随潮起落,诱鱼投网捕之,纳于仓内水中。①

除了滩涂采捕外,近海淤沙也是渔户采捕之所,如嘉庆《东台县志》载,东台外海沙洲众多,其上多有渔户采捕,具有一定规模:

> 摇钱沙、酒毣沙、犁头沙、日头沙,俱在县治东南栟茶场黄沙洋海口外,与丰利、掘港场相接,海中平浅处,潮长则没,潮落则出,俗呼曰圻,名目甚多,为渔船插竹布网之所,栟茶缪氏世其业,额纳麻胶税于如皋。②

滩涂小取多为贝类采集为主,潮汐浅滩尤其出产文蛤(*Meretrix meretrix* Linnaeus)。据嘉庆《如皋县志》载:"蜯山一名蚌鳌山,在掘港西北之茞上,土人取蚌鳌弃海滨,积累成山,高十余丈,上耸一峰,望之而浮峦孤屿,出没云涛中。今海潮涤荡,徒有其名耳。掘港一名蜯山,即由此而来。"③由此可知,清代当地贝类采捕活动颇具规模。

清末淮南盐场部分亭灶东迁遭遇困难,也是因为滩涂地带早已为渔作占据。"卤气最厚之丁荡地方,另笼新亭……惟事艰费巨,丁荡笼亭一事,以地为渔户久占,劝徙不易,办理尤难。"④

2. 近海渔作

除滩涂采集外,近海渔作也是海岸带渔作活动的重要内容。明清时期,海禁政策对渔业生产影响较大。顺治至康熙年间,沿海各县多有梅花桩钉塞海口。更有强制迁内徙。顺治十八年(1661),实行海迁,滩涂渔取生产陷入停顿。朝廷多次下令,"寸板不许下水",海口均"用木桩密钉,止许通潮供煎,而不通舟楫,虽有帆樯,不能飞渡,为御侮之上策"、"朝廷下令严禁鳞介之属填委涯浃,良民惧触法网莫敢俯拾,往往冻馁而死。"⑤这种消极的海防政策,限

---

① 江苏省地方志编辑委员会:《江苏省志·海涂开发志》,南京:江苏科学技术出版社,1995年,第219页。
② 嘉庆《东台县志》卷10《考五·水利》。
③ 嘉庆《如皋县志》卷2《疆域》。
④ 光绪《重修两淮盐法志》卷32《场灶门》。
⑤ 康熙《淮南中十场志》。

制了沿海渔作活动。又如嘉庆《海州直隶州志》载,在荻水东三里地名曰斜石,为赣榆安东卫界,卫民为对付海禁,常将界石移至河口东岸,以便上滩采捕。①

乾隆五年(1740),海禁渐废,沿海采捕随之恢复。例如赣榆朱蓬口,"每岁春月,鱼虾䗪蛇大上,北贩沂兖,西走豫晋,南通江浙。舟车络绎相属,号为繁区。"②另外,各场均有一定规模的渔船数量,以东台县为例,包括东台场拖渔港、何垛场王家港、安丰场木桩港、富安场川港、角斜场万家港、栟茶场洋南港。③ 进出各港的渔船共95只,每年额征渔课银115两6钱1分。④ 咸丰年间,白驹、西团、小海等场渔户共有大小渔船128只。⑤

海岸带诸多大小淡水入海口往往是各类鱼群产卵、索饵的理想场所,故废黄河口、长江口以及射阳河口等近海区域,包括浅水沙洲地带,都是理想的捕鱼区域:

> 嘉庆十七年,"……瞭望海中见黄流互起,直由南北尖之外,冲出甚长,捕鱼船只、帆樯往来,距海口似甚辽远,与去年所见之下,南尖即有渔船泊聚,情形迥异,询据渔户等云,向年黄河入海,自出南北尖而下,不过数里即与海水不能异色,捕鱼之船即在海口施网,自本年黄河挽正之后,气力猛甚,冲至海口约有四五十里之遥,始与海波合色,渔船须避过黄溜至数十里之外,始可捕鱼……"⑥

由此可见,清代中叶,该岸段近海捕鱼业颇为繁荣。"州境东滨大海而鱼虾之利多闻之,墟沟营每岁三四月间,鱼虾至者积如山阜……"⑦大量的渔获,吸引周边商贩贸易,如阜宁县丝网滨"在旧

---

① 嘉庆《海州直隶州志》卷20《海防》。
② 光绪《赣榆县志》卷3《建置》。
③ 嘉庆《东台县志》卷10《考五·水利》。
④ 同上。
⑤ 咸丰《重修兴化县志》卷3《征解》。
⑥ 民国《阜宁县新志》卷9《水工志》。
⑦ 隆庆《海州志》卷2《土产》。

黄河口,面海而居,市廛简朴,清嘉庆道光间,海中渔户,汇集于此,苏淞鱼商皆航海至……"①

民国年间,江苏仍依靠旧式渔法,主要鱼类为黄鱼、鲨鱼、马鲛鱼、鲷鱼、带鱼等等。李长传在《江苏省地志》描述了清末民初江苏沿海不同渔区及其渔作特点、渔获情况,兹摘录以示②:

> 一般所用渔具除流网、旌网外,又有他种渔网。江苏渔区北起荻水口,南至金山卫城之沿海,可大别之为三区,第一区在海州附近,春秋以鲥为最盛,秋冬两季多鲮及鳎,他如白虾、乌贼、带鱼等,亦有相当之渔获;第二区在江淮一带之沿海,每年春季散布于各沙滩,附近之黄鱼张网船、鲛流网兼鲻鱼旋网等渔船,其数达二千艘,但此区域因淮河及长江中有沙土堆积,海水极浅,所以只用旧式渔船,而不适于新式发动机船,此实为其缺点;第三区为自北纬三十二度至浙江省北境之上海外海,渔区虽小,但其渔获量则较第一区第二区为优,春季以大黄鱼、小黄鱼为最多,他如乌贼、海鳗、鲨鱼等亦多,渔船聚集地点为嵊山花岛山、黄龙山、马迹山等处。

值得注意的是,此处李长传特别介绍了江苏沿海中部岸段海涂平旷的环境特点,限制了新式快速机轮渔船的使用,使得传统渔作方式得以延续。

沿海渔船基本为风帆船,按作业类型分为黄花渔船和摇网船两种,近岸作业的小船为方头平底,适应沿海渔场多沙港浅的特点,平底有利于出海在沙上航行,故有"沙飞"之称。③ 黄花渔船一般载重量30至50吨,摇网船一般为10至20吨。这种小船只、网具简单、分散型的小生产者渔作形态,在江苏沿海近岸存在了很长时间。传统渔法多样,李士豪在《中国渔业史》中归纳了古代四类渔法:袭获

---

① 民国《阜宁县新志》卷14《商业志》。
② 李长传:《江苏省地志》第三编《人文志》,民国二十五年(1936)铅印本。
③ 《江苏海洋渔业史》,载《江苏渔业史丛书》,1989年,第40页。

渔法、驱集渔法、诱集渔法、陷阱渔法①。

此外,渔盐也是海岸带渔作生态的重要一环,为保存渔获,利用当地丰富的食盐产出是渔、盐紧密联系的表现。渔获的增加,需要大量食盐腌渍以保存,江苏海岸带两淮盐场大量的食盐产量为渔获保存提供了便利。"海滨鱼虾大汛,听民采捕,令渔户诣官请票赴场买盐醃渍,无虑数十万觔,法至宽也。"②由于担心透私盐,多有具体购盐规定,如乾隆元年,赵宏恩咨部定渔船为三等,在鱼汛时期,"大船给盐三千斤,中船两千斤,小船一千斤,须于场司领票购买。"③到民国年间,鱼品的保存依旧以腌渍为主④,每百斤鱼片用盐约20—30斤。⑤ 渔户买盐醃渍需要交纳渔盐税,每担征收税银二角。⑥

清末施行新政,于1903年成立商部,1904年张謇筹划全国渔政,建议组织渔业公司,开创现代渔业。得到清廷批准后,张謇即下令沿海7省同时准备。规定近海维持旧式渔业,外海以新式渔轮与各国抗衡,"近海一、二十里仍留我寻常小船捕鱼之利,外为内障,内为外固。"⑦光绪三十一年(1905),张謇在上海创办江浙渔业公司,置办蒸汽机渔轮"福海号",这是中国第一艘机动拖网渔轮,开始了中国海洋渔业捕捞近代化的历史,近海渔业有了进一步发展。如民国二十二年(1922),江苏沿海盐城渔民约4 000人,渔船660只,渔获量300万斤,价值179万元。⑧ 沿海近代渔业发展也促进了上海港的繁荣,是近代唯一的新式轮船拖网渔业基地。⑨ 民国初年,尽管国家颁布法令鼓励开发远洋渔场。但由于战事连年,特别是日本的

---

① 李士豪、屈若搴:《中国渔业史》,上海书店出版社,1984年,第12页。
② 嘉庆《海州直隶州志》卷17《食货》。
③ 民国《阜宁县新志》卷5《财政志》。
④ 江苏省地方志编辑委员会:《江苏省志·水产志》,南京:江苏古籍出版社,2002年,第190页。
⑤ 马馨铭:《我国近代水产品保鲜与加工》,《古今农业》1990年第1期。
⑥ 民国《阜宁县新志》卷5《财政志》。
⑦ 民国《南通县图志》卷六《工商业志》,民国十四年(1925)铅印本。
⑧ 《中国经济年鉴续编》,张研、孙燕京主编:《民国史料丛刊》第970册,郑州:大象出版社,2009年,第153页。
⑨ 李士豪、屈若搴:《中国渔业史》,上海书店出版社,1984年,第8、12页。

侵渔活动,以至尚处于起步阶段的中国远海渔场开发未能勃兴起来。① 沿海渔作活动仍然以近海小取为主。

到1949年,渔船、渔具、渔法仍然停留在古老、传统的水平上,作业区域尚限于水深30米以内的近海海域,渔业资源的开发利用主要是近岸和近岸洄游性的鱼、贝、虾、蟹类,生产长期处于落后状态。② 这与海岸带盐作方式一致,直到20世纪中期,依旧是传统的生产方式,近代化程度不高。

本章小结

本章讨论了明清时期海岸带农作、渔作活动发展变迁过程,分析了海岸自然环境以及土地利用政策变化的影响。受明清官府长期重盐轻垦(或兴灶禁垦)政策影响,海岸土地利用变化表现为:农作活动长期以私垦形式存在,并伴随海岸淤涨、盐场东迁而不断向海迁移扩大,最终在清末废灶兴垦中公开化,从禁垦、到放垦,再到兴垦。海岸土地利用政策改变,经济格局也出现变化,从以往长期盐作主导,向农作主导转变。即淮南转为农业生产为主,盐业生产重心则北移集中至淮北盐场。土地利用的空间格局变化,与海岸自然环境更相适宜,充分结合了不同岸段气候与自然资源分布特征,使海岸整体土地生产效率大幅提高。

某种程度上,废灶兴垦是盐场内部自发土地利用调整的反映。历史时期各盐场开垦废弃老荡、设置新亭,便是自发的废灶兴垦的表现。清末时期的废灶兴垦是江苏海岸社会经济变迁的重要事件,这一特殊的海岸社会经济事件离不开清末民初特定的社会经济环境的驱动作用,是长期私垦诉求在官府管制崩溃后的快速释放,是长期重盐轻垦的垄断政策调整的结果,也是"一战"特殊背景下吸引了过度投资的大规模圈地投机行为。

---

① 黄公勉、杨金森:《中国历史海洋经济地理》,北京:海洋出版社,1985年,第55页。
② 《江苏海洋渔业史》,第37页。

第十章　捍海与避潮：海岸水利活动变迁

　　沿海低地历来是人与自然环境互动的重要舞台，是人类获取可利用资源的广阔天地。江苏沿海低地历经700余年的"海势东迁"、沧桑变化，复杂多样的人类生产活动，也伴生演化出多样的水利活动，并在与海岸灾害的抗争中，经历了独特的水利活动变迁面相。从宋元时期保护滨海地带农作活动为主的捍海堰（范公堤），到明清时期转变为以保护滨海盐作活动的避潮墩，再到清末民初为保护滨海兴垦而兴筑的各类海堆，直到20世纪中叶最终形成保护沿海农田的全线海堤，一幅极为生动的海岸水利历史画卷延绵数百年。

　　检阅以往的研究，有关明清江苏海堤的论著颇丰。如陈吉余、张文彩、凌申等学者均有广泛讨论，为了解江苏沿海特别是淮南滨海地区堤堰变迁过程提供了重要基础。[①]　不过，在江苏海堤工程的讨论中往往忽略了明清时期滨海平原广为分布的避潮墩，如讨论历史时期江苏各类海塘的兴废过程，往往只关注了塘工（海堤、海塘）建设[②]；专门讨论避潮墩的，如张忍顺先生从江苏古墩台的发展变迁

[①] 嵇超：《范公堤的兴筑与作用》，《复旦学报》（社会科学版）1980年；须景昌：《江苏海堤》，《水利史志专刊》1987年第2期。张文彩：《中国海塘工程简史》，北京：科学出版社，1990年；凌申：《苏北古海堤考证》，《海岸工程》1990年第2期；赵清、林仲秋：《江苏北部古代海堤与海陆变迁》，《徐州师范大学学报》（自然科学版）1995年第2期；吴必虎：《历史时期苏北平原地理系统研究》，上海：华东师范大学出版社，1996年；陈吉余：《中国海岸变迁和海塘工程》，北京：人民出版社，2000年；凌申：《范公堤考略》，《盐城师范学院学报》（人文社会科学版）2001年第3期；凌申：《历史时期江苏古海塘的修筑及演变》，《中国历史地理论丛》2002年第4期。

[②] 凌申：《历史时期江苏古海塘的修筑及演变》，《中国历史地理论丛》2002年第4期；张文彩：《中国海塘工程简史》，北京：科学出版社，1990年。

角度,深入考察了明清时期江苏沿海各类墩台的兴废过程。① 尽管各有侧重,但是都忽视了对潮墩与海堤之间内在联系的考察。

因此,本章以明清时期江苏沿海出现的海堤、潮墩为中心,尝试全面考察海岸水利活动的时空分布变化及其自然与社会经济的驱动作用,分析海岸人类活动对海岸灾害的环境适应性,以及与海岸盐作、农作活动的内在联系。

一 范公堤时期

1. 范公堤与农作活动

江苏滨海平原历史上潮灾频繁,唐以后,历代均有捍海工程举办。其中,最为突出的便是范公堤。② 范公堤兴筑以前,江苏沿海早期农作活动有限,多与盐作混同,农盐不分,易遭受海潮侵袭影响,生产效率低下,海岸带开发程度仍较低。自北宋以来,对泰州捍海堰多次增筑延修,成为江苏沿海重要屏障,遮护民田,屏蔽盐灶,为盐、农生产与生活提供了重要保护。

天圣年间,因海潮泛滥于海陵、兴化县境,江淮发运使张纶、西溪盐官范仲淹以及卫尉少卿胡令仪协力增修泰州古捍海堰(即唐代常丰堰)。据张文彩考证,泰州捍海堰于1028年竣工,起自海陵东新城,至虎墩(今大丰县西南小海场),越小陶浦(今东台县安丰镇)以南,跨楚、泰二州,全长25 696丈,计171里,底厚3丈,面宽1丈,高1丈5尺。1055年,海门知县沈起又沿海筑堤70里,后人称沈公堤。起于吕四场,至余西场,接张纶所筑捍海堰。1177年泰州知州魏钦绪,自桑子河以南又筑堤35里,以补张纶工程未及之处。③ 至此,两宋于楚、泰、通三州沿海,先后共筑捍海堤堰近300里,并以

---

① 张忍顺《江苏沿海古墩台考》(《历史地理》第3辑,上海人民出版社,1983年)专门讨论了江苏海岸的避潮墩兴废历史。另外,夏祥、卢泰斌对射阳县境内的潮墩也有讨论。见夏祥、卢泰斌《射阳潮墩小考》(《治淮》1994年,第41—42页)。
② 按:范公堤这一概念在明代才普遍成为江苏沿海捍海堰的统称,宋元一般称为捍海堰。
③ 张文彩:《中国海塘工程简史》,北京:科学出版社,1990年,第24页。

"通泰楚"简要概括淮南全线捍海堰,如《宋史·高宗纪》载"筑通泰楚三州捍海堰"。① 到元代詹士龙增修范堤,自吕四到庙湾场,淮南范公堤才最终完成。明隆庆、万历间(1567—1619),黄淮水患日多,漫流入海,阻于范堤,闸洞不敷宣泄,往往开挖范堤,消泄积水,若还筑稍迟,卤潮侵入,伤坏农田,此时泄水与御潮,"岁有两不并立之势"②。受黄河南流影响,里下河洼地积水对范堤造成巨大压力,往往决堤宣泄,这种两难情形持续很长时间,直到黄河北归,期间多次大规模维护范堤。万历四十三年(1615),巡盐御史谢正蒙修筑范公堤,自吕四场止于庙湾场,共长 800 余里,较元代詹士龙所筑约长三倍。清代雍正十年(1732),总河嵇曾筠修护范堤,将泰州栟茶、角斜二场旧堤,移进四五里,即嵇公堤。乾隆十一年(1746)增修范堤。咸丰五年(1855)黄河北归后,西水东注压力减小,东边海岸甚远,潮水不至,范堤逐渐废弃。

不过,范公堤的兴筑与维护其主要目的还是在于保护堤西农田生产与百姓生命安全,即自唐宋时期兴筑的捍海堰及其延续工程,虽然可以兼顾盐灶,但保护民田才是捍海堰的目的所在。如唐代常丰堰所考虑的即是保护农业生产,唐大历中黜陟使李承为淮南节度判官,谓"海潮漫为咸卤,虽良田必废,请自楚州盐城,南抵海陵,修筑捍海堤,绵亘两州,潮汐不得浸淫。"③宋代留正在《皇宋中兴两朝圣政》中,较早使用"遮蔽农田,屏蔽盐灶"来概括常丰堰功用④,被广为引用,成为总结捍海堰功用的高度概括,但不能就此认为海堤一定是通过阻隔海潮进而保护盐作活动。

天圣年间泰州捍海堰所保护的兴化、海陵二邑,即以农耕为主,地势低洼,长期受到海潮侵袭。胡令仪在天圣泰州捍海堰兴筑工程进入低潮时,特地鼓励众人:"昔余为海陵宰,知兹邑之田特为膏腴,春耕秋获,笑歌满野,民多富实,往重门击柝,拟于公府。今葭苇苍

---

① 《宋史》卷31《高宗纪》。
② 武同举:《江苏水利全书》卷43《江北海堤》。
③ 万历《淮安府志》卷3《建置志》,明万历刻本。
④ 〔宋〕留正:《皇宋中兴两朝圣政》卷59,清嘉庆宛委别藏本。

茫,无复遗民,良可哀耶!"①虽为鼓动之词,难免夸大,但也真确反映了该地区农作生产的繁荣情形。没有海堤的坚实防护,其农田易被破坏,难以维持生产,故"泰州有捍海堰,延袤百五十里,久废不治,岁患海涛冒民田。"②范仲淹也记叙到:"初,天圣中,余掌泰州西溪之盐局,目秋潮之患,浸淫于海陵、兴化二邑间,五谷不能生,百姓馁而逋者三千余户。旧有大防,废而不治。"③可见,捍海堰针对的是海陵、兴化农业区的灾情,潮灾频繁,农户多有逃亡。堤成后,"潮不能害,而二邑逋民悉复其业"。

2. 范公堤与盐作活动

需要指出的是,范公堤这种全线封闭海堤在"归海十八闸"出现之前,往往可以就近让盐民上堤躲避潮灾,但实际上,海堤兴筑后对濒海地带盐作活动反而有抑制影响。由于范堤阻隔,堤西土壤潮浸频率下降,土卤淡化,盐灶获取卤水资源日益困难,遂逐渐搬迁到堤东新淤滩地,大致在明代嘉靖年间,淮南盐场泰州分司在堤西基本没有盐灶。传统的煎盐生产需要稳定的海潮潮浸,海堤一修,势必阻隔潮水来源,堤西土壤潮浸频率降低,脱盐加快,亭场逐渐纳潮困难,不适宜煎盐生产,故煎盐亭场只能搬迁到海堤东侧滩地附近,这一过程持续了很长时间,大致在明代中叶,范公堤西侧已经没有亭场分布。晚至明嘉靖年间(1522—1566),淮南诸盐场堤西已基本没有亭灶,例如嘉靖《两淮盐法志》诸盐场图中,泰州、通州以及淮安三司诸盐场,只有范公堤以东绘有煎舍、潮墩等盐作活动标志物。明末清初,海潮更远,堤西旧场灶纳潮愈加困难。如新洋港口已经到了花川港,距离范公堤约50里④,堤西亭灶早已无法生产。据民国《续修盐城县志》记载:"凡明以前之灶地多在范堤以西,今曰农灶,亦曰引田,其地在明之季世已多垦辟"。⑤可见,堤西亭灶至迟

---

① 〔宋〕范仲淹:《范仲淹全集》上。
② 《宋史》卷426《列传》,清乾隆武英殿刻本。
③ 〔宋〕范仲淹:《范仲淹全集》上。
④ 夏祥:《历史时期江苏海岸线的变迁》纠误,《江苏地方志》,1994年第3期。
⑤ 民国《续修盐城县志》卷5《赋税·灶课》。

在明代已经盐改垦,基本搬迁至堤东。当然,宋元以至明代初期,范公堤以东滩地外涨不多,潮来时堤东灶民上堤避潮,的确体现了"屏蔽盐灶"的作用。

需要指出的是,明清时期,范堤"屏蔽盐灶"的功用主要是指防止西水排涝对盐作活动的影响。受黄河南流、保护漕运的影响,明清时期苏中里下河及滨海地带既存在洪水内涝威胁,又有潮水侵袭之害。虽是河、海交汇处,有稻米、籽盐生产的两种便利,但"咸水伤禾、淡水伤盐"①,如果不能有效处理,民田易遭潮患损害,盐灶则受洪水威胁。面对挡潮与排涝这对矛盾,范堤及其涵闸系统续修工程成为历代两淮河务、盐务的重要内容。范堤能够"束内水不致伤盐,隔外潮不致伤稼。"②到明清时期在范堤沿线修建涵洞、石闸等水利设施,如雍正、乾隆间,在范堤沿线修建了"归海十八闸"。范堤、涵闸能够"泄内河之水,御海口之潮"③,才基本解决了挡潮与排涝的矛盾,并促进了堤西土壤脱盐,发育成为肥沃的水稻土④,堤东则是利于盐业生产的滨海盐土,二者各得其利。明末清初诗人吴嘉纪《咏范堤诗》生动描写了范堤两侧人文景观的差异:"西塍发稻花,东火煎海水。"范堤遂为场灶保障,内地农田藩篱。

总体来看,入清以来,大海东去,海潮日远,淮南盐场通、泰分司,除了通州濒海岸段外,范堤长期失修。如乾隆年间,江南河道总督顾琮便建议"通分司所属十场,范堤乃场灶之保障,内地之藩篱,必须高厚坚固,方资捍御。"⑤因为海潮迫近,范堤功用仍在。此后,因通州分司范公堤距离海岸很近,仍以堤工为重,泰州分司则范堤距海渐远,转以墩工为重,范堤不再维修。光绪八年十一月署淮扬海道徐文达对通泰堤墩工程缓急原由便有清晰的讨论⑥:

---

① 〔清〕傅泽洪,郑元庆:《行水金鉴》卷153。
② 同上。
③ 〔清〕李澄:《淮盐备要》卷1,于浩《稀见明清经济史料丛刊》第1辑第9册,北京:国家图书馆出版社,2009年。
④ 中国科学院南京土壤研究所:《中国土壤图》,北京:科学出版社,1998年。
⑤ 光绪《重修两淮盐法志》卷36《场灶门·堤墩上》。
⑥ 同上。

> 泰属各场去海皆远，旧时范堤已成虚设，见煎亭灶皆在场治七八十里百数十里以外，远且有逾二三百里者，所以该属议建新堤，专为滨海灶丁求御风潮起见。至附近之田荡庐舍，究居腹里，距海已遥，不致虑有潮患，且堤可以卫田庐而不便于障煎灶，缘灶须就卤，一经隔阂，卤气不通，有妨摊晒。至通属栟茶、丰利等场，旧堤去海不过数里，近者仅一、二里，远亦不过十余里，潮汐相应，直达堤根，他如角斜、掘港、吕四等场亦皆有当冲险要之处，各该场惟见煎亭灶在于堤外，煎盐水涨则避之，岁岁如是习以为常。

可见，淮南盐场通州分司范堤距海近，仍能发挥保护堤西农田以及堤东亭灶的重要作用，必须加以维护。而泰州分司范堤距离海远，潮汐难至，加上亭灶东迁，范堤逐渐失修。另外，泰州分司水利活动重要的变化是提议新筑海堤，但由于盐作活动受到影响以及土质、投入限制，新堤未成。

捍海堰、范公堤的兴筑，主要是为了保护农田，是为了改善农业生产环境，为有效避开潮侵而做出了适应性行为，期望达到的目的是"海滨泻卤之地，皆为良田。"①"屏蔽盐灶"的功用在宋元至明初时期主要是方便灶民上堤避潮，此后海岸日远，亭灶东迁，潮来也不需要上堤避潮，多兴墩避潮，但明代中叶以后，西水东泄压力增加，往往伤及亭灶，故范堤在屏蔽盐灶上又表现为阻隔西来淡水的影响。

由此可见，伴随"海势东迁"，以往屏蔽亭灶的功用不断丧失，转为兴筑避潮墩为主，这在清代后期泰州分司各场表现尤为突出。于是，一种新的工程形态、更加适应这一阶段的滨海盐作生态、水循环特点、更加便利的海堤形式避潮墩便应运而生。

3. 淮北"范公堤"考异

如前文所述，范公堤自北宋以来，多次增筑延修，成为江苏沿海

---

① 光绪《阜宁县志》卷6《场灶》。

重要保障，遮护民田，屏蔽盐灶，为盐、农生产与生活提供了重要屏障。不过，相关历史文献中，尽管有关苏北捍海堰、"范公堤"的记载相当丰富，但也充斥着明显矛盾与含混的地方。特别是文献中还有淮北"范公堤"的记载，如莞渎场"范公堤"、安东古淮堤。淮北"范公堤"是否真实存在？相关学者对苏北捍海堰的研究往往只言淮南，未涉及淮北，未注意到文献中也存在的淮北"范公堤"[①]。通过文献梳理分析，笔者认为"范公堤"这一概念主要是对北宋泰州捍海堰的指代，之后逐渐泛用到苏北堤堰，最终成为苏北海堤统称。在泛用过程中，也存在淮北堤堰被称"范公堤"的情况，但以往认为范公堤只在淮南。如光绪《盐城县志》的撰者曾考辨到："范公堤北不至海州，此说误"[②]。

1128年黄河南徙苏北入海，淮北堤堰大多以河堤为主，同时该区域河道因迫近海潮，河堤多兼有河防、海防两类功用。历史时期淮北大量堤堰的存在，加上明清以后"范公堤"概念泛用，由此不难推断，这为仅一河之隔、也有捍潮功用，以及地貌地质基本一致的淮北堤堰，有意或无意中也被冠以"范公堤"提供了极大可能。即在"范公堤"不断泛用、误用的背景下，也完全有可能用来指代淮北堤堰，这种表面上看似错误的指代，实质上是"范公堤"概念不断泛用的表现。具体而言，淮北"范公堤"，主要是指莞渎场捍海堰以及安东县古淮堤。以往学者讨论苏北捍海堰时，往往回避了莞渎场"范公堤"与安东县古淮堤，显然受到"范公堤"仅能为淮南捍海堰统称的影响。

莞渎场"范公堤"

据隆庆《海州志》载，淮北莞渎盐场自洪武元年（1368）年设置，是明代淮北五场（莞渎、板浦、临洪、兴庄、徐渎）之一。有趣的是，嘉靖《两淮盐法志》莞渎场图，其上标绘"范公堤"（图10-1），这是

[①] 本节参见拙文《苏北捍海堰与"范公堤"考异》，《中国历史地理论丛》2015年第4辑。

[②] 光绪《盐城县志》卷3《河渠》。按：光绪《阜宁县志》卷6《场灶》转引了《庙湾镇志》中明代蔡汝楠《三贤祠碑记》，其中即有堤墙"北暨海州，延袤千里"之说，方志编纂者按注"范公堤北至射潮，而是碑称北暨海州，未知何据"。

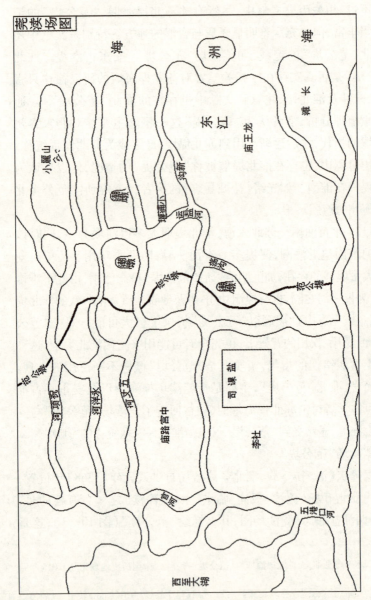

图 10-1 嘉靖《两淮盐法志》莞渎场图中的"范公堤"

说明：据嘉靖《两淮盐法志》卷一莞渎场图描绘。其中，范公堤西侧南北走向的河道为一帆河。

文献中少见的淮北"范公堤"。该书图说中明确记载了堤堰起始点:"莞渎场……其海防有捍海堰,南起海口场,西抵芦石"①。

海口即黄、淮入海处,俗称大海口。"(淮安)府东二百里有大海口,为淮河入海处,其南为庙湾"②。宋为涟水军境,曾于此地设海口盐场(图10-2)。芦石即卢石山,在海州东南,《太平寰宇记》载:"卢石山在(朐山)县东南六十里",即今伊卢山③,位于西陬山西侧(图10-2)。卢石山、西陬山、东陬山三座海岸低山,是海州地区独特的地标。海州现存最早方志隆庆《海州志》海州总图中有"芦石山墩"④,即设置在卢石山的军事预警设施烟墩。又云:"东陬居海中,西陬居海隅,二山对峙。"⑤可见,西陬山位于隆庆年间该段海岸边缘⑥。

由图10-1可见,莞渎场"范公堤"西侧有两条南北走向的较大河道,即官河、一帆河。万历《淮安府志》云:"官河……源自西涟,南通中涟,东流散入遏蛮等河入淮,北通海州诸盐场,舟楫之便。"⑦为今盐河前身。一帆河在"官河东,北流至伊卢山,南通安东入淮"⑧,即在淮水与卢石山之间,与官河走向相似(图10-2),今涟水县尚有一段。一帆河很可能是取土筑堰所留下的水道,与淮南串场河是取土筑堤所致一样。

海口距卢石山,约一百数十里(图10-2)。单从距离看,该段莞渎场"范公堤"的规模并不小。但令人疑惑的是,除了嘉靖、康熙、雍正⑨以及乾隆《两淮盐法志》外,莞渎场"范公堤"在其他史籍

---

① 嘉靖《两淮盐法志》卷3《地里》,明嘉靖三十年刻本。
② 〔清〕顾祖禹:《读史方舆纪要》卷22。
③ 今伊卢山也称伊莱山、大伊莱山。卢石山也可能为伊卢山不远处的亚芦山,二者相距约9公里,在灌云县东。
④ 隆庆六年(1572)《海州志》卷1《舆图·海州总图》。
⑤ 隆庆六年(1572)《海州志》卷2《山川志》。
⑥ 图10-1中"小丽山"之名无考,可能是西陬山。
⑦ 万历元年(1573)《淮安府志》卷3《建置志》。
⑧ 同上。
⑨ 雍正《两淮盐法志》卷首莞渎场图中,虽然没有"范公堤"标绘,但在卷四《场灶》中又载"莞渎场……范公堤一道,南至白洋河,北至祝项河",与嘉靖莞渎场捍海堰线路大体一致。于浩辑:《稀见明清经济史料丛刊》第1辑,国家图书馆出版社,2009年,第614页;康熙《两淮盐法志》,吴相湘主编:《中国史学丛书》,台湾学生书局,1966年。

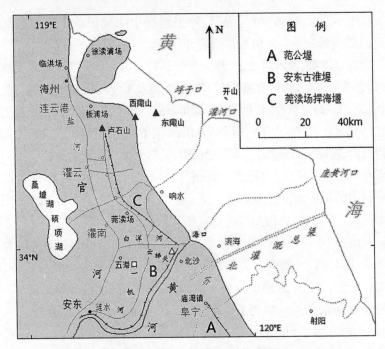

图 10-2　明后期淮北莞渎场、安东县堤堰分布及周边河道

资料来源：图中海岸线、河道与历史地名参考谭其骧主编《中国历史地图集》(第 7 册，中国地图出版社,1996 年,第 15—16 页,47—48 页)、万历《淮安府志》卷三《建置志》、隆庆《海州志》,以及古道编委会《清代地图集汇编 江苏全省地图》(西安地图出版社,2005 年)。

中鲜有记载。而嘉靖、康熙、雍正《两淮盐法志》中莞渎场"范公堤"线路起止点具体且明确,很难理解为是撰者凭空捏造,更不能仅依据"范公堤"是淮南捍海堰的统称而简单否定。

实际上,在莞渎场附近的确存在过各类捍海堤。如嘉靖二十四年(1545)海州知州王同《海州蔷薇河纪成碑》载:"海口为堤者五,以障潮汐"①。可见堤堰颇有规模,也有其他一些河堤②。另外,据

---

① 隆庆六年(1572)《海州志》卷 10《词翰志》。蔷薇河在海州西,碑文另载:"州西河曰蔷薇,东接大海,西入涟河"。
② 据那彦成《阿文成公年谱》卷 21、《清文献通考》卷 44《国用考》所载,马港河(六套)、北潮河(灌河)以东滩地无民田,苇荡密布,因此没有堤防。但马港河及其附近多有河堤,兼具捍海功用。明清两朝均在此区域兴筑河堤,并接续黄河北堤,成为安东、海州重要河防、海防工程。

康熙《安东县志》载,明代万历年间安东知县黄成章兴筑黄河北岸遥堤(安东长堤),"自颜家河经县至云梯关接范公堤,亘一百五十里"①。此处"接范公堤"看似突兀,但线路、空间位置与嘉靖《两淮盐法志》中莞渎场"范公堤"南起海口场正合,云梯关也正位于海口附近(图10-2)。因此,万历《淮安府志》中黄成章筑长堤所"接范公堤"很可能指的正是嘉靖《两淮盐法志》中莞渎场"范公堤"(图10-2)。

17世纪后,黄河三角洲快速淤涨②。到乾隆年间,莞渎场"范公堤久被水冲塌未修"③。其时莞渎场距海已远至一百数十里,海潮难至,"莞渎无盐,刈草供课"④,盐场池面逐渐东迁。乾隆元年(1736)新设中正场,莞渎场并入,旧堤堰废弃不修。

需要注意的是,嘉靖《两淮盐法志》中不少盐场图与图说的确存在多处缺漏与不一致的地方。如栟茶场图说为"范公堤东南自黄沙洋口起西北至角斜"、角斜场"范堤东西皆连栟茶"⑤,但在栟茶、角斜场图中均缺漏"范公堤"标绘。在"两淮盐场总图"中又出现"范公堤",而"通州分司总图"中,丰利、角斜以及栟茶又缺了"范堤"或"捍海堰"。在板浦场图中东陬山也错绘在陆上。另外,庙湾场又云:"……其海防曰范堤,起流团浦,迤逦西北而止于淮。捍海堤堰起吕四者尽于此"⑥。不过,莞渎场图与其图说内容一致。只在"淮安分司总图"中莞渎场并没有"范公堤"。

表面上看,莞渎场捍海堰的确不应称为"范公堤"。但"范公堤"这一特定概念在长期使用中并没有统一标准,完全有可能被沿

---

① 康熙三十七年(1698)《安东县志》卷3《官制志》,涟水县志编修办公室点校,(上海)上海社会科学院出版社,1989年,第44页。
② 张忍顺:《苏北黄河三角洲及滨海平原的成陆过程》,《地理学报》1984年第2期。
③ 乾隆《两淮盐法志》卷15《场界》,于浩辑:《稀见明清经济史料丛刊》第1辑,北京:国家图书馆出版社,2009年,第522页。
④ 雍正《两淮盐法志》,于浩辑:《稀见明清经济史料丛刊》第1辑,国家图书馆出版社,2009年,第578页。
⑤ 嘉靖《两淮盐法志》卷5《图说》,明嘉靖三十年刻本。
⑥ 同上。

用到一河之隔的淮北某段捍海堰。

因此，莞渎场"范公堤"也只是被泛称为"范公堤"的实体堤堰。此外，因淮盐长期南重北轻，且淮南岸段绵长，风暴潮影响更大，明清官府对淮南堤堰投入多，对淮北堤堰投入较少，故文献中淮南"范公堤"记载往往也更为普遍。当然，即使"范公堤"泛用到淮北堤堰，也并未达成共识，只是个别现象。如乾隆年间《行盐四省图》并没有将"范公堤"标绘到淮北沿岸，仍记为起于庙湾终于吕四场①。

安东县古淮堤

除莞渎场"范公堤"外，明清时期安东县（今涟水县）古淮堤也被称为"范公堤"。据万历《淮安府志》以及康熙《安东县志》载："古淮堤，即范公堤。去（安东县）治东十五里，起依淮岸，以东直接海一百四十里，用防淮水泛溢。按《宋名臣言行录》……范文正公监西溪，建白于朝，请筑捍海堤于三州之境"②。撰者显然受司马光"通泰海"之说影响，误将安东古淮堤当作"范公堤"地跨"通泰海"三州的一部分了，因而也以"范公堤"指代。另外，顾祖禹引用已散佚的《海口志》云："……县东十五里有淮堤，即范公堤也"③。《海口志》可能最早将淮堤称为"范公堤"，这种说法也为诸多史籍沿用④。万历《淮安府志》称"古淮堤"，《海口志》称"淮堤"，则后者所载不晚于16世纪中叶。然而，同莞渎场捍海堰一样，古淮堤史籍记载很少，语焉不详。不过，倘若不存在，仅据"通泰海"之说凭空捏造，也

---

① 美国国会图书馆藏清代《行盐四省图》，http://www.loc.gov/item/gm%2071005050。
② 万历《淮安府志》卷3《建置志》；康熙《安东县志》卷2《建置志》，涟水县志编修办公室点校，（上海）上海社会科学院出版社，1989年，第25页。
③〔清〕顾祖禹：《读史方舆纪要》卷22《江南四》。
④ 如顾炎武《天下郡国利病书》载："安东古淮堤，即范公堤。去治（安东县）东十五里，起依淮岸以东直接海一百四十里，用防淮水泛溢"；光绪《淮安府志》载："安东县……古淮堤，即范公堤。"按：文献中也有对古淮堤的错误记载，例如天启《淮安府志》卷2载："盐城县，……范公堤，即捍海堤。《安东志》名古淮堤，公堤在盐城东二里，自东北直抵通、泰、海门。"古淮堤应统属在安东县下。此处"（范）公堤在盐城东二里"，疑为"云堤在盐城东二里"。天启《淮安府志》将安东古淮堤误为淮南捍海堰的别称，其后又有很多文献转抄，例如康熙《淮安府志》卷1《舆地志·山川》、光绪《盐城县志》卷3《河渠志》、民国《阜宁县新志》卷9《水工志》等。

是难以想象的。

实际上,古淮堤很可能是明后期至清初安东县黄河北岸遥堤的前身。明后期至清初,安东县黄河北岸堤堰曾有多次重修。据康熙《安东县志》载,明代万历年间安东知县黄成章筑"安东长堤","自颜家河经县至云梯关,接范公堤,亘一百五十里"①。雍正《安东县志》又载,万历年间黄成章以及清初靳辅均对该段淮堤重修加固,使之成为坚固的黄河北岸遥堤②。在嘉庆《大清一统志》中也进行了总结:"古淮堤,在安东县东十五里,《府志》起依淮岸以东,直接海一百四十里,用防淮水泛溢。靳辅《治河书》安东县黄河北岸堤,上自山阳县界起,下至云梯关山阳县界止。长二万三千三百十一丈。"③

需要指出的是,武同举在《江苏水利全书》与《淮系年表全编》中却没有提及安东县古淮堤。且认为:"淮水故道,古原无堤。黄河夺淮后,河淮并行入海,水道畅通,未闻筑堤"。④但海州、安东县民田众多,河患、潮患并存,没有河堤海堰保护难以想象。此外,武同举在《淮系年表全编》中也记述了万历年间安东知县黄成章兴筑遥堤一事。但却转载为"自颜家集至于海口五十余里",未载"接范公堤"。可能武同举也受到"范公堤"只在淮南不在淮北的片面认识影响,误以为此处文献记载错误,便不加理会,只是模糊地做了表达。颜家集在安东县城西侧,距离云梯关也远超过五十余里(图10-2)。可见,武同举对安东县一带河堤、海堰的判断并不准确。万历年间黄淮运本来水患大、兴工多,他已经注意到了万历黄成章筑遥堤的文献记载,不至于疏忽了万历《淮安府志》中古淮堤的史料。很可能武同举被文献中古淮堤冠以"范公堤"所误,万历《淮安府志》又将古淮堤与《宋名臣言行录》中"通泰海"之说联系在

---

① 康熙《安东县志》卷3《官制志》,涟水县志编修办公室点校,(上海)上海社会科学院出版社,1989年,第44页。
② 雍正《安东县志》卷7《河防志》,复旦图书馆编:《复旦大学图书馆藏稀见方志丛刊》,(北京)国家图书馆出版社,2010年,第502—504页。
③ 《清一统志》卷94《淮安府二》。
④ 武同举:《淮系年表全编·水道编》。

一起,因此认为此堤堰不存在或文献错讹。可惜的是,武同举未作考辨,直接忽略了这些材料,颇令人费解。

二 避潮墩时期

1. 小冰期气候波动与潮灾

明清小冰期气候波动与江苏海岸变化关系密切。① 15世纪以后,江苏沿海盐业生产规模不断扩大,人口、生产资料持续向海迁移集中,淮南岸段灾害次数也显著上升,远高于14世纪以前。② 风暴潮又是江苏海岸风险首要驱动因素。有研究表明,近600年来,江苏沿海风暴潮多发生于农历六至八月份,主要受台风活动控制,常与天文大潮叠加③。18—19世纪,海岸盐作规模达到历史高峰,受风暴潮灾害影响也明显上升。光绪《重修两淮盐法志》对沿海潮灾损害记载比较连续,以乾隆至嘉庆年间为例,可以略微观察海岸潮灾时间分布状况据文献记录。1735—1754年间,共发生了11—14次特大风暴潮灾害(图10-1,1与2级)。在1722—1811年间,每十年发生淹没5个盐场以上风暴潮的频次约为3.1次。面对频发的海岸灾害,官府也有救济,但毕竟是临时应急,为防患于未然,海岸水利基础设施建设特别是防潮设施的兴筑必不可少。

2. 明代潮墩的出现:"连墩为堤"

为躲避潮灾,江苏海岸涌现独特的水利工程形式——避潮墩(或潮墩)。在苏中滨海平原,曾经广布墩台,主要有潮墩、烟墩、渔墩、汛墩以及界墩等。其中,范堤以东的墩台主要是与盐业生产有关的避潮墩,也有军事预警的烟墩,又以潮墩占绝大多数。④ 江苏沿海附近无山可依,平坦开阔的滩涂,一遇大潮,损失很大。

---

① 参见本书第二章第二节。
② 陆人骥:《中国历代灾害性海潮史料》,北京:海洋出版社,1984年;孙寿成:《黄河夺淮与江苏沿海潮灾》,《灾害学》1991年第4期。
③ 王骊萌、张福青、鹿化煜:《最近2000年江苏沿海风暴潮灾害的特征》,《灾害学》,1997年第4期;
④ 张忍顺:《江苏沿海古墩台考》,《历史地理》第3辑,上海人民出版社,1983年,第51—62页。

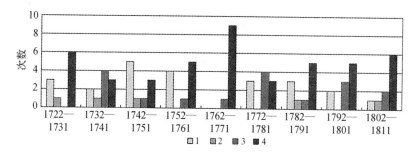

图 10-3 江苏沿海潮灾频次分布(1722—1811)

说明：据光绪《两淮盐法志·优恤门》记载，参考陆人骥编《中国历代灾害性海潮史料》(北京市：海洋出版社，1984 年)，以及江苏水利局《江苏省近 2000 年沿海水旱涝潮灾害年表》(1976 年)，并根据嘉庆《海州直隶州志》、《东台县志》、光绪《阜宁县志》、民国《如皋县志》、民国《安东县志》、光绪《东台采访见闻录》等文献补充。依据不同的潮灾影响范围将灾害程度划分为四个等级，明清时期两淮共 23—30 个盐场，影响 15—30 盐场为 1，影响 5—15 个盐场的为 2，影响 5 个盐场以下的损害程度设定为 3，缺少资料记载或者灾害较轻者设为 4。

"自大海东徙，草荡日扩，凡煎丁亭民刈草之处，每风潮骤起，陡高寻丈。樵者奔避不及……因筑墩自救，顾其数有限。"①因此，自明中叶，逐渐分散在广阔滩涂的盐民们开始堆积土墩，以躲避潮害侵袭，形成江苏沿海独特的水利形式②。文献记载，明代嘉靖年间吴悌、郑璋"创避潮墩于各团，灶业赖以复焉。"③这是首次官修避潮墩的记载。

潮墩的规制比较简单，一般呈上窄下宽的台状，上下面基本呈正方形。如光绪初年各场新修整避潮墩，大者"顶见方每面二十丈"，小者"顶见方每面五丈"④。合今面积约为十余米见方至数十米见方。按此推算，单个潮墩多至能容纳二百人左右，但年久失修的土墩便难以发挥作用。另外，据清代《江苏沿海图说》载，通泰沿

---

① 民国《阜宁县新志》卷 9。
② 张忍顺：《江苏沿海古墩台考》，中国地理学会历史地理专业委员会：《历史地理》第 3 辑，上海人民出版社，1983 年，第 52 页；张崇旺：《明清时期江淮地区的自然灾害与社会经济》，福州：福建人民出版社，2006 年，第 374—375 页。
③ 〔明〕汪砢玉：《古今鹾略》补卷三，清抄本。
④ 光绪《重修两淮盐法志》卷 36、37《场灶门·堤墩》。

海朔望月时潮汐一般高度为一丈三尺,约 3 至 4 米之间。① 而沿海潮墩也在此高度上下。例如"安丰场旧设潮墩四座,三在马路之西,一在马路之东,每墩计高一丈四尺"。② 光绪初年新建增筑的潮墩也一般"高一丈三尺及一丈六尺不等"③,均与平均高潮线基本一致。

在起源上,由于新修海堤迟缓、且难以兼顾挡潮与不妨碍盐作活动的需要,出现了这种权宜之计的避潮墩形式,但看似被动的防潮,却适应了海涂的自然环境以及淮南煎法盐作生态。新滩土软,也不利于新筑海堤。不过封闭式的海堤对盐作活动引潮的不利影响最为突出,加上明清官府在海涂土地利用上长期重盐轻垦,故而避潮墩逐渐成为新的主要海岸水利形式。试想,假设官府重垦轻盐,避潮墩很难扩大规模,对海堤的投入势必会大量增加。

然而,避潮墩从官府推广兴筑开始,便有了"连墩为堤"的设想,这种设想伴随着筑堤与建墩的辩论一直持续到清末。这与官府主观上仍倾向在沿海兴筑第二道范堤有关。但濒海盐作活动集中,全线封闭式海堤又妨碍盐作活动进行,故吸收了民间筑土墩避潮自救的方法,推广避潮墩,虽为权宜之计,但效果良好。也完整地经历了明清淮南盐业快速发展、繁荣的阶段。

"连墩为堤"的构想

两淮运使陈暹提议"连墩为堤":④

> 《中十场志》运使陈暹议曰:各场俱临海边潮水为患甚急,宋范文正公修筑海堤,民获其利,迫至于今,海水渐远于堤,各场灶在堤内者少,在堤外者多,海潮一发,人定受伤,灶舍亦荡,后来议筑望潮墩台,居民稍得趋避,但各墩相去数里,每墩复不

---

① 〔清〕朱正元辑:《江苏沿海图说》,马宁主编:《中国水利志丛刊》第 39 册,扬州:广陵书社,2006 年,第 31—45 页。按:此处潮墩高度应为当地相对高度。
② 光绪《重修两淮盐法志》卷 37《场灶门·堤墩下》。按:该文献中记载的墩台高度为距地面的相对高度,并非海平面高度,没有统一高度零点。
③ 光绪《重修两淮盐法志》卷 36《场灶门·堤墩上》。
④ 嘉庆《东台县志》卷 11《考五·水利》。

容数人,防患未广,应请于每年冬月停煎之后,查照各场人丁多寡,大约以十丁为一甲,行令各场,官吏督率,灶丁每甲一年筑墩一座,筑完申司呈院查验,以课场官勤惰,如此数十年之后,墩台接续渐积可以成堤而永无潮患,乃百世之利,目前之急务也。

可见,陈遝认为潮墩由于数量有限,往往防患效果不佳,故倡议各灶按年筑墩,最终"连墩为堤",企盼永无潮患。在他的观念中,范堤仍是最好的防潮形式。

不过,这只是嘉靖年间的情形。而淮盐自万历年间以后,进入黄金时期,并在清代中叶达到历史巅峰,盐作活动大规模扩张,使得海堤的筑成必定影响煎盐纳潮。因此,明代后期至清代中期,不断增筑潮墩成为主要任务,改变密度过低导致避潮效果差的困境,一直延续到光绪年间大规模兴筑灶户墩、民户墩。由此可见,这是在当时生产技术条件下,主要考虑盐利而做出的水利活动妥协。

3. 清代潮墩扩张:筑堤与建墩之矛盾

入清后,伴随海涂扩大,亭灶也更为分散,盐作活动规模增加。事实上,"连墩为堤"的设想已经不可能实现,分散的亭灶分布,只有通过提高潮墩密度来实现避潮效果。因此,与盐作繁荣相适应,清代中叶出现了官府兴筑避潮墩的高潮,而维护范堤的投入相对降低。"堤内旧建场署,户民列居。堤外弥望皆然,锅篷灶舍具在,以海滨广斥,便于取卤煎盐之故。向设潮墩数百处,为猝遇风潮户民暂时迁避。"①

由于清代淮盐的重要性,故官府对避潮墩更为重视。乾隆十一年,盐政吉庆巡查盐场,旧设潮墩已是"十墩九废"。② 当年由他主持,官办商捐,筑潮墩142座,后续筑5座,共148座。同时对潮墩

---

① 光绪《重修两淮盐法志》卷37《场灶门·堤墩下》。
② 乾隆《两淮盐法志》卷22《场灶八·范堤》,于浩《稀见明清经济史料》第一辑北京:国家图书馆出版社,2009年,第210页。

加强管理，摆脱了过去只修不管的状态。并造册备案，由场员负责，在离任时考核。乾隆十二年大潮灾，新建避潮墩便发挥了重要作用。"灶丁趋避潮墩者，俱得生全。"①于是当年仍以官办商捐的形式继续增筑85座。并规定不得在潮墩旁边挖坑，修建阶梯以便灶民上墩。

这两次大规模官筑潮墩，主要分布在泰州分司各盐场。淮南22场合计添设232座。② 其中泰州分司十二场新设潮墩156座（表10-1），约占七成，通州分司十场共76座，约占三成。③ 泰州分司庙湾到富安场，"海势东迁"最为明显，灶民远离范堤，主要依赖避潮墩。通州分司海岸线外扩不多，灶民距离范堤不远，大潮时仍可以上堤躲避，潮墩兴筑规模较小。在泰州分司十二场中，地势最低、易遭潮患的伍佑、新兴与庙湾三场共新设潮墩81座，占泰州分司全部新设潮墩的一半以上。东台、何垛与富安共筑墩50座。

筑堤与建墩

伴随海岸渐远，在筑墩的同时，官府仍对兴筑海堤念念不忘，特别是在大潮过后死伤颇多的灾情面前，堤工之议较多。例如光绪七年"六月海啸，是月二十二日潮头突高丈余，淹毙亭民五千余名，船户三百余人"、"八月海啸，初三日至初五日海潮汹涌，灾极重。"④面对巨大的直接损失，官员多要求加快墩台兴筑，光绪七年时任两江总督兼管两淮盐政刘坤一认为"从前潮墩尚有基址，应即勘明，筹款修复，以为亡羊补牢之计，天变无常，不可不预为防范，以重民命。"⑤八年大潮再至，时任两江总督兼管两淮盐政左宗棠奏"向设

---

① 光绪《重修两淮盐法志》卷36《场灶门·堤墩上》。
② 乾隆十一年淮北板浦、中正以及徐渎三场未添设潮墩。乾隆《两淮盐法志》所载各场新设潮墩数目合计232座。两次筑墩分别为十一年148与十二年85座，合计233座，总数相差一座。
③ 乾隆《两淮盐法志》所载泰州分司十二场为富安、安丰、梁垛、东台、何垛、草堰（白驹并入）、丁溪、小海、刘庄、伍佑、新兴与庙湾。通州分司十场为丰利、掘港、石港（马塘并入）、西亭、金沙、吕四、余西、余东、角斜与栟茶。
④ 民国《阜宁县新志》卷首大事记。
⑤ 光绪《重修两淮盐法志》卷36《场灶门·堤墩上》。

之墩,纵有存留,亦同虚设……风潮猝至,灶丁无处走避,损伤极多,甚至无户报灾,无丁领赈,惨切至此。"①

但对于如何更有效抵御潮灾,也出现了筑堤之议。以两淮盐运司徐文达、孙翼谋为代表。光绪八年三月署运司徐文达奏:"亭场煎灶俱在堤外,患仍难防,工徒虚费,自应各就形势择地另建新堤,方能悉受屏蔽。且荡地为煎盐之本,每因潮浸草稀,果能保护,有堤此后荡草滋生,尤于煎有益,沿海地方辽阔,风潮飙忽靡常,多设潮墩仅能暂救身命,迅筹堤岸乃可永卫场区。"②光绪九年三月运司孙翼谋又据候选训导严作霖禀称:"前年海潮漫溢各场,民舍漂没甚多,前人遗制本有救命墩之设,以避风潮,爰刊刻救命墩说,广为劝募。说者谓风潮泛滥,恐非墩所能御,故又有'连墩为堤'之议;或谓筑堤则卤气不能上达,有妨出产;或谓西水下注,无从宣泄,反有溃决之虞,仍不如筑墩为便。"③最后,经多方考虑得失,并经盐政左宗棠批准,筑墩的同时,在伍佑、新兴两场先行试办新堤,且"伍佑归官,新兴归绅"④。

堤、墩工程主要包括三个内容:伍佑、新兴场试筑新堤;通、泰二十场筑墩94座,并首次对潮墩的形制有具体规定;灶墩(屋墩)的大规模修筑。潮墩续修工程基本原则是:未设之处增设,旧设墩座能用的修复,距离海岸已远的不修。潮墩历来为商、灶自行筹款兴修,只在1882、1883年(光绪八、九年)一律大修一次,且由运司动用公款,新建、修旧共泰属44座、通属50座。泰属新、旧潮墩合计约占七成,通属占三成(表10-1)。同时,此后潮墩责成各场大使经管,遇有交接,列入交代,由后任出结叙明避潮墩座均皆完固,并无损坏字样。⑤

---

① 光绪《重修两淮盐法志》卷36《场灶门·堤墩上》。
② 同上。
③ 光绪《重修两淮盐法志》卷37《场灶门·堤墩下》。
④ 光绪《重修两淮盐法志》卷36《场灶门·堤墩上》。
⑤ 〔清〕陆费垓:《淮盐分类新编》卷1,《北京图书馆古籍珍本丛刊》第57册,北京:书目文献出版社,1989年。

表 10-1　明清时期淮南盐场墩台数量

盐场	嘉靖		雍正		乾隆			光绪
	潮墩	烟墩	潮墩	烟墩	原设潮墩	新设潮墩	烟墩	潮墩
丰利	6	1		6		10	6	14
掘港	8	7		9		10	9	11
石港	6			3	3	3	6	8
马塘	4	2	4	1	4		1	
西亭	4		3		1	1	3	1
金沙	6	1	2	3	11	4	2	19
吕四	12			13	7	13	6	20
余中	10			4		4		
余西	4		2	6	4	4	6	10
余东	14			13	7	5	12	18
角斜	2			4		8	2	8
栟茶	8	2				16		16
富安	6			4	6	10	4	10
安丰	10		10	3	10	4	3	4
梁垛	12	1	12			2	1	2
东台	12			2		17	2	17
何垛	6	1	3	3		23	3	23
丁溪	10		10	4	3	1	6	17
小海	2			2		5	2	
草堰	8		8	4	8	5	2	24
白驹	6		6	3	6		3	
刘庄	4	1			12	8	3	20
伍佑	6	1		5	13	49	4	73

续 表

盐场	嘉靖		雍正		乾隆			光绪
	潮墩	烟墩	潮墩	烟墩	原设潮墩	新设潮墩	烟墩	潮墩
新兴	4	7	5	6	7	14	6	30
庙湾	4	10	6	5		18	5	29
合计	174	33	71	112	103	232	104	373

说明：乾隆、嘉庆《两淮盐法志》所载淮南盐场墩台数目基本一致。但掘港、石港、马塘、余西、富安以及安丰场有个别出入。光绪《重修两淮盐法志》所载旧设潮墩、烟墩数目与嘉庆盐法志一致；雍正年间的墩台依据雍正《两淮盐法志》盐场图及卷四场灶门记载，空白处未记载。另外，乾隆、嘉庆、光绪三个时期的潮墩数字包含了新设潮墩；嘉靖《两淮盐法志》烟墩数目取自盐场图上的标记，凡有"烟墩"、绘有房舍、旗幡之一者，均列为烟墩。表中空白为图说及场图均未记载；光绪年间潮墩依据光绪《重修两淮盐法志》盐场图说，为旧设存留潮墩与光绪八年各场新设潮墩合计数。

徐文达根据淮南通泰各场的形势，基本确定了"通堤泰墩"的水利维护方案，泰州分司各场共筑灶户墩 2 574 座，民户墩 149 座。[①] 通属各场修筑范堤丈尺为[②]：

    栟茶场修筑范堤工，长二千四百二十四丈。
    丰利场修筑范堤工，长四九百九十四丈一尺。
    角斜场修筑堤工，长一千五百二十丈五尺。
    掘港场修筑堤工，长二千七百五丈五尺。
    吕四场修筑堤工，长百四十丈。
    以上共修筑堤工，长一万一千七百八十四丈一尺。

在筑堤与建墩上，徐文达虽然负责堤墩工程，但更倾向积极推动堤工。他认为择地筑堤面对的矛盾在于，既不能阻隔卤水以保证盐业生产，也不能阻滞西边洪水宣泄入海。但同时认为这些障碍可以通过设立涵闸解决。权衡缓急，认为堤工应该及时筹划修筑。除建议兴筑新堤外，还认为丰利"旧存范堤，尤为单薄，近年屡次遭险，皆由民灶

---

① 光绪《重修两淮盐法志》卷37《场灶门·堤墩下》。
② 同上。

捐修,该处形势不同,又应于旧堤以内,另筑新堤方足以资捍卫。"①虽经盐政左宗棠批准支持,但之后左宗棠态度发生改变,光绪九年左宗棠认为"潮墩在范堤以外,为灶户避潮之所,较堤工尤为紧要,先行筹款兴工……滨海灶丁皆居堤外,灶户利在就卤,不宜隔阂卤气,见筑潮墩皆就亭灶适中之处择要建立,棋布星罗,此后设遇风潮,随处有墩可避,是以泰属堤工可从缓办。"②而通属"角斜、掘港、吕四等场……煎丁于大汛时,每移家于堤内,而于堤外煎盐,水涨则避之,习以为常,堤内之田庐民命尤恃堤为保障,年久失修,堤身单薄,兼有卑薄坍塌之处,每逢伏秋盛涨,情形岌岌可危,亟须乘时兴修,一律加高培厚。"③最终,光绪九年通属各场范堤修复工程总计 11 784.1丈。此次堤、墩大修,官府态度还是明显重视潮墩,并因地制宜,区别对待。即按照泰属先墩后堤,通属先堤后墩的基本思路进行的。

此外,清末政乱、财力不济,先前决定试办的伍佑、新兴场新堤,没有后续记载,很可能人亡政息、不了了之。纵使官府协力最终筑成沿海新堤,也恐难长久,因为濒海地带新滩土软、没有像范堤能所依靠的那样坚实沙冈,此外海堤建成后势必阻滞亭灶获取卤水,且有西水泛滥之威胁。

清末灶户、民户墩

除前述堤、墩工程外,大规模灶户、民户墩的兴筑掀起了清末江苏海岸筑墩高潮,在新堤难以筑成的情况下,提高避潮墩密度仍是最为有效的应付潮灾的手段。

光绪九年,在盐政左宗棠、运司孙翼谋的主持下,依严作霖建议,开始大规模屋墩修建,"每灶屋后筑一救命墩,民捐民办,不请公款。"④除泰属刘庄、梁垛、通属金沙、石港地居腹里,海潮不至,没有筑墩外,其他各场共筑屋墩(包括灶户、民户墩)3 949 座(泰属 2 723 座,通属 1 226 座)。光绪二十二年泰属丁溪等五场又遭大潮灾,遂

---

① 光绪《重修两淮盐法志》卷 36《场灶门·堤墩上》。
② 光绪《重修两淮盐法志》卷 37《场灶门·堤墩下》。
③ 同上。
④ 同上。

复议建筑屋墩,"盖因潮墩虽可避灾,而风潮猝来仍有趋避不及之患,不若屋墩之便捷……共筑屋墩1 368座。"①其中丁溪143座,草堰95座,伍佑633座,新兴377座,庙湾120座。合计前后两次修建屋墩逾5 000余座,规模罕见。

总之,海堤、潮墩于海岸盐作之意义差异迥然,因"堤可以卫田庐而不便于障煎灶,缘灶须就卤,一经隔阂,卤气不通,有妨摊晒。"②故对于堤东盐作活动而言,潮墩自是理想的防潮工程。明清时期,受官府重盐轻垦政策影响,避潮墩成为海岸带水利活动的主要形式。清末民初废灶兴垦,伴随淮南盐衰,潮墩逐渐没有存在的必要,相反,随着堤东农垦兴起,海堤防护的要求更加迫切,海岸带水利活动遂进入新的大规模筑堤阶段。

4. 地名与潮墩分布

潮墩兴衰、空间分布变化与海岸盐作活动向海扩张有关。苏中滨海平原地区,范堤以东带有"墩"字自然村名很多。避潮墩与灶民性命息息相关,因墩成聚,因墩命名的自然村,十分普遍。③ 如姜家墩、太平墩等。虽有烟墩、潮墩以及渔墩之分,但数量最多的是与盐业有关的潮墩、灶墩。④ 以范堤为界,堤西(或堤内)为场署、串场河。堤东(或堤外)为煎盐生产地,灶舍、墩台为数众多,明清以来随"海势东迁"有较大位移。灶民"随卤就灶",迁到卤水、草荡更丰富的濒海地带。旧有墩台、灶舍逐渐废弃,但带有"墩"、"灶"等字的居民点名称则保留下来。⑤

---

① 〔清〕陆费墀:《淮盐分类新编》卷1,《北京图书馆古籍珍本丛刊》第57册,北京:书目文献出版社,1989年。
② 光绪《重修两淮盐法志》卷37《场灶门·堤墩下》。
③ 崔恒昇:《中国古今地理通名汇释》第268—269页对"墩"的解释有8种,但并没有提到因避潮墩而成为聚落通名的情况,这种情况在苏中滨海地区是普遍存在的,也是与盐业生产有关的聚落通名。(合肥:黄山书社,2003年)。
④ 东台市地方志编纂委员会:《东台市志》,南京:江苏科学技术出版社,1994年,114页。
⑤ 参见葛云健:《盐业对江苏城市聚落的形成与发展》,张伟:《浙江海洋文化与经济》第5辑,海洋出版社2011年,第108—110页;蒋炳兴:《盐城市综述》,南京:江苏科学技术出版社,1990年,第258—259页。

笔者依据《中华人民共和国地名词典·江苏卷》、《江苏省志·地名志》，东台、射阳、大丰、盐城等市县地方志，以及阜宁、射阳、大丰、盐城、建湖、东台、海安、如东、海门、南通与启东诸县地名录、地名图等资料，确定有"墩"自然村的位置。并根据张忍顺先生绘制的江苏历代海岸线图、谭其骧主编的《中国历史地图集》、复旦大学历史地理研究中心 CHGIS 清代数据为底图，编绘了避潮墩的基本分布图(图10-4)。

另外，烟墩、渔墩数量较少，而且皆可避潮，故处理时将堤东有"墩"自然村名均作为潮墩，以便考察空间分布，应该没有较大出入。同时，有的自然村名在后代出现分化，例如陆家墩子，分为陆墩一队、陆墩二队等，这种情况只选取陆家墩子作为点位；有的自然村名在后代出现改动，例如射阳县合德镇，清代同治年间为周家墩，1945年改为合德至今①，这种情况一般复原为有"墩"点位。不过，这样的改动在自然村名中很少，一般比较大的镇才可能出现改名，整体上堤东自然村名比较完好地保留了明清盐作活动的历史信息②，有"墩"自然村名的分布基本上可以作为潮墩空间分布情况的反映。

需要注意的是，各县地名图中的有"墩"自然村并不包含有"墩"废村，以射阳为例，依据《射阳县地名录》废村记载，有"墩"废村名集中在特埔、盘湾、长荡一带，三地距离很近，有"墩"废村共49个。③《射阳县地名录》地名索引记载了有"墩"自然村名150个(含废弃村名)，在《射阳县地名录》的地名图上标示了有"墩"自然村名共101个(不含废村名)。

如图10-4所示，避潮墩的数量、分布与"海势东迁"程度基本一致，庙湾(阜宁)到东台一带滨海地区，是明清时期修筑潮墩最为集中的地方，海岸线外扩程度也最明显，修筑潮墩随海岸线不断

---

① 单树模：《中华人民共和国地名词典·江苏省》，北京：商务印书馆，1987年，270页。
② 村名变动情况在诸县地名录中一般单独记载于废村名列表。
③ 射阳县地名委员会：《射阳县地名录》，1983年。

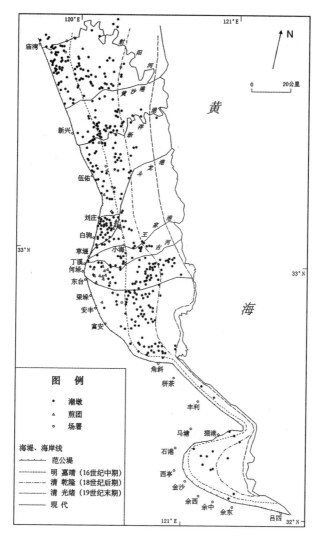

图 10-4 明清时期淮南盐场潮墩分布图

说明：该图历史海岸线改绘自张忍顺《苏北黄河三角洲及滨海平原的成陆过程》(《地理学报》1984 年第 2 期,177 页)、谭其骧主编《中国历史地图集》第八册(北京：中国地图出版社,1987 年)。图中含有"墩"、"团"地名以阜宁、射阳、建湖、盐城、大丰、东台、海安、南通、海门、如东、启东诸县地名录及其地名图为准(1982—1985 年间由各县地名委员会编纂),并参考了单树模《中华人民共和国地名词典·江苏卷》(北京：商务印书馆,1987 年)、《江苏省志·地名志》(南京：江苏人民出版社,2003 年)及《江苏省地图册》(中国地图出版社,1984 年)。地名均以自然村居民点为准。图中包括了淮河以南明清时期存在过的 25 个盐场。

东移。相对而言,栟茶至吕四一带,潮墩的数量与密度明显降低,因海岸线外扩少,新设潮墩相对较少,已有堤、墩通过修护尚可充分利用。另外,明代盐场以"团"为主,前述地名图中"团"字自然村的分布位置,也标绘在中。"团"煎也基本分布在嘉靖岸线以内,整体反映了明末以后团煎转为散煎的变化。

三　新海堤时期

清末民初伴随淮南盐区垦进盐退,堤东农垦开发兴起,导致潮墩退出历史舞台,海堤兴筑又成为海岸带主要水利活动。在废灶兴垦过程中,很多盐垦公司投入大量资本,兴筑河堤、海堤。与此相应,全线海堤建设成为重要目标。沿海堤堰工程形态转入新的阶段,由筑墩转为建堤。

各地盐垦公司所兴筑的各类矮堤或公司堆等海堆,以及计划的部分全线海堤,因财力不济、官府疏于支持等影响,多半工程质量不高,堤身卑薄,旋筑旋毁,防潮效果不持久。直到 20 世纪 50 至 60 年代,全线海堤在中央政府与地方协力下最终建成。这是江苏沿海堤堰工程变迁史上最重要的变化。

如前文所述,在大兴避潮墩时期,人们始终没有忘记兴筑一道新"范公堤",即沿海全线海堤,早期的如"沿海马路"便是其中重要体现。"沿海马路"、公司堆都是全线海堤的阶段尝试,是人们对全线海堤坚持努力的反映。在堤东滩地以盐业生产为主的明清时期,广设避潮墩是主要的海防措施,虽然一开始也有筑长堤的设想,但在投入以及当时盐业生产特殊性的制约下,分散的潮墩反而能取得更好的效果。在长期重盐轻垦政策下,"连墩为堤"的设想长期搁置,直到清末民初,因废灶兴垦事业兴起,开始有部分不连续的公司堆(堤)出现。

1. 公司堆

海堆即海堤[1],清末民初,盐垦区兴筑的局部海堤,开始于通海

---

[1] 民国《阜宁县新志》卷9《水工志》;民国《续修盐城县志稿》卷3《民俗志》。

垦牧公司堤,光绪二十七年(1901)八月,通海垦牧公司历时5年,兴筑海堤总长约38公里,并以山石护坡,质量、规模最为突出。除通海垦牧公司外,各盐垦公司堤工,华成公司的海堤规模最著,长约10 500丈,宽6丈,高8尺,费额189 759元。① 此后各公司多兴筑数量不等、标准不一的河堤、海堤。例如民国四年(1915)至八年(1919),东台沿海有大赉、泰源、东兴三家垦殖公司,共筑挡潮海堤63公里(统称公司堤、公司堆),筑堤标准为高5.5—6.5米,顶宽3—5米,外坡1∶3,内坡1∶2,所筑之堤仅能防御一般海潮。②

民国初年,华成堆、垦务堆(杨公堆)规模较大(图10-5)。民国四年(1915),垦务督办杨士骢筑堆,南与华成堆相接,北至黄河南岸尖头洋止,计长三十三里,高八尺,址宽丈余,民国六年(1917)竣工,居民称为杨公堆。③ 又据《阜宁县志》载:"民国六年(1917),华成公司筑自射阳河北岸下环洋起,向北三十余里,折而西北十余里,过双洋至苇荡营新滩止,计长五十三里。堆高一丈,地阔六丈六尺,面阔一丈七尺,计费银二十余万元。堆外黄沙一片,卤气沮洳,居民称为光滩。设海潮大上,仍及堆根,堆内雨水浸润,弥望葱茏,再西十余里,可蓄水莳秧矣。"④

据民国《阜宁县新志》载,主要公司堆情形详列如下:⑤

  垦务堆,苇荡既放领,领户以海堆未筑为忧,民国四年,垦务督办杨士骢乃筑此堆,南与华成堆接,北至黄河南岸尖头洋止,计长三十三里,高八尺,址阔丈余,民国六年,竣工居民称为杨公堆,其东外堆一道,与堆平行,北至盐圩止,又一道自马头口斜向东南至新河口止。十余年无公款为之修筑,海潮冲刷,

---

① 孙家山:《苏北盐垦史稿》,北京:农业出版社,1984年,第43—45页。《各公司水利工程概况表(通海垦牧公司除外)》
② 东台市水利志编辑委员会:《东台市水利志》,南京:河海大学出版社,1998年,第73页。
③ 民国《阜宁县新志》卷9《水工志》。
④ 同上。
⑤ 同上。

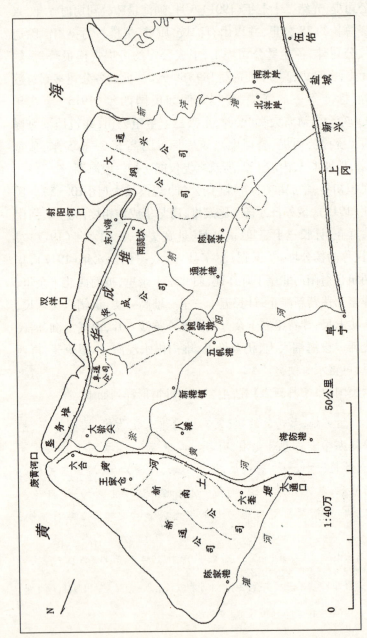

图 10-5　华成堆、垦务堆

资料来源:据李积新《最近二十年中之江苏盐垦事业(通泰两属盐垦公司概况)》(《农学》1924 年第 7 期,第 70—82 页)改绘。

堆身日破,上宽仅二三尺,一经崩溃,全荡及民便河一带皆有斥卤之虑。

新堆,北自谢家湾,南至八大家附近,为邑绅熊庆璜筹资建筑,居民今亦称熊家堆。

北堆,南接垦务堆,直北至张家庄,居民合筑。

条洋堰,西起双洋北岸庄家圩,经五案、六垛至谢家湾,长二十余里,久未修补,已失堰形。

竖堰,在通济河西岸,南起赣港,北至黄河堆下,居民昔筑以御海潮,自垦务堆成,此堰不复修治。

三岸堆,起淮河北岸四泓子,北至兵基,长约七里。

西辽堆,光绪三十年邑人程云三筑,以御卤,今兼以障西来积潦,起三案,止二泓子。

新海堆,起西辽堆,西向经二泓子、龙尾、王家滩、大兴社,计长二十六里,又西经新通公司、北部庆日新公司东南隅,计长三十里,又西经裕通、大源两公司,南至三孔大闸入涟水县境,计长二十余里,邑人沈嘉英、王以昭、程云三、杨长庆、杨继山及各公司先后接筑,共长七十余里,自光绪三十年兴工,至民国六年始克蒇事,民国十一年海啸,新通所筑堆毁于潮,熟地皆废。

新修堤工自然取得了积极的效果,盐垦公司大规模的水利工程建设,对于清洗土壤盐碱,挡住海潮十分有利,保证了垦区土壤改良,加快了植棉业的发展①。例如通海垦牧公司的海堤建设,对于土壤改良,促进围垦效果,以及海堤自身的规模、质量均较好,结合海堤,形成了一套灌排体系。②

但由于各公司各自为政,海塘规模一般较小,标准较低,也缺乏通气连贯,加之堤闸建筑不坚,河沟浅薄而易淤积,限制了防潮御卤、排盐洗盐的效果。故苏北盐垦区在1949年前,仍然会常常出现

---

① 严学熙:《张謇与淮南盐垦公司》,《历史研究》1988年第3期。
② 孙家山:《苏北盐垦史稿》,北京:农业出版社,1984年,第40—41页。

水旱盐灾害,有大片抛荒现象,水利工程不完善是主要原因之一。①

此外,民国政府与抗日民主政府也有一定规模的堤工投入。民国 2 年(1913),国民政府为防海潮侵袭,始筑海堤,至民国 22 年(1933)筑好"公赈大堤"。同年,张謇等在余东、余中、余西 3 场及金荡等建大有晋公司,筑堤兴垦。经过多年兴筑,至民国 15 年(1926)才最终筑成。民国 28 年(1939)特大海潮,沿海淹死万余人,民国 29 年(1940),地方士绅杨芷江等请求韩德勤(民国时期江苏省政府主席),批准省政府拨款 20 万元,筑成一矮小堤圩。是年 8 月夏又为海潮冲毁。1941 年,抗日民主政府阜宁县县长宋乃德主持重修海堤,组织了 1 万多民工,从头罾至扁担港北,长达 45 公里,底宽 19 米,顶宽 3.5 米,高 7.8 米。盐民感激宋县长,成为宋公堆。②

2. 全线海堤、新运河计划

民国年间虽有公司堤的保护,但诸公司各自为政,投入规模小、质量差、标准低是普遍现象。因此,张謇开始推行雄心勃勃的全线海堤计划(图 10-6),将各公司堆、堤防接续而成全线海堤的设想。有趣的是,其思路上与嘉靖年间的"连墩为堤"的设想竟完全一致。

"及至民国,范公堤外竹港以北,滨海一带,设有遂济、通遂、大丰、裕华、泰和、大祐、通兴、大冈等盐垦公司,自筑围圩,并拟筑海堤,捍御咸潮,说者谓应自东台角斜范堤起,向北沿海越筑新堤,联属各公司圩堤,迄于废黄河而止,作为第二重范公堤,亦数百年之计也。"③但未能得到官府支持。然而,伴随淮南盐区围垦规模扩大,沿海全线海堤的兴筑是保护围垦活动的必然举措。

民国十年后,著名实业家张謇倡开新运河,河线南起东台角斜镇,北向濒海,经盐城、阜宁境至废黄河,再北向延长至涟水县陈家港止。全长约 270 公里(图 10-6),并用开挖之土筑捍海大堤,于

---

① 参见孙家山《苏北盐垦史稿》第 42 页。
② 江苏省地方志编辑委员会:《江苏省志·盐业志》,南京:江苏科学技术出版社,1997 年,第 50—51 页。
③ 武同举:《江苏水利全书》卷 43。

第十章 捍海与避潮：海岸水利活动变迁 | 275

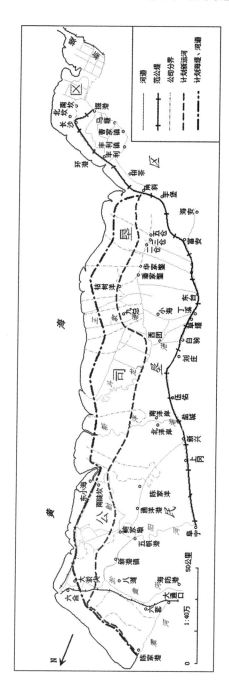

图 10-6 民国年间江苏沿海新海堤、运河计划路线

资料来源：据李积深《最近二十年中之江苏盐垦事业（通泰两属盐垦公司概况）》（《农学》1924 年第 7 期，第 70—82 页）、《江苏盐垦》图（《地政月刊》1933 年第 1 卷第 12 期，第 1—2 页）改绘。

东岸以御海卤,筑沿河大道于西岸,以利陆运,于新河之西增凿东、西支渠,上接串场河,以承水源。且新河东侧疏浚通海各港汊,以畅宣泄,并就堤筑闸,以操纵下泄水量。新河距海路近,海港减短,疏浚后不易淤塞,内则水道脉络贯通,资以灌溉,外则出口畅顺,海潮不至。

张謇推动新海堤、运河计划,原因在于"海势东移,范堤外地而卤性迁减,自清末即有淮南放垦,以淮北产盐余额接济淮南之令。嗣后淮南废盐谋垦,濒海各地继续成立大小公司数十家,经营垦殖,以栽棉为主,筑圩捍潮,开渠引水。惟各公司人自为政,水利问题缺乏通盘计划,于藉淡洗卤,改善土性,防潦救旱等事,未能克尽人力,岁收屡歉,公司亏蚀,张氏有鉴于此,乃议开新河,期统一解决水利问题。"① 可见,正是为了淮南垦殖大业,才有了新的海堤计划。

其后,受政局动荡、投入不足影响,全线海堤、运河计划未能实现。直到 20 世纪中叶,在新一轮的围垦开发热潮下,江苏海岸带全线海堤于 20 世纪 50 年代终于筑成。20 世纪 50—60 年代,结合治理淮河,江苏沿海兴建了北起绣针河,南至长江口的沿海防潮堤闸工程体系。从 50 年代到 60 年代初,共用土方 5 000 万立方米,动员民工近百万人次。这一挡潮堤不含淮北盐场海堤,区别于堤外新围垦区堤,故称为老海堤,总长 572.6 公里。如此宏伟的捍海堤工程正是在江苏海涂大力发展农垦事业的背景下完成的,是海涂围垦得以进行的重要保障,也是明清淮南盐区最终转变为农业区的重要标志。

总之,清末民初废灶兴垦,盐衰导致潮墩没有存在的必要,而堤东农垦更需要海堤防护,故进入新的大规模筑堤建设时期。同时,民国年间的大小公司堤以及 20 世纪 50 至 60 年代兴筑的全线海堤均是以保护滨海农垦为目的。

3. "堤-墩-堤"与"农-盐-农"互动演化

通过避潮墩、海堤的变迁,我们可以看到这样一幅海岸带水利

---

① 民国《续修兴化县志》卷 2《河渠三》,民国三十三年(1944)铅印本。

活动变迁图景:明清时期,海岸带社会经济过程表现为"农-盐-农"三个阶段的变化,与此对应,海岸带水利活动也发生了"堤-墩-堤"的形态变迁(图 10-7)。显示了在传统时代生产条件下,农作、盐作活动与水利活动的高度契合。

从范公堤到避潮墩,再到公司堆,直至全线海堤,江苏沿海堤堰形态走过了从线到点、再又点到线的变迁历程。对应的,苏北社会经济生产方式也走过了盐为重、再到垦为重的主要转变。

范公堤为全线连续型堤堰形态,在历史时期,为里下河洼地农业开发提供了重要保障,兼顾了堤东盐灶生产,同时也加速了堤西土壤脱盐,促进盐作活动逐渐东迁。15世纪后,伴随堤东滩地日扩,江苏海涂以盐为重,盐作活动成为海涂主要的生产形态,加上西水日多、挡潮与泄洪的双重顾虑,此时,避潮墩的特殊形态反而很好地适应了盐作活动需求与环境变迁,在16—19世纪的数百年内,成为江苏沿海盐作活动扩张背景下主要的海防形式。

当然,从防潮效果角度,全线海堤自然是最好选择,但历史时期江苏沿海具有不同的经济活动,与海潮的关系迥然不同,故堤堰工程表现为具有差异的形态,海堤为保护农业生产,潮墩为适应煎盐生产,本质上正是人地互动的客观反映,是人类适应环境变迁的主动性体现。

捍海堤传达的是拒绝海潮、保护农耕经济的意愿。避潮墩只是避开较危险的大潮,需要接纳正常潮水。捍海堤重在拒潮,避潮墩重在用潮。到清末民初,伴随废灶兴垦事业的兴起,为围垦而兴筑的各类海堰成了这一时期新的堤堰形态,防止海潮、保护农垦。

本章小结

本章以捍海堰(范公堤)、避潮墩为中心,考察了海岸水利活动的时空特征与变迁过程。明清时期江苏海岸水利活动变迁可以分为三个阶段,第一阶段为范公堤时期(宋元至明中叶),以保护农作活动为主要目的;第二阶段避潮墩时期(明中叶至清末),以大规模潮墩兴筑为主,保护盐作活动,兼有海堤维护;第三阶段新海堤时期

278 | 15—20世纪江苏海岸盐作地理与人地关系变迁

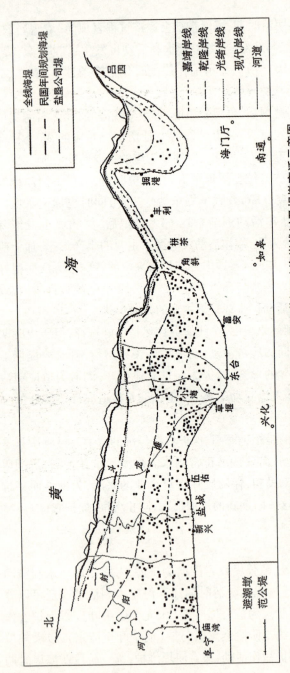

图 10-7 历史时期江苏部分岸段（长江口至废黄河口）海岸线以及堤墩变迁示意图

说明：以 Mapinfo 软件制作。历史时期海岸线参考张忍顺《苏北黄河三角洲及滨海平原的成陆过程》《地理学报》1984 年第 2 期）；底图以复旦大学历史地理研究中心 CHGIS1911 年数据为基础，盐城、大丰、东台、南通诸县地名图为准（1982 至 1985 年间由各县地名委员会编纂）；民国年间盐垦公司的部分海堆以及规划的海堤线略，参考《江苏盐垦》图（《地政月刊》1933 年第 1 卷第 12 期，第 1 页）；全线海堤为 20 世纪 50—60 年代兴筑的老海堤，参考滨海诸县地名图。

（民国年间至 20 世纪中叶），保护沿海围垦活动。可以概括为"堤-墩-堤"发展过程，与海岸带"农-盐-农"的生产活动变迁相适应。

水利活动变迁是海岸开发变化以及对环境适应的集中反映，江苏海堤与避潮墩具有重要联系，避潮墩本身即是海防工程（或海塘系统）的重要组成部分，实质上是海堤的一种变体形式，是江苏海岸盐作活动适应海岸淤涨变化的结果，是伴随海岸带自然过程与社会经济活动变迁而在水利活动中发生的相应变化。20 世纪中叶，伴随海岸垦进盐退，经济格局以农作为主，海岸水利活动再次加大海堤兴筑投入，重回筑堤时代。

第十一章 制度与环境:海岸管理与社会经济变迁

历史时期海岸管理制度及其变化,对海岸社会经济变迁产生了深远影响。江苏海岸丰富的自然资源,吸引明清官府长期依靠强制手段垄断海岸资源,通过控制海岸盐业生产活动,获取了极大的垄断利益,并反之内化为对垄断盐利的过度追求。尽管海岸管理制度与经济措施(或土地利用制度)逐渐不合时宜,官府仍无视海岸长期积累的自然环境变化,加剧了人地矛盾。

制度(或政策)与环境是海岸人地系统分析框架重要的两个方面。在前面诸章论述基础上,本章通过总结明清时期江苏海岸社会经济的时空特征(或格局变化),考察社会经济过程存在的演替特征,以及与自然演替过程的关系,分析引发海岸社会经济变化的自然与社会经济驱动因素,并讨论了海岸带管理制度的变化及其对海岸带人地关系的影响。

一 海岸社会经济变迁的时空特征

1. 生产格局变化

通过前述各章的考察,明清时期江苏海岸生产格局可以概括为:长期以盐作活动为主,且南重北轻;宜垦带不断东扩,私垦规模扩大,最终于清末民初盐作重心北移,南垦北盐,并以淮南垦作活动为主。

明清时期,淮南盐场长盛不衰,两淮盐业南重北轻,是海岸带生产格局的基本表现。导致这种长期兴盛不衰的主要原因在于官府的垄断性支持,淮南盐场占据了全国最大的销售市场,拥有广袤的荡草资源,在官府统制下,获得了长期的兴盛发展,海岸带变迁也并未抑制其扩张。在专制政治影响下(如引岸制度),各盐产区的盐产品缺少自由竞争,故即使淮北开始改晒,产能提高,也长期未能对淮南盐场造成冲击。可以说,很大程度上,淮南盐场成为官府谋取大量盐课的保护对象,并且在打击私盐上竭尽所能。当然,如果海岸带自然环境变化不能满足淮南产盐的需要,即使官府垄断、保护也是枉然。在16—19世纪中叶,恰好海岸带滩地大面积淤涨,为淮南盐作活动的扩展提供了重要条件,促进了盐作活动的繁荣,再加上官府对海岸带管理与销售市场范围的高垄断性,才维持了海岸带盐作活动长期南重北轻的格局。

清末民初,淮南盐衰、废灶兴垦出现,同时淮北晒盐兴起、两淮盐作重心北移,是海岸带生产格局变迁的另一个重要表现。伴随清廷管制崩溃,民国新法推行,海岸带逐渐形成了北盐南垦(以淮北为盐作重心,淮南则农垦为重)的发展格局,与海岸带自然环境分布差异相吻合。整体上自然资源配置与组合关系更为合理,土地利用效率提高,缓解了区域人地压力。

此外,明清大部分时段内,范公堤实质上是海岸带盐作、农作活动的分界线。堤西农作与堤东盐作活动并存,正如清代诗人吴嘉纪所吟:"西塍发稻花,东火煎海水"。此后伴随海涂淤涨,在海岸带自然过程的推动下,盐农分界线逐渐东迁,表现为:自陆向海,农作、盐作、渔作活动均不断东移,次第演替。受官府重盐轻垦、"蓄草供煎"制度影响,这条分界线并不清晰,大量可耕地闲置在盐作区域,农作活动东迁范围受到限制,滞后于宜垦带东移速度,到清末民初,在宜垦带内大部分荡地仍旧为盐作活动所占。

在海岸带生产格局变迁背后,地理环境变迁起到了重要作用。由于宜耕的草滩带是海涂植被演替最后阶段,故宜耕带日益累积增宽,面积广袤,生产潜力巨大,而宜盐带、宜渔带宽度相对稳定。整体上看,在废灶兴垦之前,生产格局与三带分异保持了一致,是对自然演替过程的客观反映。但随着人类技术能力的提高,改造海岸带生态环境能力的增强,宜盐带也可能被占用改造为宜耕带,特别是在人地矛盾紧张时期,滨海盐作活动不断被废弃。

2. 演替特征

除生产格局变化外，海岸社会经济变迁还存在演替特征。前文已讨论，传统时期，海岸生态要素演替导致土地利用存在宜垦、宜盐与宜渔的地带性分异，海岸垦、盐与渔作活动的空间分布也基本与土地生态类型一致，并伴随海岸淤涨，基本同步向海位移①。这是历史时期江苏海岸人类活动的突出特征，即海岸社会经济活动整体上遵循了自然演替特征。

不过，历史时期江苏海岸社会经济变化与自然演替特征之间的关系，以往相关学者关注较少。方明、宗良纲、贾敬业、邹迎曦等学者对海岸社会经济过程的演替特征做了一定的讨论②。对生产格局的变迁与海涂淤进演替的作用关系，已有揭示，但却旨在强调滩地淤进与演替对农垦的有利作用，忽视了长期以来"海势东迁"背景下客观存在的大规模盐作活动。

如前文所述，生产格局变化反映了海岸带社会经济过程具有演替特征，即遵循海岸自然演替过程的趋势。但伴随生产力水平提高，海岸社会经济活动变化遵循自然演替特征的程度不断降低，其中，在人地压力驱动下，垦作活动逐渐表现为与自然演替特征的背离，逐渐扩大围垦范围；而盐作、渔作活动与自然演替关系更为密切，基本保持了遵循关系。垦作利益驱动下，人类往往可以通过改造非宜垦地带的微环境，进而开展农垦活动，这是对自然演替特征的背离，而非遵循。换言之，海岸社会经济过程与自然演替特征的关系表现为：整体上保持了遵循关系，不过这种遵循并非静止不变，受人地压力驱动、社会经济环境变化的影响，农作活动不断东迁扩大，废灶兴垦出现，海岸社会经济活动与自然演替特征逐渐背离。

海岸社会经济过程的演替特征是：自海向陆，首先出现渔作活

---

① 参见本书第二章第三节。
② 方明、宗良纲：《论江苏海岸变迁及其对海涂开发的影响》，《中国农史》1989年第2期；贾敬业、邹迎曦等：《从大丰县生态演替史看淤长型滩涂的开发与利用》，《自然资源学报》1991年第3期。

动,然后伴随海涂淤涨,滩涂演替为高盐分的盐蒿草滩带,盐作活动随之出现,经过一定时间,又演替为低盐分的草滩带,垦殖活动开始出现(图11-1)。这种演替过程实质是人类活动对海岸自然演替特征的遵循。但这种遵循的人地关系状态在废灶兴垦时期开始打破,到20世纪中叶,完成遵循向背离转变。

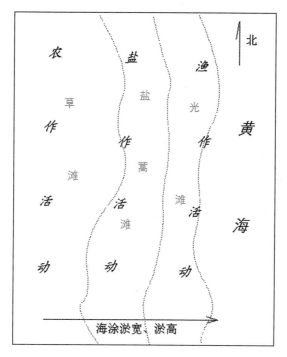

图11-1　海岸垦、盐与渔作活动演替示意图

值得注意的是,这种演替并不仅仅指盐垦之间的关系,也指盐、垦内部的分布变化,例如淮南盐场新旧亭场的转变,"移亭就卤"的动态变化,农垦活动中低盐区种植水稻,而高盐分地带多种杂粮等,都是具体演替的反映。

此外,如上图所示,海涂演替规律,决定了宜垦、宜盐、宜渔区的同时存在。但人类经济活动(社会经济过程)未必与自然过程完全契合,在不同的海岸带管理制度与生产技术水平影响下,存在遵循与背离的差异,这正是海岸带人地关系变迁的重要内容。

盐作活动与演替

以江苏中部大丰海岸为例,贾敬业等人的研究(以下简称贾文)正确指出社会经济活动也遵循了海涂的自然演替规律。[①] 不过,并未认识到海岸社会经济变化存在对自然演替特征的背离趋势。可惜的是,作者似乎仅站在垦利立场,否定历史上盐业开发,并以大丰县境内盐作活动的历史为例,认为"历史和现实都证明,淤长型滩涂不宜发展盐业"、"历史上盐业的衰微和近年复办盐场效益的日减,不仅说明了盐业不顺应淤长型滩涂的自然演替规律,又不利于盐业自身的发展"、"在淤长型滩涂上的盐业,不但对其本身不利,也阻碍该系统的演替进程。"[②]该文虽指出了海岸社会经济也存在演替特征,海岸社会经济变化遵循了自然演替过程。但由于缺乏对江苏淮南盐场盐作活动变迁的深入考察,导致认识并不准确。实际上,海岸社会经济过程对自然(原生)演替过程的遵循,仅发生在民国年间的近代化之前(前工业化时期)。步入20世纪以后,随着生产力提高,与自然演替逐渐表现为背离而非遵循。

首先,明清时期淮盐具有丰富的发展过程。仅依据大丰县岸段废灶兴垦以及20世纪70年代盐场的情况进行归纳,显然难以充分认识到淮南盐业在明清时期曾有过的辉煌历史(详见第三章第一节)。同时,20世纪70年代所复建的盐场采用的是晒盐法,并不同于历史时期的传统煎法,在第六章中已经讨论,20世纪60—70年代,淮南盐场复建晒盐场的失败,是由于对该岸段发展大规模滩晒盐的自然条件缺乏考虑、盲目扩大生产的结果。换言之,尽管该岸段内的自然环境条件的确限制了晒盐生产效率,但历史时期传统煎法盐作活动却有长期的繁盛发展。明清淮南盐区煎法生产能够利用当时的环境与生产条件,充分开发了海岸生产力,这是不能否

[①] 贾敬业、邹迎曦、李乃栓:《从大丰县生态演替史看淤长型滩涂的开发与利用》,《自然资源学报》1991年第3期。

[②] 同上。

定的。

其次,明清时期淮南煎盐亭场不断东移,正是对自然演替的遵循与客观反映。盐、渔都是高度依赖海涂资源的生产活动,贾文虽然正确指出了滨海渔作活动不影响自然演替过程,遵循了自然演替。但令人意外的是,贾文却认为"盐业没有顺应自然演替规律",这忽视了历史时期海岸盐作活动也不影响自然演替过程,而是随着"海势东迁"、不断适应海涂演替变化的过程,其"移亭就卤"的盐作生态便充分证明了这一点(详见第四章)。这种独特盐作生态正是遵循海涂自然演替过程的直接表现,在当时的生产技术条件下,取得了盐作活动与环境变迁的动态平衡,实现了长期繁盛发展。同时,贾文也没有注意到历史上盐业的衰微主要原因在于社会经济环境,而非自然环境条件的影响(详见第七章)。

最后,植棉兴垦的出现也并非自然演替的结果,而是社会经济环境变化导致植棉更为获利,并建立在沿海水利所改造的农作环境基础之上。在本书第九、十章已做讨论,通过明清时期海岸带"堤-墩-堤"的水利活动变迁可知,沿海垦殖的出现必须首先改造海涂垦殖环境,如果没有海堤保护,垦殖无法积极开展。垦业兴起并不是海涂自然演替所能决定,而是社会经济环境的变化使得植棉更为有利可图,使传统煎盐本重利薄,无法延续。此外,在兴垦的同时,该岸段仍然可以煎盐生产,海涂演替使得盐、垦都可以进行,民国年间盐垦公司绝大部分仍然依赖盐利便是很好的证明。

垦作活动与演替

相反,废灶兴垦的兴起,表面上看似乎遵循了海岸自然演替特征,但实际上并非如此。清末及民国年间,滨海垦殖活动是建立在水利改造基础之上的,试图通过改变盐土环境以开垦,将本属于宜盐地带改造为宜耕带,是人类活动的强制干扰,对海涂的生态环境的改变显然超出了自然演替的范畴(见本章第三节讨论)。

前文已经讨论,从清末淮南盐场亭灶分布的区域来看,淮南盐衰并非自然环境缺乏产盐条件,而是社会经济环境的恶化,导致淮南煎盐本重利薄,"移亭就卤"的盐作生态难以为继的结果①。因此,若将这些亭灶分布地带转为大规模垦殖之地,对土壤的大量改造投入是必需的。而这些亭灶绝大部分位于中度与重度盐渍土范围内,距离海岸不远。从这个角度看,在中度甚至重度盐渍土范围内的垦殖活动明显是违背自然(原生)演替过程。废灶兴垦时期,大部分盐垦公司的占地即为中度与重度盐渍土(见第九章第一节),并通过一定方式人为改造,大量兴筑堤工,加速土壤脱盐程度,以便开展垦殖活动。

当然,属于宜盐带也未必出现盐作活动,仍要看社会经济环境,看盐作活动与围垦活动的收益差异与对比。废灶兴垦时期绝大部分盐垦公司都从事盐作活动,便充分说明了这一点。推动海涂垦作背离自然演替的因素,主要是社会经济环境的影响,在清末民初,使得以往的宜盐带发生了利用价值的变化,即使需要投入大量的水利与土壤改造资金,也能够获利,这在以往是不可想象的。没有巨大的人口压力与物质生产需求,海岸带宜盐带废灶转垦便无从说起。

此外,需要注意的是,历史上海岸带的盐作活动并不属于围垦,部分研究者将历史时期淮南盐作活动与现代的海涂围垦混同,这是不正确的,二者在人地互动上的表现是相反的。②淮南传统煎法盐作活动中,并不需要筑堤匡围、建海堤防潮,其人地互动显然不同于滨海农业围垦,后者首先需要一定规模的防潮水利建设,特别是较高标准的海堤工程,以保护围垦土地,加快脱盐改造。

当代海涂匡围

以现代海涂匡围情况作比较,现阶段人类围垦速度远远超过历史时期,其速度已经超过了海涂要素的自然演替速度,也超过了滩涂淤长的速度。③在很多濒海重盐土区域内也被快速围垦,目的是

---

① 参见本书第四章第四节、第七章第一、二节。
② 如张长宽、陈君等:《江苏沿海滩涂围垦空间布局研究》,《河海大学学报》(自然科学版)2011年第2期。
③ 王艳红、温永宁、王建、张忍顺:《海岸滩涂围垦的适宜速度研究——以江苏淤泥质海岸为例》,《海洋通报》2006年第2期。

促进滩地演替,加快脱盐,以便发展沿海农作。如图 11-2,其中,新东垦区(1979—1980)、三仓片垦区(1996—1997)的时间间隔正好为 15—20 年,与一般光滩到盐蒿草滩的演替时间一致。到 1995—2008 年,在建设"海上苏东"的背景下,围垦速度明显加快。三仓片垦区到仓东垦区(2004—2005)的时间间隔已不满十年,仓东垦区到梁南垦区(2009)更只有 5 年左右。此外,到 2020 年计划匡围 270 万亩①,在此雄心勃勃的匡围任务推动下,速度必定加快。甚至在海岸工业开发的背景下,匡围甚至已经不需要考虑土壤是否脱盐,或追求围垦效果而人为降低起围高程。因为所围土地未必从事农业,主要为了发展工业提供储备土地。在沿海开发战略的推动下,江苏

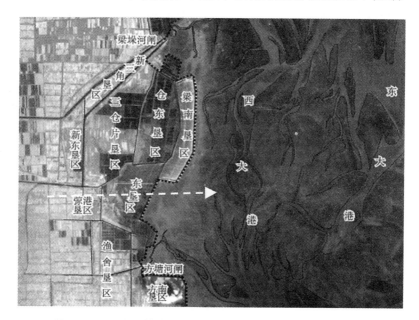

图 11-2　现代江苏海岸带围垦情形(以条子泥岸段垦区为例)

资料来源:江苏省 908 专项办公室:《江苏近海海洋综合调查与评价总报告》,北京:科学出版社,2012 年,第 459 页。注:条子泥岸段主要垦区匡围时间:新东垦区(1979—1980)、三仓片垦区(1996—1997)、仓东垦区(2004—2005)、梁南垦区(2009)。

---

① 《〈江苏沿海地区发展规划〉解读》,《海洋开发与管理》2009 年第 4 期。

沿海将出现更多的建港热潮,以及发电、船舶制造、港城旅游,港口加工业与物流货场等,都需要占用大量土地。

由此可见,伴随社会经济环境变化,海岸农垦开发并非土地利用的必然选项。在新的社会经济环境下,农业用地也可能表现出土地利用效率下滑。在现代围垦上,日益出现追求土地利用效益更高的技术、资金集聚型现代产业。废盐兴垦、废盐兴渔,以及废农兴工等等社会经济过程的变化,无不是在新的社会经济环境变化中通过追求单位土地利用效益出现的。这种海涂利用方式并不再需要利用海涂提供的土壤、植被等自然资源,而仅仅需要其土地空间。其建设的产业也已经超出传统的盐作、农作、渔作范畴,对技术与资金的依赖更大,所需要的仅仅是便利的、成本较低的土地空间。伴随人类社会生产力水平提高,对海涂利用的自由空间也更为广阔。这是江苏海岸古今人地关系变迁的重要表现。因此,以传统时代的利用方式做对比,现代利用更大程度上是对自然演替特征的背离,即土地利用不再受限于土地本身的演替进度以及土地性状的影响。总的来看,笔者认为,海岸社会经济遵循自然演替主要存在19世纪末之前(前工业化时期)。民国年间为过渡时期,20世纪中叶以后,步入加快背离阶段。

传统时代,受制于生产力水平影响,垦、盐、渔并存,是典型的对海涂自然过程的遵循状态。如今,海岸带新型的开发计划中,农作开发早已不是重点,反而注重工业集聚与生态湿地保护。不过,在当代日益注重生态保护理念的影响下,也开始反思这种背离带来的危机。例如杨达源先生从江苏滨海地带生态保护的角度,建议保护海岸资源,增加渔业开发,压缩港城与工业占地。[1] 这正是对社会经济过程日益加剧背离自然过程的警醒,也是转而遵循海岸带自然过程的表现。

总之,通过历史时期海岸带社会经济过程考察,以及与现代沿

---

[1] 杨达源、周生路主编:《现代自然地理研究》,北京:科学出版社,2009年,第260页。

海开发的对比，海岸采用何种土地利用方式与发展程度，主要取决于当时的社会经济环境与海岸带管理制度，哪种土地利用方式能够有利于提高社会生产效率，提高海岸带土地综合效益，获取更多的物质与能量，有利于缓解人地矛盾，该种土地利用方式便能够兴起。当然，也会伴随社会经济环境的变化而出现衰退。换言之，海岸社会经济变迁并不必然表现为对自然演替特征的内在一致。不过，在传统时代，受生产力水平、社会经济环境限制，土地利用方式与自然演替过程表现得更具有一致性，这是传统时代条件下海岸带人地关系重要特点。

二 海岸管理与土地利用变化

明万历以后，朝廷长期施行纲盐制度，清代"因明制而损益之"[①]，执行更为彻底，达至成熟，长达二百余年，对我国封建社会后期的社会经济产生了重要影响。[②] 纲盐制度旨在协调盐业经济的运销关系，包括道光年间的"废引改票"，都是疏销为主。江苏海岸管理主要在生产环节，施行"蓄草供煎"，着眼于安排海岸带资源的配置与组合关系，观念上重盐轻垦，管理主体是官府，管理组织为盐政官僚系统，目的在于垄断海岸资源以便专事盐利，管理特点具有专制性、垄断性[③]。

海岸政治过程主要表现为官府追逐盐利与地方追求土地收益多元化的矛盾及其变化。主要反映在官府专心盐利，荡地资源分配以服务盐作活动、获取稳定盐课收入为基本原则。在不危及盐作活动前提下，一定程度上是默许荡地开垦（见第九章第一节）；但灶民群体更关心多样化生计所获，如贩草、贩私盐、垦种等等。此外，与明清时期王朝疆域内其他地区主要推行重农政策不同，江苏海岸表

[①]《清史稿》卷123《食货志四·盐法》。
[②] 萧国亮：《论清代纲盐制度》，《历史研究》1988年第3期。
[③] Bao Junlin, Gao Shu. Traditional coastal management practices and land use changes during the 16–20th centuries, Jiangsu Province, China. Ocean & coastal management. 2016, 124: 10–21.

现为区域特殊性，两淮盐课是明清官府重要财政来源，故长期施行重盐轻垦的政策，垄断了海岸带各类生产资源的配置权，禁垦、禁典、禁私盐，禁越境贩草等等。整体上，明清官府对江苏海岸带管理的目的，在于稳定盐课，获取大量盐利，对地方群体的合理开发诉求并不关心。

1. "蓄草供煎"制度的长期施行

经济的本质在于资源的优化配置。① 明清时期，官府对海岸带各类自然资源施行垄断管制，采取"蓄草供煎"制度，施行单一的盐作主导性经济政策，长期重盐轻垦。官府依赖两淮盐利，对两淮盐场的稳定生产、资源配给、打击私盐，自然是官府必须时刻重视的，如利用灶籍、保甲制度控制灶丁队伍②，采用火伏法③，一伏时间也有严格规定。对盘鐅、池面都有定例，"盘铁原有定额，卤池原有定口，非灶户所能私专置造也。"④除了生产工具、组织上的控制外，对荡地、荡草资源的垄断是海岸带管理制度的主要内容。

"蓄草供煎"制度是海岸带垄断性管理的集中体现。但"蓄草供煎"制度并未一以贯之，而是伴随明清淮南盐场的发展不断强化。明至清代中期，对海岸带草荡开耕并未完全强制禁垦，而是比较灵活的优惠给灶户垦种。明初对滨海荡地的开垦并非完全禁止。"明初仍宋、元旧制，所以优恤灶户者甚厚，给草场以供樵采，堪耕者许开垦。"⑤这种政策实际上有利于盐退垦进的自发进行。官府为稳定滨海盐作活动，对灶户私垦采取默认的态度，但私垦规模发展到影响盐作活动本身，便引起官府高度重视，进而加强管制。康熙年间即规定："不准典卖灶地，不准私垦荡草，不准出境，皆为煎盐计也。"⑥

---

① 张秀生：《区域经济学》，武汉：武汉大学出版社，2007年，第274页。
② 刘淼：《明清沿海荡地开发研究》，汕头：汕头大学出版社，1996年，第310页。
③ 陈诗启：《明代官手工业的研究》，武汉：湖北人民出版社，1958年，第140—145页；徐泓：《清代两淮盐场的研究》，台北：嘉新水泥公司文化基金会，1972年，第15—20页、第35页。
④〔明〕庞尚鹏：《清理盐法疏》，〔明〕陈子龙编：《明经世文编》卷357，第3842页。
⑤《明史》卷80《食货志·盐法》。
⑥ 民国《阜宁县新志》卷5《财政志·盐法》。

到清代中叶,两淮盐业发展兴旺,对荡草需求量大,乾隆年间对不同类型的荡草即具体规定:"产草极丰之年供煎有余,红草仍听酌量转售,但不得任意联船私贩,如违究治该管官仍并参处等语。该盐政既称白者力大较旺,灰卤沉厚。红者灰力稍薄。如果旺产应令该盐政饬令场员勘明。红草仍听暂为售卖,白草虽遇丰收仍行禁止贩卖,以裕灶煎。"①为维护荡地资源,乾隆年间对已有古熟地清丈后,对以后新出现的草滩均施行禁垦,进一步强化了"蓄草供煎"制度,抑制了宜垦的草滩带转垦的进程,并延续到清末。

清代中叶以后,淮南内部荡草分布不平衡,导致淮南盐场内部出现荡草流通,官府虽然准许盐场内部流通,但管制甚严,防止外流。淮南通属各场各场亭多荡少的现象突出,通属各场亭场分布密度明显高于泰属各场(图11-3),主要原因是这些盐场滩涂淤涨较少,远不如泰属各场。乾隆四十七年,仓圣裔奏报:"泰属南场亭多荡少,产草不敷,向借北场余草供煎。"②遂加大了对荡草流通的管制,规定"灶户赴邻场买草必须本场填给印票,酌定限期沿途照验,俟买草回场仍将原票缴销,各隘巡役如有将无票白草纵放出场者,分别究处。"③为加强控制,查验手续复杂:

> 北场灶户有愿将余草运越南场售卖者,亦于本场禀给印照,运赴南场,一得售主即将印照呈投该场验明,截去四角,备文移回本场涂销,草船出场,巡役验明印票即便放行,出场之后,但在串场河往来,并未出境,沿途巡役不得拦阻,如草船私偷出境,不论有无印票,立即查拿办理……④

由此可见,在荡草紧张的背景下,对荡草流通的具体管制不断细化,目的是禁止荡草越贩,以裕煎盐。甚至其他杂草均禁止流通。乾隆四十六年,通州分司运判汪宝善称"该属各场向长红草

---

① 光绪《重修两淮盐法志》卷26《场灶门·草荡》。
② 同上。
③ 同上。
④ 同上。

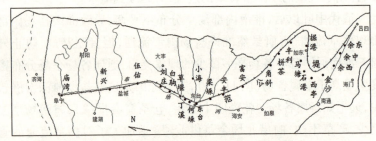

图 11-3 清末淮南各场位置与灰亭密度情形

说明：淮南通泰分司各场草荡面积根据《盐法通志》卷27《场产三·物地三》整理，为原额草荡与历次新淤合计数；灰亭根据光绪《重修两淮盐法志》卷30《场灶门·亭池》整理。

之地，率多变生芦苇，请将各场红草照白草之例永禁越贩。其芦苇杂草如遇丰足之年，核议详定方准通融别售。倘值歉薄，同红草一并禁止卖通"①。

荡草内部流通，也给"蓄草供煎"制度的执行造成管理压力，为进一步加强对荡草流动的控制，道光年间还设立了《拦草章程》，道光元年十一月盐政延丰奏："……各场设有拦草巡役，专司拦截草薪出境。"②该章程到宣统年间仍旧执行。加强荡草控制，禁止私贩流通，成为荡草资源的重要保障手段，并有逐渐强化趋势，持续至清末民初。同时，道光年间对出现的私垦，坚持"犁毁放荒"③，以维护

---

① 光绪《重修两淮盐法志》卷26《场灶门·草荡》。
② 同上。
③ 《清盐法志》卷101《草荡》。

"蓄草供煎"制度。

咸丰军兴,清廷内忧外患,财力不济,朝廷更依赖盐课收入以应付财政危局。咸丰至同治年间,海岸带管理制度在此背景下,仍将"蓄草供煎"加以强化,以便振兴陷入困境的淮南盐业。在煎盐本重利薄的情况下,海岸带管理日益僵化,但仍然漠视海岸带自然、社会经济环境变化,一味坚执往日"良法美意",正是清末朝廷保守风气在海岸带管理中的直接反映。

由于白草火力旺,产草丰,红草火力弱且草少,故往往对白草控制严格,红草时禁时松。《盐法通志》载:"淮南之盐利用煎,其煎以草……其草有红有白,皆含咸味,白者力尤厚,红可外售,而白有禁斫。"①清末荡草日益紧张,除白草外,对红草、芦苇等杂草也一律严加控制,陆费垓在《通泰草荡情形》中便有记载:

> ……各场红草照白草例禁止越贩……同白草一并拦禁。历年以来……详请红、白二草及芦苇杂草,一体拦禁,不准出售。②

此外,盐场附近的人口增多,民炊增多,以及其他手工业的发展,使荡草消耗量日增。"……海势变迁,凡原额草荡及已经升科之新淤草荡,皆已去海较远,土性日淡,穷民奸灶不免私垦成熟,专恃续涨新淤未经升科之地蓄草供煎,是以近年各场颇患草少。"③且"民间炊爨,亦赖乎是,用多产少。"④面对荡草紧张状况,官府照旧加紧控制,严禁其他活动占用荡草资源。如光绪末年,两淮运司赵滨彦认为通海垦牧公司占用了盐场草滩,荡草日绌,此后定例除了通海垦牧公司外,"严禁他场,不得再垦一亩。"⑤到宣统三年

---

① 周庆云:《盐法通志》卷33《制法》。
② 〔清〕陆费垓:《淮鹾分类新编》卷1《场灶类》,《北京图书馆古籍珍本丛刊》第57册,北京:书目文献出版社,1997年,第855页。
③ 同上书,第855页。
④ 《清盐法志》卷101《场产门二·草荡》。
⑤ 张謇:《宣告掘港场荡地历史及所规划》,张謇研究中心,南通市图书馆编:《张謇全集》第3卷,南京:江苏古籍出版社,1994年,第796页。

(1911),仍然规定"淮南各场境内窑座、槽房一律查禁,以重煎产。"①

总之,"蓄草供煎"制度是官府重盐轻垦政策的具体反映。官府采取"蓄草供煎"制度,高度垄断海岸带资源,纳入到单一的盐作活动中。这种制度在明初至清代中期发挥了重要作用,促进了淮南盐业快速发展。但清代中后期,特别是咸丰军兴以后,该制度便凸显僵化,难以适应海涂不断淤涨的实际情况,导致荡地闲置增多。单一的盐作活动开发并未充分发挥资源生产力,大量的宜垦土地也被浪费在低效的"蓄草供煎"制度上。

官府施行"蓄草供煎"制度,但往往禁而不止,地方群体为追求生计,对"蓄草供煎"制度不断造成破坏,官府凭借专制手段极力挽持"蓄草供煎"制度,与地方群体的不断破坏,由此带来的是官府对私盐、私垦的竭力打压。

2. 禁私盐、私垦

打击私盐(本节主要指生产环节出现的私盐),禁止私垦,是明清海岸带管理的另一个重要内容。盐作、农作是海岸带两大主导产业,经过长期的盐垦转变,实际上到清末两淮盐场有相当规模的垦作面积,官府为维护私利,竭力控制盐作、农作活动,打击私盐、私垦。私盐、私垦是国家超强统制力下地方利益诉求的反应,始终与官营经济相伴随。此外,需要注意的是,明清时期海岸管理中,为海防需要,一度出现禁海政策。不过禁海政策主要影响海岸渔作活动(详见第九章第二节),对海岸盐垦活动并无重大影响。因此,本节着重讨论禁私盐、私垦政策。

私盐由来已久,与两淮盐业始终相伴,明代后期即有"家家增鏊,户户开池,场官畏而不敢问,司官远而不及知,私晒私煎日增月盛。"②但对私盐的控制,淮北与淮南不同。淮南盐场采用煎法生

---

① 《清盐法志》卷101《场产门二·草荡》。
② 〔明〕庞尚鹏:《清理盐法疏》,〔明〕陈子龙编:《明经世文编》卷357,中华书局,1962年,第3842页。

产,需要荡草、盘铁或者锅䥂,以及大量劳动力投入,其生产环节对生产工具、荡草、劳动力的投入要求较高,官府对淮南盐作活动的控制便采取通过垄断生产工具置办权的方法实现禁私。从明后期庞尚鹏在《清理盐法疏》中的记载,我们可以管窥官府对盐作活动自由的压制,从垄断生产工具置办权进而实现对淮南盐场的控制、遏制私煎扩大的情形:

> 嘉靖三十年,旧盘捐坏,告官修理,富灶奸商合谋作弊,始告于官曰盘铁重大而难于修补,锅䥂轻省而便于置造,且盘煎之盐青而锱锅䥂之盐白而洁,商人有取舍焉。官司听其便宜而许之,锅䥂之兴始于此。然犹官有防禁也,继而富灶与经纪合谋再白于官曰锅䥂虽容置买,但铁冶住在镇江,隔越长江之险,置买甚难,乞要召匠开铺于扬州,就近买办,免遭覆溺,官司又堕其可欺之方而信之,遂召铁匠就白塔河开场鼓铸,而擅买私䥂者,明目张胆而为之,纵横络绎,荡然而莫之禁矣……今欲将铁匠即日递回镇江原籍,不许留住扬州开铸,以绝其私煎之具,各分司官督令各场官吏亲诣各灶,督同总催灶头逐场逐户查报砖池若干,私池若干,盘铁若干,官䥂若干,私䥂若干,尽数开申,以凭酌量,每场用盘几角,用䥂几口,计壹场额盐若干,该用锅䥂若干,如盘铁不便煎烧,从宜易以锅䥂亦可也,但须官为置造,每壹官䥂必运司花押,无花押则为私䥂,置私䥂者比照私盐千斤坐以重罪,有犯而不举者,则同灶连坐,本场官吏坐赃并究。①

可知,明代后期,官府管制让一切经济活动的自由受到压制,甚至对生产工具的置办也垄断已有,官府专己自是表露无遗。通过垄断生产工具的置办打击私盐,为的是保证官盐的销售与盐价稳定,进而稳定盐利收入。

---

① 〔明〕庞尚鹏:《清理盐法疏》,〔明〕陈子龙编:《明经世文编》卷357,第3842—3843页。

相反,淮北私晒不需要荡草采办、大量劳动力投入以及煎盐工具的购置(除了结晶池需要铺砖外),私晒极易,难以有效控制。官府只能采取"出其不意"之法去巡查:

> 至于晒盐场分,私筑盐池者,尽行填塞,每岁巡盐御史出其不意,条委一官行查,庶几,法禁严而私盐绝,私盐绝而兴贩息矣。①

入清后,泥池滩晒增多,其铺设成本更小,"易成易毁"②,难以稽查,透私极易。以至官员查私疲于应付,"每至一圩,必谆谆告诫,不准再行私筑。"③可见,禁私手段远不如对淮南盐场的控制手段有效,故往往查而不禁。到清末年间,为打击私晒,对淮北盐场私设沙基、私铺私晒又进行了若干次集中查禁,"务将沙基一律犁毁"④。其中对板浦、中正两场共犁毁沙基 2 961 块,"不任旋毁旋筑,以清私源"⑤。

由于淮南易于控制,淮北透私易,难以控制。故明清官府长期采取重南轻北的政策。对淮南、淮北态度的差异,既促进了淮南盐场的长期繁荣,也导致淮北晒盐长期未能兴起。除打击私盐外,为垄断盐利,打击私垦也是官府的一贯做法。禁止私垦在第九章第一节中已有讨论,此处不再赘述。

咸丰军兴,无疑动摇了清廷对海岸带的垄断控制,但摇而未坠,清廷为应付财政危局,更加依赖两淮盐课,此后半个世纪的海岸带管理的保守性更为突出。这种垄断的手段在以往对淮盐兴旺起到了促进作用,但在清末社会经济状况恶化的背景下,继续维持便凸显其僵化性。不过,统治者往往并不会自动放弃既有垄断特权,仍旧寄希望于维持盐作以获取盐课收入,然而统制已经岌岌可危。清

---

① 〔明〕庞尚鹏:《清理盐法疏》,〔明〕陈子龙编:《明经世文编》卷357,中华书局,1962年,第3843页。
② 《盐法通志》卷30《场产六·穿筑》。
③ 光绪《重修两淮盐法志》,卷30《场灶门·亭池》。
④ 同上。
⑤ 《盐法通志》卷30《场产六·穿筑二》。

廷崩溃,海岸带资源支配权转到地方社会力量特别是绅商、豪强手中,手握一定资本的各类资本家逐渐有了话语权,兴灶禁垦的时代走向终结,迎来废灶兴垦阶段。

虽然光绪初年清廷实际上开始了放垦,但规模很小,仍有大量可耕地被闲置。即使放垦,也必定通过升科清丈以便控制垦利。光绪初年,泰分司立限报废章程六条,①开始废灶转垦:

> 所有卤气淡薄下亭、每年产盐不及五六十桶者,无论商亭、灶亭均限出示后六个月内赴场报废,其已经开垦成田者既往免究,其尚未成田者,于报废后准将已垦未垦亭灶一律犁毁,卤池填平,听其开垦,俟六年后察看,能否一律垦成熟田,腴瘠如何,再行分别等第起租。已垦之地如六个月以内不自报明,一经场委查出或被人告发即将私垦地亩入官,又有卤气并不甚薄之亭,或经风潮损坏,催其修理置若罔闻,平时颗粒不入官垣,徒占草荡射利,偶遇稽查不及,暗中又煎盐透私,此等亭灶,亦勒令报废。

从报废章程可知,主要报废的亭灶为难以产盐的下亭,对卤气不薄的其他亭场,如果存在私煎,也要报废。清廷放垦空有章程,并未有实际效果,管理上仍寄望维持"蓄草供煎"制度,稳定盐课收入。终清之时,重盐轻垦仍然是主要表现,特别是在荡地较少的泰属南场、通属各场,仍旧禁垦以维护盐作,例如光绪末年,定例除了通海垦牧公司外,"严禁他场,不得再垦一亩。"②其后开垦荡地呼声日多,迫于形势,到光绪二十三年(1897)"两淮场田变通丈垦"③,在清末施行新政的背景下,光绪二十六年(1900),新兴、伍佑二场才开始公开放垦。

总之,海岸带长期兴灶禁垦,是官府垄断性、专制性海岸带管理

---

① 光绪《重修两淮盐法志》卷29《场灶门·盘鋬下》。
② 张謇:《宣告掘港场荡地历史及所规划》,张謇研究中心、南通市图书馆编:《张謇全集》第3卷,南京:江苏古籍出版社,1994年,第796页。
③ 《清盐法志》卷101《草荡》。

的结果。清末民初又转变为废灶兴垦,是长期扭曲、积压的区域人地矛盾快速释放的结果。这一时期海岸管理特点,表现为官府自利性,地方利益被弱化、边缘化,甚至以牺牲地方利益为代价,降低了土地综合利用效率,人地矛盾日趋尖锐化。

3. 明末与清末的比较——人地矛盾程度的变化

通过前文讨论,笔者发现,清末民初与明末清初相比,同为社会经济环境恶化、人地矛盾尖锐化时期,为何清末民初最终废灶兴垦,而明末清初盐垦关系并未转变,入清后反而强化重盐抑垦?这很可能与二者人地关系状况密不可分,其中人口压力的差异是主要影响因素。

人口、土地规模与单产

在对比明末与清末人地矛盾程度时,最主要的变量莫过于人口规模的变化,但不可忽视的是,与其他区域不同,明清时期江苏范围内可耕地面积也发生了巨大变化。

先看江苏范围总的人口规模。明末崇祯年间全国人口约 1.5 亿,其中南直隶约 3 000 万。[①] 至清代中叶,乾隆四十一年(1776)约 3.1 亿,至咸丰元年(1851)约 4.3 亿。此后经太平天国战乱影响,至清末宣统二年(1910)全国仍约 4.3 亿。[②] 可见清末全国人口总数已是明末的近 3 倍。而长期居于全国人口密度前列的江苏范围内,1910 年为 3 235.5 万,安徽为 2 519.7 万,合计近 6 000 万,约为明末清初南直隶人口的 2 倍。其中江苏范围内人口规模也大致为 2 倍(江苏人口以明末南直隶之半数估计)[③],人口规模显著提升。

再看可耕地面积。明清江苏范围可耕地面积发生变动的,只有海岸带区域,其他区域耕地面积在明清时期基本相当,没有土地增量。前文已述,明清时期海涂面积大幅度增加,是海岸带自然环境

---

① 葛剑雄主编,曹树基著:《中国人口史》第 4 卷(明时期),复旦大学出版社,2002 年,第 452 页。
② 葛剑雄主编,曹树基著:《中国人口史》第 5 卷(清时期),第 832 页。
③ 同上书,第 691 页。

变化的突出变化①。据《盐法通志》所载原额草荡超过411万亩,新淤荡地共计约244万亩(第三章表3-1)。除了乾隆年间清丈古熟地约34万亩外,绝大部分均属于盐作用地,但具体数字已无法考索。虽有200余万亩的新淤荡,但在兴灶禁垦、"蓄草供煎"制度下,绝大部分荡地的可耕地资源被占为供煎草地,难以兴垦。

二者比较,在人口显著增加的背景下,可耕地资源增加反而显得并不明显。因为可耕地的增量均在海岸带范围,并被盐作活动占据,长期禁垦。不过,如果在二者之间,单位耕地产出率的明显提高,也可以缓解人地压力。虽然土地单产提高未必是缓解人地压力的唯一因素,但在传统时代,无疑具有重要意义。然而事实上,历史时期粮食亩产变化相对于人口的增长显得滞缓而微弱。②直到20世纪中叶之前,单位农作产出、农业生产技术也没有大的变化。如明代稻米亩产约2.1石,③清代康熙五十四年,据李熙的种植试验,苏州亩产为2.88石,此后多年种植,单季产稻一般每亩约3石,约400余斤④,至20世纪60年代,江苏省亩产稻仍只有300—400余斤。⑤

总之,若以清末与明末两个特定时期相比,江苏人口多出了1 000多万。传统时代,人口增殖是推动耕地扩展的主要动力。江苏省范围内只有海涂面积增加,其他地区可耕地面积基本未变,也没有大量山丘可供开发,加上单产水平基本不变。故海岸带周边州县的人口压力必然传递到海涂,推高海岸土地私垦规模。但长期延续的"蓄草供煎"制度、兴灶禁垦政策又导致海岸带大量可耕地资源难以被充分利用,未能吸纳大量劳动力,势必加剧盐垦纠纷、人地矛盾尖锐化。

---

① 参见本书第三章第二节。
② 邹逸麟主编:《中国历史人文地理》,北京:科学出版社,2006年,第176页。
③ 李伯重:《宋末到明初江南农民经营方式的变化》,《中国农史》1998年第3期。
④ 黄冕堂:《清代农田的单位面积产量考辨》,《文史哲》1990年第3期。
⑤ 江苏省农业厅编:《江苏农业发展史略》,南京:江苏科学技术出版社,1992年,第93页,表6-4《江苏省历年水稻面积产量统计表》。

人地矛盾程度

无论任何时代,人口和资源总是处于一种矛盾状态,只不过这种矛盾有时显露有时隐藏罢了。① 为描述海岸人地关系变化及其多要素互动,笔者试将一定区域人地系统内诸要素运动关系简要描述为:人地矛盾程度=人口/(可利用资源·技术能力),即人地矛盾程度与人口规模、可利用资源状况以及技术能力水平三者密切相关,三者是反映区域人地关系状况的关键驱动因素。其中,人口规模与人地矛盾程度正向变化,技术能力、可利用资源与人地矛盾程度成反向变化,同时技术能力上升,可利用资源也会随之同方向变化。通过该模型,可以将人地矛盾程度视为区域社会经济环境、人地关系变化的综合反映。

在江苏范围内,可利用资源主要为可耕地资源,清末民初与明末清初相比,一方面人口数量增加一倍,另一方面大量可耕地资源被禁锢在盐作活动下,王朝海岸带垄断性控制、重盐轻垦的政策,将大量可耕地资源划入煎盐荡地,得不到充分利用,人地矛盾增加,且与盐垦争地的激烈程度基本一致。另一方面,农作水平未有本质改变,直到清末民初,仍然以开荒、拓展垦殖面积这种外延式发展来提高粮食产量。因此,在人口增加,可耕地资源有限,而技术能力又基本不变的情况下,清末与明末相比,前者人地矛盾程度必定显著高于后者。

需要指出的是,限于研究手段与资料,笔者在此无意追求具体的人地矛盾程度量化值或属性数据。不过,通过以上综合分析,清末与明末相比,虽然都处于人地矛盾紧张期,但清末人地矛盾的尖锐化程度必定远甚明末,这是海岸带社会经济环境变化的重要表现,是观察海岸带人地互动的重要背景。

不同的社会经济环境背景下(人地矛盾程度),海岸带土地利用方式存在差异,也影响了官府海岸带垄断性管制是否能够延续。按照模型反映的关系,在人地矛盾程度上升时,变换土地利用方式,

---

① 马克垚:《论封建时代的农业生产力》,《北大史学》2003 年第 1 期。

可以增加可耕地面积,提高整体土地利用效率,如此才能缓和人地压力。清初延续了"蓄草供煎"制度,维持重盐轻垦、重南轻北的管理政策,并沿用至清末。伴随人口规模增加,海岸带虽有大量新淤荡地,却大部分被圈占在盐作活动下,资源配置日益低效化,势必加剧人地矛盾。故清末民初,旧有的兴灶禁垦的土地利用方式已经不合时宜。

在人地矛盾尖锐化时期,如果人口规模没有下降,则推动人地矛盾程度下降的因素要么来自可利用资源的增加,要么来自技术能力的提高。如此可知,人口压力、人地矛盾上升,应该是促进技术能力的因素,而非伊懋可认为的人口压力阻碍了社会发展、技术进步,导致高技术平衡陷阱。① 此外,在人地矛盾尖锐化时期,历史时期似乎多以战乱的形式降低人口规模。不过,通过技术能力获得更多的可利用资源,也是有效缓解人地矛盾的方式。如王树槐先生所言:"江苏的人口压力,至道光末年,可谓居全国第 1 位。人口压力对经济发展自有影响……迫使江苏人民更加强经济作物的发展,推广丝棉等手工业。"②即农业生产不再以外延式发展(通过扩大耕地面积获得产量提高),而转向内涵式发展(提高单位耕地面积收益)。

试想,如果清末民初与明末清初一样,继续维系专制统治管理,沿用"蓄草供煎"制度、兴灶禁垦、重南轻北,又该如何呢?毫无疑问,即使出现这种情况,也是无法延续的,因为煎法生产的延续需要占用大量可耕地资源,在人地矛盾程度尖锐化时期,荡地资源仅为供草之用,它所包含的另一资源——可耕地——被大量闲置,必定刺激私垦加剧,反过来破坏"蓄草供煎"制度。因此,至民国初年,继续推行"蓄草供煎"制度已经不合时宜,这个"时宜"正是社会经

---

① Elvin, M., *The Pattern of the Chinese Past*(《中国历史的模式》), London 1973, pp. 211 - 212. 其他学者对此已有质疑与讨论,如马克垚《资本主义起源理论问题的检讨》(《历史研究》1994 年第 1 期)、侯建新《从新人口论、"均衡陷阱"到"过密化增长说"》(《史学理论研究》1998 年第 3 期)等。

② 王树槐:《中国现代化的区域研究:江苏省(1860—1916)》,台北:中央研究院近代史研究所专刊第 48 辑,1986 年,第 472 页。

济环境变化产生了对海岸带管理的新要求。若要降低人地矛盾程度,根据前述模型,要么减少人口数量,要么扩大可耕地资源,要么提高生产技术水平。显然,这三种渠道,在当时有大量可耕地资源闲置的情况下,只有第二条扩大耕作面积最为有效,也最有可能实现,直接垦荒往往是最见效的缓解人地压力的方式,便于吸纳大量人口。而农作技术水平以及人口数量变化在短期内无法实现,除非出现战乱,这在人地矛盾尖锐化期间往往容易发生,也是区域人群争夺可利用资源最为激烈的阶段,如果加上气候变动,影响土地产出,人地矛盾更容易激化为社会矛盾,战乱、大量人口死亡便极易出现。

海岸带管理制度的僵化与崩溃

明万历年间推行纲盐制度,延续至清代道光年间,转又施行"废引改票",都是对盐业经济中运销环节的调整。"废引改票"早期的成功便在于有效推动、降低了民间投入的门槛。但在生产环节,特别是对海岸带自然资源的垄断制度,比纲盐制度更为长久,而且长期不变,清廷竭力维持兴灶禁垦、"蓄草供煎"制度,资源配置低效化,加剧人地矛盾,直到清廷崩溃。

长期施行的"蓄草供煎"制度,在清代后期,随着人地矛盾程度尖锐化,该制度日益表现为僵化性。然则清廷为何没有自觉、主动地改变海岸带管理政策,以便早日缓解人地矛盾?这又牵涉到晚清朝廷的政治风气。清末保守派势力强大,在全国内忧外患之际,虽有康、梁推动的改良努力,但最终失败。巨量的战争赔款等需索也使清廷收入捉襟见肘,以往长期高度依赖的两淮盐课,此时更成为苟延残喘之资,施行新政需要财政投入,"新政举行,罔不取诸盐利"[①],故维持现状,稳定两淮盐课对清廷维持统治十分重要。如果让清廷放开淮南盐课,自然也是难以想象的,既得利益者必然缺少放弃既得利益的勇气。清廷在江苏海岸管理制度上的改良步伐缓慢,竭力维持淮南盐课与旧秩序仍是主要目的。清末虽施行新政,

---

① 《清史稿》卷123《食货志·盐法》。

海岸也有兴垦,但仍然以不危及盐作为前提,如宣统元年对海州、阜宁二州县的开垦条例中,便明确了"公司界内灶地,亦照此例,仍以酌量地势,无碍盐场为要旨。"①

从这个意义上看,清末海岸管制的崩溃是源于管理制度的僵化与政治的保守,不能及时改变政策以缓解人地矛盾,反而为了维系专制统治、垄断盐利而不顾海岸人地矛盾尖锐化。执意强化控制,加剧了人地矛盾,无疑自掘坟墓。任何恶化人地矛盾的举措,必将导致顶层管制的崩溃,清廷僵化的海岸管理方式已无法适应海岸人地关系状况。在人地矛盾程度尖锐化的背景下,海岸带专制管理政策最终走向崩溃。

因此,面对社会经济环境的变化、人地矛盾尖锐化,官府缺乏主动革新,极力维护旧制度,激化了社会矛盾与危机。不过,这并不能反过来指责该制度从一开始便出了问题。如认为纲盐制度对盐业经济的垄断"同任何垄断一样,必然要引起停滞和腐朽的趋向""是清代盐业经济发展趋于停滞的根本原因""官僚政治对社会经济生活的干预,是中国社会经济发展缓慢的一个重要原因"。②

通过海岸带的考察,实际上,纲盐制度在万历至清乾隆嘉庆年间施行,而此间正是淮盐进入黄金时代、达至历史顶峰的阶段,不仅得益于期间海涂淤涨带来的生产资源,也得以于垄断性质的纲盐制度。当然,任何制度施行日久,在新的社会经济环境下,必然弊病百出,迟滞社会经济运行效率。此时,问题的关键在于制度设计者是否积极做出调整,是否有勇气突破已有利益格局或自利性。如果海岸管理正视社会经济环境变化,不去坚守已然僵化的"良法美意"与成法,及时转变观念,施行适宜政策以调整应对,停滞便无从谈起,根源还是在于制度设计是否具有主动革新的观念。因为社会经济状况是不断变化的,只有不断主动变革,因时因地制宜,政策与制

---

① 李文治:《中国近代农业史资料》第 1 辑(1840—1911),北京:生活·读书·新知三联书店,1957 年,第 224 页。
② 萧国亮:《论清代纲盐制度》,《历史研究》,1988 年第 3 期。

度的效率才是积极有效的。

明清官府对海岸社会经济活动的干预,的确迟滞经济发展。但问题不在于"官府干预",而关键是这种干预是以专制主义中央集权体制为基础,中央朝廷的利益追求往往与地方发展需求不一致,垄断与特权,强化了中央或官府利益的自利化,却限制、弱化了地方的活力与因地制宜的政策。此外,也要看官府如何干预。若干预能够促进资源优化配置、及时革新技术、提高生产效率、缓解人地矛盾,这种干预毫无疑问具有积极意义,因为它释放了地方经济的活力,扩大了发展空间。这对处于近代中国转型困难时期更为必要,正如王树槐先生在考察了清末民初江苏现代化过程后感慨道:"后起国家,工商业尚未发达,其经济现代化,系由政治所引导,中国的经济发展原应如此……但研究清末民初的经济发展,政治力量不但未能尽到领导的责任,连起码的保护责任也未做到。"①

总而言之,通过对明末清初与清末民初两个特定时期的比较,海岸带管理制度优劣与否,并不在于管理制度本身是否专制,更重要的是看社会经济环境变化、人地关系状况。历史昭示现实,当前海岸区域人地矛盾状况仍然趋向尖锐化,迫切需要我们成为制度革新、政策调整、或技术革新、生产关系革新的自觉者、推动者,以积极应对海岸人地矛盾及其引发的社会经济问题。

4. 传统时期海岸人地系统及诸要素运动关系

海岸人地系统诸要素的关系

在导论中已提到,本书中海岸自然过程包含两个方面,一是明清时期江苏"海势东迁"引发的自然环境变化过程,二是海岸带生态要素存在规律性演替过程。社会经济过程是指海岸带范围内农作、盐作以及渔作活动的兴衰变迁过程,其发展变迁与自然过程具有内在统一性,表现为一定的演替关系。政治过程指明清时期海岸带管理与资源配置在官府与地方群体之间的博弈,并主要指官府对

---

① 王树槐:《中国现代化的区域研究:江苏省(1860—1916)》,"中研院"近代史研究所专刊第 48 辑,1986 年,第 438 页。

海岸带管制,具有垄断性、专制性与保守性。

在本书考察的主要时段内(16至20世纪初),海岸人地系统运动表现为:海岸带自然、社会经济与政治过程三者之间存在一定的互动结构,在技术能力不变时,若自然与社会经济过程的演替不一致,人地关系往往表现为紧张、矛盾,导致这种不一致的主要原因,主要是专制政治的影响,官府专事盐利与地方追求多元化收益存在矛盾,专制管理妨碍了社会经济过程自发遵循自然过程的趋势,扭曲这种趋势引发了人地矛盾程度上升;社会经济过程与自然过程的演替是否相适应,推动了海岸带人地关系是否走向人地矛盾状态,二者演替不一致时,人地矛盾尖锐化,对政治过程产生反作用,这在清末表现尤为明显;在传统时代,由于技术能力改进缓慢,对人地矛盾程度的调节作用较低,故政治过程在调节自然、社会经济过程相互适应的过程中,具有更为重要的作用,既可以推动二者相适应,以便缓和人地矛盾,也可能使二者背离,加剧了人地矛盾。

在相当长时间内,海岸带垄断性管理制度,抑制了农作活动东扩,干扰了社会经济过程的演替序列。通过前述各章节的讨论,我们可以发现,政治过程至少在以下两方面对海岸带社会经济过程的演替是否与自然演替相适应产生了直接影响:重南轻北,导致淮北晒盐兴起较迟,其效率与高产能被抑制,导致淮南煎法长期沿用,占据大量土地资源与市场,相对落后的盐作方式由于易被官府控制而被竭力维持;兴灶禁垦,又导致大量可耕地资源的开发被长期抑制,降低区域土地利用效率。因此,专制管理对江苏海岸带资源配置产生了深远影响,而区域经济发展需要资源合理配置,才能提高社会生产效率,进而缓解人地压力。

封建官府作为海岸带管理的主体,其专注盐利的保守性、垄断性,对海岸带人地关系变迁的影响是直接的。迟滞了盐垦伴随自然过程自发演替。使得海岸带长期以盐为重,资源配置以盐为主,不顾海岸带资源配置的亟须优化,其结果导致人地矛盾日益尖锐化,官府由于无法放弃盐利,在竭力维持落后盐作方式的过程中,最终连同清廷自身、海岸带专制统治同时崩溃,以往被扭曲的盐垦关系得以快速释放,极大地刺激了垦进盐退,盐垦关系进入新的调整状态,地方群体获得了更大的发展主动权,民国年间废灶兴垦事业使地方群体可以投入更多的资本,比较合理利用海岸带多样资源,提高了海涂生产力,丰富了物质与能量产出,大大缓解了海岸带人地矛盾。

但在专制政治崩溃后,盐垦关系的调整过程中,仍受到新的海岸带政治影响,这一时期资本者大量的投入垦作活动,加速了海岸带盐作活动衰落。不过,在生产力水平有限的情况下,又从明清时期长期以盐为重的极端走向了以垦为重的另一个极端。资源配置权从权力者走向资本者,谁掌握了资源配置权,谁便能影响到盐垦关系。与专制管理一样,资本者所垄断的资源配置如果不合理,只顾资本的投机增殖,仍会造成海岸带自然与社会经济过程的背离,引发人地关系紧张,民国年间废灶兴垦事业最终衰落已经说明了这一点(第九章第一节)。

海岸人地系统重构

历史时期江苏海岸人地系统,在垄断控制下,尽管维持了相对稳定性,但海岸自然变化引发的自然资源空间分布变化,以及人口增长,促使系统逐渐进入不稳定阶段,表现为盐垦冲突、官府与地方群体利益冲突等;不过,海岸管理政策上并没有积极应对,迟滞、消极、保守的管理制度,最终激化了人地矛盾,引发清末民初这一阶段剧烈的系统重构,对海岸人地关系变迁产生了深远影响。

16—19世纪,江苏海岸传统盐、农、渔作活动的空间分布具有鲜明的有序性,与自然演替保持了一致性,是海岸人类活动遵循自然环境、适应海岸变化的客观反映,也是这一阶段海岸人地系统处于稳定状态的直接反映。不过,海岸变化、人口增长,最终推动了海岸土地利用方式的改变;清末民初,江苏海岸人地系统重构,以往建立在官府自利性基础上的海岸人地系统逐渐崩溃,由此改变了以往海岸开发遵循自然演替的适应性特征,转为形成逐渐背离自然演替的适应性特征,海岸人地关系进入新阶段,人类活动对海岸自然过程的影响也逐步增强。

伴随人地压力增加，在海岸人地系统重构进程中，清末不合时宜的海岸管理制度，实际上扮演了迟滞系统重构的角色。换言之，假若没有官府垄断控制，海岸人地系统在人口增长与自然环境变化的多要素驱动下，可能会存在一种渐进式重构过程，以提高海岸人类活动对自然演替环境适应性。不过，官府自利性的制度与土地利用政策，没有及时革新，日益加深海岸社会经济发展与环境变化的矛盾。

本章小结

整体上，16—19世纪江苏海岸社会经济过程具有鲜明的演替特征，即遵循了海岸带自然演替过程，生产活动自海向陆的空间分布表现为有序的渔、盐、农作活动，并伴随海岸东迁不断向海位移扩展。同时，16—19世纪江苏海岸社会经济长期以盐作活动为重心，垄断了海岸丰富的自然资源，促进了淮盐的长期繁荣；至清末民初，随着大规模废灶兴垦事业兴起、海岸盐作活动北移、农作活动东迁，成为这一阶段海岸带生产格局的突出特征，也是海岸土地利用变化的剧烈调适期。

明清时期长期维持的重南轻北、重盐轻垦政策，促成了淮南盐作活动长期发展，也抑制了淮北晒盐活动的扩大，阻碍了两淮盐作重心北移、垦作东迁的海岸带社会经济自发演替过程。

明清时期海岸带管理本质上是专制管理，是专制主义中央集权的管理方式在海岸带的具体体现，是专制主义中央集权对地方经济资源垄断的高度体现。通过官僚系统充分实施，垄断地方资源，也干扰了地方社会经济过程正常发展。官府过于干预海岸带经济运行活动，欲垄断一切，干扰了社会经济过程自发演替。

明清时期，海岸带长期维持在封建政府的高度垄断统制之下，配置着荡地资源，维系着盐业生产，控制着人口流动，使得区域成为王朝获取无尽税赋、盐利的综合机器。因此，造成明清时期海岸带社会经济过程长期以盐为主，主要原因在于海岸带政治过程所表现的垄断性、僵化性。

在专制主义中央集权体制下，海岸带管理表现出的特点，可以概括为盐利至上，其各类制度安排皆为了垄断盐利、维护盐作，并非为了海岸带各类资源、利益群体的相互协调发展。官府的自利性政策与管理方式往往造成了资源配置不合理，降低了土地综合收益。随着清代中叶以后人口规模上升，海岸带以盐为主的生产格局与资源配置，使土地利用效率日趋低效化。

制度与环境的矛盾，加剧了海岸人地矛盾尖锐化，并引发海岸人地系统的重构，通过改变土地利用方式，扩大农作用地，集中优势岸段资源发展晒盐，淘汰低效的煎盐生产或迁移至适宜岸段，并扩大农业开发用地，以此实现系统内部结构关系的调整。

参 考 文 献

(一) 盐法文献、文集

〔宋〕范仲淹：《范仲淹全集》，四川大学出版社，2002年。

〔宋〕乐史撰、王文楚等点校：《太平寰宇记》，中华书局，2007年。

〔元〕陈椿：《熬波图》，《景印文渊阁四库全书》第662册，台湾商务印书馆，1986年。

〔明〕徐光启：《钦奉明旨条画屯田疏》，王重民辑校：《徐光启集》上，上海古籍出版社，1984年。

〔明〕王士性：《广志绎》，清康熙十五年刻本。

〔明〕陈子龙编：《明经世文编》卷357，中华书局，1962年

〔明〕毕自严：《度支奏议》堂稿卷4，明崇祯刻本，上海古籍出版社，2008年。

〔明〕汪砢玉《古今鹾略》，清抄本。

〔明〕朱廷立：《盐政志》，《北京图书馆古籍珍本丛刊》第58册，书目文献出版社，1997年。

弘治《两淮运司志》，明刻本，于浩辑：《稀见明清经济史料丛刊》第2辑第25册，国家图书馆出版社，2012年。

嘉靖《两淮盐法志》，《北京图书馆古籍珍本丛刊》第58册，书目文献出版社，1997年。

〔明〕谢肇淛：《福建运司志》，于浩辑：《稀见明清经济史料丛刊》第1辑第27—29册，国家图书馆出版社，2009年。

康熙《淮南中十场志》，于浩辑：《稀见明清经济史料丛刊》第2辑第33册，国家图书馆出版社，2012年。

康熙《两淮盐法志》，吴相湘主编：《中国史学丛书》，台湾学生书局，1966年。

雍正《两淮盐法志》，于浩辑：《稀见明清经济史料丛刊》第1辑，国家图书馆出版社，2009年。

乾隆《两淮盐法志》，于浩辑：《稀见明清经济史料丛刊》第1辑，国家图书馆出版社，2009年。

嘉庆《两淮盐法志》,同治九年(1870)扬州书局重刻本。

道光《福建盐法志》,于浩辑:《稀见明清经济史料丛刊》第1辑第29—31册,国家图书馆出版社,2009年。

同治《淮南盐法纪略》,于浩辑:《稀见明清经济史料丛刊》第1辑第10册,国家图书馆出版社,2009年。

光绪《重修两淮盐法志》,顾廷龙主编:《续修四库全书》(842—845),上海古籍出版社,2002年。

〔清〕方浚师:《蘓政备览》,于浩辑:《稀见明清经济史料丛刊》第2辑,国家图书馆出版社,2012年。

〔清〕延丰:《两浙盐法志》,浙江古籍出版社,2012年。

〔清〕丁日昌:《淮蘓摘要》,〔清〕温廷敬编:《丁中丞政书》,沈云龙主编:《近代中国史料丛刊续编》第77辑,台北:文海出版社,1980年。

〔清〕丁毓昌:《淮北三场利弊说略,砖池沙基走私商灶情形条说并臆说》,于浩辑:《稀见明清经济史料丛刊》第2辑,国家图书馆出版社,2012年。

〔清〕丁毓昌:《淮北三场池圩各图附晒盐器具各图》,于浩辑:《稀见明清经济史料丛刊》第2辑,国家图书馆出版社,2012年。

〔清〕董濂辑,〔清〕魏源撰:《淮北票盐志略》,于浩辑:《稀见明清经济史料丛刊》第2辑,国家图书馆出版社,2012年。

〔清〕李澄:《淮蘓备要》,于浩辑:《稀见明清经济史料丛刊》第1辑第4—9册,国家图书馆出版社,2009年。

〔清〕陆费垓:《淮蘓分类新编》,《北京图书馆古籍珍本丛刊》第57册,书目文献出版社,1997年。

光绪《四川盐法志》,顾廷龙主编:续修四库全书第842册,上海古籍出版社,2002年。

〔清〕方浚颐等纂:《淮南盐法纪略》,于浩辑:《稀见明清经济史料丛刊》第1辑第9—11册,国家图书馆出版社,2009年。

〔清〕王守基:盐法议略,中华书局,1991年。

〔清〕陶澍:《陶澍集》,岳麓书社,1998年。

〔清〕骆秉章:《骆文忠公奏议·湘中稿》卷3,《近代中国史料丛刊》,文海出版社,1966年。

〔清〕李瀚章、李鸿章编纂:《曾国藩全集》,中国华侨出版社,2003年。

〔清〕魏源:《湖湘文库(甲编)魏源全集14》,岳麓书社,2011年。

〔清〕包世臣:《包世臣全集》,黄山书社,1993年。

〔清〕王庆云:《石渠余纪》,北京古籍出版社,1985年。

〔清〕葛士浚:《皇朝经世文续编》,沈云龙主编:《近代中国史料丛刊》第741册,文海出版社,1966年。

周庆云:《盐法通志》,于浩辑:《稀见明清经济史料丛刊》第2辑,国家图书馆出版社,2012年。

张茂炯:《清盐法志》,于浩辑:《稀见明清经济史料丛刊》第2辑(1—16册),国家图书馆出版社,2012年。

《最近盐场录》,曹天生点校,《近代史资料》第101号,中国社会科学出版社2001年。

民国盐务署盐务稽核总所:《中国盐政实录》,《近代中国史料丛刊》三编第88辑第871册,文海出版社,1933年。

民国《谈盐丛报》,1913、1914年。

民国《全国最近盐场录》,胡翔云,求志学社,1915。

民国《张季子九录》,中华书局,1931年。

冷家骥:《中国盐业述要》,北平文岚簃印书局,1939年。

(二)正史、新旧方志、地图、地名录

《宋史·食货志》,中华书局,1978年。

《元史·食货志》,中华书局,1923年。

《元典章》,中华书局,1957年。

嘉靖《惟扬志》,《天一阁藏明代方志选刊》(12),上海古籍出版社,1963年。

《明史·食货志》,中华书局,1974年。

《清史稿·食货志》,中华书局,1977年。

〔清〕王先谦、朱寿朋:《东华录/东华续录》,上海古籍出版社,2008年。

〔清〕朱寿朋《东华续录·光绪朝》,宣统元年上海集成图书公司本。

弘治《兴化府志》,宁波天一阁藏本。

嘉靖《海门县志》,《天一阁藏明代方志选刊》(18),上海古籍书店,1981年。

隆庆《海州志》,《天一阁藏明代方志选刊》(14),上海古籍书店,1981年。

万历《淮安府志》,《天一阁藏明代方志选刊续编》(8),上海书店,1990年。

万历《扬州府志》,《北京图书馆古籍珍本丛刊》(25),书目文献出版社,1991年。

万历《盐城县志》,《北京图书馆古籍珍本丛刊》(25),书目文献出版社,1991年。

万历《通州志》,《天一阁藏明代方志选刊》(10),上海古籍书店,1981年。
康熙《淮安府志》,康熙二十四年刻本。
康熙《安东县志》,上海社会科学院出版社,1989年。
乾隆《江南通志》,广陵书局,2010年。
乾隆《淮安府志》,《淮安文献丛刻》,方志出版社,2008年。
乾隆《福宁府志》,成文出版社,1967年。
乾隆《盐城县志》,扬州古籍书店,1960年。
嘉庆《东台县志》,成文出版社,1970年。
嘉庆《如皋县志》,成文出版社,1970年。
嘉庆《两淮金沙场志》,《中国地方志集成·乡镇志专辑》(16),上海书店,1992年。
嘉庆《海州直隶州志》,《中国地方志集成·江苏府县志辑》(64),江苏古籍出版社,1991年。
光绪《淮安府志》,《淮安文献丛刻》,方志出版社,2010年。
光绪《盐城县志》,《中国地方志集成·江苏府县志辑》(59),江苏古籍出版社,1991年。
光绪《海门厅图志》,《中国地方志集成·江苏府县志辑》(53),江苏古籍出版社,1991年。
光绪《赣榆县志》,江苏古籍出版社,1991年。
〔清〕《吕四场志》,江苏古籍出版社,1992年。
民国《海门县图志》,《中国地方志集成·江苏府县志辑》(53),江苏古籍出版社,1991年。
民国《阜宁县新志》,《中国地方志集成·江苏府县志辑》(60),江苏古籍出版社,1991年。
民国《南通县图志》,《中国地方志集成·江苏府县志辑》(53),江苏古籍出版社,1991年。
李长传:《江苏省地志》,民国二十五年(1936)铅印本,成文出版社,1983年。
江苏省地方志编辑委员会:《江苏省志·地理志》,江苏古籍出版社,1999年。
江苏省地方志编辑委员会:《江苏省志·盐业志》,江苏科学技术出版社,1997年。
江苏省地方志编辑委员会:《江苏省志·海涂开发志》,江苏古籍出版社,1995年。
东台市地方志编辑委员会:《东台市志》,江苏科学技术出版社,1994年。

东台市地方志编辑委员会：《东台市水利志》，河海大学出版社，1998年。
滨海县水利志编纂委员会：《滨海县水利志》，江苏古籍出版社，1997年。
射阳县地方志编纂委员会：《射阳县志》，江苏科学技术出版社，1997年。
海门市地方志编纂委员会：《海门县志》，江苏科学技术出版社，1996年。
盐城市地方志编纂委员会：《盐城市志》，江苏科学技术出版社，1998年。
大丰市地方志编纂委员会：《大丰市志》，方志出版社，2006年。
大丰市水利志编纂委员会：《大丰市水利志》，方志出版社，2009年。
盐城县地名委员会编：《江苏省盐城县地名录》，1983年。
东台县地名委员会编：《江苏省东台县地名录》，1985年。
大丰县地名委员会编：《江苏省大丰县地名录》，1983年。
射阳县地名委员会编：《江苏省射阳县地名录》，1983年。
滨海县地名委员会编：《江苏省滨海县地名录》，1983年。
海门县地名委员会编：《江苏省海门县地名录》，1983年。
启东县地名委员会编：《江苏省启东县地名录》，1983年。
南通县地名委员会编：《江苏省南通县地名录》，1983年。
灌云县地名委员会编：《江苏省灌云县地名录》，1983年。
建湖县地名委员会编：《江苏省建湖县地名录》，1983年。
政协大丰县委员会文史资料研究委员会：《大丰县文史资料》第7、9、10辑，1992年。
古道编委会：《清代地图集汇编·江苏全省地图》，西安地图出版社，2005年。

（三）专著、报告、图集

［美］P·D·柯马尔著，邱建立等译.海滩过程与沉积作用［M］.海洋出版社，1985。

［美］布莱恩·费根著，苏静涛译.小冰河时代——气候如何改变历史（1300—1850）［M］.浙江大学出版社，2013。

［日］佐伯富.中国盐政史的研究［M］.法律文化社，1987。

《江苏盐业史》编写组.江苏盐业史［M］.江苏人民出版社，1992。

B·B·叶戈罗夫著，中华人民共和国水利部专家工作室译，许冀泉校.土壤盐渍化及其垦殖［M］.科学出版社，1958。

阿英等著.阿英散文选［M］.百花文艺出版社，1981。

包茂红.环境史学的起源与发展［M］.北京大学出版社，2012。

报告编写组.中国海岸带和海涂资源综合调查专业报告集·中国海岸带气候

[M].气象出版社,1991。
曾仰丰.中国盐政史[M].上海书店出版社,1984。
常宗虎.南通现代化:1895—1938[M].中国社会科学出版社,1998。
陈邦本,方明等.江苏海岸带土壤[M].河海大学出版社,1988。
陈沧来.中国盐业[M].商务印书馆,1928。
陈锋.中国财政经济史论[M].武汉大学出版社,2013。
陈吉余.中国海岸变迁和海塘工程[M].人民出版社,2000。
陈吉余主编.上海市海岸带和海涂资源综合调查报告[M].上海科学技术出版社,1988。
陈吉余主编.中国海岸带和海涂资源综合调查专业报告集·中国海岸带地貌[M].海洋出版社,1996。
陈金渊.南通成陆[M].苏州大学出版社,2010。
陈然等编.中国盐业史论丛[M].中国社会科学出版社,1987。
陈诗启.明代官手工业的研究[M].湖北人民出版社,1958:140—145。
崔恒昇.中国古今地理通名汇释[M].黄山书社,2003。
单树模.中华人民共和国地名词典·江苏省[M].商务印书馆,1987。
丁长清,刘佛丁.民国盐务史稿[M].人民出版社,1990。
丁长清,唐仁粤主编.中国盐业史(近代编)[M].人民出版社,1997。
傅衣凌.明清社会经济史论文集[M].人民出版社,1982。
高抒,李家彪.中国边缘海的形成演化[M].海洋出版社,2002。
高抒,张捷.现代地貌学[M].高等教育出版社,2006。
葛剑雄主编,曹树基著.中国人口史(明、清时期,第4—5册)[M].复旦大学出版社,2002。
郭正忠.宋代盐业经济史[M].人民出版社,1990。
郭正忠.中国盐业史(古代编)[M].人民出版社,1997。
国家海洋局,国家测绘局.中国海岸带和海涂资源综合调查图集(江苏省分册)[M].(内部资料:国家海洋局,国家测绘局,1988年出版)。
何维凝.新中国盐业政策[M].正中书局,1947。
何维凝.中国盐书目录[M].文海出版社,1975。
何新铭.盐城实习调查日记.萧铮主编.民国20年代中国大陆土地问题资料(101辑)[M].成文出版社有限公司,1977。
河北塘沽盐业专科学校.海盐生产工艺学[M].轻工业出版社,1960。
胡敦欣等.长江、珠江口及邻近海域陆海相互作用[M].海洋出版社,2001。

胡焕庸. 两淮盐垦水利实录[M]. 中央大学出版组发行部,1934。

胡序威. 中国海岸带社会经济[M]. 海洋出版社,1992。

黄公勉,杨金森. 中国历史海洋经济地理[M]. 海洋出版社,1985:103—109、172。

吉成名. 中国古代食盐产地分布和变迁研究[M]. 中国书籍出版社,2013。

纪丽真. 明清山东盐业研究[M]. 齐鲁书社,2009。

季君勉. 盐垦区耕作法[M]. 中华书局,1950。

江苏省财政志编辑办公室编. 江苏财政史料丛书(清代,第3分册)[M]. 方志出版社,1999。

江苏省海岸带和海涂资源综合考察队主编. 江苏省海岸带自然资源地图集[M]. 科学出版社,1988。

江苏省农业厅编. 江苏农业发展史略[M]. 江苏科学技术出版社,1992。

江苏省植物研究所. 江苏植物志[M]. 江苏人民出版社,1977:123—124、236—237。

姜旭朝. 中华人民共和国海洋经济史[M]. 经济科学出版社,2008。

蒋炳兴. 盐城市综述[M]. 江苏科学技术出版社,1990。

李伯重. 江南的早期工业化(1550—1850)[M]. 中国人民大学出版社,2010。

李德元. 明清时期海内移民与海岛开发[M]. 厦门大学出版社,2009。

李积新. 盐地碱地改良法[M]. 商务印书馆,1950。

李建昌. 官僚资本与盐业[M]. 生活·读书·新知三联书店,1963。

李巨澜. 失范与重构. 一九二七年至一九三七年苏北地方政权秩序化研究[M]. 中国社会科学出版社,2009。

李乃胜. 中国海洋科学技术史研究[M]. 海洋出版社,2010。

李培英,张海生,于洪军. 近海与海岸带地质灾害[M]. 海洋出版社,2010。

李培英. 中国海岸带灾害地质特征及评价[M]. 海洋出版社,2007。

李士豪,屈若搴. 中国渔业史[M]. 上海书店出版社,1984。

李文海,夏明方. 天有凶年——清代灾荒与中国社会[M]. 北京:生活·读书·新知三联书店,2007。

李文治. 中国近代农业史资料第1辑(1840—1911)[M]. 北京:生活·读书·新知、书店,1957:214—224。

梁方仲. 中国历代户口、田地、田赋统计[M]. 中华书局,2008。

林振涵. 淮盐纪要[M]. 商务印书馆,1928。

刘淼. 明代盐业经济研究[M]. 汕头大学出版社,1996。

刘淼. 明清沿海荡地开发研究[M]. 汕头大学出版社, 1996。
柳国瑜. 奉贤盐政志[M]. 上海社会科学院出版社, 1987。
卢建一. 明清海疆政策与东南海岛研究[M]. 福建人民出版社, 2011。
陆人骥. 中国历代灾害性海潮史料[M]. 海洋出版社, 1984。
马俊亚. 被牺牲的"局部"——淮北社会生态变迁研究(1680—1949)[M]. 北京大学出版社, 2011。
马克思. 资本主义生产以前各形态[M]. 人民出版社, 1956: 55。
门腾椿. 海盐生产技术问答[M]. 海洋出版社, 1984。
孟尔君, 唐伯平. 江苏沿海滩涂资源及其发展战略研究[M]. 东南大学出版社, 2010。
南京师范大学, 江苏省黄河故道综合考察队编. 江苏省黄河故道综合考擦报告. (未刊), 1985。
南开大学经济研究所经济史研究室编. 中国近代盐务史料选辑[M]. 南开大学出版社, 1985。
南通市档案馆. 大生企业系统档案选编(纺织编)[M]. 南京大学出版社, 1987。
潘秋生. 中国制冷史. 中国科学技术出版社, 2008。
彭信威. 中国货币史[M]. 群联出版社, 1954: 537—549。
彭泽益. 中国近代手工业史资料第 1 卷[M]. 中华书局, 1984。
轻工业部制盐工业局编. 盐业生产的机械化与半机械化[M]. 轻工业出版社, 1959。
轻工业部制盐工业局编. 盐业生产基本知识[M]. 轻工业出版社, 1959。
轻工业部制盐工业局编. 制盐工业的工具改革[M]. 轻工业出版社, 1960。
轻工业部制盐工业科学研究所, 曾诚壁. 海盐工业分析[M]. 轻工业出版社. 1989。
轻工业出版社编. 海盐制卤保卤讨论集[M]. 轻工业出版社, 1958。
曲金良. 中国海洋文化史长编·明清卷[M]. 中国海洋大学出版社, 2012。
全国海岸带和海涂资源综合调查领导小组办公室编. 海洋和海岸带区域经济研究[M]. 海洋出版社, 1990。
任美锷. 江苏省海岸带和海涂资源综合调查报告[M]. 海洋出版社, 1986。
沈庆、陈徐均、关洪军. 海岸带地理环境学[M]. 人民交通出版社, 2008。
沈正平, 欧向军. 改革开放 30 年的苏北发展[M]. 江苏人民出版社, 2009。
史照良. 江苏省地图集[M]. 中国地图出版社, 2004。
宋达泉. 中国海岸带和海涂资源综合调查专业报告集·中国海岸带土壤[M].

海洋出版社,1996。

孙家山.苏北盐垦史稿[M].农业出版社,1984:23—91。

谭其骧主编.中国历史地图集[M].中国地图出版社,1996。

田秋野,周维亮.中华盐业史[M].商务印书馆,1979。

田雪原,蔡昉.中国沿海人口与经济可持续发展[M].人民出版社,1996。

汪崇贇.明清徽商经营淮盐考略[M].巴蜀书社,2008。

汪汉忠.灾害、社会与现代化 以苏北民国时期为中心的考察[M].社会科学文献出版社,2005。

汪宗鲁.海盐生产理论知识[M].轻工业出版社,1959。

王方中.清代前期的盐法、盐商与盐业生产[M].中国盐业史论丛,中国社会科学出版社,1987。

王慕韩.阜宁实习调查日记.萧铮主编.民国20年代中国大陆土地问题资料(100辑)[M].成文出版社有限公司,1977。

王慕韩.江苏盐垦区土地利用问题之研究[M].成文出版有限公司,1977。

王树槐.中国现代化的区域研究:江苏省(1860—1916)[M]."中研院"近代史研究所专刊,1986。

王颖,朱大奎.海岸地貌学[M].高等教育出版社,1994。

吴必虎.历史时期苏北平原地理系统研究[M].华东师范大学出版社,1996。

吴必虎.苏北平原区域发展的历史地理研究[M].历史地理(8辑),上海人民出版社,1990。

吴承洛:中国度量衡史[M].上海书店1937年版,商务印书馆影印,1984。

吴海波,曾凡英.中国盐业史学术研究一百年[M].巴蜀书社,2010。

吴慧.中国盐法史[M].社会科学文献出版社,2013。

夏东兴.海岸带地貌环境及其演化[M].海洋出版社,2009。

萧功秦.危机中的变革:清末政治中的激进与保守[M].广州人民出版社,2011。

谢俊美.政治制度与近代中国[M].上海人民出版社,2000。

徐泓.清代两淮盐场的研究[M].嘉新水泥公司文化基金会,1972。

薛鸿超等.海岸动力学[M].人民交通出版社,1980。

薛鸿超,谢金赞等.中国海岸带和海涂资源综合调查专业报告集·中国海岸带水文[M].海洋出版社,1996。

薛自义等.制盐工业手册[M].轻工业出版社,1994。

严中平.中国棉纺织史稿[M].商务印书馆,2011。

杨达源,周生路主编.现代自然地理研究[M].科学出版社,2009。
杨桂山.中国海岸环境及其区域响应[M].高等教育出版社,2002。
杨国桢.东溟水土:东南中国的海洋环境与经济开发[M].江西高校出版社,2003。
杨国桢.明清中国沿海社会与海外移民[M].高等教育出版社,1997。
杨国桢.瀛海方程:中国海洋发展理论和历史文化[M].海洋出版社,2008。
杨金森.海洋强国兴衰史略[M].海洋出版社,2007。
杨强.北洋之利——古代渤黄海区域的海洋经济[M].江西高校出版社,2003。
杨世伦.海岸环境与地貌过程导论[M].海洋出版社,2003。
叶显恩.清代区域社会经济研究[M].中华书局,1992。
应岳林,巴兆祥.江淮地区开发探源[M].江西教育出版社,1997。
恽才兴,蒋兴伟.海岸带可持续发展与综合管理[M].海洋出版社,2002。
张崇旺.明清时期江淮地区的自然灾害与社会经济[M].福州人民出版社,2006。
张季直先生事业史编纂处.大生纺织公司年鉴[M].江苏人民出版社,1998。
张謇研究中心,南通市图书馆编:张謇全集[M].江苏古籍出版社,1994。
张立杰.南京国民政府的盐政改革研究[M].中国社会科学出版社,2011。
张文彩.中国海塘工程简史[M].科学出版社,1990:24。
张小也.清代私盐问题研究[M].社会科学文献出版社,2001。
张秀生.区域经济学[M].武汉大学出版社,2007。
张绪武.大生集团档案资料选编盐垦编(Ⅲ)[M].方志出版社,2012。
章开源.张謇与近世社会[M].华中师范大学出版社,2001。
章有义.中国近代农业史资料(1912—1927)[M].北京:生活·读书·新知三联书店,1957。
赵大昌主编.中国海岸带和海涂资源综合调查专业报告集·中国海岸带植被[M].海洋出版社,1996。
赵淑江,吕宝强,王萍,刘健.海洋环境学[M].海洋出版社,2011。
中国地理学会自然地理专业委员会编.地表盐分的迁移累积和平衡[M].科学出版社,1963。
中国海湾志编辑委员会.中国海湾志(第五分册)[M].海洋出版社,1991。
中国科学院中国植物志编辑委员会.中国植物志[M].科学出版社,2002。
中华人民共和国农业部土地利用局编.盐碱地改良利用经验[M].财政经济出版社,1957。

邹逸麟,张修桂,王守春.中国历史自然地理[M].科学出版社,2013。
邹逸麟.中国历史人文地理[M].科学出版社,2006。
邹迎曦.大丰盐政志[M].方志出版社,1999。
左秉坚,郭德恩.海盐工艺[M].轻工业出版社,1989。

(四) 期刊论文

[日]佐伯富.清代淮南引岸的争夺[J].史林,1951,39(4—5)。
[日]佐伯富.清代咸丰朝的淮南盐政[J].东洋史研究,1955,16(3)。
[日]佐伯富著,顾南,顾学稼译.清代盐政之研究(续)[J].盐业史研究,1993,(3):10—24。
[日]佐伯富著,顾南,顾学稼译.清代盐政之研究(续)[J].盐业史研究,1993,(4):37—53。
[日]佐伯富著,顾南,顾学稼译.清代盐政之研究(续)[J].盐业史研究,1996,(1):64—72。
[日]佐伯富著,顾南,顾学稼译.清代盐政之研究[J].盐业史研究,1993,(2):14—26。
白广美.中国古代海盐生产考[J].盐业史研究,1988,(1):49—63。
鲍俊林.略论盐作环境变迁之"变"与"不变"——以明清江苏淮南盐场为例[J].盐业史研究,2014,(1):20—27。
鲍俊林.明清两淮盐场"移亭就卤"与淮盐兴衰[J].中国经济史研究,2016,(1):114—124。
鲍俊林.苏北捍海堰与"范公堤"考异[J].中国历史地理论丛,2015,30(4):37—45。
鲍俊林.晚清淮南盐衰的历史地理分析[M].历史地理(28),上海:上海人民出版社,2013:166—184。
鲍俊林.再议黄河夺淮与江苏两淮盐业兴衰——与凌申先生商榷[J].盐业史研究,2013,(3):39—46。
蔡则健,吴曙亮.江苏海岸线演变趋势遥感分析[J].国土资源遥感,2002,(3):19—23。
曹爱生.清代两淮盐官制度[J].盐业史研究,2006,(2):19—23。
曹爱生.清代两淮盐政中的社会救济,盐城工学院学报(社会科学版),2006,(1):12—15。
曾玲.明代中后期的福建盐业经济[J].中国社会经济史研究,1987,(1):

53—61。

常军,刘高焕,刘庆生.黄河口海岸线演变时空特征及其与黄河来水来沙关系[J].地理研究,2004,23(5):339—346。

钞晓鸿.深化环境史研究刍议[J].历史研究,2013,(3):4—12。

陈才俊.江苏沿海特大风暴潮灾研究[J].海洋通报,1991,(6):19—24。

陈才俊.江苏淤长型淤泥质潮滩的剖面发育[J].海洋与湖沼,1991,22(4):360—368。

陈才俊.江苏中部海堤大规模外迁后的潮水沟发育[J].海洋通报,2001,20(6):71—79。

陈才俊.围海造田与淤泥质潮滩的发育[J].海洋通报,1990,9(3):69—74。

陈才俊.围垦对潮滩动物资源环境的影响[J].海洋科学,1990,(6):48—50。

陈方,朱大奎,黄巧华.江苏潮滩区域可持续发展与海岸带管理研究[J].海洋通报,1998,(1):80—87。

陈锋.近百年来清代盐政研究述评[J].汉学研究通讯,2006,25(2):1—12。

陈洪进.江北盐垦区农村经济速写[J].中国农村,1935,1(12)。

陈吉余.中国河口海岸研究回顾与展望[J].华东师范大学学报(自然科学版),1996,(1):1—5。

陈金渊.南通地区成陆过程研究[M].历史地理(3),上海人民出版社,1983:36。

陈可锋,王艳红,陆培东,俞亮亮.苏北废黄河三角洲侵蚀后退过程及其对潮流动力的影响研究[J].海洋学报,2013,35(3):189—196。

陈诗启.明代的灶户和盐的生产[J].厦门大学学报(社会科学版),1957,(1):154—180。

陈晓玲,王腊春,朱大奎.苏北低地系统及对海平面上升的复杂响应[J].地理学报,1996,51(4)。

陈中原.苏北滨海平原沉积特征探讨[J].华东师范大学学报(自然科学版),1995,(2):86—92。

程珺,高抒,汪亚平,闵凤阳.苏北近岸海域表层沉积物粒度及其对环境动力的响应[J].海洋地质与第四纪地质,2009,(1):7—12。

崔剑锋,李水城.海南省儋州洋浦古盐田玄武岩晒盐工艺的初步调查[J].南方文物.2013,(1):88—91,44。

戴志军,李春初,陈锦辉.华南海岸带陆海相互作用研究[J].地理科学进展,2004,(5):10—16。

杜国云,王庆等.莱州湾东岸海岸带陆海相互作用研究进展[J].海洋科学,2007,31(3):666—671。

杜国云,王庆,王秋贤,金秉福,仲少云,曹艳英,高光辰,毛爱华.莱州湾东岸海岸带陆海相互作用研究进展[J].海洋科学,2007,(3):66—71。

方明,宗良纲.论江苏海岸变迁及其对海涂开发的影响[J].中国农史,1989,(2):31—37。

付成双.从征服自然到保护荒野:环境史视野下的美国现代化[J].历史研究,2013,(3):34—40。

盖明举.海岸带海陆相互作用(LOICZ)研究计划与NODC[J].海洋信息,1998,(6):31—32。

高国荣.近二十年来美国环境史研究的文化转向[J].历史研究,2013,(2):116—132。

高龄奇.江苏滩涂开发概述[J].江苏水利史志资料选辑,1989,(18):57—59。

高抒,谢钦春.狭长形海湾与外海水体交换的一个物理模型[J].海洋通报,1991,(3):1—9。

高抒,朱大奎.江苏淤泥质海岸剖面的初步研究[J].南京大学学报(自然科学版),1988,(1):75—84。

高抒.潮汐汊道形态动力过程研究综述[J].地球科学进展,2008,(12):1237—1248。

高抒.大型海底、海岸和沙漠沙丘的形态和迁移特征[J].地学前缘,2009,(6):13—22。

高抒.废黄河口海岸侵蚀与对策[J].海岸工程,1989,(1):37—42。

高抒.海岸与陆架沉积:动力过程、全球变化影响和地层记录[J].第四纪研究,2010,(5):856—863。

高抒.全球变化中的浅海沉积作用与物理环境演化——以渤、黄、东海区域为例[J].地学前缘,2002,(2):329—335。

高抒.亚洲地区的流域—海岸相互作用:APN近期研究动态[J].地球科学进展,2006,(7):680—686。

葛剑雄.全面正确地认识地理环境对历史和文化的影响[J].复旦学报(社会科学版),1992,(6):51—55。

葛剑雄.中国历史上的移民发源地之三——苏北的苏州移民[J].寻根,1997,(3):19—20。

耿秀山,傅命佐.江苏中南部平原淤泥质岸滩的地貌特征[J].海洋地质与第四纪地质,1988(2):91—102。

耿秀山,万延森,李善为等.苏北海岸带的演变过程及苏北浅滩动态模式的初步探讨[J].海洋学报(中文版),1983,5(1):62—70。

耿秀山.黄渤海地貌特征及形成因素探讨[J].地理学报.1981(4):423—434。

耿秀山.中国东部晚更新世以来的海水进退[J].海洋学报.1981(1):114—130。

顾家裕,严钦尚,虞志英.苏北中部滨海平原贝壳砂堤[J].沉积学报,1983,(2):47—59。

顾维玮,朱诚.苏北地区新石器时代考古遗址分布特征及其与环境演变关系的研究[J].地理科学.2005,25(2):239—243。

管君阳,谷国传.废黄河口海岸近期侵蚀特征与机理[J].海岸工程,2011,(2):50—61。

郭瑞祥.江苏海岸历史演变[J].江苏水利,1980,(1):53—69。

郭瑞祥.历史时期江苏海岸演变与现代地貌特征[A].见:江苏省科学技术委员会,江苏省科学技术协会主编.江苏省海岸带,海涂资源综合考察及综合开发利用学术论文选编[C].1979,5—26。

郭正忠.我国海盐晒法究竟始于何时[J].福建论坛,1990,(1):59—62。

韩家楙.亚洲及西太平洋地区第四纪环境变化国际学术讨论会介绍[J].第四纪研究,1997,(4):377—378。

郝宏桂.略论两淮盐业生产对江苏沿海区域发展的历史影响[J].盐城师范学院学报(人文社会科学版),2012,(5):1—6.

何峰.明清淮南盐区盐场大使的设置、职责及其与州县官的关系[J].盐业史研究,2006,(1):47—53。

何亚莉.二十世纪中国古代盐业史研究综述[J].盐业史研究,2004,(2):34—44。

贺晓昶.江苏海岸外沙洲地名的历史变迁[J].中国历史地理论丛,1991,(4):215—224。

洪业汤,朴河春,姜洪波.黄河泥沙的环境地质特征[J].中国科学,B辑,1990,(11):1176—1184。

侯建新.从新人口论、"均衡陷阱"到"过密化增长说"[J].史学理论研究,1998,(3):36—40。

黄俶成.王光文.淮盐对中华民族四大盛世的贡献[J].盐业史研究,2011(2):58—61。

黄国信,温春来,吴滔.历史人类学与近代区域社会史研究[J].近代史研究,2006(5):46—59。

黄国信.盐法变迁与地方社会的盐政观念——康熙年间赣州盐法所见之市场、考成与盐政关系[J].清史研究,2004(3):1—10。

黄冕堂.清代农田的单位面积产量考辨[J].文史哲,1990(3):27—38。

吉成名.海盐盐田考[J].盐业史研究,1996,(4):63—66。

吉成名.论明代海盐产地(上)[J].四川理工学院学报(社会科学版),2009,(5):21—27。

吉成名.论明代海盐产地(下)[J].四川理工学院学报(社会科学版),2010,(1):14—19。

吉成名.论影响食盐产地变化的因素[J].湘潭大学学报(哲学社会科学版),2010,34(2):135—137,151。

吉成名.唐代海盐产地研究[J].盐业史研究,2007,(3):41—45。

吉成名.魏晋南北朝时期的海盐生产[J].盐业史研究,1996,(2):39—42。

吉成名.温州海盐生产技术考察后记[J].盐业史研究,1992,(3):72—74。

吉成名.元代食盐产地研究[J].四川理工学院学报(社会科学版),2008,(3):11—17。

吉成名.中国古代的海盐生产技术[J].文史知识,1996,(2):51—53。

纪丽真.清代山东海盐生产技术研究[J].盐业史研究,2007,(2):3—13。

贾敬业,邹迎曦,李乃栓.从大丰县生态演替史看淤长型滩涂的开发与利用[J].自然资源学报,1991,6(3):253—261。

姜道章.中国的盐业生产:1644—1911[J].美国地理学家协会之年报,1976,66。

姜旭朝,李奇泳.中国海洋盐业演化机制研究[J].产业经济评论,2010,9(4):66—77。

姜旭朝,张继华.中国海洋经济历史研究:近三十年学术史回顾与评价[J].中国海洋大学学报(社会科学版).2012,(5):1—8。

蒋炳兴.江苏省盐城市的海涂资源及其开发利用[J].自然资源学报,1991,6(3):244—252。

康彦彦,丁贤荣,程立刚等.基于匀光遥感的6000年来盐城海岸演变研究[J].地理学报,2010,65(9):1130—1136。

康彦彦,夏非,丁贤荣,张长宽,程立刚,葛小平,Jennifer GLASS.基于Landsat MSS影像的中全新世以来的苏北盐城海岸演变研究(英文)[J].Journal of

Geographical Sciences. 2013(05): 915—931.
蓝勇. 对中国区域环境史研究的四点认识[J]. 历史研究, 2010,(1): 18—24.
雷文进. 江苏省里下河土壤的发生和改良[J]. 土壤学报, 1959, 7(3—4): 228—236.
李百强. 两淮盐垦之过去及今后[J]. 经济学季刊, 1934, 5(1): 123—140.
李传江. 江淮盐业研究六十年述评[J]. 中国史研究动态, 2014,(1): 53—62.
李传江. 上世纪六十年代以来江淮盐业研究综述[J]. 盐业史研究, 2012,(2): 52—62.
李德楠."续涸新涨": 环境变迁与清代江南苇荡营的兴废[J]. 兰州学刊, 2008,(1): 147—150.
李凡. 海岸带陆海相互作用(LOICZ)研究及我们的策略[J]. 地球科学进展, 1996, 11(1): 19—23.
李凤鸣. 清代盐业管理论略[J]. 盐业史研究, 2011,(4): 22—28.
李积新. 江苏盐垦经济观[J]. 农学, 1926,(3).
李加林, 杨晓平, 童亿勤. 潮滩围垦对海岸环境的影响研究进展[J]. 地理科学进展, 2007(2): 43—51.
李建国, 濮励杰, 徐彩瑶, 陈新建, 张云峰, 蔡芳芳. 1977—2014年江苏中部滨海湿地演化与围垦空间演变趋势[J]. 地理学报, 2015,(1): 17—28.
李婧, 高抒, 李炎. 江苏海岸王港地区盐沼植被变化的TM图像分析[J]. 海洋科学, 2006,(5): 52—57.
李晓龙, 温春来. 中国盐史研究的理论视野和研究取向[J]. 史学理论研究. 2013(02): 21—30.
李旭旦. 两淮考察记(15)[N]."中央"日报, 1934/8/25.
李玉昆. 陈应功与海盐晒法[J]. 盐业史研究, 1990,(3): 46—47.
李元芳. 废黄河三角洲的演变[J]. 地理研究, 1991, 10(4): 29—39.
李占海, 高抒, 柯贤坤, 汪亚平. 江苏大丰海岸碱蓬滩潮沟及滩面的沉积动力特征[J]. 海洋学报, 2005,(6): 75—82.
林刚. 张謇与中国特色的早期现代化道路——对淮南盐垦事业的再分析[J]. 中国经济史研究, 1997,(1): 14—24.
林树涵. 我国海盐晒制产生年代考[J]. 盐业史研究, 1989,(3): 66—67.
林树涵. 中国海盐生产史上三次重大技术革新[J]. 中国科技史杂志, 1992, (2): 3—8.
凌申. 黄河夺淮与江苏两淮盐业的兴衰[J]. 中国社会经济史研究, 2011,(1):

11—17。

凌申.黄河南徙与苏北海岸线的变迁[J].海洋科学,1988,(5):54—58。

凌申.江苏滩涂农垦发展史研究[J].中国农史,1991,(1):61—69。

凌申.历史时期黄河夺淮与苏北沿海的农垦,安徽农业科学,2009,37(15):7253—7254,7257。

凌申:江苏海洋渔业开发史,中国水产,1990,(6):43—44。

凌申:历史时期江苏古海塘的修筑与演变[J].中国历史地理论丛,2002,17(4):45—54。

刘隽.道光朝两淮废引改票始末[J].中国近代经济史研究,1933,2(2):123—189。

刘隽.咸丰以后两淮之票法[J].中国近代经济史研究,1933,2(1):142—165。

刘淼.明朝灶户的户役[J].盐业史研究,1992,(2):17—25。

刘淼.明代海盐制法考[J].盐业史研究,1988,(4):58—72。

刘淼.明代盐业土地关系研究[J].盐业史研究,1990,(2):25—45。

刘淼.明代灶课研究[J].盐业史研究,1991,(2):15—22。

刘淼.明清沿海荡地屯垦的考察[J].中国农史,1996,15(1):15—28。

刘庆龙,蔡建.近20年清代两淮盐业研究述评[J].盐业史研究,2005,(2):42—48。

刘瑞玉,胡敦欣.中国的海岸带陆海相互作用(LOICZ)研究[J].地学前缘,1997,(Z1)。

刘伟榕,贺威.宋元福建制盐业的发展与技术创新[J].盐业史研究,2011,(2):48—51。

刘秀娟,高抒,汪亚平.淤长型潮滩剖面形态演变模拟:以江苏中部海岸为例[J].地球科学(中国地质大学学报),2010,(4):542—550。

刘永学,陈君,张忍顺,沈永明.江苏海岸盐沼植被演替的遥感图像分析[J].农村生态环境,2001,(3):39—41。

刘志岩,孙林,高蒙河.苏北海岸线变迁的考古地理研究[J].南方文物,2006,(4):77—82。

陆宝千.论张謇与南通之近代化[A].见:台湾中研院近代史研究所.近代中国区域史研讨会论文集(下)[C].1986。

陆玉芹.废灶兴垦与苏北沿海农村的社会变迁——以草堰场大丰盐垦公司为中心的考察[J].社会科学辑刊.2009,(5):130—135。

罗成华,刘安全.盐业史研究视角与方法流变[J].贵州社会科学.2014(03):

148—151。

马克垚. 论封建时代的农业生产力[J]. 北大史学, 2003(1): 69—90。

马克垚. 资本主义起源理论问题的检讨[J]. 历史研究, 1994, (1): 178—191。

马万栋, 张渊智, 施平, 邢前国. 海岸带土地利用/土地覆被变化研究进展[J]. 地理科学进展, 2008, (5): 87—94。

马湘泳. 江苏农业生产布局溯源[J]. 中国农史, 1991, (1): 5—9。

迈克尔·威廉斯著, 马宝建, 雷洪德译. 环境史与历史地理的关系[J]. 中国历史地理论丛, 2003, 18(4): 8—24。

梅雪芹. 中国环境史研究的过去、现在和未来[J]. 史学月刊, 2009, (6): 17—38。

闵凤阳, 汪亚平. 江苏淤泥质海岸入海河道闸下淤积研究[J]. 海洋科学, 2008, (12): 87—91。

欧维新, 杨桂山, 李恒鹏, 于兴修. 苏北盐城海岸带景观格局时空变化及驱动力分析[J]. 地理科学, 2004, 24(5): 610—615。

潘凤英. 历史时期江浙沿海特大风暴潮灾害研究[J]. 南京师大学报(自然科学版), 1995, (1): 94—100。

潘明涛. 2010 年中国环境史研究综述[J]. 中国史研究动态, 2012, (1): 48—58。

彭安玉. 论明清时期苏北里下河自然环境变迁[J]. 中国农史, 2006, (1): 111—118。

邱立国. 人类活动对苏北海岸线历史变迁的影响[J]. 科技风, 2012, (6): 231—233。

任美锷, 张忍顺, 杨巨海, 章大初. 风暴潮对淤泥质海岸的影响——以江苏省淤泥质海岸为例[J]. 海洋地质与第四纪地质, 1983, (4): 1—24。

任美锷. 黄河的输沙量: 过去、现在和将来——距今15万年以来的黄河泥沙收支表[J]. 地球科学进展, 2006, 21(6): 551—562。

任美锷. 人类活动对中国北部海岸带地貌和沉积的影响[J]. 地理科学, 1989(1): 1—7, 95。

沈焕庭, 朱建荣. 论我国海岸带陆海相互作用研究[J]. 海洋通报, 1999, (6): 11—17。

沈明洁等. 中国东部全新世以来海面波动特征探讨[J]. 地球科学进展, 2002, 17(6): 886—894。

师长兴. 不同时间尺度下黄河输沙系统及泥沙通量[A]. 见: 地貌、环境、发展——2004 丹霞山会议文集[C].2004。

宋冬霞,杨木军.泰州捍海堰探析[J].云南社会主义学院学报,2013(5):352—353。

孙寿成.黄河夺淮与江苏沿海潮灾[J].灾害学,1991,6(4):89—90。

童雪莲,张莉.近十年来美国环境史研究的动向:以《环境史》期刊为中心的探讨[J].中国历史地理论丛,2013,(3):151—160。

汪汉忠.苏北自然经济的历史特点及其对社会转型的影响[J].江海学刊,2003,(4):146—152。

汪士信.乾隆时期徽商在两淮盐业经营中应得实得利润与流向试析[J].中国经济史研究,1989,(3):95—111。

王爱军,高抒,陈坚.Cs测年在海岸盐沼中的应用[J].海洋地质与第四纪地质,2006,(5):85—90。

王宝灿,金庆祥,周月琴,陈德昌.黄海中部海岸岸滩演变的趋势[J].华东师范大学学报(自然科学版),1980,(2):81—91。

王华强,高抒.杭州湾北岸高潮滩沉积与沿岸物质输运趋势[J].海洋地质与第四纪地质,2007,(6):25—30。

王腊春,陈晓玲,储同庆.黄河、长江泥沙特性对比分析[J].地理研究,1997,16(4):71—79。

王骊萌,张福青,鹿化煜:最近2 000年江苏沿海风暴潮灾害的特征[J].灾害学,1997,12(4):39—43。

王慕韩.从农业经营上说明江苏盐垦区土地利用问题[J].中国实业,1935(11):1979—1998。

王慕韩.江苏盐垦区土地整理刍议[J].东方杂志,1934(24):37—47。

王青.淋煎法海盐生产技术起源的考古学探索[J].盐业史研究,2007,(1):32—37。

王庆.黄河夺淮期间淮河入海河口动力,地貌与演变机制[J].海洋与湖沼,1999,30(6):751—757。

王日根,吕小琴.论明清海盐产区赈济制度的建设[J].厦门大学学报(哲学社会科学版),2009(03):54—61。

王日根,吕小琴.析明代两淮盐区未取晒盐法的体制因素[J].史学月刊,2008,(1):100—106。

王日根,涂丹."明清海洋政策与东亚社会"国际学术研讨会综述.史学月刊,2012,(9):109—113。

王日根.东南海洋生态环境与开发模式演变团结报[N].2010/6/10,(007):1—3。

王日根.明清时期苏北水灾原因初探[J].中国社会经济史研究,1994,(2):22—28。

王日根.清代海疆政策与开发研究的回顾与展望[J].华中师范大学学报(人文社会科学版),2014,53(3):100—112。

王树槐.江苏淮南盐垦公司的垦殖事业1901—1937[J].近代史研究所集刊,1985,(14):191—266。

王树槐.清末民初江苏省的灾害[J].近代史研究所集刊,1981,(10):141—186。

王涛.近7 000年来南通地区环境演变及人类活动影响[J].长江流域资源与环境,2010(S2):193—202。

王艳红,张忍顺,谢志仁.平均高潮位记录分析淤泥质海岸的相对海面变化——以江苏淤泥质海岸为例[J].海洋通报,2004,(5):59—64。

王业键.1638—1935年间江南米价变动趋势[J].中国经济史研究,1993,(3):149—160。

王英,潘抒灵.经济学视域下江苏沿海开发的历史演进[J].科学经济社会,2011,(2):38,40—45。

王颖,傅光翮,张永战.河海交互作用沉积与平原地貌发育.第四纪研究,2007,27(5):674—689。

王颖,季小梅.中国海陆过渡带——海岸海洋环境特征与变化研究[J].地理科学,2011,31(2):129—135。

王颖,张振克,朱大奎等.河海交互作用与苏北平原成因[J].第四纪研究,2006,26(3):301—320。

王振忠.清代两淮盐业盛衰与苏北区域之变迁[J].盐业史研究,1992,(4):3—13。

王志明,李秉柏,严海兵,黄晓军.近20年江苏省海岸线和滩涂面积变化的遥感监测[J].江苏农业科学,2011,39(6):555—557。

吴海波.二十世纪以来明清盐商研究综述[J].盐业史研究,2007,(4):55—65。

吴海波.清代两淮盐业重要性之定性与定量分析[J].四川理工学院学报,(社会科学版),2013,28(2):42—47。

吴海波.清代两淮灶丁之生存环境与社会功能[J].四川理工学院学报(社会科学版),2009,24(5):16—20。

吴曙亮,蔡则健.江苏省沿海沙洲及潮汐水道演变的遥感分析[J].海洋地质动态,2002,18(6):1—5。

吴滔.海外之变体：明清时期崇明盐场兴废与区域发展[J].学术研究,2012,(05):105—114。

吴小根,王爱军.人类活动对苏北潮滩发育的影响[J].地理科学,2005,25(5):615—620。

夏非,张永战,王瑞发,J. Paul LIU,张振克,彭修强.苏北废黄河水下三角洲沉积范围研究述评[J].地理学报,2015(1):29—49。

夏详,卢奉斌.射阳潮墩小考[J].治淮,1994,(10):44—45。

夏详.《历史时期江苏海岸线的变迁》的纠误[J],江苏地方志,1994,(3):70—71。

肖纯超,张龙军,杨建强.2004—2009年黄河口近岸海域低盐区面积的变化趋势研究[J].中国海洋大学学报,2012,42(6):40—41、43—46。

萧国亮.论清代纲盐制度[J].历史研究,1988,(2):64—73。

萧国亮.清代两淮盐商的奢侈型消费及其经济影响[J].历史研究,1982,(4):135—144。

徐宏发,郑向忠,陆厚基.人类活动和滩涂变迁对苏北沿海地区獐分布的影响[J].兽类学报,1998,18(3):161—167。

徐泓.清代两淮的场商[J].史源,1970,(1)。

徐泓.清代两淮盐商没落原因的探讨[J].徽学,2011:10—33。

徐靖捷.苏北平原的捍海堰与淮南盐场历史地理考[J].扬州大学学报(人文社会科学版),2015,19(5):70—76。

徐雪球,张登明,范迪富,吴曙亮,刘志平.苏中东部第四纪以来海岸带变迁与演化[A].见：南京地质矿产研究所编.华东地区地质调查成果论文集(1999—2005)[C].北京：中国大地出版社,2006:47。

许炯心.人类活动对公元1194年以来黄河河口延伸速率的影响[J].地理科学进展,2001,20(1):1—9。

薛春汀,刘健,孔祥淮.1128—1855年黄河下游河道变迁及其对中国东部海域的影响[J].海洋地质与第四纪地质,2011,31(5):25—36。

严学熙.张謇与淮南盐垦公司[J].历史研究,1988,(3):84—97。

严学熙.张謇与中国农业近代化——论淮南盐垦区[A].见：论张謇——张謇国际学术研讨会论文集[C].南京：江苏人民出版社,1993。

杨达源,张建军,李徐生.黄河南徙、海平面变化与江苏中部的海岸线变迁[J].

第四纪研究,1999,(3):283。

杨桂山,施雅风,季子修.江苏淤泥质潮滩对海平面变化的形态响应[J].地理学报,2002,57(1):76—84。

杨桂山.中国沿海风暴潮灾害的历史变化与未来趋势[J].自然灾害学报,2000,(3):23—30。

杨怀仁,谢志仁.气候变化与海面升降的过程和趋向[J].地理学报,1984,39(1):21—32。

杨怀仁,谢志仁.中国东部近20 000年来的气候波动与海面升降运动[J].海洋与湖沼,1984,35(1):1—13。

杨守业,李从先,张家强.苏北滨海平原冰后期古地理演化与沉积物物源研究[J].古地理学报,2000,(2):65—72。

姚恩荣,邹迎曦.盐垦公司和废灶兴垦——大丰县近代农业经济史初探[J].大丰县文史资料第7辑,1987。

叶功富,肖胜生,郭瑞红,卢昌义.海岸生态学——探究海岸生物与环境相互作用的生态学分支[J].生态科学,2006,(5):462—466。

叶锦花.福建晋江浔美盐场制盐技术考[J].四川理工学院学报(社会科学版),2013,(5):34—38。

叶青超.论废黄河三角洲的发育.地理学报,1986(2):112—123。

伊飞,张训华,胡克.海岸带陆海相互作用研究综述[J].海洋地质前沿,2011,(3):28—34。

殷定泉.略论清末民初的淮南盐业改革[A].见:赵昌智,周新国.祁龙威先生学术活动六十周年纪念文集[M].扬州:广陵书社,2006:250—258。

于海根.民国期间苏北淮南盐区的废灶兴垦史研究[J].东南文化,1994,(1):66—76。

于海根.民国期间苏北淮南盐区的废灶兴垦事业[J].盐业史研究,1993,(1):49—59。

虞志英,陈德昌,金镠.江苏北部旧黄河水下三角洲的形成及其侵蚀改造[J].海洋学报,1986,8(2):197—206。

虞志英,张国安,金镠,包四林.波流共同作用下废黄河河口水下三角洲地形演变预测模式[J].海洋与湖沼,2002,33(6):583—590。

羽离子.两淮垦殖业及工业的发端:近代中国工业革命的缩影[J].中国矿业大学学报(社会科学版).2004,(3):102—109。

张保丰.淮南垦殖的过去与未来[J].新中华,1935,3(24)。

张传藻.江苏海岸的历史变迁[J].江苏地方志,1990,(1)。

张红安.明清以来苏北水患与水利探析[J].淮阴师范学院学报(哲学社会科学版),2000,22(6):62—66。

张景秋.海岸带可持续发展与综合管理研究[J].人文地理,1998,(3):41—45。

张林,陈沈良,刘小喜.800年来苏北废黄河三角洲的演变模式.海洋与湖沼,2014(3):626—636。

张忍顺,王雪瑜.江苏省淤泥质海岸潮沟系统[J].地理学报,1991:1—4。

张忍顺.历史时期江苏海岸线的变迁[A].见:中国第四纪海岸线学术委员会·中国第四纪海岸线学术讨论会文集[C].北京:海洋出版社,1985:132—144。

张荣生.古代淮南盐区的盐官制度[J].盐业史研究,2001,(3):10—17。

张荣生.南通盐业史概[J].盐业史研究,1995,(1):71—74。

张晓祥,王伟伟,严长清等.南宋以来江苏海岸带历史海岸线时空演变研究[J].地理科学,2014,(3):344—351。

张晓祥,严长清等.近代以来江苏沿海滩涂围垦历史演变研究[J].地理学报,2013,68(11):1549—1558。

张晓祥,唐彦君,严长清,徐盼,朱晨曦,戴煜暄.近30年来江苏海岸带土地利用/覆被变化研究[J].海洋科学,2014,(9):90—95。

张永战,王颖.面向21世纪的海岸海洋科学[J].南京大学学报(自然科学版),2000,(6):702—711。

张永战,朱大奎.海岸带——全球变化研究的关键地区[J].海洋通报,1997,16(3):69—80。

张长宽,陈君,林康等.江苏沿海滩涂围垦空间布局研究[J].河海大学学报,(自然科学版),2011,39(2):206—212。

赵华云,戴仕宝,杨世伦,李鹏,邰昂.流域人类活动对三角洲演变影响研究进展[J].海洋科学,2007,(12):83—87。

赵鹏,江文胜,毛新燕,高会旺,郭新宇.2000—2005年莱州湾盐度的变化及其主要影响因素[J].海洋与湖沼,2010,(1):12—23。

赵一阳.国际前沿与国家需求结合海洋科学研究的典范——评《中国近海生物地球化学》[J].海洋学报(中文版),2003,(6):142—143。

赵毅.明代盐业生产关系的变革[J].东北师范大学学报(哲学社会科学版),1986,(4):49—55。

赵赟、满志敏、方书生.苏北沿海土地利用变化研究——以清末民初废灶兴垦为中心[J].中国历史地理论丛,2003,18(4):102—111。

赵赟. 近代苏北沿海的"走脚田"与"农民农"研究[J]. 中国农史. 2012,(3):
   93—105。
赵赟. 清代苏北沿海的潮灾与风险防范[J]. 中国农史,2009,(4):131—139。
赵赟. 中国古代利用矿物改良土壤的理论与实践[J]. 中国农史,2005,(2):
   45—52。
周雪香. 海洋社会经济与东亚文明研究的新观察——"海洋文明与战略发展"
   高端论坛暨"明清海洋政策与东亚社会"国际学术讨论会综述[J]. 中国经济
   史研究,2012,(1):170—173。
周志初. 清代中叶社会经济的变化与两淮盐务的衰落[J]. 盐业史研究,1992,
   (3):13—18。
朱诚,程鹏,卢春成. 长江三角洲及苏北沿海地区7 000年以来海岸线演变规
   律分析[J]. 地理科学,1996,16(3):207—213。
朱大奎,柯贤坤,高抒. 江苏海岸潮滩沉积的研究[J]. 海洋科学进展,
   1986,(3):19—27。
朱冠登. 淮南商业荡权之争与亭荡产权关系的变化[J]. 盐业史研究,1990,
   (4):25—30。
朱季文,季子修等. 江苏海岸带土地利用的特点[J]. 地理科学,1987,(7)2:
   101—110。
朱季文,季子修,蒋自巽,梁海棠. 江苏海岸带土地利用的特点[J]. 地理科学,
   1987,7(2):101—110。
朱士光. 遵循"人地关系"理念,深入开展生态环境史研究[J]. 历史研究,
   2010,(1):4—10。
朱晓华,查勇. 江苏淤泥质海岸海岸线分形机理研究[J]. 海洋科学,2002,(9):
   70—72。
朱玉荣. 苏北中部滨海平原成陆机制研究[J]. 海洋科学,2000,(12):33—37。
宗世贤. 江苏省海滩植被演替的研究[J]. 植物资源与环境杂志,1992,(1):
   13—17。
邹逸麟. 黄河下游河道变迁及其影响概述[J]. 复旦学报(社会科学版),1980,
   (S1):12—23。
邹逸麟. 有关环境史研究的几个问题[J]. 历史研究,2010,(1):15—18。

(五) 学位论文
白斌. 明清浙江海洋渔业与制度变迁 [D]. 上海:上海师范大学,2012。

陈可锋.黄河北归后江苏海岸带陆海相互作用过程研究[D].南京:南京水利科学研究院,2008。

郭琳琳.明清灶户研究[D].郑州:郑州大学,2014。

哈长伟.江苏淤泥质海岸侵蚀与沉积特征研究[D].上海:华东师范大学,2009。

黄招扬.广西海水晒盐工艺研究[D].南宁:广西民族大学,2008。

李金高.黄河南徙对徐淮地区生态和社会经济环境的影响研究[D].徐州:中国矿业大学,2010。

李开封.苏北陶庄和青墩遗址全新世海退记录研究[D].南京:南京大学,2014。

李青淼.唐代盐业地理[D].北京:北京大学,2008。

刘黎.明清时期广东海洋渔业研究[D].广州:暨南大学,2013。

吕小琴.明代政策在福建、两淮盐区的效应之比较研究[D].厦门:厦门大学,2007。

秦偲嘉.明代两淮灶户社会生活[D].大连:辽宁师范大学,2010。

施敏琦.中国沿海低地人口分布及人群自然灾害脆弱性研究[D].上海:上海师范大学,2012。

孙明.清朝前期盐政与盐商[D].长春:东北师范大学,2012。

孙伟红.江苏海岸滩涂资源分布与动态演变[D].南京:南京师范大学,2012。

王涛.全新世南通地区环境变化与人类活动影响[D].南京:中国科学院南京地理与湖泊研究所,2012。

谢行焱.明代沿海地区的风暴潮灾与国家应对[D].南昌:江西师范大学,2012。

徐丹.明朝两淮余盐政策浅析[D].厦门:厦门大学,2009。

徐靖婕.明清淮南中十场的制度与社会——以盐场与州县的关系为中心[D].广州:中山大学,2013。

杨競红.苏北平原的形成与演化[D].南京:南京大学,2006。

叶锦花.明清灶户制度的运作及调适——以福建晋江浔美盐场为例[D].广州:中山大学,2012。

赵赟.苏皖土地利用方式与驱动力机制(1500—1937)[D].上海:复旦大学,2005。

(六)外文文献

Agardy T., Alder J. *Ecosystems and Human Well-Being: Current State &Trends Vol. 1* (eds Hassan, R., Scholes, R. & Ash, N.) 513 – 549 (Island Press, 2005).

Bao Junlin, Gao Shu. "Traditional coastal management practices and land use changes during the 16 – 20th centuries, Jiangsu Province, China." Ocean & coastal management, 2016, 124: 10 – 21.

Chen Ke-feng, Wang Yan-hong, Lu Pei-dong, Zheng Jin-hai. Effects of Coastline Changes on Tide System of Yellow Sea off Jiangsu Coast, China[J]. 中国海洋工程·英文版,2009,(4): 741 – 750。

Elvin M. "The Pattern of the Chinese Past," London, 1973: 211 – 212.

Grit Martinez, Livia Bizikova, Daniel Blobel, Rob Swart. "Global Change and Baltic Coastal Zones", (Springer Netherlands, 2011).

IPCC, 2013: Climate Change 2013: *The Physical Science Basis. Contribution of Working Group I to the Fifth Assessment Report of the Intergovernmental Panel on Climate Change* [Stocker, T. F., D. Qin, G.-K. Plattner, M. Tignor, S. K. Allen, J. Boschung, A. Nauels, Y. Xia, V. Bex and P. M. Midgley (eds.)]. Cambridge University Press, Cambridge, United Kingdom and New York, NY, USA, 1535 pp.

IPCC, 2014: Climate Change 2014: Impacts, *Adaptation, and Vulnerability*. Part A: Global and Sectoral Aspects. *Contribution of Working Group II to the Fifth Assessment Report of the Intergovernmental Panel on Climate Change* [Field, C. B., V. R. Barros, D. J. Dokken, K. J. Mach, M. D. Mastrandrea, T. E. Bilir, M. Chatterjee, K. L. Ebi, Y. O. Estrada, R. C. Genova, B. Girma, E. S. Kissel, A. N. Levy, S. MacCracken, P. R. Mastrandrea, and L. L. White (eds.)]. Cambridge University Press, Cambridge, United Kingdom and New York, NY, USA, 1132 pp.

Li Jing, Gao Shu, Wang Yaping. *Invading cord grass vegetation changes analyzed from Landsat-TM imageries: a case study from the Wanggang area, Jiangsu coast, eastern China*[J]. 海洋学报(英文版),2010,(3): 26 – 37.

McGranahan G, Balk D, Anderson B. *The rising tide: assessing the risks of climate change and human settlements in low elevation coastal zones*[J]. Environment and Urbanization, 2007,19(1): 17 – 37.

Sally Brown, Robert J. Nicholls, Susan Hanson, Geoff Brundrit, John A. Dearing, Mark E. Dickson, Shari L. Gallop, Shu Gao, Ivan D. Haigh, Jochen Hinkel, José A. Jiménez, Richard J. T. Klein, Wolfgang Kron, Attila N. Lázár, Claudio Freitas Neves, Alice Newton, Charitha Pattiaratachi, Andres Payo, Kenneth Pye, Agustín Sánchez-Arcilla, Mark Siddall, Ali Shareef, Emma L. Tompkins,

Athanasios T. Vafeidis, Barend van Maanen, Philip J. Ward and Colin D. Woodroffe, 2014. Shifting perspectives on coastal impacts and adaptation. Nature Climate Change. 4,752－755.

［日］北田英人.中国江南三角州における感潮地域の変遷[J].东洋学报,1982,(3‐4):337—371。

［日］波多野善夫.清代两淮制盐业的生产组织[J].东洋史研究,1950,11(1)。

［日］渡边惇.清末における淮南塩場の衰退について[J].立正史学,1972,(36):10—45。

［日］藤井宏.明代盐场的研究[J].北海道大学文学部纪要,1952。

后　　记

　　自博士论文答辩已近两年,期间对论文进行了修订、完善与补充。蒙复旦大学研究生院、党委宣传部与复旦大学出版社襄助,拙文有幸忝列"复旦博学文库"丛书出版。复旦三载,我能够顺利完成学业,应感谢母校的培养,感谢导师葛剑雄先生的悉心指导,以及史地所其他师友的鼓励与帮助。回顾往事,走上学术之路更多的是幸运,也有途中多次放弃与选择的记忆。

　　2005年初,我即将从延边大学硕士毕业,并报名参加复旦史地所的博士生入学考试。这一年正值复旦大学百年校庆,3月的校园春花绽放、朝气蓬勃。笔试结束后,来到文科大楼史地所办公室门外等候面试,遇见一位步履矫健、神采奕奕的老师,一边掏钥匙开门,一面笑着冲我打招呼:"你是来面试的吧?"原来是葛老师,我微笑应声,却又局促起来。

　　认识葛老师,是从观看一部纪录片开始的。在延边大学读硕时,时常找些纪录片看,有次看到一部大型系列纪录片——央视与凤凰卫视共同策划的《走进非洲》,对其中的北线嘉宾主持人印象深刻,知识渊博、还会流利的英语。便查阅了一些资料,才知道这位颇有魅力的主持人是来自复旦大学中国历史地理研究所的知名教授,并知道了还有历史地理这样的专门学问。自己以往对历史与地理就很感兴趣,但将历史、地理两种思维结合起来,无疑让我有了好奇与兴致,遂有报考葛老师博士生的念头。不过,迫于生计,当时主要精力还是就业,且自觉基础薄弱,还没有从事专门学术研究的准备。

　　面试时,葛老师指着桌子上顾炎武的《天下郡国利病书》,让我任选一册,挑选其中一段阅读并翻译大意,估计是考核古文阅读理解能力。我读完后,葛老师纠正了一个词。之后又聊到我的硕士论文,问我一些有关日本国情的基本问题;又问我平时阅读了哪些书籍,有什么研究想法。我开始"侃侃而谈",不一会,估计我跑题了,葛老师便和蔼地提醒这里不做哲学研究,再后来又聊到一些就业与求学等问题。简短交流中,记住了那布满茶渍的大茶杯、狭窄的办公室、堆满书籍的小资料室,还有铁栅栏的门框,朴实无华,却溢满书香。

约两周后,成绩出来了,得知没有通过考试。不过心里有准备,毕竟基础弱,对跨专业的知识也远远不够了解。硕士毕业前正值奔波求职,除阅读了蓝勇教授《中国历史地理学概论》、张衍田教授《中国历史文选》外,没有看过一本专业相关的基础书籍,但借面试机会见过葛老师也是不错的。另外,也说明读硕期间自己杂乱无章的阅读体验,是通不过这种严肃考核的。

自己以往读书习惯不好,茫无目标,自由散漫,比较随性。在延边大学社科部读硕的日子,已从中文专业转入政治。社科部是一个新设不久的研究生培养单位,基础较弱,难以提供比较系统的研究生教学与科研训练。见其他专业的硕士生有派往著名高校做联合培养的渠道,自己也咨询过老师,但并没有这种机会;又见其他院系有学术活动,也时常跑过去看看热闹。对于一个初涉学术的学生,很少能接触科学的研究规范与清晰的研究思路训练,不无遗憾。

不过,这也是一段难得的自由时光。有时间便去图书馆翻阅自己感兴趣的书,或逛逛书店、旧书摊,购买一些书,便是享受了。如与专业相关的《近代东北亚国际关系史》、《文明的冲突与世界秩序的重建》,以及《建构主义与国际政治》等。但更多的是与专业不相干的书籍,完全凭一时兴趣随意阅读,印象较深的有《泰晤士世界历史地图集》、孙显元《现代宇宙学的哲学问题》、房龙的《宽容》与《人类的家园》、罗素《西方哲学史》、霍金《时间简史》、卢克莱修《物性论》、爱因斯坦《我的世界观》、黑格尔《历史哲学》与《自然辩证法》、梭罗《瓦尔登湖》、冯友兰《中国哲学简史》、梁衡《数理化通俗演义》,以及张荫麟《中国史纲》、梁启超《中国近三百年学术史》、顾颉刚《中国上古史研究讲义》、赫特纳《地理学——它的历史、性质与方法》与王庸《中国地图史纲》等。这段时间的自由阅读,留下了一段快乐的记忆,这样的时光后来已很难找到。

自复旦面试结束返回东北,与爱人一起各自完成硕士论文答辩。虽然当时就业不容易,一起奔波求职,最终有幸同在山东滨州学院落脚,一个刚升格的地方本科院校。我也成为一名普通的高校公共政治课教师,她在中文系。之后,购房置家、生活工作,一日复一日。2006年大病一场,2007年爱女小安吉降生,2008年生活逐渐好转,2009年还获得了学院青年教师教学比赛一等奖,2010年考了驾照,假期与家人在北京逛了逛。日子就这样在小城中安静地度过,也让我常常有了安心于斯、踏实从教、终此一生的念头。

但地方高校在快速扩张之后,日益面临自身转型与发展压力。当时领导也鼓励教师考一些资格证书之类,例如心理咨询师、企业培训师、营养师等。茫然中,我却选择了一个最难的——CPA。三年里虽然通过了《会计》《税法》《财务成本管理》三门科目考试,但最终发现自己不是这块料,不适合这一行。不过,经济与管理学中那些数理思维倒是给自己留下了深刻印象。

30岁了,有一段时间非常焦虑,不知未来何去何从。反思几年来的状态,同样的工作内容,年复一年,少有新意与挑战。讲台上总是鼓励学生如何珍惜光阴、努力学习,而自己基本停滞、徒耗时光。知识与阅历的匮乏,难以说服自己继续"高高在上"地教育学生。如果不再学习提高,只打算这样"混日子",也觉得没什么意义。冬去春来、花开叶落,莫名的自责感逐渐强烈。

没什么比大脑的空洞更让自己害怕,后来一有时间就到图书馆逛逛。滨州学院图书馆硬件不错,但规模较小,经费也不足,甚至尚需老师们捐一些书,我的那本王庸的《中国地图史纲》便捐出了,之后也没有买到新版的。这段日子里,除在图书馆翻阅外,也购买一些书阅读。特别是斯塔夫里阿诺斯《全球通史》、董毓《批判性思维原理与方法》、麦金德《历史的地理枢纽》、安格斯·麦迪森《世界经济千年史》、布罗代尔《地中海与菲利普二世时代的地中海世界》、戴蒙德《枪炮、病菌与钢铁——人类社会的命运》、瓦尔特尔《科学世界图景中的自然界》、梁启超《欧游心影录》,以及《数学的思想、方法和应用》,商务印书馆出版的系列小册子(《中国的海洋》、《中国的土壤》、《中国的森林》)等。这些零散的阅读仍然散漫,不成体系,当然又是一阵自由阅读的好时光。

不过,在放弃了 CPA 考试之后,逐渐意识到重拾学术之路、接受规范的学术训练、做些探索研究,可能是更适合自己的选择,一来有机会阅读各种书籍,满足自己兴趣与好奇心,二来可以通过科学的规范以总结自己的想法。于是在 2010 年初给葛老师写了邮件,表达问候以及再次报考的愿望。很快,葛老师热情回复并欢迎我再次报考。

经过 CPA 考试的训练,自己对应考有了更清楚的计划,抛弃了以往那种自由散漫的阅读习惯,开始集中起来。相比专业课程,外语是困难的。自己基础不好,硕士期间英语六级考了两次也未通过,且复旦博士入学考试英语科目向来很难,但这次必须克服。于是在母亲的照顾下,工作之余便与爱人一起以 GRE 英语进行学习,经过半年努力,词汇量提高了不少,约有一万。专业课相对容易些,在图书馆找到专业书籍,也购买了一些,如《中国历史人文地理》、《中国历史地理概述》、《历史地理学四论》、《中国移民史》、《中国人口史》、《简明中国历史地图集》,以及《中国历史地理要籍介绍》等。

2011 年初,时隔六年后,我再次来复旦参加博士生考试。笔试后,葛老师因参加全国政协会议尚未返校,面试推迟一天进行。次日在光华楼 22 层史地所办公室遇到葛老师,我主动上前自我介绍,葛老师说到:"哦,你来哪!"面试中,葛老师询问了为何要报考博士、老家枞阳县名的早期文献记载、"四至八到"以及历史文化人物举例及分布,也问我对陈侃《使琉球录》中有关钓鱼岛记载的看法等。整体上笔试、面试比较顺利,约一个多月后,收到录取通知。然而,接下来是否需要辞职成了现实问题。

2011 年初夏,那两个月是非常纠结的。报考之前,自己也困惑过、仔细考量过。但年龄在增长,留给自己选择的机会也在减少。我也知道全职脱产读博,本身就是一种挑战。而至于未来在哪里就职,尽管是回避不了的问题,但如果自身不提高,就业难便始终存在。如果仅仅为了一个岗位或生存,我并不需要再折腾、改变自己的人生轨迹,在这个美丽的地方院校安身足矣。但我更希望在自己还有机会选择的时候,可以去努力充实自己,做自己想做的事。于我而言,或许不确定的未来,才更有激励;有挑战的工作,才更加充实。不过,这少不了努力与付出汗水。选择科学研究工作也是辛苦的,博士生是一个关键阶段,开阔视野、训练科学思维、提高发现问题与解决问题的能力是这一阶段基本任务。但博士生学习时间也非常有限,延期学习者逐渐增多,自己也比较担心,如果不够顺利,不能如期毕业,也不好交差了。

入学后,葛老师送给我一些著作,并签名留念,又问我以后打算做什么主题的研究。当时自己尚未仔细思考,就说可能考虑区域可持续发展之类的题目。葛老师提醒我历史地理研究目前主要方法还是历史的,需要一定的历史资料支撑,并建议我暂时先阅读前人研究以及相关文献,上好学校规定的培养课程,听听讲座与学术报告,打打基础。经过一段时间学习与思考,意识到通过区域历史地理研究观察人地关系变迁,典型区域对研究科学问题具有重要意义,可以在有限的时空范围内,集中观察多要素综合作用的内在机制与变化。并且典型研究区域应当满足几个条件,一是环境变化较快,二是人类活动多样,三是具备一定的研究资料。但苦于一时难以寻找到典型区域,绕了一些弯路。

经过一年多的文献阅读与积累,论文开题前自己整理了一个初步研究框架,选择江淮地区作为研究区域,即西至大别山,东至黄海,北至废黄河—淮河,南至长江,是我国南北自然与人文要素的典型过渡带,应当是一个不错的区域研究对象。希望通过构建多要素综合观察框架,分析关键要素的互动过程与机制。这些初步研究设想,也得到了侯杨方教授的鼓励与指点。当然,论文选题各人取舍不同,难易不一,记得某次在《中国人口史》课上,侯老师说博士论文一辈子就这么一次,要做就做到极致,应付的态度不可取。我也很认同。

在开题会议中,听完我的介绍,葛老师问:"阅读了这么多文献之后,目前为止你有哪些心得或体会?"我意识到这是关键点,便将自己一些比较成熟的想法做了介绍，都是与历史时期海岸区域开发及环境变化有关，发现了一些有趣的问题。葛老师听完，提醒我研究范围较大、要素较多，容易分散精力，既然在海岸区域有不错的想法，建议我不如集中精力专门做海岸研究。不过这需要重新构建研究框架，一开始觉得比较为难，一段时间的思考与积累后，才发现海岸区域更具科学意义与现实意义，是一个令人兴奋的研究区域。完全满足典型研究区域的条件，精力也更为集中了。之后又发现了一些新问题，葛老师建议留待以后逐步讨论，摊子不要过大。此时对葛老师的及时提醒深为感激。

研究过程中需要接触大量其他学科知识，自己也没有扎实的历史地理专业基础，但好在颇有兴趣。很长时间，除了阅读大量盐法、地方志等历史文献外，积极补充海岸相关的自然地理知识便成为重要工作，包括沿海地质地貌、土壤、植被、气候、潮流等，以及海盐生产工艺学、垦殖、水利等内容，以期得到必要的专门知识。2014年初夏通过博士论文答辩，尽管盲审、明审以及答辩老师对于论文给予了较高评价，但很多细节仍然需要仔细斟酌与反复思考。这些知识在学习与运用中也肯定有"夹生饭"的地方，仍需进一步融会贯通。此外，研究中还了解到关注海岸人类活动研究也是当前国际全球变化研究的重要趋势，但以往研究以海岸自然过程为主，考察人类活动较少。我国海岸线漫长、环境差异大、人类活动历史悠久、文献丰富，当前海岸开发又是国家经济发展的关键地带，因此长时段海岸开发与环境适应研究具有独特优势与研究意义。

经过一个比较完整的研究训练后，自己也告别了以往自由散漫的习惯，从肤浅盲目到明白凝聚科学问题的重要性。但我所做的仍然非常有限，虽有了一些积累，若要进一步拓展与提高，与有经验的研究者合作或获得更多指导是必要的。毕业前很困难，去向不明朗，也联系过一些单位与老师，或无回音，或婉拒，或与研究方向相异，或与自己的兴趣有别。两难之际，马孟龙师兄的及时鼓励，让我再次扩大了联系范围，包括之前缺少勇气联系的理科方向的老师。后来有幸收到南京大学地理与海洋科学学院汪亚平教授的热情回信，并推荐我到著名海洋地质学家高抒教授的课题组。2014年夏，离开复旦来到南大。

博士后研究计划是在自己博士论文基础上的延伸，涉及更多相关学科的内容与方法，需要阅读更多的文献，包括大量外文文献；文科生进入理科课题组，也要转换研究思维，这些都对自己的理解力与学习能力形成考验与挑战。令人感激的是，高老师在百忙中仍认真指导我做好科研规划、保持良好的科研习惯；提醒我广泛阅读文献、积累想法，并指导我如何规范地撰写英文论文等。不仅扩大自己的研究视野，也增强了对未来科研的热情与信心。经过一年努力，自己也终于正式刊出了一篇SCI论文，迈出了新阶段科研工作的一小步。

尽管拙文是总结博士生阶段的研究工作，但毫无疑问，这一年多以来的博士后工作与生活，从导师高抒教授及其他同仁们那里，也获得了很多教益与指点。同时也感谢复旦大学出版社林琳老师、责编胡春丽老师在拙文出版过程中的帮助。在修订过程中，补充了部分文献资料，核对了引文，统一了格式，也重绘了部分图表，增补了一些最新研究成果，并进一步凝练了结论、思路与主题。不过，历史时期海岸人类活动与环境变化的内容庞杂，头绪纷繁，虽付心力探求，难免错讹，诚望方家指正，并唯愿不浪费出版资源与读者的宝贵时间。

论文修订的最后阶段，母亲生病在上海九院治疗，因此一些工作也是在医院病房或旅馆里完成。母亲是要强的人，治病中母亲的坚强精神也再次鼓舞了我。爱女小安吉已入三年级，爱人尚来彬已是复旦大学中文系博士生，感谢父母、岳父岳母，虽然身体不太好，但仍然给予我们很多帮助，我对他们的付出与关照却远远不够。没有家人长期的理解与支持，自己的研究工作也难以进行。

兹为记。

鲍俊林

丙申年春节，南大鼓楼南苑21舍

图书在版编目(CIP)数据

15~20世纪江苏海岸盐作地理与人地关系变迁/鲍俊林著.—上海：
复旦大学出版社,2016.8
(复旦博学文库)
ISBN 978-7-309-12123-0

Ⅰ.1… Ⅱ.鲍… Ⅲ.制盐工业-影响-人地关系-变迁-研究-江苏省-15~20世纪
Ⅳ.K295.3

中国版本图书馆 CIP 数据核字(2016)第 025795 号

15~20 世纪江苏海岸盐作地理与人地关系变迁
鲍俊林　著
责任编辑/胡春丽

复旦大学出版社有限公司出版发行
上海市国权路 579 号　邮编：200433
网址：fupnet@fudanpress.com　http://www.fudanpress.com
门市零售：86-21-65642857　　团体订购：86-21-65118853
外埠邮购：86-21-65109143
上海春秋印刷厂

开本 890×1240　1/32　印张 11.375　字数 290 千
2016 年 8 月第 1 版第 1 次印刷

ISBN 978-7-309-12123-0/K·566
定价：38.00 元

如有印装质量问题,请向复旦大学出版社有限公司发行部调换。
版权所有　侵权必究